电子商务技术

主　编　邓安远
副主编　张　海
参　编　谭旭杰　于林峰
　　　　郭景娟　许志国

中国商务出版社

图书在版编目（CIP）数据

电子商务技术／邓安远主编 . —北京：中国商务
出版社，2015.6

ISBN 978 - 7 - 5103 - 1288 - 5

Ⅰ.①电… Ⅱ.①邓… Ⅲ.①电子商务—高等学校—
教材 Ⅳ.①F713.36

中国版本图书馆 CIP 数据核字（2015）第 127204 号

电子商务技术
DIANZI SHANGWU JISHU

主 编 邓安远

出 版：中国商务出版社

发 行：北京中商图出版物发行有限责任公司

社 址：北京市东城区安定门外大街东后巷 28 号

邮 编：100710

电 话：010 - 64269744 64218072（编辑一室）

   010 - 64266119（发行部）

   010 - 64263201（零售、邮购）

网 址：http：//www.cctpress.com

网 店：http：//cctpress@ taobao.com

邮 箱：cctp@ cctpress.com bjys@ cctpress.com

照 排：北京宝蕾元科技发展有限责任公司

印 刷：北京密兴印刷有限公司

开 本：787 毫米 ×1092 毫米 1/16

印 张：18.75 字 数：453 千字

版 次：2015 年 6 月第 1 版 2015 年 6 月第 1 次印刷

书 号：ISBN 978 - 7 - 5103 - 1288 - 5

定 价：42.00 元

前　　言

随着信息技术的快速发展和物联网技术的广泛应用，电子商务得到了蓬勃发展，正在改变人们的生活方式，同时也成为全球经济发展的新增长点。作为电子商务从业者，特别是对电子商务系统的组织策划、经营管理的决策者而言，不了解电子商务技术，就不会理解信息技术对传统商务模式的革命性影响。不夸张地说，在信息技术不断发展的背景下，如果不了解电子商务技术，就不能准确把握电子商务的未来发展方向。因此，了解、掌握电子商务相关技术是顺应行业发展的必然要求。很多高校开设了电子商务相关专业，社会上也有一批致力电子商务培训的机构，一系列电子商务教程随之出现，其中精品教材确实不少，但整体水平参差不齐。考虑到众多从业者急需了解电子商务技术的现实要求，在分析九江学院义乌校友电商创业团队成功案例的基础上，编写了本书。

本书从技术应用的层面向读者介绍了电子商务的相关技术知识，争取使读者在宏观上把握电子商务体系的相关技术构成。同时，对各类技术有一个比较通俗、全面的了解，为以后更深入地学习和研究某一方面的技术奠定基础。

本书将内容分为 9 个章节进行编排。第 1 章简要概述电子商务基础知识，通过案例，介绍电子商务对小微企业的影响；第 2 章系统地介绍电子商务体系的相关支撑技术，包括电子数据交换技术（EDI）、互联网技术、Web 开发技术（服务器技术、客户端技术）、电子支付技术、数据库技术、电子商务安全技术等；第 3 章讨论电子商务常见的业务模式及对应的业务流程；第 4 章介绍信息技术在电子商务应用中的具体表现，如常用通信工具在网络营销中的应用、客户关系管理系统的应用、采购及供应链管理系统的应用、会计电算化技术的应用等；第 5 章介绍了搜索引擎技术在电子商务中发挥的重要作用及运用技巧；第 6 章以案例形式介绍了在淘宝平台创建网店的过程；第 7 章通过 ECstore 案例，分析电子商务平台应具备的服务功能；第 8 章介绍热点信息技术在电子商务中的应用；第 9 章描绘了电子商务发展趋势展望。

本书由邓安远教授担任主编，负责全书的组织策划、编写修改和统稿工作；张海老师担任副主编，参与了本书编写、修改与完善工作。谭旭杰、于林峰、郭景娟、许志国老师参与了本书的编写工作，在此对他们所付出的辛勤劳动表示诚挚感谢。

信息技术的迅猛发展和商务管理的改革创新，时刻影响着电子商务的应用模式和发展进程，尽管我们付出了最大的努力，但由于水平有限，加之时间仓促，本书难免存在不足之处，敬请广大读者批评指正。

编　者
2015 年 3 月

目 录

第一章 绪 论

电子商务已成为 21 世纪人类信息世界的核心，也是网络应用的发展方向。这一趋势已成为 IT 界的共识，也激起亿万互联网用户对电子商务的关注，因为它不仅会改变人们的购物方式，还将带来一场技术革命，其影响会远远超过商务的本身，给社会的生产、管理，人们的生活、就业，对政府职能、法律制度，以及教育文化都带来巨大的影响。本章以电子商务的概念为起点，介绍电子商务的发展、电子商务与互联网的关系，以及电子商务对小微企业的影响。

第一节 电子商务的基本概念及功能

1.1.1 电子商务的概念

电子商务是网络技术、电子技术、数据处理技术在商贸领域中综合应用的产物，是当代高新技术手段与商贸实务、营销策略相结合的结果。电子化和网络化环境彻底改变了传统商业实务操作赖以生存的基础，形成了对传统营销策略和市场理念的巨大冲击和挑战。这项改变了社会信息化进程的技术就是互联网，互联网将会是今后若干年内人们传递信息和从事商务活动的主要渠道。本节在介绍电子商务定义的同时，也从狭义和广义的角度，介绍了电子商务的基本组成与全貌，并简要介绍了电子商务赖以生存和发展的基本环境和基础设施。

1.1.1.1 电子商务的定义

近两年来，电子商务发展迅速，在全球已经成为引人注目的技术和应用焦点。人们仿佛一夜之间发现，由于信息技术与网络的发展，商务活动的内容发生了质的变化。电子商务作为网络经济商务往来的主要交易模式，正日益成为信息经济发展的动力和新的经济增长点。它在促进其贸易额飞速增长的同时，也以全新的理念和方式对传统经济管理模式带来前所未有的挑战。各国政府纷纷制订电子商务规划；IT 厂商们纷纷推出各自的电子商务解决方案；银行业推出网上银行；商家开办网上商场。今天，我们已经可以确信电子商务毋庸置疑是未来商务的发展方向。那么，究竟什么是电子商务？

电子商务，顾名思义是指在互联网上进行商务活动。"商务"解决"做什么"的问题，而"电子"则解决"怎么做"的问题。电子商务的主要功能包括网上的广告、订货、付款、客户服务和货物递交等销售、售前和售后服务，以及市场调查分析、财务核计及生产安排等多项利用互联网开发的商业活动。

对于电子商务的概念，一直缺乏比较权威性的定义，许多提法只是在实际的基础上加以总结形成的。

国际经合组织（OECD）是较早对电子商务进行系统研究的机构，将电子商务定义为是关于利用电子化手段从事的商业活动，它基于电子处理和信息技术，如文本、声音和图像等数据传输。主要是遵循 TCP/IP 协议和通信传输标准，遵循 Web 信息交换标准，提供安全保密技术。

美国政府在其《全球电子商务纲要》中比较笼统地指出：电子商务是指通过互联网进行的各项商务活动，包括广告、交易、支付、服务等活动，全球电子商务将会涉及全球各国。

加拿大电子商务协会给出了对电子商务较为严格的定义：通过数字通信进行商品和服务的买卖及资金的转账，并且还包括公司间和公司内利用电子邮件（E-Mail）、电子数据交换（EDI）、文件传输、传真、电视会议、远程计算机联网所能实现的全部功能（如市场营销、金融结算、销售及商务谈判）。

IBM 公司提出了一个电子商务的公式，即电子商务 = Web + IT。它所强调的是在网络计算环境下的商业化应用，是把买方、卖方、厂商及其合作伙伴在互联网（Internet）、企业内部网（Intranet）和企业外部网（Extranet）结合起来的应用。

惠普（HP）公司提出电子商务以现代扩展企业为信息技术基础结构，电子商务是跨时域、跨地域的电子化世界——E-World，EW = EC（Electric Commerce）+ EB（Electric Business）+ EC（Electric Consumer）。惠普公司电子商务的范畴包括所有可能的贸易伙伴，即用户、商品和服务的供应商、承运商、银行保险公司及所有其他外部信息源的受益人。

以上定义分别出自中外专家、著名公司、电子商务协会、政府。我们从中不难看出，这些定义不过是人们从不同角度各抒己见而已。因为从宏观上讲，电子商务是计算机网络的第二次革命，是通过电子手段建立一个新的经济秩序。它不仅涉及电子技术和商业交易本身，而且涉及诸如金融、税务、教育等社会其他层面。从微观角度上讲，电子商务是指各种具有商业活动能力的实体（生产企业、商贸企业、金融机构、政府机构、个人消费者等）利用网络和先进的数字化传媒技术进行的各项商业贸易活动。那么，有没有一个经全球化权威机构认定的标准化定义呢？

1997 年 10 月，欧洲经济委员会在比利时首都布鲁塞尔举办了全球信息社会标准大会。大会主题为"面向 21 世纪构筑全球信息社会，创造新的应用和商务机会，发展有序的标准和法规"。"构筑全球电子商务基础结构"正是本次大会要解决的主题。大会就电子商务市场拓展问题和各地区电子商务发展现状、建立电子商务所遇到的技术问题和各地区电子商务所面临的安全问题，以及如何建立全球电子商务的基础结构进行了讨论。正是在这样一个全球信息社会标准大会上，明确提出了一个关于电子商务的比较严谨完善的定义："电子商务是各参与方之间以电子方式而不是以物理交换或直接物理接触方式完成任何形式的业务交易。"这里的电子方式包括电子数据交换、电子支付手段、电子订货系统、电子邮件、传真、网络、电子公告系统条码、图像处理、智能卡等。一次完整的商业贸易过程是复杂的，包括交易前的了解商情、询价、报价，发送订单、应答订单，发送接收送货通知、取货凭证、支付汇兑过程等，此外还有涉及行政过程的认证等行为，涉及了资金流、物流、信息流的流动。严格地说，只有上述所有贸易过程都实现了无纸贸易，即全部是非人工介入，而是使用各种电子工具完成，才能称之为一次完整的电子商务过程。

对电子商务概念的理解还应该从"现代信息技术"和"商务"两个方面考虑。一方面，"电子商务"概念所包括的"现代信息技术"应涵盖各种以电子技术为基础的通信方式；另一方面，对"商务"一词应做广义解释，使其包括不论是契约性或非契约性的一切商务性质的关系所引起的种种事项。将"现代信息技术"看作一个子集，"商务"看作另一个子集，电子商务所覆盖的范围应当是这两个子集所形成的交集，即"电子商务"标题之下可能广泛涉及的互联网、内部网和电子数据交换在贸易方面的各种用途，如图 1 – 1 所示。

图 1 – 1　电子商务是"现代信息技术"和"商务"两个子集的交集

1．E 概念的来源及应用

自 2000 年年初以来，人们对于电子商务的认识，逐渐由电子商务扩展到 E 概念的高度，人们认识到电子商务实际上就是电子信息技术同商务应用的结合。而电子信息技术不但可以和商务活动结合，而且还可以和医疗、教育、卫生、军事、政府等有关的应用领域结合，从而形成有关领域的 E 概念。

E 概念意味着网络与信息技术向各领域的全面渗透。

（1）电子信息技术同教育结合，孵化出电子教务和远程教育。

（2）电子信息技术同医疗结合，产生电子医务与远程医疗。

（3）电子信息技术同政务结合，产生出电子政务。

（4）电子信息技术同军务联系，孵化出电子军务和远程指挥。

（5）电子信息技术与企业组织形式结合，形成虚拟企业。

（6）电子信息技术同金融结合，产生出在线银行。

（7）电子信息技术同图书馆结合，形成电子图书馆。

2．电子商务与信息经济

从最初的电话、电报到电子邮件，以及 20 多年前开始的 EDI，都可以说是电子商务的某种形式；发展到今天，人们已提出了包括通过网络来实现从原材料的查询、采购、产品的展示、定购到出品、储运及电子支付等一系列贸易活动在内的完整电子商务的概念。

当电子中介作为一种工具被引入到生产、交换和消费中时，人们从事贸易行为的顺序并没有改变，还是要有交易前、交易中和交易后几个阶段。但这几个阶段中人们进行联系和交流的工具变了，如以前用纸面单证，现在改用电子单证。这种生产工具的改变必定会引起生产方式的变化，而这种生产方式的变化必将形成新的经济秩序。在这个过程中，有的行业会兴起，有的行业会没落，有的商业形式会产生、有的商业形式会消失，这就是为什么我们称电子商务是一次社会经济革命。

仅从交换这个层面来看，电子手段是通过改变中介机构进行货币中介服务的工具而改变了其工作方式，从而使它们产生了新的业务，甚至出现了新的中介机构。这个阶段的一个重要特点就是信息流处于一个极为重要的地位，它在一个更高的角度对商品流通的全过程进行控制。所以我们认为电子商务同现代社会正逐步兴起的信息经济的联系是密不可分的。

1.1.1.2 狭义的电子商务（E-Commerce）

狭义的电子商务也称作电子交易，主要是指利用 Web 提供的通信手段在网上进行的交易活动，包括通过互联网买卖产品和提供服务。产品可以是实体化的，如汽车、电视，也可以是数字化的，如新闻、录像、软件等基于比特（bit）的产品。此外，还可以提供各类服务，如安排旅游、远程教育等。总之，电子商务并不仅仅局限于在线买卖，它将从生产到消费各个方面影响进行商务活动的方式。除了网上购物，电子商务还大大改变了产品的定制、分配和交换的手段。而对于顾客，查找和购买产品乃至享受服务的方式也大为改进。

图 1-2 显示了 E-Commerce 的基本框架结构。

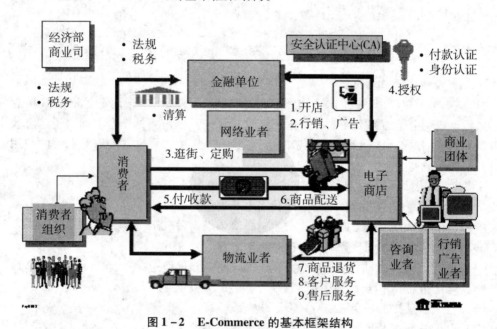

图 1-2　E-Commerce 的基本框架结构

1. E-Commerce 的基本业务流程

（1）商城将从国内厂商处获取的商品照片、价格、介绍、送货条件等资料，传送到商城主页里，展示、宣传。

（2）商城通过广告、公关活动（大部分在网上进行）促销商品。

（3）消费者在线选购商品，发出订单，并在线支付货款。

（4）银行确认消费者付款后，通知商城。

（5）商城通知国内厂商送货，同时将货款付给国内厂商。

（6）国内厂商责成物流业者送货。

（7）商品退货、客户服务和售后服务是商家对客户的售后服务。

2. 电子商务企业的基本特征

电子商务企业的一些基本特征包括以下几个方面：

（1）商城是虚拟的。无实体店面和售货员，无实际商品。

（2）充分利用网络技术。商品的展示、宣传、挑选、咨询、谈判、结算均在网上进行。

（3）包含 3 个基本系统：商品信息系统（产品数据库）、资金结算系统、商品配送系统。

3. 电子商务的功能

从上面对电子商务的描述可以看出，电子商务可提供网上交易和管理等全过程的服务，因此它具有广告宣传、咨询洽谈、网上订购、网上支付、电子账户、服务传递、意见征询、交易管理等各项功能。

（1）广告宣传。

电子商务可凭借企业的 Web 服务器和客户的浏览，在互联网上播发各类商业信息。客户可借助网上的检索工具迅速地找到所需商品信息，而商家可利用网上主页（Home Page）和电子邮件在全球范围内做广告宣传。与以往的各类广告相比，互联网上的广告成本最为低廉，而给顾客的信息量却最为丰富。

（2）咨询洽谈。

电子商务可借助非实时的电子邮件，新闻组（News Group）和实时的讨论组（Chat）来了解市场和商品信息、洽谈交易事务，如有进一步的需求，还可用网上的白板会议（Whiteboard Conference）来即时的图形信息交流。网上的咨询和洽谈能打破以往人们面对面洽谈的限制、提供多种方便的异地交谈形式。

（3）网上定购。

电子商务可借助 Web 中的邮件交互传送实现网上定购。网上定购通常都是在产品介绍的页面上提供简单易懂的定购提示信息和定购交互格式框。当客户填完定购单后，通常系统会回复确认信息单来保证定购信息不被遗漏。定购信息也可采用加密的方式使客户和商家的商业信息不会泄漏。

（4）网上支付。

电子商务要成为一个完整的商务过程，网上支付是重要的建设环节。客户和商家之间可采用信用卡、储值卡实时支付。在网上直接采用电子支付手段可省略交易中很多人员的开销。网上支付将需要更为可靠的信息传输安全性控制以防止欺骗、窃听、冒用等非法行为。

（5）电子账户。

实现网上支付需要有电子金融来支持，即银行或信用卡公司及保险公司等金融单位要为金融服务提供网上操作的服务支持。电子账户管理是其基本的组成部分。

信用卡号和银行账号都是电子账户的一种标志。而其可信度须配以必要技术措施来保证。例如，数字凭证、数字签名、加密等手段的应用提供了电子账户操作的安全性。

（6）服务传递。

对于已付了款的客户应将其定购的货物尽快地传递到他们的手中，有些货物在本地，有些货物在异地，电子邮件能借助互联网进行物流的调配。最适合在网上直接传递的货物是信息产品。例如，软件、电子读物、信息服务等。它能直接从电子仓库中将货物发到用户端。

（7）意见征询。

电子商务能十分方便地采用网页上的"选择""填空"等格式文件来收集用户对销售服务的反馈意见。这样能使企业的市场运营形成一个封闭的回路。客户的反馈意见不仅能提高售后服务的水平，更使企业获得改进产品、发现市场的商业机会。

（8）交易管理。

整个交易的管理将涉及人、财、物多个方面，包括企业和企业、企业和客户及企业内部等各方面的协调和管理。因此，交易管理是涉及商务活动全过程的管理。

电子商务的发展，将会提供一个良好的交易管理的网络环境及多种多样的应用服务系统。这样的系统反过来又能保障电子商务获得更广泛的应用。

1.1.1.3 广义的电子商务（E-Business）

广义的电子商务包括电子交易在内的利用 Web 进行的全部商业活动，如市场分析、客户联系、物资调配等，这些商务活动包括企业内部商务活动，如生产、管理、财务等，以及企业间的商务活动。它不仅仅是硬件和软件的结合，还是把买家、卖家、厂家和合作伙伴在互联网和企业外部网上利用互联网技术与现有的系统结合起来进行商贸业务的综合系统。

也有人把广义的电子商务系统称为企业电子商务系统。这个电子商务系统是以实体企业的基本职能和业务模块为背景构造和运行的。

企业的基本职能和业务模块的组成大同小异，都是以某种形式组织生产制造或提供增值服务；向供应商采购生产原料或获得其他公司的服务项目；和客户保持联系；进行商品交易和财务管理；对内部的资源进行统筹和调配；收集经营实践经验，制定企业发展战略。图 1-3 所提出的企业电子商务系统结构，可以把各类企业的共性和个性，以及企业赖以生存的生态环境有机地合为一体。

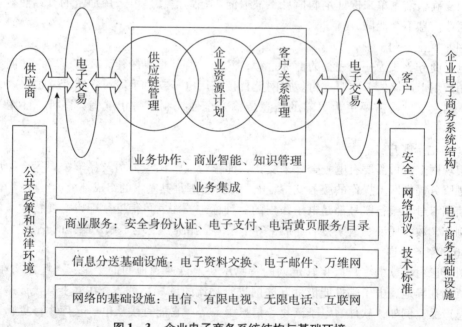

图 1-3　企业电子商务系统结构与基础环境

图 1-3 分为两部分，一部分是指广义的电子商务系统，另一部分是企业电子商务系统的生态环境，即电子商务系统的基础设施，下面先介绍企业的电子商务系统。

企业电子商务系统是指企业商务活动的各方面，包括供应商、客户、银行或金融机构、信息公司或证券公司，及政府等，利用计算机网络技术全面实现在线交易电子化的全部过程，该系统由多个子系统组成，包括企业前端客户关系管理（CRM）系统、企业交易流程中的供应链管理（SCM）系统、企业后台的资源计划（ERP）系统、企业的门户电子商务交易（EC）等子系统。企业的电子商务系统以客户为中心，基于供应链管理，组成虚拟企业。所有操作均可以网络为平台进行，实现企业电子商务系统和企业电子商务市场及外部电子商务市场的自动化数据链接。企业的资源计划系统是整个系统的基础，通过企业资源计划系统的建立和完善，解决好内部管理和信息畅通的问题。在此基础上才能顺利扩展到供应链管理系统和客户关系管理系统，直到扩展为真正意义上的企业电子商务，这样的电子商务系统使供应商、生产商、分销商、客户，通过供需链紧密集成，实现物料不间断的流动，使实现零库存成为可能，可以在很大程度上提高企业的效率。

1.1.1.4 电子商务系统的基础设施

无论是狭义的电子商务系统还是广义的电子商务系统，所需要的基础设施是一样的。如图 1-3 所示的下半部分。

1. 电子商务系统的基础设施

电子商务系统的基础设施包括网络基础设施、信息分送基础设施和商业服务三个重要部分。

（1）网络基础设施。

信息高速公路实际上是网络基础设施的一个较为形象的说法。它是实现电子商务的最底层的基础设施。正像我们的公路系统由国道、城市干道、辅道共同组成一样，信息高速公路也是由骨干网、城域网、局域网这样层层搭建起来才使得任何一台联网的计算机能够随时同这个世界连为一体。信息可能是通过有线网络传播，也可能是通过无线电波的方式传递。

（2）信息分送基础设施。

网上信息的分送有两种方式：一种是非格式化的数据交流，比如我们用传真和 E-Mail 传递的消息，它主要是面向人的；另一种是格式化的数据交流。像我们前面提到的 EDI 就是典型代表，它的传递和处理过程可以是自动化的，无需人的干涉，也就是面向机器的，订单、发票、装运单都比较适合格式化的数据交流。超文本传输协议（HTTP）是互联网上通用的信息传输协议，它以统一方式，在多种环境下显示非格式化的多媒体信息。用户在各种终端和操作系统下通过 HTTP 协议使用统一资源定位器（URL）找到需要的信息，而这些用 HFTP 标记语言展示的信息还能够轻易地链接到其他所需要的信息上去。

（3）商业服务。

为了方便贸易所提供的通用的商业服务，是所有的企业、个人做贸易时都会用到的服务，所以我们将它们也称为基础设施。它主要包括：安全、认证、电子支付和目录服务等。对于电子商务系统来说，网上的商业交易需要确保安全和提供认证，以便在有争议的时候能够提供适当的证据。因此，商业服务的关键是安全的电子支付。当我们在网上进行一笔交易时，购买者发出一笔电子付款（以电子信用卡、电子支票或电子货币的形式）并随之发出一个付款通知给卖方，当卖方通过中介机构对这笔付款进行认证并最终接收，同时发出货物时，这笔交易才算完成。为了保证网上支付是安全的，就必须保证交易是保密的、真实的、完整的和不可抵赖的，目前的做法是用交易各方的电子证书（即电子身份证明）来提供终端的安全保障。

2. 电子商务系统的基础环境

另外为了保证企业电子商务系统的正常运行还需要有两个支柱，一个是公共政策法规和法律环境；另一个是安全、网络协议和技术标准。

（1）公共政策法规和法律环境。

国际上，人们对于信息领域的立法工作十分重视。美国政府在"全球电子商务的政策框架"中，在法律方面做了专门的论述，俄罗斯、德国、英国等国家也先后颁布了多项有关法规，1996年联合国贸易组织通过了"电子商务示范法"。目前在我国，政府在信息化方面的注意力主要还集中在信息化基础建设方面，信息立法还没有进入实质阶段。针对电子商务的法律法规还有待健全。其他如个人隐私权、信息定价等问题也需要进一步界定。例如，是否允许商家跟踪用户信息，对未成年人能够发布哪些信息，哪些信息应屏蔽？这些问题随着越来越多的人介入到电子商务中，必将变得更加重要和迫切。另外，提到政策法规，就得考虑各国的不同体制和国情，而这同互联网和电子商务的跨国界性是有一定冲突的，这就要求加强国际间的合作研究。此外，由于各国的道德法律规范不同，也必然会存在需要协调的方面，在通常情况下，由于很少接触跨国贸易，我们不会感觉到它们的冲突，但在电子商务要求全球贸易一体化的背景下，用户可以很容易地通过网络购买到外国商品，这时就会出现矛盾。

（2）安全、网络协议和技术标准。

技术标准定义了用户接口、传输协议、信息发布标准、安全协议等技术细节。就整个网络环境来说，标准对于保证兼容性和通用性是十分重要的。正如在交通方面，有的国家是左行制，有的国家是右行制，会给交通运输带来一些不便；不同国家110伏和220伏的电器标准也会给电器使用带来麻烦，我们今天在电子商务中也遇到了类似的问题。目前许多厂商、机构都意识到标准的重要性，正致力于联合起来开发统一标准，一些像VISA这样的国际组织已经同商业界合作制定出用于电子商务安全支付的安全电子交易协议（SET协议）。

在发达国家，由于企业信息化程度高，基础设施完善，社会信用体制完善，人们法制观念较强，使得电子商务发展迅速，通过互联网进行交易已成为潮流。基于电子商务而推出的金融电子化方案、信息安全方案、互联网方案，已形成一个又一个的产业，给信息技术带来许多新的机会，把握和抓住这些机会，正成为国际信息技术市场竞争的主流。

1.1.2　电子商务的特点

电子商务是IT技术和商务运行结合而产生的一种新型的商务交易过程，是21世纪市场经济商务运行的主要模式，也是新经济社会体系下的一种主要经济方式。从某种意义上讲，它是一种在21世纪高科技技术背景条件下，发展建立的新型生产关系过程中所形成的必然产生的一种新经济模式。

商务活动中必然包括了信息流、物流和特殊的信息资金流的一种整合。这三种流需要一个"通道"（媒介）来传输。同传统商务所使用的媒介相比较，互联网在传输信息流和资金流时表现出鲜明的特点形成了电子商务的主要特点。

1. 高效率与多选择性

作为一种电子通信手段，同邮政通信相比较，互联网的信息传输速率极快，传输的信息量也很大。由于采用了分组交换技术，极大地提高了网络的使用效率，同电话、传真等电子通信手段相比较，使用互联网来传输信息的费用很低。而且，同电话、传真等电子通信手段不同，互联网上的 Web 站点能够在无人值守的情况下 24 小时运行。

正是由于互联网在传输信息时的高速度和低成本，使电子商务具有高效率的特点，它充分体现在时间上和成本的效益上。

从时间上看，通过互联网，商务活动中需要的信息流能够高速度地传输，无论是买卖双方的信息交换，还是企业内部的信息传递，都可以方便地通过互联网来传递。电子商务的应用无疑提高了商业活动的时间效率。此外，计算机能够在无人值守的情况下工作，使得电子商务能够尽可能地摆脱时间的限制。例如，网上的商店可以做到一周 7 天，一天 24 小时开业。

从成本上看，由于使用互联网来传输信息的成本很低，电子商务降低了商务活动的成本。例如，用电子邮件来代替信函往来，无疑可以节省企业的办公费用和时间成本。

Office Depot 是美国的一家专营办公用品的零售商，它旗下有 1000 多家商铺，光商品供应的各类表单就有 1300 万份。在实施电子商务后，表单数量降到 100 万份，成本控制提高了 7%。

2. 商业全球化

与电视、报纸等媒介不一样，在互联网中，计算机与计算机之间、客户端与服务器之间能够方便地实现信息的双向传输，从而实现信息的快速交换。正是这种有了这种交互性，使得商务活动能够在不同地点的不同人之间非面对面地进行，这就是电子商务的虚拟性，它将传统商务的实体市场的地域性改为网上虚拟环境的全球性，因此，从理论上电子商务的市场是商业全球化的大市场。

而且，在目前的互联网中，使用 Web 技术，能够传输包括文字、声音和图像在内的多媒体信息，这使得相隔遥远的人之间也能够通过计算机来方便地交流，从而使得非面对面的电子商务与现实商务之间的感觉越来越接近。

互联网是一个覆盖全球的"网络"，只要是通电话的地方，就能够实现上网。这样一来，从理论上讲，一家企业如果开展了电子商务，该企业就能够通过互联网向世界上任何一个地方的客户提供非面对面的服务，从而摆脱了地理的限制，进入全球市场。

当然，电子商务的虚拟性也会带来相应的问题，主要是由于非面对面交易而产生的网上诈骗、抵赖等行为，这就给电子商务技术上的保障提出一新的研发问题。

3. 支付方式网上数字化

同传统商务一样，电子商务过程中也涉及资金支付问题，但是这种支付方式是在网络环境中进行，传递的是基于网络的数字化资金信息。

随着金融电子化的发展，电子商务中买卖双方的结算行为可以通过互联网来方便、高效地进行，这就是网上支付。网上支付需要有银行的参与。在网上支付行为中，买卖双方的资金结算实际上是彼此开户银行账户上资金的增减，因此它传递的是支付的指令信息而不是传统商务交易中的实体货币。买卖双方与各自开户银行之间的联系是通过互联网和银行的专用网共同参与完成来进行的，而银行与银行之间的资金清算却是通过银行内的专用计算机网络进行的。

在网上支付中，各种资金信息都是通过计算机网络来进行的，这就对计算机网络的安全性提出了很高的要求，容不得半点差错。此外，由于金融电子化还有待进一步发展，目前许多电子商务活动中还保留了传统的支付方式来作为补充，如货到付款、邮局汇款等。

4. 交易方便快捷性

由于是以互联网为载体的商务交易，因此，在电子商务的交易完成过程中除物流配送的环节外，一切都在网络环境下进行。因此，信息和资金的传递都以每秒30万公里的速度传送，理论上在一瞬间就将交易过程中售前、售中的商务过程完成，具有交易方便快捷的特点。而且即使是售后的商品信息服务也可通过网上进行，并能做到个性化需求的服务。

5. 消费者个性化需求

由于计算机技术的发展，信息的储存和数据库技术的进步，数据挖掘技术的实现，消费者的个性化信息可以大量地日积月累的储存在计算机数据库中，通过数据挖掘技术使商家能根据客户个性化需求在商务上满足而加以实现，这种个性化需求的特点只有在技术进步的今天才能在电子商务的模式下得以实现，这就是电子商务满足消费者个性化需求的新特点。

6. 低成本渗透

电子商务在网络环境下减少了交易过程中的很多中间环节，在时间上和空间上节约了交易的成本，因此，它具有低成本核算渗透到各个过程环节中的特点并从经济上实现价值的增值，而成为商务中人们将会普遍采用的一种经济增长的商务模式。

1.1.3　电子商务的分类

电子商务按电子商务交易涉及的对象、电子商务交易所涉及的商品内容和进行电子业务的企业所使用的网络类型等对电子商务进行不同的分类。

1. 按参与交易的对象分类

（1）企业与消费者之间电子商务（Business to Customer，B TO C）。是指通过网上商店（电子商店）实现网上在线商品零售和为消费者提供所需服务的商务活动。这是人们最为熟悉的一类电子商务类型，目前在互联网上有很多这类电子商务成功应用的例子，如世界上最大的网上书店亚马逊书店，随着互联网的普遍应用，这类电子商务有着强劲的发展势头。

企业与消费者之间的电子商务引发了商品营销方式的重大变革，无论企业还是消费者都从中获益匪浅。

网上商店的出现，消费者可以足不出户，通过计算机在网上寻找、购买所需的商品，获得商家提供的一系列服务。通往的互联网，使消费者购物的选择范围被最大化的扩展；网络多媒体技术可以将商品由内到外进行全面介绍，便于消费者选择；互联网上高速度、低费用的信息传递可以让消费者高效、便捷、低成本的完成网上购物过程。尤其值得称道的是，网上购物为现代社会消费时尚的个性化进一步提供了便利，消费者不再是只能被动的购买已生产出的商品，而是可以通过网络向商家提出个人要求甚至可以虚拟出自己想要的商品。商家获取信息，就可能通过定制化服务满足消费者独特的消费愿望。

对于商家而言，建立网上商店，完全更新了原有的市场概念，传统意义上的商圈被打破，客户扩展到了全国乃至全世界，形成了真正意义上的国际化市场，赢得了前所未有的商机，另外，网上商店交易成本比传统店铺销售成本大大降低，因为，在线销售可以避免有形商场及流通设施的投资，将依靠人工完成的交易活动转化成数字化的信息传送过程，可以节省大量商流费用，经营成本的降低使商家更具竞争力。

（2）企业与企业间的电子商务（Business to Business，B TO B）。企业对企业的电子商务是指在互联网上采购商与供应商谈判、订货、签约、接收发票和付款，以及索赔处理、商品发送管理和运输跟踪等所有活动。企业间的电子商务具体包括以下的功能：

① 供应商管理：减少供应商，减少订货成本及周转时间，用更少的人员完成更多的订货工作；

② 库存管理：缩短"订货—运输—付款（order-ship-bill）"环节，从而降低库存，促进存货周转；

③ 销售管理：网上订货；

④ 信息传递：交易文档管理安全及时地传递订单、发票等所有商务文档信息；

⑤ 支付管理：网上电子货币支付。

企业间的电子商务又可以分为两种。一种是非特定企业间的电子商务，它是在开放的网络中对每笔交易寻找最佳伙伴，并与伙伴进行从定购到结算的全面交易行为。第二种是特定企业间的电子商务，它是过去一直有交易关系而且今后要继续进行交易的企业间围绕交易进行的各种商务活动，特定的企业间买卖双方既可以利用大众公用网络进行从定购到结算的全面交易行为，也可以利用企业间专门建立的网络，从而完成买卖双方的交易。

（3）企业与政府之间电子商务（Business to Government，B TO G）。涵盖了政府与企业间的各项事务，包括政府采购、税收、商检、管理条例发布，法规政策颁布等。政府一方面作为消费者，可以通过互联网发布自己的采购清单，公开、透明、高效、廉洁地完成所需物品的采购；另一方面，政府对企业宏观调控、指导规范、监督管理的职能通过网络以电子商务方式更能充分、及时的发挥。借助于网络及其他信息技术，政府职能部门能更及时全面地获取所需信息，做出正确决策，做到快速反应，能迅速、直接将政策法规及调控信息传达于企业，起到管理与服务的作用。在电子商务中，政府还有一个重要作用，就是对电子商务的推动、管理和规范作用。在发达国家，发展电子商务主要依靠私营企业的参与和投资，政府只起引导作用，而像我国这样的发展中国家，则更需要政府的直接参与和帮助。与发达国家相比，发展中国家企业规模偏小，信息技术落后，债务偿还能力低，政府的参与有利于引进技术、扩大企业规模和提高企业偿还债务能力。另外，许多发展中国家的信息产业都处于政府垄断经营或政府管制之下，没有政府的积极参与和帮助将很难快速地发展电子商务。另一方面由于电子商务的开展涉及很多方面，没有相应的法规予以规范也是难以进行的，而对于法规的制定，法规实施监督及违法的制裁，政府发挥着不可替代的作用。总之，电子商务中政府有着两重角色；一是电子商务的使用者，进行购买活动，属商业行为；二是电子商务的宏观管理者，对电子商务起着扶持和规范的作用。对企业而言，政府既是电子商务中的消费者，又是电子商务中企业的管理者。

（4）消费者之间的电子商务（Customer to Customer，C TO C）。这种电子商务形式目前在网上表现形式是消费者间的二手货的拍卖，随着今后各种技术的进步，以及网上支付形式的变化和电子货币的推广和使用，可以相信在网上的 C TO C 形式的电子商务也将像在现实社会中的自由市场上的商品一样会得到同样的发展。

2. 按交易的商品形式分类

如果按照电子商务交易所涉及的商品形式分类，电子商务主要包括两类商业活动。

(1) 间接电子商务。电子商务涉及商品是有形货物的电子订货，如鲜花、书籍、食品、汽车等，交易的商品需要通过传统的渠道如邮政业的服务和商业快递服务来完成送货，因此，间接电子商务要依靠送货的运输系统等外部要素。

(2) 直接电子商务。电子商务涉及商品是无形的货物和服务，如计算机软件、娱乐内容的联机订购、付款和交付，或者是全球规模的信息服务。直接电子商务能使双方突破地理局限直接进行交易，充分挖掘全球市场的潜力。目前我国大部分的信息服务类网站都属于这一类，但这还不是真正意义上的直接电子商务，因为很多都具免费的服务性质，还没有发展到经济意义上的收费。

3. 按电子商务使用的网络类型分类

根据开展电子商务业务的企业所使用的网络类型框架的不同，电子商务可以分为以下三种形式：

(1) EDI (Electronic Data Interchange) 电子商务。即电子数据交换。国际标准组织将其定义为"将商务或行政事务按照一个公认的标准，形成结构化的事务处理或文档数据格式，从计算机到计算机的电子传输方法"。简单地说，EDI 就是按照商定的协议，将商业文件标准化和格式化，并通过计算机网络在贸易伙伴的计算机网络系统之间进行数据交换和自动化处理。EDI 主要应用于企业与企业、企业与批发商、批发商与零售商之间的批发业务。相对于传统的订货和付款方式，大大节约了时间与费用。相对于下述互联网方式，EDI 较好地解决了安全保障问题。但由于软件开发、硬件设备和对于加入 EDI 的企业本身的要求过高，使得 EDI 至今仍未广泛普及。

(2) 互联网 (Internet) 电子商务。按照美国互联网协会的定义，是一种"组织松散、国际合作的互联网络"。该网络"通过自主遵守计算的协议和过程"，支持主机对主机的通信。具体来说，互联网就是让一大批计算机采用 TCP/IP 的协议来即时交换信息。互联网商务是现代商业的最新形式，也是电子商务的主流模式。它以计算机、通信、多媒体、数据库技术为基础，通过互联网络，在网上实现营销、购物服务。它突破了传统商业生产、批发、零售及进货、销售、存贮、调运的流转程序与营销模式，真正实现了少投入、低成本、零库存、高效率，从而实现了社会资源的高效运转和最大节约。消费者可以不受时间、空间、国界、厂商的限制，广泛浏览、充分比较，力求以最低的价格获得最为满意的商品和服务。

(3) 内联网 (Intranet) 电子商务。也称为企业内部网电子商务。它是在互联网基础上发展起来的企业内部网，在原有的局域网上附加一些特定的软件，将局域网与互联网连接起来，从而形成企业内部的虚拟网络。它与互联网之间最大的区别在于：内联网内的敏感或享有知识产权的信息受到内联网防火墙安全网的保护，它只允许经过企业授权的访问者介入内部 Web 站点，外部人员只有在许可条件下才可以进入企业的内部网络。内联网将大、中型企业分布在各地的分支机构及企业内部有关部门和各种信息通过网络予以连通，企业各级管理人员能够通过网络掌握自己所需要的信息，利用在线业务申请和注册代替传统贸易和内部流通的形式，从而有效的降低交易成本，提高经济效益。

4. 按照交易的范围分类

按照开展电子商务交易的范围来分类，电子商务可分为三类：本地电子商务、远程国内电子商务、全球电子商务。

（1）本地电子商务通常是指利用本城市内或本地区内的信息网络实现的电子商务活动，电子交易的地域范围较小。本地电子商务系统是利用互联网、内联网或专用网将下列系统联结在一起的网络系统：参加交易各方的电子商务信息系统，包括买方、卖方及其他各方的电子商务信息系统；银行金融机构电子信息系统；保险公司信息系统；商品检验信息系统；税务管理信息系统；货物运输信息系统；本地区 EDI 中心系统（实际上，本地区 EDI 中心系统联结各个信息系统的中心）。本地电子商务系统是开展有远程国内电子商务和全球电子商务的基础系统。

（2）远程国内电子商务是指在本国范围内进行的网上电子交易活动，其交易的地域范围较大，对软硬件和技术要求较高，要求在全国范围内实现商业电子化、自动化，实现金融电子化，交易各方须具备一定的电子商务知识、经济能力和技术能力，并具有一定的管理水平等。

（3）全球电子商务是指在全世界范围内进行的电子交易活动，参加电子交易各方通过网络进行贸易。涉及有关交易各方的相关系统，如买方国家进出口公司系统、海关系统、银行金融系统、税务系统、运输系统、保险系统等。全球电子商务业务内容繁杂，数据来往频繁，要求电子商务系统严格、准确、安全、可靠，应制定世界统一的电子商务标准和电子商务（贸易）协议，使全球电子商务得到顺利发展。

5. 按资金支付的方式分类

按资金支付的方式分类，分为完全的电子商务和非完全的电子商务两类。

（1）完全的电子商务。

是指电子商务交易能在网上进行资金支付这个环节的电子商务，而不是货到付款的方式，这种完全的电子商务使资金流加入到了网上商务的环节中，进一步提高了效益，减少了中间环节。这是电子商务发展中较高级的一个环节。

（2）非完全的电子商务。

是指电子商务交易过程中只有交易中的前期环节在网上进行，即商品的选购、谈判、下单等信息查询和撮合在网上进行，而没有资金支付环节加入的电子商务。目前，我国很多电子商务正处在发展和经历这个不完全电子商务的阶段。

1.1.4 电子商务的实现

信息流、物质流和资金流是实现电子商务的三个环节，即信息服务、交易和支付。而三流的整合形式，也是决定电子商务模式基础，其主要内容包括：电子商情广告；电子选购和交易、电子交易凭证的交换；电子支付与结算以及售后的网上服务等。

信息流和资金流均可以在网上传递和储存，这正是电子商务不同于传统商务的特点所在，而除了数字商品外的物质商品流并不能在网上传递，因此，就有一个物流的配送体系，信息流和资金流传递的快捷和物流运送的差异性决定了电子商务发展模式三流整合的方式，也决定了电子商务实际运作中是否可行和高效的关键。因此，从三流整合的角度和观点去研究电子商务，是电子商务发展模式研究的基础，也是电子商务实现的关键。有些学者认为电子商务是四流的整合，即包括商流，也就是增加交易过程管理的商流，其实商流也是信息流的一种，因此，为简化问题，电子商务的实现归结为三流的整合更恰当。如果不是资金流的特殊，而且带有价值，其实也可以归结为二流的整合，而将资金流归结为一种具有价值的特殊信息流，它的传递和储存要具有安全性，不可更改性、不可否认性和完整性，基于这点资金流单列出来就更为合理些。因此，电子商务的实现是采用三流整合的观点。

电子商务是商务模式的改变，它不能代替传统企业，它仍属于服务领域；电子商务离不开物资的流动，这就需要传统企业的积极参与，特别是配送系统的建立至关重要；资金的网上流动可以通过电子货币、支付工具和支付方式的改变来实现。

一般来说，进行电子商务的步骤如下：

1. 信息的收集

通过网络信息收集，对于熟悉网络的人并不陌生。可能你已经习惯了网上那"铺天盖地"的信息。通过网络收集商业信息，重点应该是要到哪里去寻找有用信息。

2. 信息发布及客户支持服务

信息发布和客户支持服务都以网上公司的建设为基础的。通过网上公司站点的建立，了解网上商务活动的基础。

3. 宣传与推广

在网上进行电子商务的交易，最重要就是宣传推广自己的公司、树立良好的商业形象、吸引消费者的参与、拓宽市场和消费群体，这是电子商务交易存在的市场基础。

4. 签订合同

在网上交易双方完成信息的撮合后，双方就可签订电子合同，合同的签订具有法律的效力，一定要有电子签名法的保障。中国人大常委会已经通过了电子签名法的法律条文，这就使电子类的文件和文书类具有了法律的地位保障。

5. 在线交易

最重要的是有银行的参与，才能进行网上支付与结算，怎样进行资金的流通和账户间资金的划拨，是电子商务在线支付的关键，也是实现真正的高效率电子商务的一个关键。

6. 商品运输与售后服务

交易中的支付环节完成后，必须完成商品的转移并提供相关的售后服务，这就要有一个完善的物流配送体系的参与和加入，以保证商品即时、完整地送到消费者手里，以提高电子商务的效率。

1.1.5 电子商务基本原理

交易能进行的过程是：需求双方有信息需求的愿望；信息需求的愿望有转化为行为动机的要求；行为动机有促使交易实现的目的；交易实现有达到欲望满足的需求。

作为行为分析，上述交易实现和完成的整个过程是：信息需求—行为动机—交易实现—欲望满足。

无论是何种交易形式，作为参与交易的各主体，他们都有上述共同行为方式。电子商务是一种现代高科技形式的网上新型的商务活动形式，它同样遵循上述的行为方式，不同的是新的商务交易形式较之传统交易形式更具有信息需求、行为动机、欲望满足等方面的强烈动机和目的。因此，分析电子商务的基本原理不能忽略参与电子商务各交易主体的行为模式、愿望和动机的分析。

原理就是机理，通俗讲就是参与这种活动的道理、长处在哪？

目前我国市场的主要交易形式是建立市场中现场的实物货币的交易方式，因此，作为商务活动的思考都是放在建立区域性的、大的专业市场和超级连锁商店销售模式的建立上，以及小的特色经营和便民销售模式，只有这样才能在目前的市场环境下发展和生存。市场随之而来的就出现代理人、批发商、经销商、服务中介机构等各类为生产和消费服务的中间环节，在这样发展的格局下，竞争越来越加剧，为了降低成本，让利于消费者，必然要减少销售的中间环节。这是市场交易发展的新的趋势，也是市场发展到一定规模的必然，不上规模生意就越来越难做，规模效益变成现代商业生存的基础。竞争给商业带来活力和生机，但竞争的白热化，不断扩大规模也会加大竞争的成本，最终会导致恶性竞争，会使给市场提供补充和服务的中小经营者没有生存和发展的空间；因为，他们没有充足的资金规模发展。而这必将给现代规模商业的发展带来的新的悲哀。超市和连锁经营销售商的出现，中小商店的不断转换经营方向和清盘现象就是一个最好的说明。

电子商务是以电子为信息载体在网上进行商务活动的一种行为。它是计算机与通信技术结合，是 20 世纪末在互联网技术发展的基础上所出现的一种新型商务活动形式，它具有两个明显的特点：

（1）以电子作为信息的载体，电子的传播速度是每秒钟 30 万公里，传递速度快，瞬间即可完成，没有时间和空间的限制。

（2）商务活动是在网上进行，在地理上已经没有地域的限制，市场的发展与范围及区域是成正比的，规模越大成本就越低，效益就可能越大。

这两个显著的特点是进行电子商务原理分析的基础，交易的商务活动与市场的发展形式有很直接的关系，而市场又与交易的需求信息、媒介及方式有直接的关系。

电子商务的活动是以电子作为其传递的载体，这是一种高技术的信息载体形式，而网络又是联系交易各方的便捷交易平台，在网上交易虚拟平台进行商务活动交易，这将会给参与交易的各方提供广阔的活动场所。随着发展，小公司甚至个人在网上进行电子商务活动的规模范围可以覆盖全球，它可以不需要雄厚的资金支持就可以办到，这就给参与者和个人提供商务活动的广阔发展空间，这正是电子商务发展的无穷魅力所在。

在网上进行电子商务交易，进行交易的各经济主体或自然人在网上有便捷沟通相互需求信息的手段，有不受时间、空间限制的传播速度的交易的中间媒介——电子，有联系交易各方的互联网使交易在地球村范围内的完成方式，这种手段、媒介和方式使只要在网上进行过电子商务交易的各方对"信息需求—行为动机—交易实现—欲望满足"有强烈的冲动和追求，更能有效地刺激其交易行为的发生。当然前提是进行交易的主体有使用网上交易这种手段的能力；同时，他们在这种不断交易实现的满足过程中，成倍增强对电子商务交易冲动刺激的，也不断加强对电子商务更强烈的交易需求。

由于电子商务交易过程是在网上电子媒介的作用下完成的，因此，它具有瞬时和不受地域限制的新商务交易特点，这就决定了其交易过程比任何一种传统交易的机会成本小，而且在同一个时间段内比传统交易完成的有效次数成数倍的几何增长，也导致了交易主体的行为动机的刺激冲动速度在相同时间段内也会成数倍的几何增长，如果经营者再辅之以个性化服务的跟踪，则更可以不断刺激消费者网上购物的欲望和需求，而这只有利用计算机和通信手段的有效结合才可能在消费者信息爆炸的状况下实现。

【案例】

曾经在美国著名的亚马逊书店购过书的消费者讲过这样一个亲身经历的事例：

他是一个读书爱好者，以前在网上的购物只是因为工作忙碌迫于无奈而为之，在一段时间的购书后，他接到亚马逊书店发来的电子邮件：大致内容是："先生，从提供服务的过程中我们知道，你对某某新产品一定感兴趣，它的功能和特点是什么、什么……我们非常愿意为您提供服务，如果您有空请您浏览一下产品的有关信息。"第一次他不在意，反复几次以后，由于所提供的信息确实符合他本人的爱好和需求，于是他就不经意地浏览了下，结果发现正是他所喜爱的产品。他目前所用的笔记本电脑就是在亚马逊书店经过这样的方式在网上购买的。

这种个性化服务的跟踪，只能在大型计算机客户服务系统的数据库技术中才能完成和实现；电子商务的优点在哪里？这个实例就是一个最好的说明。

从需求、动机、实现、满足的行为原理的角度分析，电子商务的交易形式也比传统的任何一种交易形式更优，必然是 21 世纪商务交易的主要形式；任何一个经营的主体和任何一个人，如果在信息化社会中不懂或不进行电子商务，必将成为有新的功能障碍缺陷和不适应社会的人，这就是电子商务对社会带来的新挑战！

1.1.6　网络环境下的电子商务特点分析

互联网是网络经济时代的环境平台，这个平台上使用的是信息资源，而电子商务就是在这个平台上开发和利用信息资源的一种主要形式。从构筑客观世界的三要素——物质、能量和信息观点出发，电子商务交易形式就是在这种网络环境下对信息资源发掘、开发的一种高效资源利用方式，在网络环境下它得以发展，主要有以下几个特点：

（1）电子商务交易成本低廉的特点。

互联网以光的传播速度将开发和利用信息资源的生产者联系起来，使信息资源传递和分享的成本几乎降为零，这样最大程度地提高了信息使用的效益，这是任何一种传统交易形式无法与电子商务交易形式在成本效益上比拟的根本原因。

（2）电子商务个性化服务的特点。

多元化信息传播的手段，信息资源分享、复制和存储的低成本和反复性，就能实现对交易对象网上的个性化服务，使信息管理进入个性化服务的新阶段。

（3）电子商务有能使企业资源避免重复配置而更趋合理性的特点。

在建成的网络环境的平台上，信息传递和使用的无成本甚至低成本使网络联系的各生产要素——人力资源成本的配置，可以实现配置的不断合理性，而且市场信息的反馈和导向可使企业在不断的生存环境中更加适应所处环境的需要。

（4）电子商务能实现机构协同和优化的特点。

从事电子商务交易的各组织结构通过信息的传递、沟通和反馈可以实现机构向网络环境适应的组织结构变化，以实现网上资源管理的效益最大化。

（5）电子商务交易机会均等和公平化的特点。

在网上从事电子商务交易的各生产要素单位的地位是均等的，他们在获取、利用和开发信息资源是处于公开、公平和公正的环境下，给竞争和发展带来了相同的机遇。

（6）电子商务能实现物质资源配置的最小化特点。

参与电子商务交易的物质生产的企业，由于信息传递、沟通反复和低成本，使生产环节中的物流和物质资源的储存实现最小化，甚至达到零库存状态，增加企业的最经济效益。

（7）网络与高技术结合的电子商务具有与生态经济协调发展的特点。

信息资源利用的重复性并不以耗竭地球的物质资源为代价，这就注定了它具有生态环境协调发展的特点。

第二节　电子商务的产生与发展

事实上，电子商务并非一种刚刚出现的事物，虽然只是在最近几年才被充分认知，早在 20 世纪 70 年代末，公司间采用电子数据交换和电子资金传送作为企业间电子商务应用的系统雏形已经出现。当使用自动付款机或信用卡时，就可以以电子形式进行商务活动。多年来，许多金融、制造、航空等领域公司已建立了与客户间的电子通信和处理关系。这种方式加快了供方的处理速度，有助于实现最优化管理，并且能提高服务质量。

然而，电子数据交换和自动付款机是工作于封闭系统中，它们使用传统的通信媒介，并严格限制使用方。早期的解决方式都是建立在大量功能单一的专用软硬件设施的基础上，因此使用价格十分昂贵，只有大型企业才能承担得起，此外，早期网络技术的局限性也限制了应用范围的扩大和水平的提高。

20 世纪 90 年代后期，由于互联网的出现，把信息技术和网络技术的应用推向了一个新的高潮，网络化已经由一个高新技术的产物演变成为一个社会化进程，社会的网络化导致当代经营过程的很多变化，其中引人注目的变化之一就是经济的全球化。因为有了网络之后，人们获取信息的能力大大增强，而且经营范围不再受地域的约束和局限，于是企业就有可能把经济和经营的触角深入到世界的各个角落。这就是经济的全球化。全球化的经济就必然要求物资能够在世界的各地自由的流动，所以说经济的全球化在客观上会要求贸易的自由化，即物资要能在各个国家之间自由的流动。于是我们说社会的网络化、经济的全球化和贸易的自由化已经演变成人类社会发展的三大进程。在 20 世纪末，这三大进程开始合一，就导致了电子商贸系统的诞生，简要说，就是电子商务的形成与发展过程。可以说，现代的电子商务起源于信息系统的形成及互联网技术的飞速发展。

1.2.1　信息系统的形成和发展

信息系统的形成和发展是由于计算机的产生而逐步形成和发展起来的。早在 1946 年人类就发明了第一台电子计算机，当时由于技术条件所限，计算机只能做数值处理，它的应用也仅仅局限在军事上和科学运算上，这种情况一直持续到 50 年代末。60 年代初，人类在信息处理技术上有了一个突破，其重要标志是数据处理技术的出现，由于数据处理技术的出现，导致了计算机开始大举进入管理领域。

1. 管理信息系统

管理领域是一个涉及范围很宽的领域，所以信息技术进入到管理领域以后，作为面对不同问题的管理信息系统（MIS），在长期形成和发展的过程中也演变成以下各种管理信息处理的分支：

（1）在生产加工型的企业中的管理信息系统，也可以把它叫作计算机辅助生产系统，或者叫计算机辅助管理系统。

（2）在生产计划和制造活动中的管理信息系统出现于20世纪70年代中后期，当时的生产企业大量采用物料需求系统（MRP）；到了80年代中期，物料需求系统渐渐不能满足于生产计划和制造活动的需求，人们又提出另外一个系统，叫作MRPⅡ，也就是通常所说的生产资源规划系统；90年代中后期，人们在此基础上又提出企业资源规划系统ERP，等等。这几种系统都是管理信息系统在企业，尤其是在生产制造业的计划和管理过程中应用的一些发展分支。

（3）在财务领域中，我们就把它叫作财务信息系统，也就是通常所说的会计电算化系统。

（4）在商务领域、商业零售业中，人们大量使用POS系统，这个系统就相当于条码装置、信用卡的刷卡机、商业网点中的前后台。

（5）在金融领域，从20世纪70年代开始，在银行中管理信息系统技术应用的比较有代表性的例子就是ATM系统，也就是自动会员机系统，以及信用卡系统等。

以上这些系统我们都把它归纳为管理信息系统在整个管理领域中的应用分支。从20世纪60年代开始，到目前为止，这种类型的管理信息系统已经发展成一个庞大的家族。与此同时，计算机在生产加工过程控制中也开始大量应用。

2. 计算机集成制造系统

从20世纪60年代以来，人们开始研究用电子技术去控制车床或者设备，并把这种技术叫数控机床技术。早期是控制单台车床，后来是流水线，到70年代中期，随着柔性加工系统（FMS，Flexible Manufacture System））设想的提出，这项技术发生了一个突破性的进展，这种技术实际上就是要把原来的数控机床技术和生产指挥技术结合起来，通过只改变数字指令而不改变传统工业布局和工业设计的方式，来改变整个生产过程。用老的生产设备、生产流水线，生产出完全不同的产品。柔性加工系统的提出极大地促进了信息技术在生产制造领域中的应用。到了80年代，计算机不但可以处理数据，而且可以画图，帮助人们进行机械绘图和机械设计。至此一个新的分支，计算机辅助设计（CAD）系统问世。人可以利用计算机的绘图能力，进行辅助工业设计，如进行机械零件的设计，设计完了以后，把设计的图纸打印出来，再由人按照图纸去加工。紧接着出现的计算机辅助制造（CAM）系统，就使人们直接可以利用计算机把图纸设计出来，然后由计算机辅助把这个设计结果再制造出来。所有这些都是计算机或者是信息技术在工程领域中应用的直接结果。到了80年代末期，人们又开始把计算机在工程领域中的加工处理技术与管理领域中管理信息系统的生产指挥技术结合起来，形成计算机集成制造系统（CIMS），这个系统把这两大领域的技术集成起来，形成一整套利用信息技术来指挥、加工和组织生产的全过程。

3. 商业智能系统

在20世纪80年代初，微处理器的出现带动了微型计算机，也就是PC机的问世。PC

机和以 PC 机为基础的局域网络的出现引起计算机的价格大幅度下跌，使得计算机、局域网及信息处理技术开始大举地进入企业的办公领域，促进了企业的办公效率。这就是在谈论信息系统发展时经常提到的一个分支，叫办公自动化（OA）系统。

同时，信息处理技术在另外一个领域又有了突破，主要体现在知识处理和智能处理上。知识处理和智能处理的出现，使计算机不但可以处理定量的问题，而且能够处理定性的问题，信息系统和信息技术由此开始进入管理领域的更高层次，也就是从 20 世纪 80 年代开始发展的决策支持系统（DSS）。目前的计算机已经广泛应用在各种层次的企业决策支持系统和政府辅助决策支持系统中，并且基于数据仓库、数据挖掘和分析处理技术的商业智能（BI）系统也开始在企业电子商务的进程中发挥着越来越重要的作用。

4. 电子商务系统

信息系统的另外一个应用就是 EDI 技术的出现，即电子数据交换技术。早在 20 世纪 60 年代，美国军方和运输部门就开始用电报的报文来传递各种各样的商务单证。但后来人们发现，自然语言在书写中的随意性，经常导致出现贸易纠纷。为了规范这种利用电子手段来传递各种商务单证的行为，从 70 年代末期，美国和欧洲开始研究、并且推出了各自的 EDI 标志。EDI 标准的推出极大地促进了贸易单证和贸易手续的信息化进程。同时计算机和信息技术在另外一个领域又有了突破，主要体现在知识处理和智能处理上。这使得计算机不但可以处理定量的问题，而且能够帮助我们处理定性的问题。到 90 年代，由于互联网络使人类社会进入到一个网络处理的时代，社会开始了一个网络化的发展进程，这种网络化的时代和发展进程对于信息系统的建设和应用也产生了很大的促进作用。其中最有代表性的发展分支就是电子商务系统的出现，电子商务的出现极大地扩展了传统的信息技术和信息系统应用的范围，把信息系统的应用范围从传统的只能处理管理问题扩展到能够处理经营问题。这是电子商务的形成和发展的关键。

1.2.2　互联网及其发展

电子商务的形成和发展，很大程度上是依赖于互联网络技术的发展。

1. 互联网络的形成

互联网（Internet）的前身是 1969 年美国国防部所属的一个发展研究机构为了应对"冷战"而建立的一套网络和信息系统，名为 ARPANET。目的是战时在军事上如何抗打击，以及在现有资源被破坏时应如何提供必要的信息资料以迅速地组织和恢复美国的经济和生产的系统。在 1986 年，预计"冷战"可能马上要结束的形势下，由美国国家自然科学基金委员会出面，把美国军方的代表、美国各大学的代表和公司代表召集到一起，以 ARPANET 为基础，研究 TCP/IP 技术，并利用这种技术把美国的所有计算机网络连成一片。开始把它起名叫 NSFNET，经过各方的努力，1987 这个系统被正式定名为互联网。互联网投入到商业化使用后，最开始只是应用于美国的各大学、研究机构、政府机关和一些大的公司，90 年代以后，互联网在全球开始迅速地普及和发展，到目前为止我们可以认为，全球的任何一个办公室，或者说任何一个房间，都已经被互联网牢牢地连为一体。

2. 互联网络用户及用途

互联网从它的形成和发展到目前的状况经历了一个比较大的转变过程，美国一个很大的数据集团 IDC 公司，对互联网调查统计得到两组对比数据，我们可以从这两组对比数据中看到这样一个转换过程。IDC 集团对 1993 年 12 月 31 日以前的互联网用户做了一个调查，调查的结果是，90% 以上的用户是大学生、教授、大公司的高级雇员等。这一部分人都有比较强的技术背景。所以可以说 1994 年以前的互联网仅是一个学术网络。在三年以后的 1996 年 12 月 31 日，这个公司又做了一次调查结果发现，互联网用户的背景成分发生了巨大的变化。原来有比较强的技术背景的用户群现在已经迅速地下降到只占总数的 12%，而且在它的报告中还特意指出，有比较强的技术背景的用户群人数并没有减少，还在增加，只是相对人数减少得比较快。说明普通老百姓上网人数剧增。这样的调查结果表示，互联网已经由一个学术网络发展成一个大众网络。那么未来的互联网会朝着什么方向发展呢？按照美国主流媒体的报道，主要有两大方向。一大方向是信息娱乐业，包括新闻、报纸、电影、电视等；另外一个大的发展方向就是电子商务，即企业利用这种大众媒体来展开它的各种各样的商业活动。

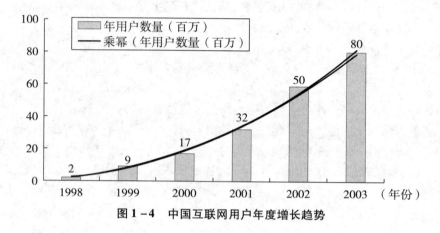

图 1-4　中国互联网用户年度增长趋势

表 1-1 列出了最近的几次中国网民上网主要目的的调查结果，足以看出，到目前为止，我国广大互联网用户上网的主要目的仍然是获取信息与休闲娱乐，这部分网民占三成以上，而开展商务活动的还不足 1%。

表 1-1　中国网民上网目的调查

用途（%）时间	获取信息	休闲娱乐	交友	学习	对外通信联络	炒股	获得免费资源	追崇时尚	商务活动	学术研究	网上购物	情感需要	其他
2002 年 7 月	47.6	18.9	14.9	6.6	4.4	0.9	1.2	0.3	0.8	0.8	0.3	1.2	2.1
2003 年 1 月	53.1	24.6	7.0	4.8	3.8	1.1	1.9	0.3	1.0	1.0	0.1	1.1	0.2
2003 年 7 月	46.9	28.6	7.5	7.2	3.2	2.1	1.7	0.6	0.4	0.4	0.2	0.1	1.1
2004 年 1 月	46.2	32.2	4.4	7.9	2.7	1.5	1.8	0.3	0.3	0.5	0.1	0.8	1.3

3. 互联网络贸易

1991 年美国政府宣布互联网向社会公众开放，允许在网上开发商业应用系统。1993 年万维网（WWW，World Wide Web）在互联网上出现，这是一种具有处理数据图文声像超文本对象能力的网络技术，使互联网具备了支持多媒体应用的功能。1995 年互联网上的商业业务信息量首次超过了科教业务信息量，这既是互联网此后产生爆炸性发展的标志，也是电子商务从此大规模起步发展的标志。

2002 年底，中国电子商务贸易额已超过 1 万亿人民币，增长速度每年达 70%。

加入世贸组织以后，中国企业要想在全球市场上占有优势，就更需要通过电子商务与世界各国的公司进行交互式的联系，"那些最早实施电子商务和电子商务解决方案的中国公司将会成为数字经济时代的先锋"。

世界贸易组织和联合国贸易发展大会也预计，在 21 世纪最初的几年之内，企业和企业之间的对购业务有 90% 会通过互联网上来完成，另外，15% 的商业零售业务也会通过网络来完成。

1.2.3 电子商务的发展历程

因为互联网络及电子商务的发展对企业和对国家来说都非常重要，世界各国及各种国际经贸组织都竭尽全力去推动互联网络事业的发展。电子商务迅速发展的最重要时期是 20 世纪 90 年代。

1. 电子商务发展的重要里程

1990 年 3 月，由联合国统一向全球颁布了电子数据交换的标准——EDI。这个标准的产生和迅速推广极大地促进了人类利用电子技术促进贸易事业发展的进程；1992 年，联合国贸易发展大会第一次明确地提出，要研究 EDI 技术的应用，并且要利用这种技术去提高贸易的效率；1994 年联合国贸易发展大会再一次开会，研究和总结了两年以来，EDI 应用技术的发展历程，并在这次会议上明确的提出要开放 EDI 的概念。他们认为前两年 EDI 技术的进程有很多很好很可取的地方，但是由于以前的 EDI 技术对技术本身要求较高，于是这种现状极大地影响到一些中小企业的使用。大会认为，如果中小企业不能很好地使用它，不能把 EDI 应用的技术要求降低到最低的限度，就不可能真正推动世界贸易的发展。自这次大会明确的提出要开放 EDI 以后，EDI 技术就迅速地从原来以广域网为基础的应用系统逐渐地向互联网发展。

1993 年的 11 月，美国国会正式讨论并通过了北美信息高速公路计划法案。这个法案开始是美国国内的一个工程项目，该项目一经提出，立刻在世界范围引起了强烈的反响。在美国通过了这个立案以后仅两个月，加拿大国会也通过了一个这样的议案，正式加入美国的这个系统；又过了几个月，日本议会也通过了他们的议案，随后欧洲议会也开始讨论和通过了同样的议案，并加入这套系统。同年我国李鹏总理的工作报告中也提出我们要加入这套系统。于是北美信息高速公路计划在不到一年的时间内就迅速地从美国国内的一个工程项目演变成全球化的一致行动。

1997 年 7 月 1 日，在美国总统向全国人民发表的国情咨文中，克林顿政府明确宣布，暂时不对在网络上从事贸易的公司增加任何新的税种。这个政策的宣布，预示着美国政府从这个时候开始已经采用政策和经济双重杠杆来推动电子商务事业的发展。如果在这以前我们认为各种各样的网络商务，或者电子商务行为是一种个人、商业或者公司行为的话，那么从那以后就演变成带有政治影响的商业行为。克林顿政府的政策措施出台以后，首先作出反应的是美国的竞争对手欧盟，欧盟在 1997 年的 7 月 8 号，发起了一个互联网贸易会议，会议邀请了欧盟、美国、日本等 29 个主要贸易国参加。会议原则通过不对在互联网上从事贸易的公司实行新的贸易壁垒和增设新的税种决议，这就意味着在世界范围里，一个巨大的网络虚拟空间——自由贸易免税区正在酝酿形成。

自 20 世纪 90 年代中期以后，人们在电子商务所涉及的法律、金融等其他方面也做了大量的工作。1996 年，联合国国际贸易法委员会正式用 6 种文字向全球各国颁布了电子商务示范法，并且敦促各国政府尽快地根据自己国家的具体情况和示范法的文本制定本国相应的法律，以免使得电子商务大潮来临之际没有法律作为保障，影响正常的经济和金融秩序。1997 年 12 月，世界贸易组织达成全球金融协议，协议明确提出，要利用电子技术去促进世界金融事业的发展，防范金融风险和促进电子商务事业的发展。

1998 年 5 月，世界贸易组织正式达成了一项为期一年的对互联网贸易免税的临时性协议。1998 年 6 月，美国国会众议院通过一项互联网免税法案，规定了在三年期限以内，可以对电子商务的企业实行免税。1998 年 10 月，美国国会参议院正式通过了为期一年的互联网免税法案，为此美国每年大概要承受 120 亿美元的损失。那么美国政府、国会为什么要这样积极地去促进这个事业的发展呢？其目的是要以极小的代价换来巨大的收益，以此增强美国企业和美国整个国家在下一个世纪的综合竞争能力。

1998 年 11 月，亚太经济工作组织召开会议，专门设议题就电子商务的发展以及国际协作问题展开讨论。与亚太各国在积极活动、积极促使电子商务事业发展的同时，欧盟也不甘寂寞，1998 年 11 月欧盟也开始从各种不同的角度敦促各成员国尽快地讨论有关跟电子商务相关的法律、税务，以及国际合作的问题。

1998 年以来，我国政府对电子商务给予了空前的重视。1998 年年初，我国四部委共同宣布把 1998 年定义为中国电子商务年，随后各种各样的政府上网工程、企业上网工程，以及我国各级地方政府的电子商务示范工程等迅速地在全国各地开展。所有这些举措都极大地促进了我国电子商务事业的发展。

2. 电子商务发展的关键技术

1996 年 2 月，VISA 与 MASTER CARD 两大信用卡国际组织共同发起制定保障在互联网上进行安全电子交易的 SET 协议（SET 协议的制定得到了 IBM、Microsoft、Netscape、GTE、VeriSign 等一批技术领先的跨国公司的支持）。SET 协议适用于 B to C 的模式，围绕客户、商户、银行（收单行或开户行），以及其他银行相互关系确认身份（把数字加密技术用于数字签名和颁发电子证书），借以保障交易安全。

1997 年 12 月，VISA 与 MASTER CARD 两组织共同建立安全电子交易有限公司，专门从事管理与促进 SET 协议在全球的应用推广，该公司被赋予代表上述两大银行卡国际组织管理颁发具有最高权威等级的根认证机构（root CA）的特许权力。在 R-CA 之下，建立分层结构的认证体系，即分层逐级而下的品牌认证机构（Brand CA）、地域政策认证机构（Geo-political CA），以及持卡人认证机构（cardHolder CA）、商户认证机构（Merchant CA）、支付网关认证机构（Payment Gateway CA）。但 SET 协议操作起来过于复杂，成本较高，使用的广泛性尚差，还有待于改进。

1994 年美国网景公司（Netscape）成立，该公司开发并推出安全套接层（SSL）协议，用于弥补互联网上的主要协议 TCP/IP 在安全性能上的缺陷（如 TCP/IP 协议难以确定用户的身份），SSL 协议支持 B to B 方式的电子商务并支持按 X.509 规范制作的电子证书，借以识别通信双方的身份，但 SSL 协议缺少数字签名功能，没有授权，没有存取控制，不能抗抵赖，用户身份还有可能被冒充，这就是 SSL 协议在安全方面的弱点，在实践中也证明，由 SSL 协议构筑的安全防线有被黑客击中并攻破的实例。

加拿大北方电讯公司（Nortel）所属的 Entrust 公司开发公钥基础设施（PKI，Public Key Infrastructure）技术，支持 SET、SSL、IP 及电子证书和数字签名，可弥补 SSL 协议的缺陷，IBM、Sun 等公司均采用 Entrust 公司的 PKI 技术，以支持 B to B 方式的电子商务进行安全结算。

网络交易安全技术的逐步完善是电子商务形成和发展的关键。

1.2.4　电子商务对社会经济产生的影响

随着电子商务魅力的日渐显露，虚拟企业、虚拟银行、网络营销、网上购物、网上支付、网络广告等一大批前所未闻的新词汇正在为人们所熟悉和认同，这些词汇同时也从另一个侧面反映了电子商务正在对社会和经济产生的影响。

1. 电子商务将改变商务活动的方式

传统的商务活动最典型的情景就是"推销员满天飞""采购员遍地跑""说破了嘴、跑断了腿"；过去一提到商务，人们不是联想到在一家商场中精疲力尽地搜索自己所需的商品，就是联想到在谈判桌前，买卖双方唇枪舌剑地谈判，消费者在商场中筋疲力尽地寻找自己所需要的商品。而现在，通过互联网只要动动手就可以了，人们可以进入网上商场身临其境地浏览、采购各类产品，而且还能得到在线服务；不仅能够购买实际类产品，如汽车、电视机和录音机，也能购买虚拟类产品，如信息、录像、录音、数据库、软件及各类知识产品。此外还能获得各类服务，如安排旅游行程、网上医疗诊断和远程教育。

2. 电子商务将改变企业经营的方式

一家企业在网上开设了电子商店，于是，它便发现世界就在它的面前。

（1）客户将在网上与供货方联系，利用网络进行会计结算和支付服务。

（2）实现实物商品、物资的优化配送，提高运输效率，减少运输费用。并可以实现电子商品的电子送货，即对电子信息产品可以直接通过网络传送。免去对电子商品的人工、机械装卸、运输。

（3）企业可以方便地与政府部门及竞争对手发生联系。政府还可以方便地进行电子招标、政府采购等。这种网上联系，将企业经营的方式在各个角度做了改变。

3. 电子商务将改变人们的消费方式

网上购物是足不出门，看遍世界，网上的搜索功能可方便地使消费者"足不出户、货比三家"。网上购物的最大特征是消费者的主导性，购物意愿掌握在消费者手中；同时消费者将能以一种十分轻松自由的自我服务的方式来完成交易，从而使用户对服务的满意程度大为提高，消费者主权可以在网络购物中充分体现出来。实现电子订货，可以提高社会效益。

4. 电子商务将改变企业的生产方式

电子商务能将市场与生产、生产与消费直接沟通，利于生产企业模拟市场，生产适销对路的产品，提高企业的经济效益。由于电子商务采用快捷、方便的购物手段，消费者的个性化、特殊化需要可以完全通过网络展示在生产厂商面前，为了取悦顾客，突出产品的设计风格，制造业中的许多企业纷纷发展和普及电子商务，如美国福特汽车公司在 1998 年的 3 月份将分布在全世界的 12 万个电脑工作站与公司的内部网连接起来，并将全世界的 1.5 万个经销商纳入内部网。福特公司的最终目的是实现能够按照用户的不同要求，做到按需供应汽车。

5. 电子商务将改变企业的管理方式

利用电子工具可以不使用纸张来记载商务数据，代之以磁盘、光盘。通过实现无纸贸易，大量减少商务活动（咨询、买卖、财务、统计等）中的纸张、笔墨的消耗，节省大量的原材料。

6. 电子商务将形成新的贸易机制

由于利用电子化信息对商品的描述、买卖进行规范化非常有效，因此，电子商务有利于规范商品贸易行为。借助电子网络可以打破条块分割、地域分割限制，有利于形成集中约束的贸易管理体制。建立在电子商务基础上的管理体制是集约型的高效的管理体制，有利于形成全国统一的大市场、大流通、大贸易。

7. 电子商务能实现资源的最佳配置

电子商务将给传统的营销业带来一场革命，有利于实现生产要素的最佳配置和最大程度地节约物质、能源等资源。电子商务是在商务活动的全过程中，通过人与电子通信方式的结合，极大地提高商务活动的效率，减少不必要的中间环节，传统的制造业由此进入小批量、多品种的时代，"零库存"成为可能；传统的零售业和批发业开创了"无店铺""网上营销"的新模式；各种线上服务为传统服务业提供了全新的服务方式。

8. 电子商务将带来一个全新的金融业

由于在线电子支付是电子商务的关键环节，也是电子商务得以顺利发展的基础条件，随着电子商务在电子交易环节上的突破，网上银行、银行卡支付网络、银行电子支付系统以及电子支票、电子现金等服务，将传统的金融业带入一个全新的运作环境，极大地减少了现金的生产、存储、流通和管理，使电子货币的使用成为必要。1995 年 10 月，全球第一家网上银行"安全第一网络银行"在美国诞生，这家银行没有建筑物，没有地址，营业厅就是首页画面，员工只有 10 人，与总资产超过 2000 亿美元的美国花旗银行相比，"安全第一网络银行"简直是微不足道，但与花旗银行不同的是，该银行所有交易都通过互联网进行，1996 年存款金额达到 1400 万美元，1999 年达到 4 亿美元。

9. 电子商务将转变政府的行为

电子商务有利于将"有形的手"与"无形的手"相结合，共同促进经济的发展和繁荣。政府承担着大量的社会、经济、文化的管理和服务的功能，尤其作为"看得见的手"，在调节市场经济运行，防止市场失灵带来的不足方面有着很大的作用。在电子商务时代，当企业应用电子商务进行生产经营，银行实行金融电子化，以及消费者实现网上消费的同时，同样对政府管理行为提出新的要求，电子政府或称网上政府，将随着电子商务发展而成为一个重要的社会角色。

另外，在电子商务市场中，形成工农差别、城乡差别的重要障碍（时差、地差）被消除，因此有利于缩小工农差别、城乡差别，实现共同富裕。

第三节 电子商务对小微企业的影响

从1995年中国第一个电子商务公司瀛海威信息通信有限责任公司成立开始，中国开始步入电子商务时代。到1999年，中国电子商务发展迅猛，其标志是8848、阿里巴巴等一批以协助数以百万的卖家和供应商从事网上商贸往来为主要目的的网络公司的成立。

中小企业融资金融服务已经成为未来衡量银行发展潜力及盈利能力的重要指标。根据目前国内银行实务中对中小企业业务的划分与界定，一般将总资产规模在2亿元以下且融资需求主要集中于500万元以上的公司经营实体划归至中小企业金融服务的范畴。而"小微企业"是指比中小企业规模更小的小型及微型企业，具体包括小型民营公司、个人合伙企业及个体工商户等经营单位或组织。因企业经营资产和个人财产无法明确划分的原因，小微企业融资业务的贷款主体一般为小微企业主或其实际控制人，同时其融资需求也大多限于500万元以内。如果仅从数量上考虑，小微企业绝对是最广泛意义上的中小企业群体中的大多数，而相对来说，小微企业融资难的问题在现实中更为突出，银行在小微企业融资业务开展模式及方案设计方面，值得再思考的问题也更多。

中国民生银行在国内的中小企业金融服务领域首先提出了"小微企业"及"商户融资"的概念，并将其小微企业金融服务方案取名"商贷通"（将小微企业及其实际控制人统称为"商户"）。笔者很赞同民生银行对中小企业金融服务领域的再次细分，并认为小微企业融资难的问题及其困难所在之处，在很大程度上也印证了中小企业融资难的现状。

1.3.1 发展小微企业融资业务应当坚持和摒弃的原则

众所周知，客户数量多、行业分布广，信贷周期短、贷款额度小、用款次数频繁，风险较大、收益较高，担保物及担保方式选择余地少，以及客户信息采集较难等是小微企业融资业务的特点。有别于大公司业务，银行必须首先认识和熟悉小微企业运作及经营的独特性，理解和容忍小微企业发展的不规范性，并制定一套单独的适合于小微企业融资业务发展的工作流程及评审标准。

小微企业融资业务现阶段（初期）的发展目标应当是"批量化、流程化和规模化"（三化），简言之即以批量营销模式为主，坚持业务发展的流程化，以科学的发展原则和风险管理理念，尽快实现业务发展的规模化。最终或长远的目标是实现银行与小微企业的共同成长，培育和输送出一批优秀的中小企业或大型企业，并形成小微企业金融的差异化服务。

由此，为落实小微企业融资业务在发展初期"三化"的要求，有两大比较领先的原则有必要坚持和重提：

第一，收益覆盖风险原则。该原则首先强调的是利率水平或客户综合贡献度等收益回报问题。小微企业融资属于高风险业务，风险与收益应当匹配，高风险必然要求高回报。在传统的大公司业务中，银行相对客户来讲处于劣势，没有平等的谈判地位，对于利率水平往往没有最终的决定权。小微企业融资业务正好相反，银行具有自主定价权力，其业务定价水平及收益回报应当明显高于一般的大公司业务及住房按揭业务。该原则是发展小微企业融资业务并形成规模化的基本出发点和必然要求。据笔者了解，小微企业贷款的利率定价水平目前大体为同档基准利率上浮 30% 左右。

第二，大数法则定律原则。该原则具有两重含义，即规划先行、规避行业或系统风险方面，以及"量与质"相互辩证的风险管理理念方面。

"大数法则"要求银行（金融服务提供者）首先要研究小微企业及其所处行业特点，并进行系统性地规划。小微企业的行业分布较广，有些行业风险较小且属于当地特色，如云南的茶叶行业、西安的家具、旅游等行业，但有些行业则不宜介入，如歌舞娱乐、桑拿洗浴，以及诸如受宏观经济影响严重的出口依赖型行业等。在先行规划的前提下有计划地介入相关小微企业，大数定律就会发挥有效的指挥棒作用，系统性风险会有效降低。另一方面，大数法则定律原则要求小微企业的客户数量要足够多，而单户的贷款金额要保持在一定额度之下，不能过大（一般认为 200 万元以下的贷款要占主要比例），即要在控制单户贷款金额的前提下，保持足够数量的有效存量客户，客观上通过数量实现分散和降低小微企业整体信贷风险的目的，以量补质，允许并容忍合理范围不良资产（率）的存在。

该两大"宝藏原则"引申出的内涵可能会更多。除此之外，在小微企业融资业务的开展初期，还应当明确和坚持以下两个原则：

1. 建立和实行"强调有效客户数量增加，且不鼓励大额融资"的阶段性考核原则

在现阶段，小微企业融资业务并不成熟，也没有可直接借鉴和复制的成功经验，银行不应当完全依赖于经济利润指标对营销人员进行考核，发展初期不应当过分强调创利考核的权重，而客户数量的培育和积累（包括存量及新增客户数量两方面），可能显得更为重要些。同时借鉴银行小额贷款的成功经验，在业务发展初期应当避免盲目求快做大的发展思路，必须要坚持和强调授信额度的适度及金额限制/定，避免出现过多的大额融资现象，切实践行大数定律原则下的可持续发展的思路。

2. "尽职免责"原则的建立及制度化

科学发展的小微企业融资业务应当主动设定一定的风险容忍指标，容许一定范围的不良资产存在。目前，各大银行对中小及小微企业金融业务或者实行独立牌照的专营，或者在内部组建专业团队并进行集中作业服务，为了扫清专业营销及服务团队的后顾之忧，实现业务的规模化、流程化和批量化操作，应当摒弃不良资产问责方面不科学的"一刀切"或"连坐追究"的旧做法，明确尽职免责原则内涵并使之制度化。这项原则是银行小微企业融资业务可持续发展的重要内部保障。

1.3.2 国内目前常见的小微企业融资业务开展模式及方案

目前国内在小微企业融资业务营销及开展方面普遍适用的模式有两种，一种是单户营销（又称介入模式），另一种是区分不同业态商业集群进行批量开发。两种开发或营销模式不存在优劣之分，只有适合与否、可操作与否之分。

单户营销或介入模式俗称散单，是小微企业融资业务发展的基本方案，但对于零售业务批发做的小微企业金融营销及发展思路来讲，立足于集群项目进行批量开发的模式更容易把小微企业金融做大做强。

在商业集群批量开发营销模式方面，民生银行的做法值得借鉴和推广。民生银行首先将小微企业融资业务的重点发展行业定位于"国家产业政策支持、区域优势明显、受经济波动和通胀影响较小、经营周期相对稳定、与大众生活密切相关、日常认知度高的行业"。在此前提下，紧紧围绕"商业圈"、"产业链"及"供应链"（一圈两链）集群进行批量的系统性开发和授信。

比如，根据产业链商户分布，将商户分为原材料供应商、制造商（厂商）、品牌代理商或经销商，并重点发展处于流通领域、成本能够迅速转嫁、有稳定分销渠道的代理商和经销商集群，以及大型、知名、垄断企业上游供应商集群；根据流通领域商业业态的不同特征，将商户分为交易市场商户、超市等卖场商户、商业街门店商户及电子商务门店商户四大类，积极鼓励前三类业态的商户集群发展，并有针对性的给出授信方案。

由于小微企业在经营的规范性及担保措施方面不同于传统的大公司对公授信业务，故此，对小微企业的要求当然要与传统的做法与观念有所区分与不同。但在目前银行同业对中小企业，特别是小微企业的授信态度及政策方面，除邮政储蓄银行及部分当地主要商行（尤其是经济发达地区）在小额贷款业务中推出非房产抵押担保类（如联保、信用等）的担保方式以外，固有的不动产抵押担保的崇拜思维依然根深蒂固。

值得一提的是，在商业集群项目的批量营销开发方面，民生银行对小微企业主（承贷主体）的担保要求相对比较灵活和多样，可供选择的担保方式超过10种，包括不动产抵押担保、共同担保（具体指房产＋法人公司或专业担保公司保证）、供应链核心企业担保、专业担保公司保证担保、联保体联保、应收账款质押担保、商铺承租权质押、集群项目项下市场管理方保证担保、自然人保证、自然人互保及信用方式等。

在授信产品方面，包括民生银行、招商银行及兴业银行等在内的多家银行，目前已成功推出了个人循环授信额度贷款产品，即在额度有效期内借款人可根据资金需求合理安排支用的金额，并可循环使用，但具体单笔贷款一般不超过一年。当然，借款人仍可根据自身情况申请单笔/次授信。

例如，对于拥有较可靠的应收账款（如稳定的租金）收入，但小微企业主对于出租物不拥有所有权，而仅拥有出租物的使用权或出租权，且不能办理抵押担保的情形（类似经营性物业贷款性质），如果小微企业经营稳定，租金等应收账款作为第一还款来源基本可覆盖贷款本息支出，实际中能否尝试着采取应收账款质押＋"三方协议"（小微企业主、承租人及银行签订）的风险控制方式进行贷款评审和审批？贷款风险的控制首先强调的是第一还款来源的充足性和可靠性，以及真正的违约风险发生概率，而不是一味地强调是否能够落实抵押担保措施。

毋庸置疑，担保方式的多样和灵活是小微企业融资业务发展的灵魂。如果一味强调传统公司贷款业务中的抵押等强担保方式，不破除不动产抵押崇拜思想，则小微企业融资业务就不可能真正得到长足发展。

1.3.3　几种创新的小微企业融资模式介绍

根据笔者相关实务经验，现介绍三个集群授信案例，该三个融资模式各具行业代表性，可借鉴、可复制性较强。

1. 家具行业集群项下商户租金贷款融资模式

模式背景及设计初衷：在家具建材行业中，如果经营商户是租赁所在商城中市场管理方的商铺进行经营，单次租赁期限较短，且租金逐年/次上涨较多，假如市场管理方（出租人）计划一次性提前收取未来 1~3 年的商铺租金，并根据预交的期限给予经营商户不同程度的折扣回报，而银行又认可该家具商城集群，同意对商城中的经营商户进行小微企业融资授信，在市场管理方愿意对商户租金贷款承担全程连带责任保证担保，而且愿意为其保证行为另行提供其他"再担保"的条件下，银行可以进行两个不同性质的额度授信，即首先核定并给予家具商城内全部经营商户一个最高额授信额度（由市场管理方推荐其认可的经营排名靠前的商户，且单户租金贷款的额度不超过其新签订租赁合同约定的总租金的 80%），另外向市场管理方给予一个相应的最高额保证担保额度，并通过银行与市场管理方签订相关法律协议的形式完成保证担保的法律程序。

该模式会达到以下目的：

（1）对市场管理方：通过租金贷款，可以一次性收取未来 1~3 年的租金，可以增加现金流，有助于其更好地发展；

（2）对商户：商户拿到租金折扣，避免了以后每年度或每次签约时的租金上涨压力，经营成本降低，更为重要的是解决了经营或租金交纳方面的资金短缺问题；

（3）对银行：优质经营商户的分散经营本身即是对整体项目授信风险的分散，而保证人即市场管理方愿意以不动产进行"再担保"，即对保证行为形成的最高额保证债务进行担保，客观上增加了市场管理方的违约成本，可以促使其在推荐商户及进行保证担保行为时审慎谨慎，而且由于商城经营中大多采取先由市场管理方统一代收经营货款、再向商户定期划转的结算模式，能够实际控制商户的经营资金流，通过对此部分现金流的相应监控，对银行及市场管理方自身的风险可以再次起到降低作用，附带地银行就此可以顺利地开展网银、结算等产品的交叉营销，提高小微企业的综合贡献度。

在实际操作时，商户的贷款会直接划入市场管理方（出租人）的对公账户（按揭操作模式），商户可选择按月等额本息或等额本金还款，如果还款出现逾期，作为保证人的市场管理方可以暂停与逾期商户进行内部货款结算，并有权代银行扣划逾期商户的结算款项，这种风险控制措施对贷款商户而言，无疑是一种有效的威慑力量。此种模式是一种典型的"三赢"模式，三方利益相互渗透，风险控制措施巧妙，推广性较强。

2. 百货商超类集群供应链商户融资模式

此种模式的思路侧重于信用融资方式的运用。背景及思路是：针对城市主城区内大型的百货、商业街区及超市经营者（即核心企业）的上游供应链涉及的小微企业，如其经营的产品或服务容易产生经营现金流，且存货及应收账款周转较快，属于与日常大众消费关联度较高、受经济周期或政策影响较小行业，如其与核心企业合作期限较长、货款结算频繁（一般以周为频次，或者更频繁），经核心企业推荐，银行可以给予上游供应链的小微企业一定额度的信用担保融资授信，供小微企业进行短期资金周转使用。但一般均要求核心企业与银行形成金融合作关系，要求核心企业负有协助银行进行小微企业经营数据核实及贷款催清收等附随义务。

当然，如果核心企业能够及愿意对其上游供应链企业提供保证担保，也可以考虑增加授信的客户范围及信用授信额度。

3. 产业链品牌核心企业下游一级代理商应付（预付）账款融资模式

基本思路及初衷：本模式主要是为解决知名品牌的生产或销售商与下游一级代理商之间货款结算的支付问题而提出。对于在当地或全国享有较高知名度的品牌，要求核心企业推荐其认可的资信较好的代理商，并提供相应的保证担保，由银行在审核后向品牌代理商给予一定的融资额度授信，主要由代理商向核心企业支付赊销的应付账款，或者预先支付预付货款使用。核心企业能够实际监控贷款及其用途。

本融资模式的优点是：在品牌及其代理范围事先已经调查确定的情况下，系统性风险已经预先得到了排查和降低，对品牌生产→代理销售环节而言，向代理商融资实质上是对核心企业融资，客观上有助于核心企业的做大做强，结果同样是"三赢"。但需要重点关注核心企业的经营及品牌的管理能力，以及品牌所处行业与大众日常生活的关联度和知名度。

1.3.4 九江学院义乌校友在电子商务中的创业实践

作为全国批发市场发育最早、交易规模最大的中国小商品城，经过二十多年的发展，义乌已成为全国性的小商品流通中心、展示中心、信息中心、配送中心。义乌小商品市场以中小型企业为主，而中小型企业规模较小，产品种类多，经营比较灵活。据统计，义乌中小型企业数量超过企业总数的70%。中小企业总产值已经占全部工业产值的60%，销售收入占总额的57%。电子商务给中小型企业提供了与大企业竞争的平台。九江学院学子以电子商务为平台在不同的创业道路上获得了一定的成绩，下面选取了部分学子进行介绍。

1. 草根创业者刘鹏飞

看似不起眼的小小孔明灯，一年能创造3000万元的销售额，你相信吗？一个靠"倒卖"起家的销售员，不到五年创立8家公司，你相信吗？一个"80后"的草根创业者，号称要培养100个总经理，你相信吗？不管你信不信，这就是刘鹏飞演绎的传奇。他不是富二代、不是高材生，也谈不上金融奇才，但是却被《福布斯》杂志评为"中国30位30岁以下创业者"。在这个不相信眼泪，也不相信奇迹的时代，他赤手空拳，野蛮生长，为自己作了最好的注解。

创业是实现人生价值的重要途径，刘鹏飞的成功创业，不仅使自身的财富增加，还创造了社会财富，提供了大量的就业岗位，实现了人生价值的升华，并且在九江学院带来了示范效应，形成了特有的九江学院义乌现象。总结刘鹏飞的经验，主要有以下几个方面：

（1）找准切入点，市场调查先行。

孔明灯是他选择创业道路成功的切入点，创业门槛低，投资少见效快。选中项目后，能很好地进行市场调查，"卖孔明灯的店只有三四家。"这个发现让他颇感意外。回到家后，他通过阿里巴巴、百度等网站进行了搜索，发现孔明灯的销售领域存在大量空白。刘鹏飞确定，机会真的来了。利用电子商务的优势，通过市场调查，刘鹏飞终于选中了合适的项目，创业成功。其后的十字绣项目也经营得不错，同样归功于这一点，年轻的创业者一定要注意这一点。

（2）创业基础扎实，市场经营点子多。

刘鹏飞对市场的动向非常敏感，在大学期间，脑海中经常有很多点子，也有很多都成功实施，积累了很多创业经验，因此在孔明灯项目上，能迅速抢占市场，从一无所有到成为"孔明灯大王"，刘鹏飞只用了不到一年时间。由于点子多、思维敏捷，在产品研发上，能把握住市场先机，研发的新产品远销欧洲，产品多样化，使得跟进者很难复制这种成功模式，企业核心竞争力不断得到提升。

（3）注重团队的打造和管理人才的培养。

一流的团队比一流的创意更重要，稳定团队骨干，激励团队成员，培养管理人才，能极大地提高凝聚力，最大限度发挥团队成员的作用。刘鹏飞在义乌是一面旗帜，是九江学院义乌校友的领军人物，他的带动效应形成了义乌九江学院创业群体，这个群体越来越大，校友团队经常在一起探讨研究项目，好的项目大家一起分享，并成立创业基金扶持校友创业，很多和他共事的校友，都成功创业。那些投奔他的学弟学妹，都被他视为志同道合的革命兄弟。在他眼里，一个人的忠诚和品德是最重要的，至于个人能力完全可以后期培养。我们期待他所说的"培养出 100 个总经理"这一天的到来。

（4）创办企业，赚钱不是唯一。

刘鹏飞先生创业成功后，对钱看得不是很重，用他的话说，"一家优秀的企业，一定要赢得社会的尊重。"他拿出公司的一部分股份，分给公司的 20 多名骨干，这些人以他的校友为主，曾经和他一起打拼。"我的理想是共有、共富、共荣，建立全民股份制。"让公司的每名员工都有股份，这是刘鹏飞理想中的企业，他将此视为一项伟大的事业，而这个事业最先要解决的问题就是房子——他要在义乌盖一栋高楼，让员工不必再为高昂的房价发愁。除了支持一同创业的兄弟，刘鹏飞也没有忘记学弟学妹。他在母校成立了飞天电子商务基金会，专门用于大学生创业。在母校专设了飞天创业班，帮助学弟学妹们发展。这使得他的企业经营理念达到了新的高度，能承担更多的社会责任。

2. 小小网店——创造巨大财富

随着互联网的诞生，以及现代高速发展的交通。一种不同于传统货物流通方式——网购也应运而生。京东商城、淘宝网、天猫商城等一系列网上购物平台的建立，使得卖家和买家通过一条条无形的网络通道进行着一笔笔的生意。足不出户，便可买到自己心仪的商品，这种前所未有的便利使得人们对网购的依赖性逐渐增强。在这种网购盛行的年代，其中的商机也像井喷一般涌现。

（1）态度决定高度，机会总留给那些有准备的人。

"你可以没有开枪的机会，但当机会来时，你的枪里一定不能没有子弹"，大学生创业要随时准备着，最重要的，一是有创业的精神，二是有创业的技能。成功的基本前提就是创业前是否做好充足的准备，扎扎实实，一步一个脚印，才能有所作为。王鹏毕业后应聘进义乌一家电子商务公司从事摄影工作。起初他对日复一日的拍摄和美工工作并不怎么感兴趣。这种情况在毕业生就业之初常见，有的毕业生会选择频繁跳槽，这种"职场青蛙"没有把自己的发展和工作联系起来，无法把自己的能力深度提高，只能越跳越糟。在大学生毕业就业、择业、创业过程中，特别忌讳眼高手低的心态及勿以事小而不为的毛病。但就是这份王鹏觉得乏味的工作，却让他进入了一个将来成就他事业的行业。每天的工作之余他便在公司中到处走走，仔细观察公司电子商务的运作流程。在观察的过程中不断地思考，渐渐地他对电子商务这个行业萌生出了极大的兴趣。在公司工作了 6 个月，当基本掌握了淘宝网店运营的技能之后，王鹏辞去了这个已经稳定的摄影的工作独立门户，开了属于他自己的第一家网店，也开创了自己的创业之路。可见，大学生创业要先起步后发展，不怕从基层做起、从不起眼的事情做起，只有肯干，才能找到施展才华的机会，才能实现自己的人生价值。

（2）熟悉电子商务的运营。

准备网络创业的人，不能盲目，创业前要了解的东西有很多，特别是要掌握电子商务整体运营流程，如市场的前景、顾客的需求、产品的定位、店铺的装修、店铺的推广与营销、店铺的运营与管理、资金流、物流、分销体系的建设与维护、会员营销、数据分析等，这些可以去大公司积累经验，也可以去淘宝大学自学，可以自己开个网店边摸索边经营。最重要的还是在产品的选取上，购物网站上的产品可谓琳琅满目，但如何在如此众多的产品中选择自己有优势的作为重点的产品。如果对产品把握得不够，对市场了解不准确，就会造成货物的积压。因此，网络创业首要的一步是必须密切关注市场的动向，以及消费者的购买倾向，确定自己的网店经营项目。

（3）在挫折中磨炼自己。

大学生创业路崎岖坎坷，不可能一路走来顺风顺水。人们不能只看见创业的人们所获得的财富，而往往忽略了他们背后一路走来的艰辛。人总会遇到挫折，失败在所难免，这个时候创业者心中一定要有坚持下去的信念。遇到困难时，要学会用自己的左手温暖右手，时刻准备着应对未知的难题。王鹏因为一次用人失误，让公司业务流失80%，导致很长一段时间公司没有起色。但王鹏骨子里就有一股不服输的劲，凭着多年在电商中打拼的经验。他又开始瞄准了礼包装盒及女生用品的市场，再一次东山再起，公司重整旗鼓，正向着规模化，企业化的道路前进。

（4）勇于实践，努力提高自己的创业能力。

俗话说，三百六十行，行行出状元。创业不可盲目更不能随波逐流。许多大学生缺乏对自己的人生观、价值观和能力的清醒认识，不知道自己将来能干什么，更不明白自己能够朝哪个方向发展。王鹏在刚进入大学时并不如人们想象中那样能说会道，十分的具有商人的意识，相反的，他刚开始还有点内向，不愿与人交流。他在专注自己学业的同时，还发展许多的业务，一次又一次的磨砺自己心态，挖掘出自己的潜力。因此，对于那些还在学校学习的同学们，首先一定要找准定位，确立自己未来的发展方向，尽早规划自己的职业生涯，并付诸实践，拥有成功的职业生涯才能实现完美人生。最后，勇于实践，努力提高自己的创业能力，大学生要有主动的实践意识，把实习实践作为毕业前深入社会进行的一种专业知识锻炼的机会，善于发挥专业技能，体验创业的艰辛，培养自己的创业品质，为获得创业机会作准备，增强创业竞争能力。正如王鹏所说的那样，如果你喜欢自己的专业，那么你就认真的去学；要么你就专心的培养自己长项，利用充足的时间做出一些有助于自己步入社会的事。这些均可为后来立志创业的学弟学妹们一些借鉴和思考。

3. 破茧方能成蝶——小业务员的大成就

笔者初见尤文标时，未见其人，先闻其声。他人还未从车上下来，热情的笑声就先传入耳中。平凡普通的长相，却因为他的笑容，带来一种莫名的亲和力。去工厂的路途上，他便热心的给我们介绍起义乌当地的情况，并十分大方的介绍自己。他一直挂在脸上的笑容与很多人初见生人的胆怯，形成一个鲜明的对比。

尤文标2008年从九江学院毕业后，有4年多的时间里，换了多份工作，经历了好几次失败，凭着吃苦好学的精神和坚忍不拔的意志，最终成为一位"老总"。年纪轻轻就创业成功，尤文标无疑是幸运的，但他的幸运里又包含着必然的因素。分析起来，他创业成功的经验主要有以下这么几点：

（1）丰富的经验。

创业成功是小概率事件，总是偏爱那些有准备的人。这些准备既包括理论知识的准备，也包括实践经验的准备，特别是后者，是成功创业的前提。很多大学生凭着一腔热血，不经过企业实践的磨练，毕业就直接创业，常常碰得头破血流。尤文标从一开始就沉到企业的第一线锻炼自己。大学毕业后尤文标换了好几份工作，屡屡失败，但他却从失败中完成了创业所必需的知识与经验的积累。做业务员的时候，他学到了营销技巧，锻炼了口才。做仓管的时候，他获得了管理经验和操作技能。他当司机，做捆包员，掌握了物流配送的技术。他跟外商谈业务到深夜，积累了外贸知识和经验。通过 4 年的积淀，尤文标积累了丰富的经验和技能。这为尤文标之后独当一面、成功创业奠定了坚实的基础。

（2）坚韧的性格。

创业的道路从来就不是一帆风顺的，会遭遇很多的困难和挫折，只有百折不挠的人才有可能笑到最后。尤文标的第一份工作是保险推销员，做了三个月毫无起色，他被迫选择了离开，走的时候甚至连基本工资都没有拿到。但他并没有气馁，相反，第二份工作他又选择了推销员，因为他坚信，假以时日，自己一定能做好这份工作，后来的事实也证明了，有了第一次的工作经验，第二份推销工作虽然同样屡遭白眼，同样辛苦，但靠着诚实和韧劲，他收获了老板的信任，业绩也有了明显好转。不过，尤文标的理想远不止是一个推销员。不久之后，凭着年轻人的闯劲，他放弃了已有起色的工作，联系上以前的校友来到义乌投资染线业务，开始了第一次创业。然而，市场的变化、资金的限制及经验的不足，使得他的第一次创业很快失败。对困难的估计不足，对市场复杂的程度认识不够，这也是大学生首次创业的通病。跟第一次工作的失败一样，尤文标并没有气馁，而是卧薪尝胆，将自己扎根于企业的第一线，在实践中学习管理知识和技术，丰富自己的经验。就这样，凭着坚韧的性格和不服输的精神，屡败屡战，在大学毕业 4 年之后，尤文标东山再起，终于破茧成蝶，成为义乌市飞天灯具厂的老板。

（3）诚实的品质。

人脉资源是大学生创业的关键因素，它可以使创业者在起步时就站在巨人的肩膀。尤文标正是在这样一位巨人——大学生创业领军人物刘鹏飞的帮助下实现成功创业的。那么，尤文标的人脉资源是靠什么建立起来的呢？两个字：诚实。诚实是做人和创业的立身之本，诚实是与人友好合作的前提，诚实是积累人脉的基石。尤文标在访谈中这样说道："在外不管对谁，只要你用心对他人，不要心计，时间长了，对方就会认可你……诚恳老实的人往往会得到很多的合作伙伴。"以诚待人，别人才能真心待你，正是秉承这样的信念，无论是朋友、同事、客户，尤文标都能以诚相待。依靠"诚实"，尤文标接到了上海同学的创业邀请，得到了刘鹏飞的帮助，收获了灯具厂老板的信任。依靠"诚实"，逐渐积累起丰富的人脉资源，成为他成功创业的重要因素。

本章参考文献

［1］张炜，许研. 电子商务概论［M］. 北京：经济科学出版社，2010.

［2］俞立平. 电子商务概论［M］. 北京：清华大学出版社，2012.

［3］赵静. 电子商务原理与应用［M］. 北京：北京大学出版社，2010.

［4］王乐鹏. 电子商务原理及应用［M］. 2 版. 北京：中国电力出版社，2012.

第二章 电子商务支撑技术

第一节 电子数据交换技术

2.1.1 电子数据产生的背景

在国际贸易中，由于买卖双方地处不同的国家和地区，因此在大多数情况下，不是简单地直接面对面买卖，而必须以银行进行担保，以各种纸面单证为凭证，按照国际法、国际公约与国际惯例进行贸易，实现商品与货币进行交换的目的。在交易过程中，容易出现纸面单证录入错误，邮寄的延误和丢失等种种问题，并且在整个贸易过程中，含有同样交易信息的不同文件要经过多次重复处理才能完成，增加了很多重复工作和额外开支。

电子数据交换（EDI）就是模拟传统的商务单据流转过程，对整个贸易过程进行了简化的技术手段。EDI 最早是在 20 世纪 60 年代开发的，通过电子数据，减少纸面数据工作，从而消除可能的录入错误。最初，EDI 出现在一些已经拥有非常成熟的供应链网络的行业，通过实施 EDI 来提高整个行业的效益。比如，EDI 较早的应用是在北美、欧洲等国家的汽车制造业、运输行业等，通过使用 EDI 很快提高了整个行业的整体利润。

1996 年初的统计资料显示，美国最大的 100 家企业中就已有 97 家使用 EDI 系统，全美所有企业有 25% 已使用 EDI 系统。新加坡于 1991 年即正式运行全国的 EDI 系统，韩国全国的 EDI 系统则于 1993 年投入运行。

2.1.2 EDI 的定义

1996 年，National Institute of Standards and Technology（美国国家标准和技术研究所）定义 EDI 为："电脑对电脑的数据交换，具有严格的消息格式，表现文档而不是货币工具。"也就是说 EDI 实质上就是两个实体间的一系列消息交换，双方既可以是发起人，也可以是接收者。格式化的数据可以通过网络从发起人传输到接收方，也可以通过电子存储介质传输。此定义区分了单纯的电子交换和数据交换，说明在 EDI 场景下，通常的消息接收处理是通过电脑进行的。人工参与仅仅在处理出错，质量审查或一些特殊场景。

EDI 的定义目前没有统一的规范，很多组织都给出了 EDI 定义。

国际标准化组织（ISO）将 EDI 定义为："将商业或行政事务交易，按照一个公认的标准，形成结构化的事务交易或信息报文格式，实现从计算机到计算机的数据传输。"

国际电信联盟（CCITT）将 EDI 定义为："计算机到计算机之间的结构化的事务数据交换。"

联合国使用的定义是："用约定的标准编排有关的数据，通过计算机向计算机传送业务往来信息。"

EDIFACT 标准中 EDI 的定义为："计算机到计算机以标准格式进行的业务数据传输。"

国际数据交换协会（IDEA）则认为："只要通过电子方式，采用约定的报文标准，从一计算机向另一计算机进行结构化数据的就可以称为 EDI。"

2.1.3　EDI 的主要特征

不管是哪种对于 EDI 的定义，都可以将 EDI 归结为以下三大特征：

1. 结构化数据

EDI 按照规范与标准格式组织交换的数据，以便于计算机处理和信息交换，而不是一种非标准规范的自由格式。现在采用的是联合国 UN/EDIFACT 的报文标准。

2. 约定的公认标准

贸易伙伴在进行交换数据之前，必须就他们希望交换的数据格式、使用何种标准预先达成协议。不然就意味着发送来的数据既读不懂，又无法处理，这样传送的数据就失去了意义。

3. 由计算机（系统）与计算机（系统）交换业务数据

这些计算机（系统）归属于不同组织，双方各自拥有自己的计算机管理信息系统。EDI 要求数据在计算机与计算机之间能被信息系统读懂，进而可以自动处理。

例如，一个使用 EDI 系统的生产企业，通过通信网络收到一份 EDI 订单，该系统便自动处理该订单：

（1）检查订单是否符合要求，向订货方发确认报文；

（2）通知企业内部生产管理系统安排生产；

（3）向零部件供应商定购零部件；

（4）向运输商预定船期、舱位及货运集装箱；

（5）向海关、商检等有关部门申请进出口许可证；

（6）向保险公司申请保险单；

（7）通知银行收款并给订货方开出 EDI 发票。

从而通过 EDI 自动完成一笔从订货、生产、销售、贸易的全过程。但是要实现上述过程，必须把海关、商检、银行、保险、运输等部门通过 EDI 网络连接在一起。EDI 并非只是简单地在两个贸易伙伴之间传输订单、发票等，而是按标准格式和语法规则编制资料，在业务处理的各方按统一编码、通过通信网络交换数据，自动地完成整个商业贸易过程。

EDI 的实质是数据交换，重点是自动处理业务，实现的基础是：统一的报文表达方式，交换网络，参与交换的各方拥有内部业务自动化处理系统。

2.1.4　EDI 的系统构成

与传统的手工条件下的贸易单证传递方式相比，EDI 条件下贸易单证的传递方式更加快捷、方便。企业数据库中的数据通过 EDI 服务器转换成标准的电子贸易单证，然后通过网络传递给贸易伙伴的计算机，该计算机再通过 EDI 服务器将标准电子贸易单证转换为企业内的数据格式，存入计算机。EDI 的交易报文处理如图 2-1 所示。

EDI 系统的构成要素包括数据标准化、EDI 软件和硬件、通信网络，三个方面相互衔接、相互依存，共同构成 EDI 的基础框架，即 EDI 系统模型。

图 2 – 1 EDI 的交易报文处理

1. 数据标准

EDI 标准是整个 EDI 中最关键的部分，EDI 数据标准必须符合国际标准或行业标准，这是计算机能自动处理的前提条件。

2. EDI 硬件及软件

EDI 软件可以将用户数据库系统中的信息译成 EDI 的标准格式，以供传输交换使用。EDI 软件包括：转换软件、翻译软件和通信软件。

如图 2 – 2 所示，当需要发送 EDI 电文时，首先用转换软件帮助用户将系统中的文件转换成翻译软件能够理解的平面文件，然后利用翻译软件将平面文件翻译成 EDI 标准格式，再将 EDI 标准格式文件通过通信软件发送给对方客户，对方客户再利用翻译软件将接收到的 EDI 标准格式翻译成平面文件，在将平面文件转换成系统文件。

EDI 所需要的硬件设备大致有：计算机、连网设备及通信线路。

3. 通信网络

通信网络是实现 EDI 的手段，EDI 通信方式有很多种。在贸易伙伴数量较少的情况下，可以采用点对点方式。但是随着贸易伙伴数目的增多，就会出现通信协议相异、工作时间不予配合等问题，这时很多应用 EDI 公司会采用增值网络 VAN 的方式，在传送 EDI 文件时可以大幅度降低相互传送资料的复杂度和困难度，提高 EDI 的效率。

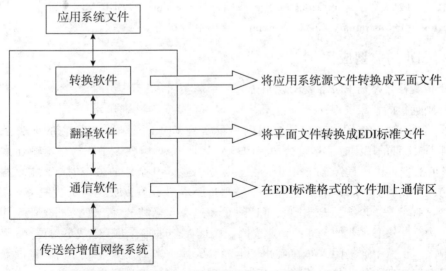

图 2 – 2 EDI 的软件功能

2.1.5　EDI 的标准目录

EDI 是全球范围的计算机之间的通信，所以 EDI 的核心必须要有一个国际统一的处理业务数据格式标准。

EDI 标准必须遵循两个原则：

（1）提供一个无二义性的语言。

（2）这个标准不受计算机机型的影响，既可以实现计算机间的数据交流，又独立于计算机之外。

第一个产业专用的 EDI 标准，是由美国运输业资料通信委员会（Transportation Data Communication Committee）于 1975 年所公布的 TDCC。随后才有许多行业依据产业个别需求发展出的产业标准；其中包括仓储业的 WINS、零售业的 VICS（美）与 TRADACOMS（欧）、海运业的 DISH、汽车业的 AIAG（美）ODETTE（欧）等。其后，EDI 的应用更日趋成熟。由于交易运作的对象往往并不局限于单一产业，1979 年时，美国国家标准协会（American National Standards Institute Accredited Standard Committee）依据 TDCC 标准，并参考其他行业的 EDI 标准，发展了适用范围较产业标准广的 EDI 标准—ANSI X. 12。而另一方面，欧洲地区也发展出整合性的 EDI 标准，于 1980 年初提出 TDI（Trade Data Interchange）及 GTDI（Guideline for Trade Data Interchange）。ANSI X. 12 与 GTDI 分别成为北美与欧洲的两大区域性 EDI 标准。在欧美两大区域性 EDI 标准制定并试行几年后，两大标准开始整合并进行国际间 EDI 通用标准之研究发展。随后，联合国欧洲经济理事会负责国际贸易程度简化的工作小组（UN/ECE/WP. 4）承办了国际性 EDI 标准发展与会的任务，并于 1986 年正式提出 UN/EDIFACT 为国际性通用的 EDI 标准，但使用者仍然以非美国机构为主。

目前国际上广泛使用的是联合国欧洲经济委员会下属第四工作组（WP. 4）1986 年制定的《用于行政管理、商业和运输的电子数据交换》标准——EDIFACT（Electronic Data Interchange For Administration，Commerce and Transport）标准。

2.1.6　EDI 的典型应用

1. 中国大陆较早的 EDI 系统的使用者——中远集团

（1）中远集团背景资料。

中国远洋运输（集团）总公司是国内最早实施 EDI 的企业之一，它的前身是成立于 1961 年 4 月 27 日的中国远洋运输公司。1993 年 2 月 16 日组建以中国远洋运输（集团）总公司为核心企业的中国远洋运输集团。经过几代中远人 40 余年的艰苦创业，中远集团已由成立之初的 4 艘船舶、2.26 万载重吨的单一型航运企业，发展成为今天拥有和经营着 600 余艘现代化商船、3500 余万载重吨、年货运量超过 2.6 亿吨的综合型跨国企业集团。作为以航运、物流为核心主业的全球性企业集团，中远在全球拥有近千家成员单位、8 万余名员工。在中国本土，中远集团分布在广州、上海、天津、青岛、大连、厦门、香港等地的全资船公司经营管理着集装箱、散装、特种运输和油轮等各类型远洋运输船队；在海外，以日本、韩国、新加坡、北美、欧洲、澳大利亚、南非和西亚 8 大区域为辐射点，以船舶航线为纽带，形成遍及世界各主要地区的跨国经营网络。标有"COSCO"醒目标志的船舶和集装箱在世界 160 多个国家和地区的 1300 多个港口往来穿梭。

（2）中远集团采用的技术。

中远集团真正试验运作 EDI 系统是从 1988 年开始的，中远系统的代理公司在 PC 机上借用日本 Shipnet 网的单证通信格式，通过长途电话，从日本或香港的 TYMNET 网络节点入网，单向地向国外中远代理公司传输货运舱单数据。

20 世纪 90 年代初，中远集团与国际著名的 GEIS 公司合作开始了 EDI 中心的建设，由该公司为中远集团提供报文传输服务。1995 年，中远集团正式立项，1996—1997 年完成了中远集团 EDI 中心和 EDI 网络的建设，该 EDI 网络基本覆盖了国内 50 多家大小货运和外代网点，实现了对海关和港口的 EDI 报文交换，并通过北京 EDI 中心实现了与 GEISEDI 中心的互联，连通了中远集团海外各区域公司。1997 年 1 月，中远集团总公司正式开通公司网站，1998 年 9 月，中远集团在网站上率先推出网上船期公告和订舱业务。目前，中远集团已经通过 EDI 实现了对舱单、船图、箱管等数据的 EDI 传送。

在标准化工作方面，中远集团重点开发了基于 EDIFACT 标准，符合中国国情的，适用于行业内部的"货物跟踪信息 EDI 报文标准"、"船期表 EDI 报文标准"和"货运单证 EDI 报文标准（3.1 版）"等。

为了适应国内港口对 EDI 的需求，中远总公司和东南大学、南京航空航天大学合作开发了"货运单证交换服务系统"，它是按照 ISO/OSI 开放系统互联标准开发的软件包，通信网络是电话网和分组交换网。中心服务系统由单证邮箱管理功能和进一步开发 EDI 应用的应用编程接口（API）两部分组成；用户端软件由入网通信功能和用户应用程序编程接口两部分组成。目前，中心服务系统所有模块均在北京总公司 AS/400 机的操作系统下运行。并且能够移植在 IBM 大型机上运行，成为中远集团在国内各远洋公司、代理公司、汽车运输公司及其他所属企业间的 EDI 服务网络系统。

自 1988 年在计算机上试验的中美航线舱单传输系统开始，到目前为止，中远集团已经开发和正在开发、测试的多套应用系统都取得了很大进展，如"出口理货单证数据 EDI 应用系统"、"代理公司进口货运单证 EDI 应用系统"、"代理公司出口货运单证 EDI 应用系统"和"远洋船舶运费舱单 EDI 应用系统"等。

1995 原交通部组织实施了《国际集装箱运输电子信息传输和运作系统及示范工程》，该工程以上海、天津、青岛、宁波 4 个港口及中国远洋运输（集团）总公司作为示范工程建设单位（简称"四点一线"EDI 示范工程）。

（3）中远集团实施 EDI 的效益分析。

1990 年，中远从国内到日本的集装箱一般有 5000 个标准箱位，而仅按其中的 1000 个标准箱位计算，大约需要 150 大张仓单，用传真需要 2 个小时才能传过去，而采用 EDI 后仅需几分钟就可以传完，节省的不只是时间，以当年的业务量计算，中远集团光传真费就节省了 70 万美元。而现在，中远集团的业务量比 1990 年增长了许多倍，可想而知，EDI 的应用为中远集团节省了多少费用和时间成本。

1991 年，新加坡政府要求所有入关船只要提前将仓位图用计算机传输到欲进港口，否则推迟该船的卸货时间并处以罚款。中远集团由于在一年前就搭建了完整的图文处理网络系统，所以没有一项业务受到影响。

中远的 EDI 系统在为集团带来巨大经济效益的同时，也受到了社会各界的关注。1995 年，交通部启动"四点一线"工程，旨在加快我国远洋运输业的发展，扶持一批重点远洋运输企业，中远集团下属 20 多个公司被批准加入该工程。

为了充分利用专网促进日常办公效率和业务处理速度，中远集团成立了电子邮件中心和 EDI 中心，利用报文系统进行费用结算、仓单处理等业务。中远集团每年的仓单数以吨计，以往有 100 多人专职整理，也无法整理清楚。而采用 EDI 报文系统后，只有几个人工作，每天的仓单就能处理完。

（4）总结与建议。

通过上面的分析可以看到，由于业务的需要，中远集团很早就开始了 EDI 的应用，同时它也是国内开展 EDI 业务较早的企业，中远集团 EDI 的实施取得了很大的成功，它为中远集团节约了大量的成本，很大程度上提高了中远集团的工作效率，使得中远集团在激烈的国际竞争中始终处在前列。

中远集团之所以能够在 EDI 实施方面取得如此大的胜利，主要原因在于：

第一，中远集团 EDI 系统的实施是根据企业发展及业务的需要进行的，满足企业业务发展的需求，能够直接改善企业的业务流程，提高工作效率，节约企业成本。

第二，中远集团具有雄厚的资金支持，任何系统的建设都是需要投入的，尤其是像中远集团这样的大型系统更是如此。

中远集团在 EDI 方面无疑是走在了前列。在未来的日子里，中远集团要想走在时代的前列就要大力发展电子商务，从全球客户的需求变化出发，以全球一体化的营销体系为业务平台，以物流、信息流和业务流程重组为管理平台，以客户满意为文化理念平台构建基于互联网的、智能的、服务方式柔性的、运输方式综合多样并与环境协调发展的网上运输和综合物流系统。

2. 上海海关通关业务计算机及 EDI 应用

（1）背景资料。

上海海关是中国历史最悠久的海关之一，至今已有 300 多年的历史。1950 年 2 月 16 日将海关正式改名为中华人民共和国上海海关。上海海关是国家设在上海口岸的进出境监督管理机关，隶属中华人民共和国海关总署。上海海关现有干部、职工 2838 人，设有浦东、浦东国际机场、吴淞、浦江、外高桥保税区等 12 个隶属海关，驻邮局办事处、驻车站办事处、驻外高桥港区办事处等 8 个派驻机构，办公室、法规处、监管处等 16 个职能处室（含缉私局），以及全国海关进出口商品归类中心上海分中心、海关总署上海商品价格信息处等 5 个其他机构。它的主要任务是：按照《中华人民共和国海关法》和其他有关法律、法规，监管经上海口岸进出境的运输工具、货物、行李物品、邮递物品和其他物品，征收关税和其他税费，查缉走私并编制海关统计和办理其他海关业务。

目前，上海海关日处理进出口报关单 1.2 万份，征收关税占全国海关总数 1/4，进出口货物量年递增约 30%，其全部通关业务均使用计算机作业。

（2）采用的技术。

上海海关 EDI 发展历程。从 1985 年，上海海关就开始在通关业务方面应用计算机管理，从当时的单独业务环节处理程序发展成现在功能完备的大型数据处理系统，其发展过程经历了三个阶段：

第一阶段——计算机进行辅助处理阶段。该阶段从 1985 年至 1990 年，是上海海关计算机应用的起步阶段。

第二阶段——电子数据处理阶段。该阶段从 1990 年至 1995 年，上海海关全面使用了海关总署开发的 H883 报关自动化计算机管理系统，该系统是一种系统内部的 EDP（Electronic Data Processing，电子数据处理）系统。

1994 年上海海关开始应用"海关空运快递 EDI 系统"，该系统作为海关 EDI 通关系统的一部分一直沿用至今，其年均处理 200 万批国际快递物品，并全面实现无纸作业，世界海关组织（WCO）和国际快递协会（IECC）曾联合在上海虹桥国际机场海关开现场会，向全世界推荐该 EDI 系统。

第三阶段——EDI 系统阶段。该阶段从 1995 年至 1999 年，海关总署将原来的 H883 系统升级为 H883/EDI 系统，并为上海海关配备了 EDI 平台使用的 AMTrix EDI 系统，使上海海关的计算机管理系统从 EDP 阶段发展到了 EDI 系统阶段。

上海海关 EDI 通关系统。为了进一步促进上海国际经贸事业的发展、使上海与国际接轨，体现上海在全国经贸、交运的龙头地位，上海市 EDI 中心和上海海关合作于 1998 年开发了"海关 EDI 通关系统"（以下简称 EDI 通关系统），在技术上，EDI 通关系统采用 EDIFACT 标准，其中对 EDIFACT 的报文类型 CUSEXP 的应用，还成为全球首例，使中国海关在 EDI 方面进入世界先进行列。该系统现已集成了货运舱单录入、普货进出口报关和快递物品通关（包括空运快递及邮政 EMS 速递）等软件。使用至今，EDI 海关通关系统用户仅上海地区就已达 400 余家，日平均处理 10000 余份单证，占上海通关总数的 40%。可以说该 EDI 通关系统的成功开发与应用为我国进出口业务的繁荣，海关业务的稳定发展做出了贡献，也对 EDI 技术在我国的应用起到了推动与示范的作用。

该系统在技术上分为两大部分：EDI 中心系统和客户端系统。

1）EDI 中心系统。EDI 中心服务系统作为海关信息系统的外部网，主要用于向社会提供报关服务，并且起到了隔离海关内部网与社会其他信息网的作用，使得各个进出口企业既可以得到方便的 EDI 通关服务，又可以保证海关内部信息系统的安全。而且 EDI 中心支持多种通信协议和灵活的报文翻译功能，可以方便地与各种不同的系统连接。其主要功能如下：

① 通信服务功能：提供各种不同的接入方式，如 DDN、专线、拨号线、X.25 等；支持各种不同的通信协议，EDI 用户可选择 FTP、Web、E-Mail 等各种通信服务来传送报关单报文。

② 报文翻译功能：系统能对各种报文进行灵活地翻译，可以将 EDIFACT 报文自由的翻译成 ANSI X.12、TRADACOMS、ODETTE 或自定义格式中的任一种格式，反之亦然；除完成报文翻译外，系统还能对报文的语法错误进行检查。

③ 管理功能：完善的计费系统，可对各类用户按其传输的信息量、传输距离的长短、是否享受优惠等条件按月打印收费通知书；数据备份和日志，对经 EDI 中心传送的所有报文进行备份，以备日后查阅，同时对系统处理报文的每一个阶段的状态自动做好日志，并对事先设定的特定事件，一旦发生即通过电子邮件、传呼机等手段向管理员报警，保证每一份报文都被正确的处理；用户授权，系统对用户身份进行检查，保证用户能正确的发送和接受 EDI 报文。

④ 安全和保密：使用数字签名和数据加密/解密技术，对通过 EDI 中心传输的一些敏感数据提供数字签名和数据加密技术，防止数据被未经授权用户非法阅读。

⑤ 系统监控功能：系统提供分布或集中监控，允许从一点管理多个分系统；使用图形界面，可方便配置系统，维护系统，观察日志信息，浏览 EDI 标准或生成自定义格式。

⑥ 存证功能：EDI 存证是将用户已接收数据及用户在 EDI 系统的会话记录，加上一些必要的信息，按一定的格式以文件形式保存。在存证文件中包含有单证的发送方、接收方数据类型、单证类型、单证编号、接收/发送/删除时间及单证具体内容等重要信息，凡是发送成功的报文的存证就有发送信箱记录，同时又提供根据用户身份分级检索，支持 Web 界面的检索、浏览及单证计费、统计等功能。

2）客户端系统。客户端系统通过各种通信线路连接到 EDI 中心，EDI 中心对这些数据进行查错、翻译、加密/解密等处理后发送给指定的海关主机系统。同样的方法，海关主机系统通过 EDI 中心将海关回执发送给各个 EDI 用户。该系统的用户主要是各报关行、预录入公司等专业的进出口单证录入公司以及进出口货运、快递公司，目前上海约有 80% 的报关行及 60% 的货运公司使用该 EDI 系统。该系统主要包括各种单证录入软件、通信软件、报文翻译软件和系统配置软件，运行平台基于 INTEL PC 机和 Windows 系列操作系统。录入软件主要完成舱单、报关单、合同备案、快递等单证的录入。通信软件主要完成 EDI 用户与 EDI 中心之间的报文发送和接收，通过 FTP 协议发送，也可使用 E-Mail 发送，或者使用 HTTP 协议经 Web Server 发送。报文翻译软件主要用于把录入好的报关单数据文件或合同文件按 EDIFACT 标准翻译成报文格式（例如 CUSDEC）发送到 EDI 中心。另外，把从 EDI 中心取回的海关回执报文（如 CUSRES）翻译成海关回执文件。

（3）发展前景。

上海海关在海关总署的统一领导和具体指导下，其通关业务计算机及 EDI 应用会向更高的目标迈进，在网络化报关、无纸化作业、开放式的体系结构等多方面会取得新的进展。

从上海海关通关业务的 EDI 应用可以看出，海关 EDI 应用有以下趋势：

1）从双边应用到多边应用。中国海关的 EDI 应用是从双边应用开始的，但这是不够的，只有在与货物通关业务有关的舱单核销、税费缴纳、许可证核销、加工贸易合同备案、转关运输、进出口结汇、出口退税等所有相关业务都采用了 EDI，海关和企业才能获得效益最大化，营造出一个真正意义上的无纸化的通关环境。这就需要通关业务相关部门的共同参与。事实上，EDI 在海关通关领域的多边应用已经起步。在北京，上海口岸进行的税费电子化支付的试点，以及进出口结汇业务采用报关单联网查询核销的推广使用，就是很好的例子。多边应用将是海关 EDI 应用的一个大趋势。

2）从行业应用到跨行业、跨地区、跨国境应用。如果说 EDI 在通关领域的多边应用只能算作在单一行业的应用，那么海关 EDI 应用的另一大趋势是跨行业、跨地区、跨国境的应用。可以设想从货物订单到产品生产、从货物的进出口通关到货款的结算都实现无纸化后，会给企业带来多大的效益。从这个意义上讲，海关 EDI 应用的结果必将会带动跨行业、跨地区、跨国境的应用。

（4）总结与建议。

上海海关作为中国最大的对外贸易口岸和中国海关部署在全国范围内推进通关作业改革的重点口岸，在电子数据交换通关方面取得了很大的成功，为全国海关无纸化通关的实施提供了榜样、积累了经验，提高了上海口岸的通关效率、缩短了通关时间，从而给外贸企业提供了很大的便利，也进一步提高了海关信息化管理水平，规范海关执法。

第二节 互联网基础

2.2.1 IP 地址与域名注册

1. IP 地址（IP Address）

IP 地址（IP Address）又称为互联网协议地址（Internet Protocol Address）。IP 地址是 IP 协议提供的一种统一的地址格式，它为互联网上的每一个网络和每一台主机分配一个逻辑地址，以此来屏蔽物理地址的差异。

IP 地址是给每个连接在互联网上的主机（或路由器）分配一个在全世界范围内唯一的 32 位的标识符，相当于通信时每个计算机的名字，即 IP 地址是用来给互联网上的电脑编号的，每台联网的电脑都需要有 IP 地址，才能正常通信。可以把电脑比作"一台电话"，IP 地址就是这台电话的"电话号码"。

IP 地址是由 32 个二进制数字组成，通常分割成 4 个 8 位的二进制数（即 4 个字节），每个字节之间用圆点"."分隔。IP 地址通常用"点分十进制"表示成（a.b.c.d）的形式，其中，a、b、c、d 都是 0~255 之间的十进制整数。例如，点分十进 IP 地址（100.4.5.6），实际上是 32 位二进制数（01100100.00000100.00000101.00000110）。

IP 地址分为 IPv4 与 IPv6 两大类。IPv4 就是有 4 段数字，每段最大不超过 255，也是目前 IP 地址所常用的。

IP 地址可以分为 A、B、C、D、E5 类，每一类地址都由两个部分组成，一部分是网络标识，标志着主机所连接到的网络，而另一个字段是主机标识，标识着该主机。每一类网络中 IP 地址的网络标识长度和主机标识长度都是不同的。

（1）A 类地址。以 0 开始的 IP 地址属于 A 类地址。第一个字节用作网络标识，后三个字节用作主机标识。A 类地址的网络标识长度为 7 位，可提供使用的网络号为 128 个，去掉专用的 0000000，1111111（所有的全 0 和全 1 都是专用的），只能标识 126 个。A 类地址的主机标识长度为 24 位，可以标识的最大主机总数为 224—2，即 16777214。A 类地址网络少，但主机标识数最多，适用于拥有大量主机的大型网络。

（2）B 类地址。以 10 开始的 IP 地址属于 B 类地址。前两个字节用作网络标识，后两个字节用作主机号。B 类地址的网络标识长度为 14 位，可提供使用的网络号为 214—2 = 16382，范围为：128.1~191.254。B 类地址的主机标识长度为 16 位，可以标识的最大主机总数为 216—2，即 65534。B 类适用于中等规模的网络。

（3）C 类地址。以 110 开始的 IP 地址属于 C 类地址。前三个字节用作网络标识，后一个字节用作主机号。C 类地址的网络标识长度为 21 位，可提供使用的网络号为 221—2，范围为：191.0.1.0~223.255.254。C 类地址的主机标识长度为 8 位，可以标识的最大主机总数为 28—2，即 254 个。C 类适用于规模较小的局域网。

（4）D 类地址。以 1110 开始的 IP 地址属于 D 类地址。是多播地址，主要留给互联网体系结构委员会使用。

（5）E 类地址。以 11110 开始的 IP 地址属于 E 类地址。保留在今后使用。

目前可供国际互联网名称与地址分配机构（ICANN）分配的 IP 地址已经全部分配完

毕，最后所剩的 5 组 IP 地址（基于互联网通信协议 IPv4）被分配给了全球 5 大区域互联网注册管理机构，IPv4 地址已经枯竭。基于这种情况，提出了 IPv6，IPv6 是用 128 位地址代替 32 位地址，地址量可以达到 2128 个。但是由于两种协议是不兼容的，转用需要一定时间。目前 IPv6 仍处于试验阶段，需要一个过渡过程。

2. 域名

在计算机网络中用 IP 地址来唯一标识一台计算机，但这种数字型标识不容易记忆，于是人们提出了一种字符型标识，为每一台接入互联网的主机取一个有意义又便于记忆的名字，这个名字就叫作域名。例如，对于新浪中国官网来说，用 www.sina.com.cn 来代替一个实际的 IP 地址。

域名的格式为"第 n 级域名…. 第三级域名.第二级域名.第一级域名"（其中 $2 \leqslant n \leqslant 5$）。域名由英文字母、数字和连字符组成，并且必须以英文字母或数字开头和结尾，长度不能超过 255 个字符。

第一级域名又被称为顶级域，顶级域名可分为两大类别：

（1）国家代码顶级域名。通常采用国际通用两位字符编码来标识国家区域（如 .cn 表示中国，.us 表示美国，.fr 表示法国等），国家代码顶级域名由各个国家的互联网络信息中心（NIC）管理。

（2）通用顶级域名。用来标识注册者的域名使用领域，它不带有国家特性。例如，.com 表示商业组织，.edu 表示教育机构，.gov 表示政府部门，.org 表示各种非营利性组织，.net 表示网络信息中心和网络操作中心。通用国际顶级域名则由位于美国的全球域名最高管理机构负责管理。

我国的二级域名可以有两种标识，一种是类别域名。例如，.ac 标识科研机构，.com 标识工、商、金融等企业，.edu 标识教育机构，.gov 标识政府部门等。另一种是行政域名共 34 个，适用于我国各省、自治区、直辖市。例如，.bj 标识北京市，.sh 标识上海市，等等。

2.2.2 互联网技术

电子商务的兴起和发展依赖于计算机技术，尤其是互联网技术的飞速发展，互联网技术是电子商务的基础技术和推动力。

互联网是一个把分布于世界各地不同结构的计算机网络用各种传输介质互相连接起来的网络。因此，有人称之为网络的网络，中文译名为因特网、英特网、国际互联网等。互联网提供的主要服务有万维网（Web）、文件传输（FTP）、电子邮件（E-Mail）、远程登录（Telnet）、手机（3GHZ）等。

1. 互联网的产生与发展

互联网是用一个利用公共的协议族把多个网络连接在一起而形成的全世界范围内的网络资源共享和信息交换的计算机互联网络，是全球最大的、开放的、由众多网络和计算机通过通信设备连接而形成的超大型计算机网络。能给用户提供各种基于网络的服务，如电子邮件、网络论坛、网上购物、即时通信、大型网游、视频观看等。

互联网始于 1969 年的美国，又称因特网。互联网起源于军事通信工具，20 世纪 20—70 年代，美国出于全球霸主的角度，认为应该承建一个网络将美国的几个军事研究中心连接起来，以备不时之需。由美国国防部出资，在 ARPA（阿帕网，美国国防部研究计划署）制定的协定下将美国西南部的大学 UCLA（加利福尼亚大学洛杉矶分校）、Stanford Research Institute（斯坦福大学研究学院）、UCSB（加利福尼亚大学）和 University of Utah（犹他州大学）的四台主要的计算机连接起来，构建了一个名为 Arpanet 的网络，保证网络在对手攻击时能维持正常工作。这个网络就是早期的互联网。

1989 年，在普及互联网应用的历史上又一个重大的事件发生。TimBerners Lee 和其他在欧洲粒子物理实验室的同事，提出了超文本传输协议。1991 年，在这个协议的基础上创建了 World Wide Web（万维网）。Web 是一个由许多互相链接的超文本组成的系统，通过互联网访问。在这个系统中，每个有用的事物，称为一样"资源"；并且由一个全局"统一资源标识符"标识；这些资源通过超文本传输协议，即 HTTP 传送给用户，而后者通过点击链接来获得资源。

1993 年 4 月 30 日，欧洲核子研究组织宣布万维网对任何人免费开放，并不收取任何费用。两个月之后 Gopher 宣布不再免费，造成大量用户从 Gopher 转向万维网。

之后，20 世纪 90 年代互联网的商业化将几万个子网通过自愿原则互联，真正实现了全球的网络互联。

2. 我国的互联网发展

1987 年 9 月 20 日，北京计算机应用技术研究所通过与德国某大学的合作，向世界发出了我国的第一封电子邮件。之后逐步打开了中国与世界交流的网络大门。1994 年年初，中国正式接入全球互联网，从此可以全方位的访问互联网。目前，根据国务院的规定，有权直接与国际互联网连接的网络和单位有：中国科学院管理的科学技术网、邮电总局管理的公用网、信息产业部管理的金桥信息网和国家教育部管理的教育科研网。这四大网络构成了中国的互联网主干网。

3. 网络 OSI 模型（七层）

1979 年，国际电话与电报顾问委员会（International Telephone and Telegraph Consultative Committee，CCITT）和国际标准化组织为了使不同的网络能够互联，提出了一个网络体系结构模型作为国际标准，成为开放系统互联（Open system interconnection，OSI）。OSI 参考模型将整个计算机网络分为七层（见图 2 - 3），低层协议通过层间接口向相邻的高层协议提供服务，高层协议作为低层协议的用户存在。

建立七层模型的主要目的是为解决异种网络互连时所遇到的兼容性问题。它的最大优点是将服务、接口和协议这三个概念明确地区分开来：服务说明某一层为上一层提供一些什么功能，接口说明上一层如何使用下层的服务，而协议涉及如何实现本层的服务。这样各层之间具有很强的独立性，在互连网络的过程中，不需要限制各个实体采用什么协议，只需要向上能够提供相同的服务并且不改变相邻层的接口就可以了。

将网络划分为七层，可以使得网络的不同功能模块分担起不同的职责，可以减轻问题的复杂程度，一旦网络发生故障，可迅速定位故障所处层次，便于查找和纠错；通过在各层分别定义标准接口，使具备相同对等层的不同网络设备能实现互操作，各层之间相对独立，一种高层协议可在多种低层协议上运行；可以有效刺激网络技术革新，因为每次更新都可以在小范围内进行，不需对整个网络进行改动。

如图 2 - 3 所示，OSI 模型把网络通信的工作分为 7 层。1 ~ 4 层被认为是低层，这些层与数据移动密切相关；5～7 层是高层，包含应用程序级的数据。每一层负责一项具体的工作，然后把数据传送到下一层。由低到高具体分为：物理层、数据链路层、网络层、传输层、会话层、表示层和应用层。

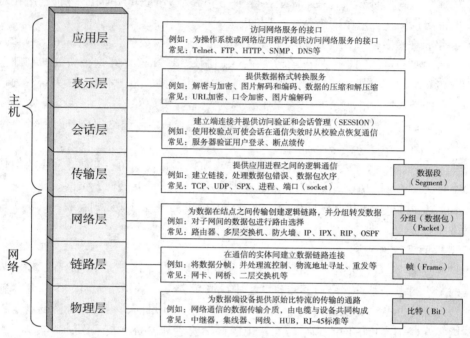

图 2－3　OSI 模型

（1）物理层（Physical Layer）。

物理层为数据端设备提供传送数据的通路，数据通路可以是一个物理媒体，也可以是多个物理媒体连接而成。一次完整的数据传输，包括激活物理连接、传送数据、终止物理连接。所谓激活，就是不管有多少物理媒体参与，都要在通信的两个数据终端设备间连接起来，形成一条通路。

物理层要形成适合数据传输需要的实体，为数据传送服务。一是要保证数据能在其上正确通过，二是要提供足够的带宽［带宽是指每秒钟内能通过的比特（Bit）数］，以减少信道上的拥塞。

在这一层，数据的单位称为比特（bit）。

（2）数据链路层（Data Link Layer）。

数据链路层是在物理层提供比特流服务的基础上，建立相邻结点之间的数据链路，通过差错控制提供数据帧（Frame）在信道上无差错的传输，并进行各电路上的动作系列。

数据链路层在不可靠的物理介质上提供可靠的传输。该层的作用包括：物理地址寻址、数据的成帧、流量控制、数据的检错、重发等。

在这一层，数据的单位称为帧（frame）。

（3）网络层（Network layer）。

在计算机网络中进行通信的两个计算机之间可能会经过很多个数据链路，也可能还要经过很多通信子网。网络层的任务就是选择合适的网间路由和交换结点，确保数据及时传送。网络层将数据链路层提供的帧组成数据包，包中封装有网络层包头，其中含有逻辑地址信息——源站点和目的站点地址的网络地址。

在第 3 层中，地址解析和路由是 3 层的重要目的。网络层还可以实现拥塞控制、网际互连等功能。需要处理类似 IP 地址、路由协议、地址解析协议等问题。

在这一层，数据的单位称为数据包（packet）。

（4）传输层（Transport layer）。

传输层为上层提供端到端（最终用户到最终用户）的透明的、可靠的数据传输服务。所谓透明的传输是指在通信过程中传输层对上层屏蔽了通信传输系统的具体细节。

传输层是两台计算机经过网络进行数据通信时，第一个端到端的层次，具有缓冲作用。当网络层服务质量不能满足要求时，它将提高服务，以满足高层的要求。当网络层服务质量较好时，它只用很少的工作。传输层还可进行复用，即在一个网络连接上创建多个逻辑连接。传输层是介于低 3 层通信子网系统和高 3 层之间的一层，但是很重要的一层。因为它是源端到目的端对数据传送进行控制从低到高的最后一层。

在这一层，数据的单位称为数据段（segment）。

（5）会话层（Session layer）。

在会话层及以上的高层次中，数据传送的单位不再另外命名，统称为报文。会话层不参与具体的传输，它提供包括访问验证和会话管理在内的建立和维护应用之间通信的机制。如服务器验证用户登录便是由会话层完成的。

会话层提供的服务可使应用建立和维持会话，并能使会话获得同步。会话层使用校验点可使通信会话在通信失效时从校验点继续恢复通信。

简而言之，会话层所提供的服务就是对话管理、数据流同步和重新同步。

（6）表示层（Presentation layer）。

这一层主要解决用户信息的语法表示问题。

它将欲交换的数据从适合于某一用户的抽象语法，转换为适合于 OSI 系统内部使用的传送语法，即提供格式化的表示和转换数据服务。此外，数据的压缩和解压缩、加密和解密等工作也都由表示层负责。例如，图像格式的显示，就是由位于表示层的协议来支持。

（7）应用层（Application layer）。

应用层为操作系统或网络应用程序提供访问网络服务的接口。

通过 OSI 层，信息可以从一台计算机的软件应用程序传输到另一台的应用程序上。例如，计算机 A 上的应用程序要将信息发送到计算机 B 的应用程序，则计算机 A 中的应用程序需要将信息先发送到其应用层（第七层），然后此层将信息发送到表示层（第六层），表示层将数据转送到会话层（第五层），如此继续，直至物理层（第一层）。在物理层，数据被放置在物理网络媒介中并被发送至计算机 B。计算机 B 的物理层接收来自物理媒介的数据，然后将信息向上发送至数据链路层（第二层），数据链路层再转送给网络层，依次继续直到信息到达计算机 B 的应用层。最后，计算机 B 的应用层再将信息传送给应用程序接收端，从而完成通信过程。

4. TCP/IP 协议

在互联网中，计算机之间数据的传输需要首先确定数据传输目的地址和保证数据传输时数据不会丢失。在互联网中是使用 TCP/IP 协议来保证数据安全和可靠地到达指定目的地。TCP（Transfer Control Protocol）协议是指传输控制协议，处于 OSI 参考模型中的应用层和网络层之间，实现端到端的通信。IP（Internet Protocol）协议是指网间协议，对应于网络层，制定所有在网络上流通的包标准，提供跨越多个网络的单一包传送服务。

数据的传输过程：

TCP/IP 协议在传输数据的时候，首先利用 TCP 协议将数据分成若干段，每个数据段标上序号，然后利用 IP 协议把每个数据包写上发送主机和接收主机的地址。此外 IP 协议可以利用路由算法进行路由选择的功能。

这些数据包就可以通过不同的路由进行传输，传输过程中，可能会出现顺序颠倒、数据丢失、重复等现象，可以通过 TCP 协议来处理，利用 TCP 协议可以检查和处理错误，必要时甚至可以请求发送端重发数据。

总之，IP 协议负责数据的传输，TCP 协议负责数据传输时的可靠性。

TCP/IP 模型实际上是 OSI 模型的一个浓缩版本，它只有 4 个层次：应用层、传输层、Internet 层、网络接入层。其中，应用层对应着 OSI 的应用层、表示层和会话层，传输层对应着 OSI 的传输层，互联网层对应着 OSI 的网络层，网络接入层对应着 OSI 的数据链路层和物理层。如图 2－4 所示。

图 2－4　OSI 模型与 TCP/IP 模型对比

第三节　Web 开发技术

2.3.1　概　述

Web 是建立在客户机与服务器模型之上，以 HTML 超文本标记语言和 HTTP 超文本传输协议为基础，能够提供面向各种互联网服务的、一致的用户界面的信息浏览系统。Web

是互联网上最重要、最重用的服务，通过 Web，可以访问分布在世界各地的包含各种信息的网页。

2.3.1.1　Web 的产生和发展

1. Web 1.0

Web1.0 时代是一个群雄并起、逐鹿网络的时代，虽然各个网站采用的手段和方法不同，但第一代互联网有诸多共同的特征，表现在技术创新主导模式、基于点击流量的盈利共通点、门户合流、明晰的主营兼营产业结构、动态网站。在 Web 1.0 上做出巨大贡献的公司有 Netscape、Yahoo 和 Google。Netscape 研发出第一个大规模商用的浏览器，Yahoo 的杨致远提出了互联网黄页，而 Google 后来居上，推出了大受欢迎的搜索服务。

2. Web 2.0

Web2.0 是相对 Web1.0 的新的时代。指的是一个利用 Web 的平台，由用户主导而生成的内容互联网产品模式，为了区别传统由网站雇员主导生成的内容而定义为第二代互联网，即 Web2.0。

Web2.0 中包含了我们经常使用到的服务，以 BBS 和博客为主要代表，"一对多"和"多对多"的传播模式并存。例如，RSS、博客、播客、维基、P2P 下载、社会书签、SNS、社区、分享服务等。博客是 Web2.0 里十分重要的元素，因为它打破了门户网站的信息垄断。

Web 1.0 的主要特点在于用户通过浏览器获取信息，Web 2.0 则更注重用户的交互作用，用户既是网站内容的消费者（浏览者），也是网站内容的制造者。由 Web 1.0 单纯通过网络浏览器浏览网页模式向内容更丰富、联系性更强、工具性更强的 Web 2.0 互联网模式的发展已经成为互联网新的发展趋势。

从内容产生者角度看，Web 1.0 是商业公司为主体把内容往网上搬，而 Web 2.0 则是以用户为主，以简便随意方式把新内容往网上搬，以实现信息共享；从交互性看，Web 1.0 是网站对用户为主；Web 2.0 是以用户对用户为主。从技术上看，由于 Ajax 等技术的使用，Web 客户端工作效率越来越高。

3. Web3.0

目前，Web3.0 只是由业内人员制造出来的概念词语，最常见的解释是，网站内的信息可以直接和其他网站相关信息进行交互，能通过第三方信息平台同时对多家网站的信息进行整合使用；用户在互联网上拥有自己的数据，并能在不同网站上使用；完全基于 Web，用浏览器即可实现复杂系统程序才能实现的系统功能；用户数据审计后，同步于网络数据。实际在某些领域已经有了 Web3.0 只不过还没有得到足够多的了解。那就是电子商务领域和在线游戏。不管是 B2C 还是 C2C，网民利用互联网提供的平台进行交易，在这个过程中，他们通过互联网进行劳动，并获得了财富。

2.3.1.2　Web 应用的体系结构

1. C/S 模式（Client/Server，客户机/服务器模式）

C/S 计算模式将应用一分为二：前端是客户机，几乎所有的应用逻辑都在客户端进行和表达，客户机完成与用户的交互任务。后端是服务器，它负责后台数据的查询和管理、大规模的计算等服务。通常客户端的任务比较繁重，称作"肥"客户端，而服务器端的任务较轻，称作"瘦"服务器。如图 2-5 所示。

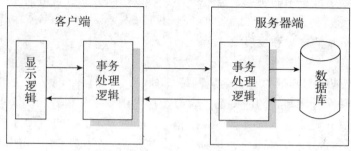

图 2-5 C/S 模式

C/S 计算模式具有以下几个方面的优点：通过平台集成，能够协调现有的各种基础结构；分布式管理；能充分发挥客户端 PC 的处理能力，安全、稳定、速度快，且在适当情况下可脱机操作。

2. B/S 模式（Browser/Server，浏览器/服务器模式）

B/S 模式是一种基于 Web 的协同计算模式，是一种三层架构的瘦客户机/肥服务器的计算模式。第一层为客户端表示层，与 C/S 结构中的"肥"客户端不同，三层架构中的客户端只保留一个 Web 浏览器，不存放任何应用程序，其运行代码可以从位于第二层 Web 服务器下载到本地的浏览器中执行，几乎不需要任何管理工作；第二层是应用服务器层，由一台或多台服务器（Web 服务器也位于这一层）组成，处理应用中的所有业务逻辑，包括对数据库的访问等工作，该层具有良好的可扩充性，可以随着应用的需要任意增加服务的数目；第三层是数据中心层，主要由数据库系统组成如图 2-6 所示。

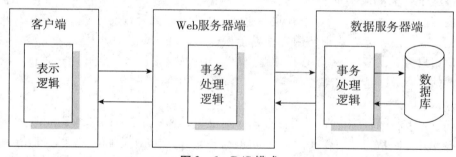

图 2-6 B/S 模式

B/S 模式与传统的 C/S 模式相比体现了集中式计算的优越性：具有良好的开放性，利用单一的访问点，用户可以在任何地点使用系统；用户可以跨平台以相同的浏览器界面访问系统；因为在客户端只需要安装浏览器，取消了客户端的维护工作，有效地降低了整个系统的运行和维护成本。通常我们所说的网站都是 B/S 模式。

2.3.2 服务器端技术

2.3.2.1 服务器端技术的发展过程

随着 Web 服务器端开发技术由静态向动态的逐渐发展完善，Web 服务器端技术经历了以下几个阶段。

1. CGI（Common Gateway Interface，通用网关接口）的诞生

最早的 Web 服务器简单的响应浏览器发来的 HTTP 请求，并将存储在服务器上的 HTML 文件返回给浏览器，基本上属于静态模式。第一种真正是服务器并能根据运行时的具体情况动态生成 HTML 页面的技术是 CGI 技术。1993 年，由 NCSA（National Center for Supercomputing Applications）提出 CGI1.0 的标准草案，之后制定标准。

CGI 技术使得客户端和服务器的动态信息交换成为可能。随着 CGI 技术的普及，聊天室、论坛、信息查询等各种 Web 应用蓬勃兴起，使得人们可以享受更为快捷的信息服务。但是，CGI 编程的最大缺点就是效率太低。一个 CGI 程序只能处理一个用户请求，当用户请求很多时，要激活多个 CGI 进程，就会挤占大量的系统资源，效率低下。

2. PHP（Personal Home Page Tools）简化了 Web 应用的开发

1994 年，专用于 Web 服务端编程的 PHP 语言问世，PHP 语言能将 HTML 代码和 PHP 指令整合成为完整的服务端动态页面。PHP 独特的语法综合了 C、Java、Perl 及 PHP 自创的语法。它可以比 CGI 或者 Perl 更快速地执行动态网页。用 PHP 做出的动态页面与其他的编程语言相比，PHP 是将程序嵌入到 HTML 文档中去执行，执行效率比完全生成 HTML 标记的 CGI 要高许多；PHP 还可以执行编译后代码，编译可以达到加密和优化代码运行，使代码运行更快。

3. ASP 成为 Windows 平台核心 Web 开发技术

ASP（Active Server Page，动态服务器页面）是微软公司于 1996 年借鉴 PHP 思想开发的代替 CGI 脚本程序的一种应用，它可以与数据库和其他程序进行交互，是一种简单、方便的编程工具。ASP 使用的脚本语言是 VBScript 和 JavaScript。ASP 编程简单，并且可以与 COM 组件结合，功能可以扩充，同时借助 Microsoft Visual Studio 开发工具，ASP 迅速成为 Windows 系统下 Web 服务端的主流开发技术。

4. JSP/Servlet 弥补 Java 在 Web 服务端编程的不足

1997 年 Servlet 技术问世，1998 年 JSP 技术诞生。Servlet 和 JSP 的组合让 Java 开发者同时拥有了类似 CGI 程序的业务处理功能和类似 PHP 的 HTML 嵌入功能，弥补了 Java 在 Web 服务端编程的不足。之后的 J2EE 平台也将二者吸纳为核心技术。

5. J2EE 与 .NET 两大平台之争

在此起彼伏的电子商务大潮中，两个最重要的企业级开发平台 J2EE 和 .NET 分别在 2000 年前后诞生在 Java 和 Windows 阵营。两大平台之争使得 Web 世界硝烟弥漫，但从某种意义上说，也是这种针锋相对的竞争关系促进了 Web 开发技术以前所未有的速度提高和跃进。

2.3.2.2　ASP

早期的 Web 程序开发是十分烦琐的，以至于要制作一个简单的动态页面需要编写大量的 C 代码才能完成，于是 Microsoft 公司于 1996 年推出的一种 Web 应用开发技术 ASP，用于取代对 Web 服务器进行可编程扩展的 CGI 标准。

ASP 的主要功能是将脚本语言、HTML、组件和 Web 数据库访问功能有机地结合在一起，形成一个能在服务器端运行的应用程序，该应用程序可根据来自浏览器端的请求生成相应的 HTML 文档并回送给浏览器。使用 ASP 能够创建以 HTML 网页作为用户界面，并能够与数据库进行交互的 Web 应用程序。

2.3.2.3 .NET

1..NET 定义

.NET 是 Microsoft 的用于创建 XML Web 服务（下一代软件）平台，该平台将信息、设备和人以一种统一的、个性化的方式联系起来。借助于.NET 平台，可以创建和使用基于 XML 的应用程序、进程和 Web 站点以及服务，它们之间可以按设计在任何平台或智能设备上共享和组合信息与功能，以向单位和个人提供定制的解决方案。

2000 年 6 月，微软公司宣布其.NET 战略。2001 年，ECMA 通过了 Microsoft 提交的 C# 语言和 CLI 标准，这两个技术标准构成了.NET 平台的基石。2002 年，Microsoft 正式发布.NET Framework 和 Visual Studio.NET 开发工具。

微软公司的.NET 战略开创了一个全新的境界，提供了一个新的软件开发模型。.NET 战略的一个关键特性在于它独立于任何特定的语言或平台。它不要求程序员使用一种特定的程序语言。相反，开发者可使用多种.NET 兼容语言的任意组合来创建一个.NET 应用程序。多个程序员可致力于同一个软件项目，但分别采用自己最精通的.NET 语言编写代码。

2..NET 的构成

.NET 平台包含广泛的产品系列，它们都是基于 XML 和 Internet 行业标准构建的，提供从开发、管理、使用到体验 XML Web 服务的每一方面。具体的说，Microsoft 在 5 个方面创建.NET 平台，即工具、服务器、XML Web 服务、客户端和.NET 体验。前 4 者组合到一起称为.NET 平台，而.NET 体验则是建立在该平台之上的应用。

（1）开发工具。

Microsoft Visual Studio.Net 和 Microsoft.Net 框架为开发人员创建、部署和运行 XML Web 服务提供了一套完整的解决方案。它们使 XML Web 的性能、可靠性和安全性达到最佳。

（2）服务器。

.NET 服务器基本结构是一系列用于生成、发布和操作 Web 服务的基础程序，包括 Windows 和各种.NET 企业服务器。

（3）XML Web 服务。

XML Web 服务提供应用程序与应用程序之间交互的直接手段。应用程序以本地为宿主，也可以远程系统为宿主，利用 XML 和 SAOP 消息通过互联网进行交互。将用户数据的控制权从应用程序转移到用户手上，做到程序、服务和设备之间的简单一致，并保证所有的交易都必须得到用户的同意。

（4）客户端。

客户端是指 PC、工作站、电话、笔记本电脑、Tablet PC 和游戏控制台及其他智能设备。这些智能客户端通过使用支持 XML Web 服务的软件来访问数据。

（5）.NET 体验。

.Net 体验是以用户为中心的，.Net 体验连入网络后能有效的利用 Web 服务为用户带来额外的价值，更好的解决问题。

2.3.2.4 JSP/Servlet

1. JSP 概念

JSP 全名为 Java Server Pages，其根本是一个简化的 Servlet 设计，它实现了 Html 语法中的 java 扩张（以 ＜％,％＞形式）。JSP 与 Servlet 一样，是在服务器端执行的。通常返回给客户端的就是一个 HTML 文本，因此客户端只要有浏览器就能浏览。Web 服务器在遇到访问 JSP 网页的请求时，首先执行其中的程序段，然后将执行结果连同 JSP 文件中的 HTML 代码一起返回给客户端。插入的 Java 程序段可以操作数据库、重新定向网页等，以实现建立动态网页所需要的功能。

JSP 技术有点类似 ASP 技术，它是在传统的网页 HTML 文件中插入 Java 程序段（Script-let）和 JSP 标记（tag），从而形成 JSP 文件，后缀名为（＊.jsp）。用 JSP 开发的 Web 应用是跨平台的，既能在 Linux 下运行，也能在其他操作系统上运行。

2. JSP 技术的特点

（1）将内容的生成和显示进行分离。

（2）生成可重用的组件。

（3）采用标识简化页面开发。

（4）强大的可伸缩性。

（5）健壮的存储管理和安全性。

（6）一次编写，多次运行。

3. JSP 与 ASP 区别

JSP 与 ASP 两者都是常用的动态网页技术，也都是可以嵌入 HTML 中的程序，但两者是有着本质的不同，主要从以下几个方面对其进行比较：

（1）Web 服务器的支持。大多数通用的 Web 服务器如：Apache、Netscape 和 Microsoft IIS 都支持 JSP 页面，只有微软本身的 Microsoft IIS 和 Personal Web Server 可以支持 ASP。

（2）平台的支持。JSP 具有平台独立性，只要是一般的 Java 程序可以运行的平台，都支持 JSP 程序。Windows 平台可以很好的支持 ASP，但 ASP 对于基于 Win32 逐渐模型的依赖，使得它难以移植到其他平台上。

（3）组件模型。JSP 是建立在可重用的、跨平台的组件（如：JavaBeans、Enterprises JavaBeans 和用户定制的标签库等组件）之上的，而 ASP 使用的是基于 Win32 的 COM 组件模型。

（4）脚本语言。JSP 可以使用 Java 编程语言或 JavaScript 作为脚本语言，而 ASP 使用 VBScript 或 Jscript 作为脚本语言。

（5）安全性。JSP 使用 Java 安全模型，而 ASP 使用 Windows NT 的安全结构。

（6）与 Access 数据库的连接。JSP 使用 JDBC 建立与 Access 数据库的连接，而 ASP 对 Access 数据库使用 Data Active Objects。

（7）用户定制的标签。JSP 可以使用用户定制标签库进行扩充，而 ASP 中没有用户定制标签库，是不能扩充的。

2.3.2.5 J2EE

J2EE 是由 SUN 公司开发的，SUN 是 Stanford University Network 的简写，中文的意思就是"斯坦福大学网络公司"。SUN 起初是由包括 Scott McNealy 在内的 4 名在斯坦福大学和加州大学伯克利分校的研究生在 1982 年 2 月正式注册创建的。最初 SUN 是以工作站的设计制作为业务重点，6 个月后便开始创收盈利。目前这个平台又被称为 Java EE，Java EE（Java Platform，Enterprise Edition）是 SUN 公司（2009 年 4 月 20 日甲骨文公司以交易价格达 74 亿美元现金收购 Sun 微系统公司）推出的企业级应用程序版本。

目前 Java 公司推出下面三种产品，以适应不同企业的开发需求。

（1）Java SE（Java Platform, Standard Edition 标准版）：即以前的 J2SE。标准版本开发桌面应用程序。

（2）Java EE（Java Platform, Enterprise Edition 企业版）：即以前的 J2EE。企业版本开发和部署服务器端应用程序。

（3）Java ME（Java Platform, Micro Edition 微型版）：即以前的 J2ME。微型版本开发在移动设备和嵌入式设备（比如手机、PDA、电视机顶盒）上运行的应用程序。

1. J2EE 的概念

J2EE 是一种利用 Java 2 平台来简化企业解决方案的开发、部署和管理相关的复杂问题的体系结构。J2EE 技术的基础就是核心 Java 平台或 Java 2 平台的标准版。J2EE 体系结构提供中间层集成框架用来满足企业开发者关于费用低、高可用性、高可靠性和可拓展性的应用的需求。通过提供统一的开发平台，J2EE 降低了开发多层应用的费用和复杂性，同时提供对现有应用程序集成的支持，支持打包和部署应用，添加目录支持，增强安全机制，提高性能。

2. J2EE 的优势

（1）完整的体系结构。

（2）高效的开发。

（3）支持异构环境。

（4）可伸缩性。

（5）稳定的可用性。

3. J2EE 组成

需要注意的是，J2EE 本身是一个标准，而不是一个现成的产品（虽然现在有很多符合 J2EE 标准的产品），它由以下几个部分组成：

（1）J2EE 规范。该规范定义了 J2EE 平台的体系结构、平台角色及 J2EE 中每种服务和核心 API 的实现要求。它是 J2EE 应用服务器开发商的大纲。

（2）J2EE 兼容性测试站点。SUN 公司提供的一个测试 J2EE 应用服务器是否符合 J2EE 规范的站点，对通过该站点测试的产品，SUN 公司将发放兼容性证书。

（3）J2EE 参考实现。即 J2EE SDK，它既是 SUN 公司自己对 J2EE 规范的一个非商业性实现，又是为开发基于 J2EE 企业级应用系统原型提供的一个免费的底层开发环境。

（4）J2EE 实施指南。即 Blueprints 文档，该文档通过实例来指导开发人员如何去开发一个基于 J2EE 的多层企业应用系统。

J2EE 是一套针对于企业级分布式应用的计算环境，其结构体系如图 2 - 7 所示。它定义了动态 Web 页面功能（Servlet 和 Jsp）、商业组件（EJB）、异步消息传输机制（JMS）、名称和目录定位服务（JNDI）、数据库访问（JDBC）、与子系统的连接器（JCA）和安全服务等。

2.3.3 客户端技术

Web 客户端的主要任务是展现信息内容。Web 客户端设计技术主要包括：HTML 语言、DHTML、XML 语言、脚本语言、Java Applets、插件技术。

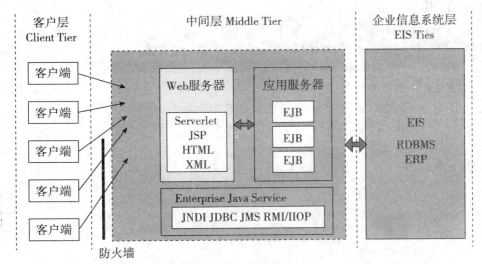

图 2－7 J2EE 结构体系

2.3.3.1 HTML 语言

1. 概述

HTML 是 Hyper Text Markup Language（超文本标记语言）的缩写，是一种用来制作超文本文档的简单标记语言，它实际上是标准通用标记语言（SGML，Standard Generalized Markup Language）的一个应用。

用 HTML 语言编写的超文本文档称为 HTML 文档，HTML 文档是一种纯文本文件，通常它带有 .htm 或 .html 的文件扩展名（在 UNIX 中的扩展名为 .html）。它是普通的文本文档，可以独立于各种操作系统平台（如 Unix，Windows 等），不含任何与平台和程序相关的信息，它们可以被任何文本编辑器读取。同时它还可以加入图片、声音、动画、影视等内容，也可以从一个文件跳转到另一个文件，与网络上其他主机的文件相连，也因此将它称为超文本。

HTML 语言是一种标识性的、描述文档结构的语言，它是由一些特定符号和语法组成。HTML 语言使用这种描述性的标记符（也称为标签）来表达文档的不同内容，利用标签描述网页的字体、大小、颜色及页面布局，用来作为区分文本各个组成部分的分界符，将HTML 文档划分为不同的逻辑部分，如段落、标题和表格等。

创建 HTML 文件非常简单，可以有多种方法。任何一种文本编辑器都可以对它进行编辑，如 Windows 系统中的记事本、写字板。另外，可以使用专门的网页编辑器来编辑，这些编辑器能自动将编辑过程转换成 HTML 文件。常用的网页编辑器有 FrontPage、Dreamweaver 等。

DHTML 即动态的 HTML 语言（Dynamic HTML）。除了具有 HTML 语言的一切性质外，其最大的突破就是可以实现在下载网页后仍然能实时变换页面元素效果、使人们在浏览Web 页面时看到五彩缤纷、绚丽夺目的动态效果。DHTML 并不是一门新的语言，它是以下技术、标准或规范的一种集成：

（1）HTML 4.0。

（2）CSS（Cascading Style Sheets，层叠样式单）。

（3）CSSL（Client-Side Scripting Language，客户端脚本语言）。

（4）HTML DOM（HTML 文档对象模型，Document Object Model）。

2. HTML 文件基本架构

- < HTML >
  - < HEAD >
    - < title > </title >
    - < meta >
  - </HEAD >
  - < BODY >
    - HTML 文件的正文
  - </BODY >
- </HTML >

HTML 的标签都是成对出现，无斜杠的标签标识该标签作用开始，有斜杠的标签则标识该标签内容结束。上面是一个简单的 HTML 文件架构，包含了 4 个标签。其中 < HTML > 标识网页文件格式。< HEAD > 标识标头区，用来记录文件基本资料，如作者、编写时间。< TITLE > 标识标题区，文件标题须使用在标头区内，可以在浏览器最上面看到标题。< BODY > 标识本文区，也就是文件资料，即在浏览器上看到的网站内容。

除了这些基本标签外，HTML 还设置了 HTML 标签属性。属性是标签实现某种功能而提供的一些具体的参数，属性由属性名和属性值组成。元素属性出现在元素的 < > 内，并且和元素名之间有一个空格分隔；属性值用 " " 引起来。

例如：< p align = "center" > 欢迎光临我的主页！</p >

其中 < p > 是标识空行的开始标签，</p > 是结束标签。align 是属性名，它的属性值可以是 left、center、right 中之一，其含义是用来指出"欢迎光临我的主页！"这段文字在屏幕中显示的位置。

在所有的计算机编程语言中，HTML 语言是最简单易学的，它只是标记语言，由文字及标记组合组成。但是其功能强大，可以定义文件的格式、标题、表格、窗口等，可以超链接到 Web 上的任何信息。另外还可以链接图像、视频、声频等多媒体信息。

2.3.3.2 XML

1. XML 简介

XML 是可扩展标记语言 Extensible Markup Language 的简称，是一组用来形成语义标记的规则集，规则集中的标记可将文档分成许多部分并对这些部分进行标识。全球信息网协会 W3C 已于 1998 年 2 月通过 xml1.0 规范的审核。XML 是继 HTML、Java 之后在互联网上最热门的课题。

2. XML 与 HTML 的区别

（1）XML 并不是标记语言。它只是用来创造标记语言（如 HTML）的元语言。

（2）XML 并不是 HTML 的替代产品。XML 不是 HTML 的升级，它只是 HTML 的补充，为 HTML 扩展更多功能。

（3）不能用 XML 来直接写网页。即便是包含了 XML 数据，依然要转换成 HTML 格式才能在浏览器上显示。

（4）与 HTML 是固定的标记不同，XML 可以自由定制自己的标签，每个人，每个行业都可以根据各自的需要定制属于自己的一套标记。

（5）XML 是被用来传输和存储数据，而 HTML 则是为了显示数据，这也是两者本质的区别。

3. XML 的用途

XML 应用于 Web 开发的许多方面，常用于简化数据的存储和共享。

（1）XML 把数据从 HTML 分离。

一般来说，HTML 只能显示静态数据，如果需要在 HTML 文档中显示动态数据，那么当数据改变时将花费大量的时间来重新编辑 HTML。但是如果将数据存储在独立的 XML 文件中，通过使用几行 JavaScript，就可以读取这个外部 XML 文件，然后更新 HTML 中的数据内容。

（2）XML 简化数据共享和数据传输。

在真实的世界中，计算机系统和数据使用不兼容的格式来存储数据。XML 数据以纯文本格式进行存储，因此提供了一种独立于软件和硬件的数据存储方法。这让创建不同应用程序可以共享的数据变得更加容易，同时也使得数据能够在不兼容的系统之间轻松的传输。

（3）XML 简化平台的变更。

升级到新的系统（硬件或软件平台），必须转换大量的数据，不兼容的数据经常会丢失，而且非常费时。XML 数据以文本格式存储，这使得 XML 在不损失数据的情况下，更容易扩展或升级到新的操作系统、新应用程序或新的浏览器。

（4）XML 使您的数据更有用。

由于 XML 独立于硬件、软件，以及应用程序，不同的应用程序都能够访问您的数据，不仅在 HTML 页中，也可以从 XML 数据源中进行访问。XML 使得这些数据更可用，也更有用。通过 XML，这些数据可供各种阅读设备使用（手持的计算机、语音设备、新闻阅读器等），还可以供盲人或其他残障人士使用。

（5）XML 用于创建新的 Internet 语言。

通过 XML 可以创建新的 Internet 语言。例如：XHTML、WSDL、WAP 和 WML、RSS、RDF 和 OWL、SMIL。其中，XHTML 是最新的 HTML 版本，WSDL 用于描述可用的 Web service，WAP 和 WML 用于手持设备的标记语言，RSS 用于 RSS feed 的语言，RDF 和 OWL 用于描述资源和本体，SMIL 用于描述针对 Web 的多媒体。

2.3.3.3 脚本语言

所谓脚本语言是指一种能够完成某些特殊功能的小程序段，与一般的程序编译过程不同，脚本语言是在程序运行过程中被逐行解释的。在 Web 开发中，常用的脚本语言如 VB-Script、JavaScript 等是介于 HTML 和 Java、C#、C++ 等程序设计语言之间的语言。

1. VBScript

VBScript 脚本语言是 Visual Basic Script 的简称，有时也被缩写为 VBS，它是 Microsoft Visual Basic 家族的一个成员，语法结构与 Visual Basic 相同。VBScript 的最大优点在于简单易学，它去掉了 Visual Basic 中使用的大多数关键字，而仅保留了其中少量的关键字，大大简化了 Visual Basic 的语法，使得这种脚本语言更加易学易用，也为原先熟悉 VB 语言的开发人员减轻了学习其他语言的负担。但 VBScript 除了被 Microsoft IE 支持之外，其他公司的浏览器基本上都不支持 VBS，因此在 Web 开发中使用 JavaScript 的居多。JavaScript 和 VBS 一样都可以用于创建客户方的脚本程序，并处理页面上的事件及生成动态内容。

2. JavaScript

JavaScript 是目前使用最广泛的脚本语言，它是由 Netscape 公司开发并随 Navigator 浏览器一起发布的，是一种介于 Java 与 HTML 之间、基于对象的事件驱动的编程语言。使用 JavaScript，不需要 Java 编译器，而是直接在 Web 浏览器中解释执行。

JavaScript 语言的特点：

（1）JavaScript 语言开发过程简单，语言的基本结构形式与 C、C++ 十分类似。

（2）JavaScript 程序依赖浏览器，而与操作系统无关，只要系统中运行的浏览器支持 JavaScript 语言，程序就可以正确执行。

（3）JavaScript 是一个基于对象的语言，本身已经内置了一些基本的对象，一些常用类（如 Ddate 类）不需要额外创建。

JavaScript 对象是可以是一段文字、一幅图片、一个表单（Form）等。每个对象有它自己的属性、方法和事件。对象的属性是反映该对象某些特定的性质的。例如：字符串的长度、图像的长宽、文字框（Textbox）里的文字等；对象的方法能对该对象做一些事情。例如，表单的"提交"（Submit），窗口的"滚动"（Scrolling）等；而对象的事件就能响应发生在对象上的事情。例如，提交表单产生表单的"提交事件"，点击连接产生的"点击事件"。不是所有的对象都有以上三个性质，有些没有事件，有些只有属性。引用对象的任一性质用"＜对象名＞.＜性质名＞"这种方法。

（4）JavaScript 是一个基于事件驱动的语言。当事件发生时，JavaScript 可以根据用户编程需求做出相对应的反应。

（5）JavaScript 的使用简单。只需要在使用 JavaScript 的 HTML 文档中，用 ＜ script language = "JavaScript" ＞ 和 ＜/script ＞ 将 JavaScript 源代码标识出来就可意了。

总之，JavaScript 就是一种基于对象和事件驱动，并具有安全性能的脚本语言。JavaScript 可以被嵌入到 HTML 文件中，不需要经过 Web 服务器就可以对用户的操作做出响应，使网页更好地与用户交互；在利用客户端个人电脑性能资源的同时，适当减小服务器端的压力，并减少用户等待时间。

2.3.3.4　Java Applet

Applet 可以翻译为小应用程序，Java Applet 就是用 Java 语言编写的这样的一些小应用程序，它们可以直接嵌入到网页中，并能够产生特殊的效果。包含 Applet 的网页被称为 Java-powered页，也可以称其为 Java 支持的网页。

只要用户使用的浏览器是支持 Java 的网络浏览器，当访问到 Java-powered 网页时，Applet 就会被下载到用户的计算机上，并在 Web 页面打开时在本地计算机上执行。由于 Applet 是在用户的计算机上执行的，因此它的执行速度不受网速的限制，用户可以更好的欣赏网页上 Applet 产生的多媒体效果。

在 Java Applet 中，可以实现图形绘制，字体和颜色控制，动画和声音的插入，人机交互及网络交流等功能。因此 Java Applet 已经成为 Web 技术的重要组成部分。

Java Applet 是从远程服务器上下载到本地客户机上运行的，出于安全的考虑，对它的运行进行了必要的限制。例如，不能运行本地机上的程序，只能与它所对应的服务器联系；无法对本地机上的文件进行读写操作；除了可获取本地机使用的 Java 版本号、操作系统名称及版本号、文件名分隔符、文件路径外，无法获得本地机的其他信息。

Applet 的工作原理。含有 Applet 的网页的 HTML 文件代码中部带有 < applet > 和 </applet > 这样一对标记，当支持 Java 的网络浏览器遇到这对标记时，就将下载相应的小应用程序代码并在本地计算机上执行该 Applet。微软曾经去掉了 IE 浏览器中内嵌 Java 解释器，导致使用 IE 浏览器的用户没法正常显示带有 Applet 的网页，想通过这样的垄断导致没人再使用 Applet，以此报复老对手 SUN 公司，最后引发了一场官司，最终 SUN 公司获胜，微软公司又不得不在最新的 IE 浏览器中重新内嵌 Java 解释器，以支持 Java Applet。

2.3.3.5 插件技术（Flash、QuickTime、Realplayer、Media Player、Fireworks 等）

插件技术大大丰富了浏览器的多媒体信息展示功能，常见的插件包括 QuickTime、Realplayer、Media Player、Fireworks 和 Flash 等。

Fireworks 也是由 Macromedia 公司开发的一种工具。它以处理网页图片为特长，并可以轻松创作 GIF 动画。它的出现使 Web 作图发生了革命性的变化。例如，Fireworks 能够自动切图、生成鼠标动态感应的 Javascript。而且 Fireworks 具有十分强大的动画功能和一个几乎完美的网络图像生成器（Export 功能）。并且它增强了与 Dreamweaver 的联系，可以导出为配合 CSS 式样的网页及图片。

Flash 是当今互联网上最流行动画作品（如各种动感网页、LOGO、广告、MTV、游戏和高质量的课件等）的制作工具，并成为事实上的交互式矢量动画标准，就连软件巨头微软也不得不在其新版的浏览器中内嵌 Flash 播放器。

第四节　电子支付技术

2.4.1 电子支付

2.4.1.1 电子支付概念

电子支付（Electronic Payment）是以计算机和通信技术为手段，通过计算机网络系统以电子信息传递形式实现的货币支付与资金流通。

电子支付，从商业角度来讲，是指参与电子交易双方借助网络、金融机构和认证机构，通过使用安全的电子支付手段，进行货币支付。从技术角度来讲，是以金融电子化网络为基础，以商用电子化机器和各类交易卡为媒介，以计算机技术和通信技术为手段，以二进制数据（电子数据）形式存储在银行的计算机系统中，并通过计算机网络系统以电子信息传递形式实现流通和支付。

2.4.1.2 电子支付的特点

与传统的支付方式比较，电子支付具有以下特点。

1. 实质（数字化支付，非物理实体流转）

电子支付是采用先进的信息技术来完成信息传输的，其各种支付方式都是采用数字化的方式进行款项支付的，而传统的支付方式则是通过现金的流转、票据的转让及银行的汇兑等物理实体的流转来完成款项支付的。

2. 工作环境：开放系统平台，不同于传统的封闭的系统

电子支付的工作环境是基于一个开放的系统平台（如互联网）之上，而传统支付则是在较为封闭的系统中运作。

3. 支持设施：电子支付对软、硬件设施的要求很高，而传统支付则没有这么高的要求

电子支付使用的是最先进的通信手段，如互联网、外联网，传统支付使用的则是传统的通信媒介。电子支付要求很高，一般要求有能够联网的计算机或者手机、相关软件和其他一些配套设施，而传统支付则没有这么高的要求。

4. 全天候服务：突破时间和空间的限制，24×7 服务

电子支付具有方便、快捷、高效的优势。用户只要拥有一台联网的计算机或手机，足不出户便可在很短的时间内完成整个支付过程。电子支付可以完全突破时间和空间的限制，可以满足每周 7 天，每天 24 小时的工作模式。

2.4.1.3 电子支付的安全协议

在电子支付的交易过程中，安全问题是最关键、最重要的问题，直接关系到电子交易各方的利益。目前电子商务中有两种安全协议被广泛使用，即安全套接层 SSL 协议和安全电子交易 SET 协议。

1. 安全套接层 SSL 协议

SSL 协议（Secure Socket Layer）为 Netscape 于 1994 年年底推出的，用来保障在互联网上数据传输的安全，利用数据加密（Encryption）技术，来确保数据在网络的传输过程中不会被截取及窃听。当前版本为 3.0，它已被广泛地用于 Web 浏览器与服务器之间的身份认证和加密数据传输。

在 TCP/IP 协议组中，SSL 位于 TCP（传输控制协议）层之上，应用层之下。在应用层协议通信之前就已经完成加密算法、通信密钥和认证工作，之后应用层所传送的数据都会被加密，从而保证通信的保密性。

SSL 协议包括两个子协议：SSL 记录协议和 SSL 握手协议。SSL 记录协议定制传输数据的格式，所有的传输数据都被封装在记录中。SSL 握手协议允许服务器端与客户端在开始传输数据前，能够通过特定的加密算法相互鉴别。

在电子商务交易过程中，按照 SSL 协议，客户购买的信息先发往商家，商家再将信息转发银行，银行验证客户信息的合法性后，通知商家付款成功，商家再通知客户购买成功，将商品寄送客户。整个流程简单、使用方便。但是在整个交易过程中，SSL 协议更有利于商家，而且商家容易将客户资料信息暴露出来，特别是客户的账户和密码信息。随着电子商务参与的厂商越来越多，SSL 的缺点日益明显，SSL 协议日益被新的电子商务协议（如 SET 协议）所取代。

2. 安全电子交易 SET 协议

为了实现更加完善的即时电子支付，SET 协议应运而生。SET 协议被称之为安全电子交易协议，是由 Master Card 和 Visa 联合 Netscape，Microsoft 等公司，于 1997 年 6 月 1 日推出的一种新的电子支付模型。SET 协议是 B2C 上基于信用卡支付模式而设计的，它保证了在开放网络上使用信用卡进行在线购物的安全。

SET 协议是在应用层的网络标准协议，规定了交易各方进行交易结算时的具体流程和安全控制策略。SET 协议通过使用公钥和对称密钥方式加密保证数据的保密性，通过使用数字签名来确定数据是否被篡改，保证数据的一致性并防止交易抵赖。

网上银行采用 SET 协议，确保交易数据的合法性、完整性和不可抵赖性，交易中商家只能得到消费者的定购信息而银行只能获得支付信息，确保整个购物过程安全、快捷、方便。SET 协议更适合消费者、商家和银行三方进行网上交易的国际安全标准。目前 SET 协议已经成为公认的信用卡网上交易的国际标准。

由于 SET 交易过程中要对商家、客户、支付网关等交易各方进行身份认证，在交易之前必须在银行网络、商家服务器和客户机上安装相应的电子钱包软件，因此它的交易过程相对比较复杂：

（1）客户在网上商店看中商品后，与商家进行磋商，然后发出请求购买信息。

（2）商家要求客户用电子钱包付款。

（3）电子钱包提示客户输入口令后与商家交换握手信息，确认商家和客户两端均合法。

（4）客户的电子钱包形成一个包含定购信息与支付指令的报文发送给商家。

（5）商家将含有客户支付指令的信息发送给支付网关。

（6）支付网关在确认客户信用卡信息之后，向商家发送一个授权响应的报文。

（7）商家向客户的电子钱包发送一个确认信息。

（8）将款项从客户账号转到商家账号，然后向顾客送货，交易结束。

从上面的交易流程可以看出，SET 交易过程十分复杂性，在完成一次 SET 协议交易过程中，需验证电子证书 9 次，验证数字签名 6 次，传递证书 7 次，进行签名 5 次，4 次对称加密和非对称加密。通常完成一个 SET 协议交易过程大约要花费 1.5~2 分钟甚至更长时间。由于各地网络设施良莠不齐，因此，完成一个 SET 协议的交易过程可能需要耗费更长的时间。

因为 SET 协议的设置成本要高出 SSL 协议很多，交易过程相对复杂耗时，并且进入国内市场较晚，因此目前我国国内 SSL 协议的普及率要高于 SET 协议。

2.4.2　电子货币

电子货币是指用一定金额的现金或存款从发行者处兑换并获得代表相同金额的数据，通过使用某些电子化方法将该数据直接转移给支付对象，从而能够清偿债务。目前，我国流行的电子货币主要有储值卡型电子货币、信用卡应用型电子货币、存款利用型电子货币和现金模拟型电子货币 4 种类型。

2.4.2.1　储值卡型电子货币

储值卡型电子货币一般以磁卡或 IC 卡形式出现，是由某一行业或公司发行的可代替现金用的。通常是发行主体在预收客户资金后，发行等值储值卡，储值卡在客户消费时以扣减方式支付费用。例如，移动通信公司发行的电话充值卡，超市发行的购物卡，石油公司发行的加油卡等。

2.4.2.2　信用卡应用型电子货币

信用卡在 1915 年起源于美国，至今已有将近百年的历史，目前信用卡在发达国家及我国发达城市的使用非常广泛，已经成为一种普遍使用的支付工具和信贷工具。它使得人们的结算方式、消费模式和消费观念发生了根本性的改变。由商业银行、信用卡公司等发行主体发行的信用卡，可在发行主体规定的信用额度内贷款消费，之后于规定时间还款。

信用卡的最大特点是同时具备信贷和支付两种功能。持卡人可以不用现金，先凭借信用卡的支付功能购买商品和享受服务，其支付款项由发卡银行垫付，此时银行便与持卡人产生了信贷关系。但信用卡又不同于一般的贷款。一般的贷款只是银行和客户两者之间关系，而信用卡除了银行与客户之外，还会与受理信用卡的商家发生关系。

2.4.2.3 存款利用型电子货币

存款利用型电子货币主要有借记卡、电子支票等。用于对银行存款以电子化方式支取现金、转账结算和划拨资金。

1. 借记卡

借记卡是持卡人在银行开立活期储蓄账户，由银行发行的。持卡人先存款后消费，不能够透支存款账户。所有基于借记卡的存取款、消费等交易都会引起持卡人储蓄账户资金的增加或减少，且必须在其账户余额范围内使用。

2. 电子支票

电子支票是将支票的全部内容电子化，然后借助于互联网完成支票在客户之间、银行客户与客户之间以及银行之间的传递，实现银行客户间的资金结算。电子支票几乎包含和纸质支票同样的内容。

付款方可以在网络上生成一个电子支票，其中包含付款方姓名、付款方金融机构名称、付款方账户、收款方名称、金额。并且，像纸质支票一样，对电子支票进行数字签名。之后付款方利用网络将电子支票传送给收款方。收款方收到电子支票数字签名后，利用数字凭证确认收款方和付款方身份、支付银行及账户，之后金融机构就可以使用签名过和认证过的电子支票进行账户存储。

电子支票的优点：

（1）电子支票与传统支票工作方式相同，用户接受度高。

（2）电子支票成本低，事务处理费用也比较低。

（3）加密后的电子支票易于流通，支付双方的银行只需要用公用密钥认证确认支票即可。使用数字签名和数字签名证书确认支付双方身份，比传统印鉴和手写签名更加安全便捷。

（4）效率高，节省时间。

2.4.2.4 现金模拟型电子货币

1. 电子现金

电子现金又称为数字现金，是一种表示现金的加密序列数，可以用来表示现实中各种金额的币值。要想使用电子现金进行在线支付，用户必须到已经开展电子现金业务的银行开设账号并存入一定数额的现金，然后就可以在接受电子现金的商家购物了。电子现金是目前最接近实体现金的电子货币，成功普及后，将对国家的货币体系产生重大影响。

电子现金在经济领域起着与普通现金同样的作用，对正常的经济运行至关重要。电子现金应具备以下特性：

（1）独立性：电子现金不依赖于计算机系统。

（2）不可重复花费：电子现金只能使用一次，重复花费能被轻易地检查出来。

（3）匿名性：电子现金不能提供持有者的信息。

（4）不可伪造性：用户不能造假就是用户既不能凭空制造有效的电子现金，从银行提取 N 个有效的电子现金后，也不能根据提取和支付 N 个电子现金的信息制造出有效的电子现金。

（5）可传递性：用户能将电子现金像普通现金一样，在用户之间任意转让，且不能提供跟踪这种传递的信息。

（6）可分性：电子现金不仅能作为整体使用，还应能像普通现金一样，被分为更小的部分多次使用，只要各部分的面额之和与原电子现金面额相等，就可以进行任意金额的支付。

目前常用的电子现金系统有 E-Cash、Millicent、微支付等。

2. 电子钱包

电子钱包是电子商务购物活动中常用的一种支付工具，其适用于小额购物。电子钱包实际上是一种具有存储值的智能卡，电子钱包内只能安装电子货币，即装入电子现金、电子零钱、安全零钱、电子信用卡、在线货币和数字货币等，并且可以在正确装配的销售点系统装置上消费，还可以利用网络直接进行小额现金支付。

电子钱包使用者通常是在银行里有账户的。在使用电子钱包时，用户先安装相应的应用软件，在该软件系统中设有电子货币和电子钱包的功能管理模块，称为电子钱包管理器，用户可以用它来改变口令或保密方式等，以及用它来查看自己银行账号上电子货币收付往来的账目、清单和其他数据。该系统中还提供了一个电子交易记录器，顾客通过查询记录器，可以了解自己的购物记录。网上购物使用电子钱包，需要在电子钱包服务系统中进行。电子商务活动中的电子钱包软件通常都是免费提供的。用户可以直接使用与自己银行账号相连接的电子商务系统服务器上的电子钱包软件，也可以通过各种保密方式利用互联网上的电子钱包软件。

1995 年 7 月由英国的西敏寺（National-Westminster）银行开发的电子钱包 Mondex 卡是世界上最早的电子钱包，并在温斯顿市的超市、酒吧、餐饮店、商店、停车场、公交车上广泛使用。目前，世界上最大的电子钱包服务系统是 Visa Cash 和 Mondex，国内则有中国银行的中银电子钱包系统。

中银电子钱包（E-wallet）是一个可以由中国银行长城借记卡持卡人用来进行安全网上购物交易并存储交易记录的软件。中国银行采用国际公认的安全标准（SET 安全电子交易）来保证持卡人网上购物的安全性。涉及交易双方的数据在发送时均通过加密处理，并且每笔交易都需要经过各方进行合法身份认证，在确认无误后才会进行交易。

利用中银电子钱包的支付流程如下。

（1）申请中国银行长城借记卡。

（2）安装中银电子钱包客户端软件。

（3）设置电子钱包的用户信息和银行卡信息。

（4）为长城借记卡获取数字证书。

（5）登录网上商店，选购商品。

（6）选择中银电子钱包付款。

（7）商家按照订单要求向客户交货。

2.4.3 网上银行

1. 网上银行概念

网上银行又称网络银行或在线银行，它是银行业务和网络相结合的产物。网上银行是指采用数字通信技术，以互联网作为基础的交易平台和服务渠道，在线为公众办理结算、信贷、账户信息查询等服务的金融机构。客户通过互联网上虚拟的银行柜台，可以不受空间和时间的限制，只要在银行开设了账户并有一台接入互联网的电脑，就可以享受每周7天，每天24小时的不间断服务的虚拟银行。

目前存在的网上银行有两种形式：一种是在创立时没有实体的业务场所，完全依赖于互联网而发展起来的纯网上银行，这种网上银行所有的业务都依赖互联网进行。最具代表性的是世界上第一家全交易性网上银行——美国安全第一网上银行（Security First Network Bank，SFNB），它成立于1995年10月，是在美国成立的第一家无营业网点的虚拟网上银行，它的营业厅就是网页画面，当时银行的员工只有19人，主要的工作就是对网络的维护和管理。另一种形式则是网络分支银行，即传统商业银行运用网络技术，将业务扩展到互联网中。目前我国的网上银行基本上属于后者。

2. 网上银行特点

网上银行是通过互联网为公众提供相应的金融服务的，与传统的银行服务体系相比，具有明显的特点。

（1）网上银行经营服务不受时空限制。

网上银行可以通过互联网为客户提供超越时空的"AAA"式服务，即在任何时间任何地点以任何方式为客户提供全年365天，每天24小时的全天候服务。网上客户可以通过网络随时随地获得银行服务，一笔交易通常在几分钟甚至几秒钟内就可以完成，大大提高了银行的服务效率。

（2）网上银行可以降低银行经营成本。

构建一个网上银行所需要的成本包括硬件、软件和一些少量的其他开销，但这个费用远远低于开设营业网点、自动柜员机的构建、维护和管理成本，并且还可以节约大量的人力物力。银行经营的网络化可以使银行职员减少，组织结构扁平化，大大降低银行的经营成本。

有关资料表明，美国银行柜台服务的交易成本是每笔交易1.08美元，电话服务为每次服务0.54美元，而网上银行为每次服务成本0.13美元。经营成本的降低，将可以促进银行提供更具有竞争力的金融服务。

（3）网上银行服务更加多元化、个性化、综合化。

网上银行在提供标准化产品的同时，更加注重个性化，多元化。网上银行可以充分利用信息技术深入分析客户需要，为客户提供个性化的、量身定做的、小批量的金融服务，成为真正的"个性银行"。并且随着网络经济的进一步发展，网上银行针对互联网应用开发出更多的金融服务，如网上购物、电子钱包、网络证券等。

3. 网上银行服务

相对于传统商业银行，一般说来网上银行的业务品种除提供网上形式的传统银行业务之外，还包括基本网银业务、网上投资、网上购物、个人理财、企业银行及其他金融服务。

（1）基本网银业务。

商业银行提供的基本网上银行服务包括：在线查询账户余额、交易记录，下载数据、转账和网上支付等。

（2）网上投资。

由于金融服务市场发达，可以投资的金融产品种类众多，国外的网上银行一般提供包括股票、期权、共同基金投资和 CDs 买卖等多种金融产品服务。

（3）网上购物。

商业银行的网上银行设立的网上购物协助服务，大大方便了客户网上购物，为客户在相同的服务品种上提供了优质的金融服务或相关的信息服务，加强了商业银行在传统竞争领域的竞争优势。

（4）个人理财助理。

个人理财助理是国外网上银行重点发展的一个服务品种。各大银行将传统银行业务中的理财助理转移到网上进行，通过网络为客户提供理财的各种解决方案，提供咨询建议，或者提供金融服务技术的援助，从而极大地扩大了商业银行的服务范围，并降低了相关的服务成本。

（5）企业银行。

企业银行服务是网上银行服务中最重要的部分之一。其服务品种比个人客户的服务品种更多，也更为复杂，对相关技术的要求也更高，所以能够为企业提供网上银行服务是商业银行实力的象征之一，一般中小网上银行或纯网上银行只能部分提供，甚至完全不提供这方面的服务。

企业银行服务一般提供账户余额查询、交易记录查询、总账户与分账户管理、转账、在线支付各种费用、透支保护、储蓄账户与支票账户资金自动划拨、商业信用卡等服务。此外，还包括投资服务等。部分网上银行还为企业提供网上贷款业务。

（6）其他金融服务。

除了银行服务外，大商业银行的网上银行均通过自身或与其他金融服务网站联合的方式，为客户提供多种金融服务产品，如保险、抵押和按揭等，以扩大网上银行的服务范围。

2.4.4　第三方支付

2.4.4.1　第三方支付概念

2005 年，阿里巴巴总裁马云在瑞士达沃斯世界经济论坛上首次提出了"第三方支付"的概念。第三方支付在经历了迅速发展期、摸索期后，目前进入了稳定发展时期。作为电子商务资金流的解决方案，第三方支付已经成为电子商务最重要的支付方式之一。

第三方支付平台是指平台提供商通过采用通信、计算机和信息安全技术，在商家和银行之间建立起连接，从而实现从消费者到金融机构、商家的货币支付、现金流转、资金清算、查询统计等问题。为商家开展 B2B、B2C 交易等电子商务服务和其他增值服务提供完善的支持。

在通过第三方支付平台的交易中，买方选购商品后，使用第三方平台提供的账户进行货款支付，由第三方通知卖家货款到达、进行发货；买方验收物品后，就可以通知付款给卖家，第三方再将款项转至卖家账户。

从图 2 - 8 中可以看出，在过去 4 年中，我国第三方互联网支付市场交易规模呈稳步上升趋势，2013 年已经达到 5.4 万亿元人民币。增长的主要动力就是互联网时代人们日益增长的网络购物和网络理财需求。

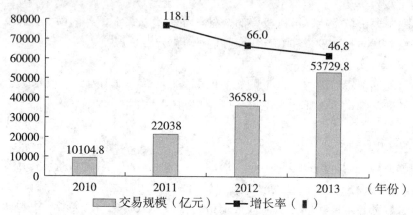

图 2 - 8　2010—2013 年中国第三方互联网支付市场交易规模

2.4.4.2　第三方支付的特点

第三方支付具有显著的特点：

1. 支持多种银行卡

第三方支付平台提供一系列的应用接口程序，将多种银行卡支付方式整合到一个界面上，负责交易结算中与银行的对接，使网上购物更加快捷、便利。消费者和商家不需要在不同的银行开设不同的账户，可以帮助消费者降低网上购物的成本，帮助商家降低运营成本；同时，还可以帮助银行节省网关开发费用，并为银行带来一定的潜在利润。

2. 支付操作更为简单

较之 SSL、SET 等支付协议，利用第三方支付平台进行支付操作更加简单而易于接受。SSL 是应用比较广泛的安全协议，在 SSL 中只需要验证商家的身份。SET 协议是基于信用卡支付系统的比较成熟的技术。但在 SET 中，各方的身份都需要通过 CA 进行认证，程序复杂，手续繁多，速度慢且实现成本高。有了第三方支付平台，商家和客户之间的交涉由第三方平台来完成，使网上交易变得更加简单。

3. 具有较高的公信度

第三方支付平台本身依附于大型的门户网站，且与其合作的银行的信用作为信用依托，因此第三方支付平台能够较好地突破网上交易中的信用问题，有利于推动电子商务的快速发展。

2.4.4.3　第三方支付交易流程

在第三方支付交易流程中，支付模式使商家看不到客户的信用卡信息，同时又避免了信用卡信息在网络上多次公开传输而导致信用卡信息被窃。

以 B2C 交易为例，如图 2 - 9 所示：

第一步，客户在电子商务网站上选购商品，最后决定购买，买卖双方在网上达成交易意向。

第二步，客户选择利用第三方作为交易中介，用信用卡或银行卡将货款划到第三方账户。

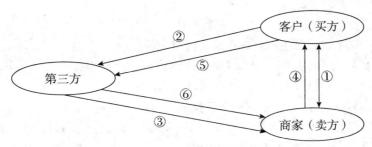

图 2 - 9 第三方支付交易流程

第三步，第三方支付平台将客户已经付款的消息通知商家，并要求商家在规定时间内发货。

第四步，商家收到通知后按照订单发货。

第五步，客户收到货物并验证后通知第三方。

第六步，第三方将其账户上的货款划入商家账户中，交易完成。

2.4.4.4 第三方支付平台产品

2014 年第二季度中国第三方互联网支付交易规模市场份额中，支付宝排名第一，占比为 48.8%，财付通第二，占比为 19.8%，银商第三，占比 11.4%，快钱占比 6.6%，汇付天下占比 5.4%，易宝和环迅分别第六和第七位，占比分别为 3.2% 和 2.7%。如图 2 - 10 所示。

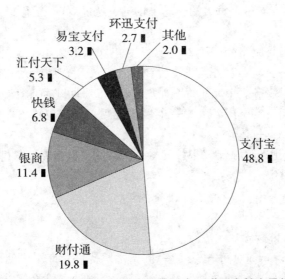

图 2 - 10 2014 年第 2 季度中国第三方互联网支付交易规模

图中的互联网支付是指客户通过台式电脑、便携式电脑等设备，依托互联网发起支付指令，实现货币资金转移的行为。

1. 支付宝

支付宝是由阿里巴巴公司创办，是支付宝公司针对网上交易而特别推出的安全付款服务，其运作的实质是以支付宝为信用中介，在买家确认收到商品前，由支付宝替买卖双方暂时保管货款的一种增值服务。

支付宝的发展历史:

2003 年 10 月 18 日,淘宝网首次推出支付宝服务。

2004 年,支付宝从淘宝网分拆独立,逐渐向更多的合作方提供支付服务,发展成为中国最大的第三方支付平台。

2004 年 12 月 8 日,浙江支付宝网络科技有限公司成立。

2005 年 2 月 2 日,支付宝推出"全额赔付"支付,提出"你敢用,我敢赔"承诺。

2008 年 2 月 27 日,支付宝发布移动电子商务战略,推出手机支付业务。

2008 年 10 月 25 日,支付宝公共事业交费正式上线,支持水、电、煤、通信等生活服务的自助交费。

2010 年 12 月 23 日,支付宝与中国银行合作,首次推出信用卡快捷支付。

2011 年 5 月 26 日,支付宝获得央行颁发的国内第一张《支付业务许可证》(业内又称"支付牌照")。

2013 年 6 月 13 日,余额宝上线。

2013 年 11 月 13 日,支付宝手机支付用户超 1 亿,"支付宝钱包"用户数达 1 亿,支付宝钱包正式宣布成为独立品牌。

2013 年 11 月 30 日,12306 网站支持支付宝购买火车票。

2013 年 12 月 31 日,支付宝实名认证用户超过 3 亿。

2014 年 2 月 28 日,余额宝用户数突破 8100 万。

2014 年 3 月 20 日,支付宝每天的移动支付笔数超过 2500 万笔。

2. 财付通

财付通(Tenpay)是腾讯公司于 2005 年 9 月正式推出专业在线支付平台,其核心业务是帮助在互联网上进行交易的双方完成支付和收款。致力于为互联网用户和企业提供安全、便捷、专业的在线支付服务。个人用户注册财付通后,即可在拍拍网及 20 多万家购物网站轻松进行购物。财付通支持全国各大银行的网银支付,用户也可以先充值到财付通,享受更加便捷的财付通余额支付体验。

财付通与拍拍网、腾讯 QQ 有着很好的融合,按交易额来算,财付通排名第二,份额为 20% 左右,仅次于支付宝。

2.4.5 移动支付

2.4.5.1 移动支付概念

移动支付(Mobile Payment),也称为手机支付,就是允许用户使用其移动终端对所消费的商品或服务进行账务支付的一种服务方式。整个移动支付价值链包括移动运营商、支付服务商(如银行、银联等)、应用提供商(公交、校园、公共事业等)、设备提供商(终端厂商、卡供应商、芯片提供商等)、系统集成商、商家和终端用户。移动支付所使用的移动终端可以是手机、PDA、移动 PC 等。

单位或个人通过移动设备、互联网或者近距离传感直接或间接向银行金融机构发送支付指令产生货币支付与资金转移行为,从而实现移动支付功能。移动支付将终端设备、互联网、应用提供商以及金融机构相融合,为用户提供货币支付、自助交费等金融业务。

2.4.5.2 移动支付特征

移动支付属于电子支付方式的一种，因而具有电子支付的特征，但因其与移动通信技术、无线射频技术、互联网技术相互融合，又具有自己的特征。

（1）移动性。随身携带的移动性，消除了距离和地域的限制。结合了先进的移动通信技术的移动性，随时随地获取所需要的服务、应用、信息和娱乐。

（2）及时性。不受时间地点的限制，信息获取更为及时，用户可随时对账户进行查询、转账或进行购物消费。

（3）定制化。基于先进的移动通信技术和简易的手机操作界面，用户可定制自己的消费方式和个性化服务，账户交易更加简单方便。

（4）集成性。以手机为载体，通过与终端读写器近距离识别进行的信息交互，运营商可以将移动通信卡、公交卡、地铁卡、银行卡等各类信息整合到以手机为平台的载体中进行集成管理，并搭建与之配套的网络体系，从而为用户提供十分方便的支付以及身份认证渠道。

2.4.5.3 国内外移动支付发展状况

国外移动运营商早已推出手机小额支付服务。在英国的赫尔市，爱立信公司开发的手机支付服务允许汽车驾驶员使用手机支付停车费。

在芬兰南部城市科特卡，顾客通过芬兰的"移动支付系统"，手机支付货款简单易行，顾客只需通过研制这一系统的公司开一个"移动户头"，即可通过手机将有关付款数额和付款时间的文字信息发送到商家的户头上履行付款手续。

瑞典的 Paybox 公司，在德国、瑞典、奥地利和西班牙等几个国家成功推出了手机支付系统。

在澳大利亚悉尼消费者可用手机拨号买饮料；在瑞典，手机用户可在自动售货机上买汽水；在日本，观众可以通过手机预订电影票；在诺基亚总部，雇员可用手机付账喝咖啡……

国内这几年的移动支付发展非常迅猛，各个第三方支付平台纷纷推出移动支付产品，如支付宝钱包，微信支付等。

2.4.5.4 中国常用的第三方移动支付产品

目前中国常用的第三方移动支付产品主要有支付宝钱包、财付通、拉卡拉、百度钱包、中国移动、中国电信、钱袋宝等。根据艾瑞咨询的统计数据显示，截止到 2014 年第二季度，中国第三方移动支付市场交易规模达 13834.6 亿元。其中，支付宝钱包在竞争激烈的移动支付市场占据绝对领先地位，用户数量和用户黏性不断提高，市场份额从一季度的 76.2% 上升至 79.9%。此外，财付通排名第二，占比为 8.9%；拉卡拉排名第三，占比为 6.5%。如图 2-11 所示。

1. 支付宝钱包

支付宝钱包是支付宝针对各个手机平台推出的客户端软件。支付宝钱包是国内领先的移动支付平台，这个平台提供了众多的服务，包括内置余额宝，免费还信用卡、转账、充话费、缴水电煤费等服务、便宜打车、去便利店购物、售货机买饮料，以及众多精品公众账号可以为您提供服务。如图 2-12 所示。

由于支付宝的市场占有率以及内置各种应用服务，从 2013 年第二季度开始，支付宝手机支付活跃用户数超过了 Paypal，位居全球第一。

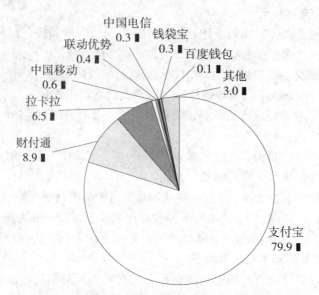

中国电信
0.3
钱袋宝
0.3
联动优势
0.4
百度钱包
0.1
中国移动
0.6
其他
3.0
拉卡拉
6.5
财付通
8.9
支付宝
79.9

图 2 – 11　2014 年第 2 季度中国第三方移动支付市场交易规模

图 2 – 12　支付宝手机界面

目前支付宝钱包的版本是 v8.0，可以实现以下功能：

（1）开放平台，支持精品应用安全登录；

（2）支持余额宝，理财收益随时查看；

（3）随时随地查询淘宝账单、账户余额、物流信息；

（4）免费异地跨行转账、信用卡还款、充值、缴水电煤气费；

（5）还信用卡、付款、缴费、充话费、卡券信息智能提醒；

（6）可添加公众服务号，让银行和品牌为你服务；

（7）收款 AA 制，让聚会吃饭更省心。

2. 微信支付

微信支付是由腾讯公司下移动社交通信软件微信及第三方支付平台财付通联合推出的移动支付创新产品，可以为广大微信用户及商户提供更优质的支付服务，微信的支付和安全系统由腾讯财付通提供支持。财付通是持有互联网支付牌照并具备完备的安全体系的第三方支付平台。

微信支付是集成在微信客户端的支付功能，用户可以通过手机完成快速的支付流程。微信支付以绑定银行卡的快捷支付为基础，向用户提供安全、快捷、高效的支付服务。

用户只需在微信中关联一张银行卡，并完成身份认证，即可将装有微信 App 的智能手机变成一个全能钱包，之后即可购买合作商户的商品及服务，用户在支付时只需在自己的智能手机上输入密码，无须任何刷卡步骤即可完成支付，整个过程简便流畅。

支持支付场景：微信公众平台支付、二维码扫描支付、App（第三方应用商城）支付。

（1）微信公众号支付。

用户在微信中关注商户的微信公众号，在商户的微信公众号内完成商品和服务的支付购买。

已经支持微信支付的有 QQ 充值、腾讯充值中心、广东联通、印美图、麦当劳、微团购、香港航空、微信电影票等。

（2）二维码扫描支付。

二维码扫描支付分线下扫码支付和 Web 扫码支付。线下扫码支付是指用户扫描线下静态的二维码，即可生成微信支付交易页面，完成交易流程。Web 扫码支付是指用户扫描 PC 端二维码跳转至微信支付交易页面，完成交易流程。

（3）APP（第三方应用商城）支付。

2014 年 3 月 4 日晚，腾讯宣布微信支付接口结束内测，将向所有通过认证的服务号开放。

服务号申请微信支付流程：

1）首先需要申请成为服务号，并在申请微信认证后。

2）填写商户基本资料、业务基本资料、财务审核资料。

3）通过审核进入开发流程，通过开发接口文档的指引，完成开发。

4）签订合同并缴纳保证金后，即可开通微信支付能力。

根据官方最新信息，微信支付的起步保证金为起初的 5 万元降低至 2 万元，不过刷卡手续费依然没变，普通餐饮娱乐消费在 6‰ 左右。

微信支付还联合 PICC 推出 100% 全赔保障，用户如因使用微信支付造成资金被盗等损失，将可获得 PICC 的全赔保障。而申请赔付时，只需提供相应的损失真实性证明和身份证明即可。

在支付费率方面，微信支付对所有类目商户的费率均为 0.6% ，低于支付宝。不过，相比支付宝，微信支付需要向所有类目商家收取 2 万元保证金，而支付宝并不收取这一项费用。

微信支付目前支持各大中央银行和部分地方银行的储蓄卡和信用卡的绑定开通。例如，中国银行、招商银行、建设银行、工商银行、农业银行、上海银行、江苏银行等。随着微信支付业务的不断发展，越来越多的银行将支持微信支付。

2. 微信支付规则

（1）绑定银行卡时，需要验证持卡人本人的实名信息，即姓名，身份证号的信息。

（2）一个微信号只能绑定一个实名信息，绑定后实名信息不能更改，解卡不删除实名绑定关系。

（3）同一身份证件号码只能注册最多 10 个（包含 10 个）微信支付。

（4）一张银行卡（含信用卡）最多可绑定 3 个微信号。

（5）一个微信号最多可绑定 10 张银行卡（含信用卡）。

（6）一个微信账号中的支付密码只能设置一个。

（7）银行卡不需要开通网银（中国银行、工商银行除外），只要在银行中有预留手机号码，即可绑定微信支付。但是一旦绑定成功，该微信号无法绑定其他姓名的银行卡/信用卡，请谨慎操作。

3. 拉卡拉

拉卡拉集团成立 2005 年，是首批获得央行颁发《支付业务许可证》的第三方支付公司，是中国最大的便民金融服务公司，是中国支付清算协会的第一批会员理事单位，联想控股成员企业。2013 年 8 月完成集团化结构调整下设：拉卡拉支付公司、拉卡拉移动公司、拉卡拉商服公司、拉卡拉营销总公司、拉卡拉电商公司、拉卡拉电销公司、拉卡拉金融公司。图 2 - 13 为拉卡拉集团官网。

图 2 - 13　拉卡拉官网

拉卡拉主要是为个人和企业提供日常生活所必须的金融服务及生活、网购、信贷等增值服务。拉卡拉是中国便民金融服务的开创者及领导者，拉卡拉在全国超过 300 个城市投资了超过 10 万台自助终端，国内 95% 以上的品牌便利店、商场及卖家（如沃尔玛、中国石油、中国石化、物美、快客、好德、海王星辰、华润万家、国美等）均配有拉卡拉便利支付终端。至 2013 年，拉卡拉已拥有 5000 余万用户，月交易额近千亿元。

拉卡拉提供了日益丰富的服务内容，基于在中国首创的拉卡拉电子账单处理平台及银联智能 POS 终端，拉卡拉每月为超过 1500 万人提供信用卡还款、水电煤气交费等公共缴费服务，为商户提供个性化收单服务。

此外，拉卡拉还为用户提供特惠、团购、账单分期等多种增值服务，为用户创造消费价值。拉卡拉始终坚持"让支付更简单"这一经营目标，整合资源，不断创新，提供个性化的服务体验。

第五节　数据库技术

2.5.1　概　述

数据库技术是电子商务的重要支撑技术，数据库技术主要是用于进行事务处理、批处理以及决策分析等各种数据处理工作。可以根据主要用途，将数据库操作分为两大类，一类是日常性事务处理，这种针对数据库的联机日常操作，是完成企业的正常的业务活动，满足日常事务处理需求，如银行存取款、超市购物等。另一类则是分析型处理，用于满足管理人员的决策分析，经常需要访问大量的历史数据，这种数据处理之后慢慢演变成数据仓库技术。

但随着各企业信息化逐渐成熟，分析型处理也逐渐走入常态，现在很多企业已经将这两类应用融合，更好地为企业运营服务。

在电子商务中，每一笔交易都是虚拟网络中完成的。用户通过登录网页，浏览商家发布的商品和服务信息，选择自己所需要的商品。通过网上交易，购买所需要的商品，在利用商家的物流和配送中心送到您的家中。而这些商品、服务信息、交易记录以及物流信息都是存储在特定的数据库中，因此选择合适的数据库软件对于网络交易的安全性、稳定性显得至关重要。

2.5.2　数据库的发展历史

数据库技术产生于 20 世纪 60 年代末 70 年代初，其主要目的是有效地管理和存取大量的数据资源。数据库技术主要研究如何存储，使用和管理数据. 随着计算机技术的日益成熟，数据库技术和计算机网络技术的发展相互渗透，相互促进，已成为当今计算机领域发展迅速，应用广泛的两大领域。

数据管理技术的发展大致经过了三个阶段：人工管理阶段、文件系统阶段、数据库系统阶段。

1. 人工管理阶段

20 世纪 50 年代以前，计算机主要用于数值计算。从当时的硬件看，外存储器只有纸带、卡片、磁带，没有直接存取设备；从软件看（实际上，当时还未形成软件的整体概念），没有操作系统及管理数据的软件；从数据看，数据量小、数据无结构，由用户直接管理，且数据间缺乏逻辑组织，数据依赖于特定的应用程序，缺乏独立性。

2. 文件系统阶段

20世纪50年代后期至60年代中期，出现了磁鼓、磁盘等数据存储设备。新的数据处理系统迅速发展起来．这种数据处理系统是把计算机中的数据组成相互独立的数据文件，系统可以按照文件的名称对其进行访问，对文件中的记录进行存取，并可以实现对文件的修改、插入和删除，这就是文件系统。文件系统实现了记录内的结构化，即给出了记录内各种数据间的关系。但是，文件从整体来看却是无结构的，其数据面向特定的应用程序，因此数据共享性、独立性差，且冗余度大，管理和维护的代价也很大。

3. 数据库系统阶段

20世纪60年代后期，出现了数据库技术。数据库的特点是数据不再只针对某一特定应用，而是面向全组织，具有整体的结构性，共享性高，冗余度小，具有一定的程序与数据间的独立性，并且实现了对数据进行统一的控制。

在数据库系统阶段，数据库的发展也经历了由层次模型、网状模型到关系模型的演变。

（1）层次模型（Hierarchical Model）。层次模型使用树形结构来表示数据以及数据之间的联系。

（2）网状模型（Network Model）。网状模型使用网状结构表示数据以及数据之间的联系。

（3）关系模型（Relational Model）。关系模型是一种理论最成熟，应用最广泛的数据模型。在关系模型中，数据存放在一种称为二维表的逻辑单元中，整个数据库又是由若干个相互关联的二维表组成的。

1970年，IBM公司SanJose实验室的研究员E. F. Codd发表了题为"大型共享数据库数据的关系模型"的论文，提出了关系数据模型，开创了关系数据库方法和关系数据库理论，为关系数据库技术奠定了理论基础。由于E. F. Codd的杰出贡献，他于1981年获得了ACM图灵奖。之后，以IBM San Jose实验室开发的System R和加利福尼亚大学伯克利分校研制的Ingres为典型代表促进了关系型数据库的进一步发展。20世纪80年代以后，几乎所有新开发的数据库系统均是关系型数据库。

随着计算机技术的日益成熟，除了商业领域外，其他领域对于数据库的需求也迅速增长，使得传统的关系型数据库不能满足需求，如需要存储复杂的多媒体数据、海量数据、长事务和嵌套事务的处理等。新的数据库技术应运而生，例如，面向对象数据库、分布式数据库、知识数据库、空间数据库、多媒体数据库等。这些数据库多由其他学科的技术内容和关系数据库技术有机结合，进一步丰富充实了数据库大家族。但是，不管怎样发展，目前传统的关系型数据库仍然是这众多数据库成员中最成熟和应用最广泛的一族。关系型数据库的核心理论、应用经验和设计方法仍是整个数据库技术发展和应用开发的先导和基础。

目前，商品化的数据库管理系统以关系型数据库为主导产品，技术上比较成熟。而其他的新的数据库系统（如面向对象数据库）虽然技术上先进，但还没有成熟的产品，鉴于数据的特殊性，在数据存储和管理时主要采用的仍然是关系型数据库。

2.5.3　数据库系统结构

2.5.3.1　数据库系统结构

1. 数据库系统的三级模式结构

数据库系统的三级模式结构是指数据库系统是由模式、外模式和内模式三级构成的。数据库系统的三级模式结构和二级映像功能，如图2-14所示。

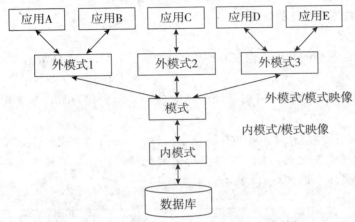

图 2-14　数据库系统的三级模式结构

（1）模式：也称逻辑模式或概念模式，是数据库中全体数据的逻辑结构和特征的描述，是所有用户的公共数据视图。模式实际上是数据库数据在逻辑级上的视图。一个数据库只有一个模式。定义模式时不仅要定义数据的逻辑结构，而且要定义数据之间的联系，定义与数据有关的安全性、完整性要求。

（2）外模式：也称用户模式，它是数据库用户能够看见和使用的局部数据的逻辑结构和特征的描述，是数据库用户的数据视图，是与某一应用有关的数据的逻辑表示。外模式通常是模式的子集。一个数据库可以有多个外模式。应用程序都是与外模式打交道的。外模式是保证数据库安全性的一个有力措施。每个用户只能看见和访问所对应的外模式中的数据，数据库中的其余数据对他们是不可见的。

（3）内模式：也称存储模式，一个数据库只有一个内模式。它是数据物理结构和存储方式的描述，是数据在数据库内部的表示方式。例如，记录的存储方式是顺序结构存储还是树结构存储；索引按什么方式组织；数据是否压缩，是否加密；数据的存储记录结构有何规定等。

2. 数据库的二级映像功能与数据独立性

为了能够在内部实现数据库的三个抽象层次的联系和转换，数据库管理系统在这三级模式之间提供了两层映像。分别是外模式/模式映像和模式/内模式映像。

（1）外模式/模式映像。对应于同一个模式可以有任意多个外模式。对于每一个外模式，数据库系统都有一个外模式/模式映像，它定义了该外模式与模式之间的对应关系。当模式改变时，由数据库管理员对各个外模式/模式映像做相应的改变，可以使外模式保持不变。应用程序是依据数据的外模式编写的，从而应用程序可以不必修改，保证了数据与程序的逻辑独立性。

（2）模式/内模式映像。数据库中只有一个模式，也只有一个内模式，所以模式/内模式映像是唯一的，它定义了数据库的全局逻辑结构与存储结构之间的对应关系。当数据库的存储结构改变时，由数据库管理员对模式/内模式映像做相应改变，可以使模式保持不变，从而应用程序也不必修改。保证了数据与程序的物理独立性。

在数据库的三级模式结构中，数据库模式即全局逻辑结构是数据库的中心与关键，它独立于数据库的其他层次。因此，涉及数据库模式结构时应首先确定数据库的逻辑结构。

2.5.3.2 数据库系统的特点

1. 数据结构化

面向全组织的复杂的数据结构是数据库的主要特征之一，也是数据库与文件系统的根本区别。

在文件系统阶段，数据与应用系统一一对应，必须分别存储，这样势必造成很大的冗余。

例如，在存储教师信息时，需要存储三个文件，这三个文件都是独立的，但其实三个文件的记录之间是有冗余的，每个文件里都需要记录部门、职工号、姓名、性别、年龄、职务和工资这些属性。如图 2 – 15 所示。

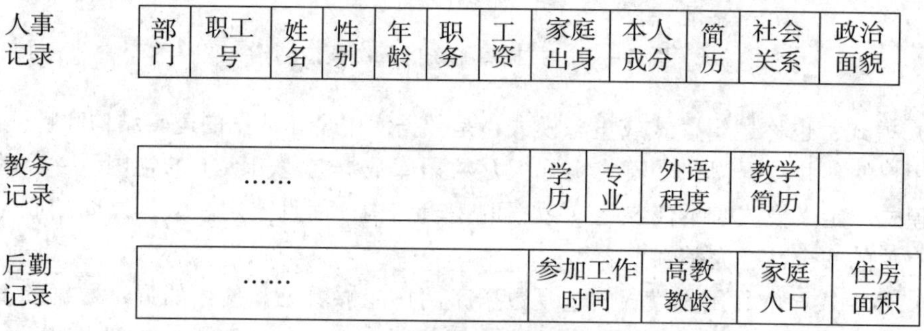

	部门	职工号	姓名	性别	年龄	职务	工资	家庭出身	本人成分	简历	社会关系	政治面貌
人事记录												
教务记录	......					学历	专业	外语程度	教学简历			
后勤记录	......							参加工作时间	高教教龄	家庭人口	住房面积	

图 2 – 15　教师信息文件结构

在数据库中，是从全局整体观点来组织数据的，其数据不是面向个别的应用，而是为多种应用所共享，从而避免了不必要的冗余。如图 2 – 16 所示。

通过这种方式就把整个组织的数据结构化了，如图 2 – 16 所示，在描述数据时，不仅要描述数据本身，还要描述数据间的关系。从理论上讲数据库没有冗余，不过实际应用中，许多数据库为了改善访问时间或实现较简单的存取方法，在数据库中去掉了不必要的冗余，但还存在着某种程度的冗余。

2. 数据的共享性高，冗余度低，易扩充

数据库系统从整体角度看待和描述数据，数据不再是面向某个应用，而是面向整个系统。因此，数据库中的数据可以被它的几个不同的用户共同使用，即每个用户都可以存取同一块数据而应用于不同的目的。在数据库中由于数据共享，也减少了由数据冗余造成的不一致现象。

3. 数据独立性高

应用程序与数据物理存储和逻辑存储结构无关，即物理独立性和逻辑独立性。

基本职工记录：

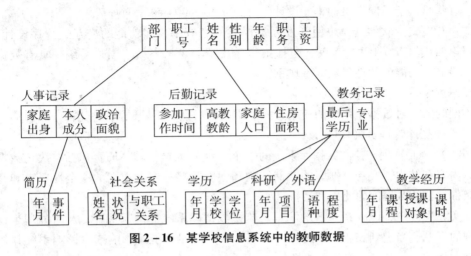

图 2—16　某学校信息系统中的教师数据

4. 数据由 DBMS（数据库管理系统）统一管理和控制

数据库的共享是并发共享，多个用户可以同时存取数据库中的数据，甚至可以同时存取数据库中同一个数据。数据库管理系统提供以下几个方面的数据控制功能：

（1）数据的安全性保护。

保证数据的保密性，防止非法用户的侵入和合法用户超权限操作。

（2）数据完整性检查。

在数据库的建立、检索和更新过程中必须始终保持数据的正确性、有效性和相容性。

（3）并发控制。

当多个用户的并发进程同时存取、修改数据库时，可能会发生相互干扰而使得数据库的完整性遭到破坏，或者产生错误的数据，必须对多用户的并发操作加以控制和协调。

（4）数据库恢复。

数据库中的数据会因为计算机系统的软硬件故障、人为失误和破坏等原因丢失，DBMS必须具有将数据库从错误状态恢复到某一已知的正确状态的功能。

2.5.3.3　数据库系统的构成

数据库系统主要是由硬件平台及数据库、软件和人员三大部分构成。

1. 硬件平台及数据库

主要指计算机、包括中央处理机、内存、外存、输入/输出等硬件设备。一般要求有足够的内存，存放操作系统、DBMS 核心模块、数据缓冲区和应用程序，还要有足够大的磁盘等直接存取设备存放数据库，有足够的磁盘或软盘等外部存储设备作数据备份。

通常由基于微机的服务器、工作站以及中小型机甚至大型机来充当数据库服务器。

2. 软件

数据库系统中的软件主要包括 DBMS、支持 DBMS 运行的 NOS（Network Operating System）和多种主语言和应用开发支持软件等。

DBMS 是为数据库的建立、使用和维护配置的软件，是 DBS 的核心软件。如 Oracle、MySQL 等。

为了开发应用系统，需要多种主语言，如 COBOL、C 等，均属于第三代语言（3GL）范畴。有些是属于面向对象的程序设计语言，如 Visual C ++、Java 等。

应用开发支持软件是为应用开发人员提供的高效率、多功能的交互式程序设计系统，一般属第四代语言（4GL）范畴，包括报表生成器、表格系统、图形系统、具有数据库访问和表格 I/O 功能的软件、数据字典系统等。

3. 人员

不同的人员对数据库系统的使用方式是不同的，具有不同的数据视图。

（1）数据库管理员（DBA）。

DBA 是全面管理和控制数据库系统的一个（组）人员。具体职责包括：决定数据库中的信息内容和结构；决定数据库的存储结构和存取策略；定义数据的安全性要求和完整性约束条件；监控数据库的使用和运行。

在实际生产中，DBA 最重要的职责是监视数据库系统的运行情况，及时处理运行过程中出现的问题。当遭到破坏时，能及时恢复，并同时尽可能不影响或少影响系统其他部分的正常运行。

（2）专业用户。

专业人员通常是指系统分析员和数据库设计人员，负责数据库的需求调查、规范说明、系统分析，确定系统的软硬件配置，并进行数据库的设计。在很多情况下，数据库设计人员由 DBA 担任。

（3）应用程序员。

应用程序员负责设计和编写应用系统的程序模块，并进行调试和安装。

（4）终端用户。

终端用户也就是最终用户。最终用户通过应用系统的用户接口使用数据库。常用的接口方式可以是浏览器、菜单、表格操作等。

2.5.3.4 全关系系统的 12 条准则

全关系系统应该完全支持关系模型的所有特征。关系模型的奠基人埃德加·科德具体地给出了全关系系统应遵循的基本准则。

准则 0，一个关系型的关系数据库管理系统必须能完全通过它的关系能力来管理数据库。

准则 1，信息准则。关系数据库管理系统的所有信息都应该在逻辑一级上用表中的值这种方法显式表示。

准则 2，保证访问准则。依靠表名、主码和列名的组合，保证能以逻辑方式访问关系数据库中的每个数据项。

准则 3，空值的系统化处理。全关系的关系数据库管理系统支持空值的概念，并用系统化的方法处理空值。

准则 4，基于关系模型的动态的联机数据字典。数据库的描述在逻辑级上和普通数据采用同样的表述方式。

准则 5，统一的数据子语言。一个关系数据库管理系统可以具有几种语言和多种终端访问方式，但必须有一种语言，它的语句可以表示为严格语法规定的字符串，并能全面的支持各种规则。

准则 6，视图更新准则。所有理论上可更新的视图也应该允许由系统更新。

准则 7，高级的插入、修改和删除操作。系统应该对各种操作进行查询优化。

准则 8，数据的物理独立性。无论数据库的数据在存储表示或访问方法上作任何变化，应用程序和终端活动都保持逻辑上的不变性。

准则 9，数据逻辑独立性。当对基本关系进行理论上信息不受损害的任何改变时，应用程序和终端活动都保持逻辑上的不变性。

准则 10，数据完整的独立性。关系数据库的完整性约束条件必须是用数据库语言定义并存储在数据字典中的。

准则 11，分布独立性。关系数据库管理系统在引入分布数据或数据重新分布时保持逻辑不变。

准则 12，无破坏准则。如果一个关系数据库管理系统具有一个低级语言，那么这个低级语言不能违背或绕过完整性准则。

2.5.4　常见关系型数据库产品

目前比较流行的关系型数据库有 Oracle、MySQL、SQL Server、DB2、Sybase、Access 等。

1. Oracle

Oracle 数据库是当今最大的数据库厂商 Oracle 公司的数据库产品，是世界上第一商品化的关系型数据库管理系统，也是第一个推出与数据库结合的第四代语言开发工具的数据库产品。

Oracle 公司在中国又称为甲骨文公司，Oracle 数据库产品是当前市场占有率最高的数据库产品，约为 48%。在电子商务领域，亚马逊、eBay、淘宝都是采用 Oracle 数据库产品。

Oracle 数据库采用完全开放策略，所提供的各种操作接口都遵守数据存取语言、操作系统、用户接口和网络通信协议的工业标准。可以支持多用户，大事务量的事务处理，可以同时支持 20000 个用户的同时访问。具有可移植性、可兼容性和可链接性，可以安装在 70 种以上不同的大、中、小型机上，可以在 DOS、Linux、Unix 和 Windows 等多种操作系统下工作，可以简单地进行平台移植。Oracle 数据库通过权限设置限制用户对数据库的访问，通过用户管理、权限管理限制用户对数据的存取，通过数据库审计、追踪等监控数据库的使用情况。

Oracle 的最新版本为 Oracle 12c，它引入了一种新的多承租方架构，使用该架构可轻松部署和管理数据库云，最大限度地提高资源使用率和灵活性。但由于发布时间较短，其安全性、可靠性等有待于在应用中检验。目前，使用最广、得到业界普遍认可的产品为 Oracle 11g。

2. MySQL

MySQL 是目前最受欢迎的开源 SQL 数据库管理系统，由瑞典 MySQL AB 公司开发、发布和支持。目前属于 Oracle 公司。MySQL 是一种关联数据库管理系统，关联数据库将数据保存在不同的表中，而不是将所有数据放在一个大仓库内，这样就增加了速度并提高了灵活性。MySQL 所使用的 SQL 语言是用于访问数据库的最常用标准化语言。

与其他的大型数据库例如 Oracle、DB2、SQL Server 等相比，MySQL 自有它的不足之处，但是这丝毫也没有减少它受欢迎的程度。它的显著优点就是：体积小、速度快、免费、开源，对于一般的个人使用者和中小型企业来说 MySQL 提供的功能已经绰绰有余。因此众多中小型网站的开发都选择 MySQL 作为网站数据库。在业界有一个经典组合被称为"LAMP"组合，这个组合是将 Linux 作为操作系统，Apache 和 Nginx 作为 Web 服务器，MySQL 作为数据库，PHP/Perl/Python 作为服务器端脚本解释器。因为这 4 个软件都是免费或开放源码软件，利用这种方式不用花一分钱（除开人工成本）就可以建立起一个稳定、免费的网站系统。

3. Microsoft SQL Server

Microsoft SQL Server 是由微软公司推出的应用在 Windows 操作系统上的数据库管理系统，是 Microsoft 公司从 Sybase 公司购买技术而开发的产品，与 Sybase 数据库完全兼容。SQL Server 是 Web 上最流行的数据库软件之一，在电子商务、数据仓库和数据解决方案等应用中起着重要的核心作用，为企业的数据管理提供强大的支持，能够有效的管理数据库中的数据，并能保证数据的完整性和数据的安全性。目前已广泛运用在电子商务、银行、保险、电力等行业。

SQL Server 采用 C/S 体系结构把所有的工作负荷分解为服务器上的任务和客户机上的任务，客户机应用程序负责同用户进行交互，用户通过客户机提出请求，客户机负责商业逻辑和向客户提供数据，服务器则响应用户请求，对数据库里的数据进行操作和管理。SQL Server 提供了众多的 Web 和电子商务功能，如对 XML 和 Internet 标准的丰富支持，通过 Web 对数据进行轻松安全的访问，具有强大的、灵活的、基于 Web 的和安全的应用程序管理等。目前 SQL Server 比较流行的版本是 SQL Server2008。

但是 SQL Server 只支持 Windows 操作平台，不提供直接的客户开发工具和平台，只提供了 ODBC 和 DB-Library 两个接口，并行实施和共存模型不成熟，很难处理日益增多的用户和数据，伸缩性有限。

4. DB2

DB2 是 IBM 公司于 1983 年推出的关系数据库管理系统，并且内置在 IBM 的 AS/400 服务器上，可直接由硬件支持。

DB2 可以在所有主流平台上运行，如 UNIX、VMS、Windows 等。在安全方面，DB2 获得最高认证级别的 ISO 标准认证。性能上可以很好适用于数据仓库和在线事务处理。在客户端支持及应用模式方面，DB2 支持跨平台、多层结构，支持 ODBC、JDBC 等多种接口。因为内置在 AS/400 上，所以在巨型企业得到广泛的应用，向下兼容性好，风险较小。

5. Sybase

1984 年，Mark B. Hiffman 和 Robert Epstern 创建了 Sybase 公司，并在 1987 年推出了 Sybase 数据库产品。Sybase 主要有三种版本：一是 UNIX 操作系统下运行的版本；二是 Novell Netware 环境下运行的版本；三是 Windows NT 环境下运行的版本。对 UNIX 操作系统，目前应用最广泛的是 SYBASE 10 及 SYABSE 11 for SCO UNIX。

Sybase 数据库的特点：

（1）基于客户/服务器体系结构的数据库。

（2）安全性，Sybase 获得最高认证级别的 ISO 标准认证。

（3）Sybase 能在所有主流平台上运行。

6. Access

Microsoft Office Access 是微软把数据库引擎的图形用户界面与软件开发工具结合在一起的一个数据库管理系统。它是微软 Office 的一个成员，在包括专业版和更高版本的 office 版本里面被单独出售。2012 年 12 月 4 日，最新的微软 Office Access 2013 在微软 Office 2013 里发布，微软 Office Access 2010 是前一个版本，也是目前应用最广泛的版本。

MS ACCESS 以它自己的格式将数据存储在基于 Access Jet 的数据库引擎里。它还可以直接导入或者链接数据（这些数据存储在其他应用程序和数据库）。

Access 具有强大的数据处理和统计分析能力，可以灵活设置统计的条件来进行上万条记录、十几万条记录及以上数据的各类汇总、平均等统计，速度快并且操作方便。Access 相对于其他数据库软件来说，简单易学，可以使得非计算机专业人员迅速掌握一个小型数据库的搭建。Access 适用于小型公司或网站的数据库存储和管理。它只支持 Windows 操作系统。

2.5.5　数据库连接方式

在电子商务网站中，用户通过前台的动态页面不断读取数据并通过页面向数据库写入数据，这就需要确保用户能够通过 Web 服务器读写数据库系统中的数据。在应用程序开发中，数据库连接主要有开放数据库连接和直接数据库连接两种。

1. 开放数据库连接（ODBC）

开放数据库互连（Open Database Connectivity，ODBC）是微软公司开放服务结构中有关数据库的一个组成部分，它建立了一组规范，并提供了一组对数据库访问的标准 API（应用程序编程接口）。这些 API 利用 SQL 来完成其大部分任务。ODBC 本身也提供了对 SQL 语言的支持，用户可以直接将 SQL 语句送给 ODBC。

一个基于 ODBC 的应用程序对数据库的操作不依赖任何数据库管理系统（DBMS），不直接与 DBMS 打交道，所有的数据库操作由对应的 DBMS 的 ODBC 驱动程序完成。也就是说，不论是 Access、SQL Server 还是 Oracle 数据库，均可用 ODBC API 进行访问。一个应用程序可以通过一组通用的代码访问不同的数据库管理系统。一个软件开发者开发的客户/服务器应用程序不会被锁定在某一个特定的数据库之上。

目前 ODBC 数据库驱动程序支持数十家公司的数据库产品。这些数据库产品都基本上全部或部分的遵从关系数据库的概念，这也是 ODBC 能够连接这些数据库的前提。

要使应用程序能够使用数据库，就必须在 ODBC 管理器中进行适当的设置，建立数据库与应用程序的连接。ODBC 管理器不需要特意安装，如图 2-17 所示，在 Windows 操作系统的管理工具中就自带安装，用户只需要在这里去进行设置系统的数据源（data source name，DSN），利用 DSN 来识别和连接数据库。

此外，随着 Java 语言在开发程序中的兴起，JDBC 在数据库连接中也占有重要一位。JDBC（Java Database Connectivity，Java 数据库连接）是 Java 语言中用来规范客户端程序如何来访问数据库的应用程序接口，提供了诸如查询和更新数据库中数据的方法。JDBC 是面向关系型数据库的。

在 J2SE（标准版的 JAVA 平台）中，提供了一个称之为 JDBC-ODBC 桥的 API。通过 ODBC，JDBC-ODBC 桥驱动程序可以访问所有支持 ODBC 的关系型数据库。与 JDBC API 不

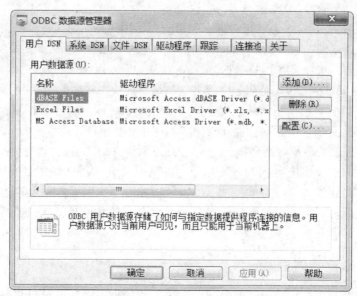

图 2 - 17 ODBC 数据源管理器

同的是，这个驱动程序并不是由 Java 代码而是由机器码（native code）编写，并且不是开放源代码的。

　2. 直接数据库连接

　　所谓的直接数据库连接，是指应用程序不通过 ODBC 或者其他数据库接口（如 JD-BC），而是直接与数据库系统连接。

　　直接连接最大的优点就是速度快，因为应用程序和数据库系统是直接交换数据和控制命令。其次，具体的数据库系统中特定功能也可以使用，而如果使用 ODBC 则只能执行标准的 SQL 语言。

　　直接连接的缺点就是兼容性差，如果改变数据库系统，就会导致应用程序不能正常使用，必须重新改写程序。

　　因此，如果在应用程序开发过程中，还无法确定数据库采用哪种数据库系统，或者考虑今后应用程序的扩容性，最好还是使用 ODBC 方式会比较可靠些。

2.5.6　数据仓库与数据挖掘

　　随着电子商务的日益蓬勃发展，将产生越来越多的历史数据信息，如何有效的利用这些历史数据，是目前众多电子商务厂家需要解决的问题。

　　这些历史数据除了通常所说的业务系统的数据之外，基于电子商务的特殊性，还会包括一些特殊数据，比如客户在电子商务网站上的活动提供了大量的点击流数据，通过网站日志可以获得用户的活动细节，如时间、IP 地址、经常访问的页面和停留的时间等数据，通过分析这些数据可以了解客户的购买偏好，实现个性化推荐。

　　各电子商务厂家已经意识到这些历史数据的潜在价值，他们可以通过建立数据仓库系统，利用数据挖掘工具，数据统计工具以及 OLAP 工具对数据进行分析，发现规律，产生价值。

1. 数据仓库

数据仓库的定义可以从两个方面去考虑，一种是"数据集合"，W. H. Inmon 对数据仓库的定义是："数据仓库是支持管理决策过程的、面向主题的、集成的、随时间变化的、相对稳定的数据集合。"数据仓库中的数据是将业务系统中的数据根据用户所关心的主题进行数据的重组，每个主题对应一个领域，如顾客、销售、产品等。"集成的"是指数据仓库中的数据不是业务处理系统数据的简单拼凑汇总，而是经过系统按某一规则加工整理。数据仓库中的数据一般进入数据仓库都会带上时间戳，并在一定时间期效内保留，所以是相对稳定，但数据有效期过后，将会批量删除。不同行业的数据有效期不同。

另一种是"数据仓库系统"，数据仓库系统通常是对多个异构数据源的有效集成，集成后按照主题进行重组，然后用于进一步的数据分析处理。通常数据仓库系统包括以下组件：数据仓库数据库、数据抽取工具、访问工具、数据仓库管理、信息发布系统等。

数据仓库的数据多是来源于业务系统。

2. OLAP

数据处理通常分为两大类：联机事务处理（on-line transaction processing，OLTP）和联机分析处理（on-line analytical processing，OLAP）。

OLTP 是传统的业务型系统的主要应用，主要是一些基本的日常事务处理，如银行柜台存取款、商场 POS 系统、图书馆借阅图书等。OLAP 是数据仓库系统的主要应用，支持数据的分析查询，侧重决策分析，并提供直观易懂的查询结果。

OLAP 操作的数据源来自于数据仓库，但不能直接对数据仓库的数据进行 OLAP 操作，必须先将需要的数据按照维度和度量抽取出来组织汇总成多维数据集。例如，一个企业在考虑产品的销售情况时，通常从时间、销售地区和产品等不同角度来深入观察产品的销售量、成本值等。这里的时间、销售地区、产品就是维度，销售量、成本值就是度量。

3. 数据挖掘

数据挖掘就是从大量数据中获取有效的、新颖的、潜在有用的、最终可理解的模式的过程。也就是说，数据挖掘就是从大量数据中挖掘可以被用户所利用的有价值的信息的过程。

数据挖掘的常用算法包括关联规则、聚类、分类、预测和估值等算法。例如，在电子商务交易中，通过分析历史交易数据，关联规则可以告诉商家，该客户在购买了某类产品后，可能还会购买哪类产品。聚类和分类算法则可以告诉商家，该客户可能属于哪类客户，对什么商品感兴趣，购买习惯又是什么，让商家更好为客户服务。而最近几年比较流行的个性化推荐技术，则是将数据挖掘中的几类算法综合使用，对客户特征、历史消费记录、其他客户消费记录等数据进行分析，对客户进行个性化推荐，提高交易量。

第六节　电子商务安全技术

2.6.1　概　述

随着网络技术的飞速发展，电子商务在各行各业得到了充分的应用。人们可以通过电脑、平板或者手机进行各类电子商务活动。例如，购物、订宾馆、预定车票、飞机票、电影票以及网络转账，支付账单等。在日常生活中，电子商务已经成为不可或缺的一部分。

但由于电子商务的交易是通过网络开展的，与传统的面对面的销售模式不同，虽然降低了交易成本，节约了交易时间，但是也存在着一些安全的威胁。对于销售者来说，在电子交易中可能会被竞争者窃取客户资料和商业机密数据，甚至可能被他人假冒来损害公司的信誉。对于消费者来说，可能会遭遇虚假订单，个人信息泄露，甚至可能账号信息泄露从而造成财物的损失。

互联网的开放性，使得互联网上存在着各种各样的安全风险。目前，网络安全防御技术呈现出滞后和被动的特征，难以达到提前预防的作用，从当前的技术发展水平来看，想要彻底完全解决网络安全问题是不现实的。以互联网运行基础的电子商务系统的安全性仍十分脆弱，在电子商务信息传输过程中存在的安全隐患主要有以下几种：

1. 机密信息被窃取或截获

在电子商务中，所有的交易数据都是利用网络来传输，在这一过程中，数据可能会被越来越猖獗的黑客截获、读取，从而造成商业机密和个人隐私的泄露，如银行账号、身份信息等。这将会严重影响交易双方对于交易平台的认同度，对整个电子商务产生怀疑。为了防止出现这种情况，一般采用的方法是对传输的数据进行加密，即便数据被截获，也能在一定程度上保证数据的安全性。

2. 非授权访问数据或服务

非授权访问是指即未经授权的非法用户通过各种方式访问企业内部网络的行为。在完全开放的互联网条件下，网络攻击者能够通过多种途径非授权访问用户的敏感数据；攻击者也可能假冒合法用户，利用合法用户的身份尝试接入获得合法用户的接入信息，从而非法获取网络服务。这也就是常说的黑客攻击。通常，为防止非法入侵，技术上采用防火墙技术，在企业内部网络和互联网之间设置防火墙，只有经过授权的合法用户才能进入。

3. 否认抵赖

即买方或卖方可能对已经完成的交易或行为进行否认或抵赖，如买方不承认已经下好的订单，或卖方不承认原有的交易价格或成交总金额等。为防止此类行为的发生，目前采用的技术主要有数字签名、非对称加密和认证技术等。

4. 信息完整性威胁

信息完整性威胁是指信息数据被非法的攻击者采用篡改或假冒的方式，修改原先真实可信的信息数据并将被修改后的数据传给接收方，导致接收方收到的信息与发送方发送的信息不一致。信息完整性威胁一般可分为信息篡改和信息假冒两种。对于此类威胁，通常采用的技术主要是利用加密技术来保证信息的完整性。

因此在对一个电子商务交易平台进行安全评估时，认为必须满足数据的六大特性，即有效性、机密性、完整性、可靠性、审查能力和可控性。其中前三者尤为重要。有效性是指在交易过程中，必须确保交易各方的交易信息维持有效，即便出现网络故障、操作错误或应用程序错误等意外时，交易信息仍然是有效的。机密性是指交易过程中交易各方的信息必须维持在保密状态，确保在信息传输过程中没有被非法窃取。完整性是在数据传输过程中，交易信息的完整性，要确保信息在交易过程中没有随意的修改和删除。

2.6.2 电子商务的安全技术

电子商务安全是一个极其复杂的系统工程，是一门综合性学科。要想构建一个安全的、可靠的电子商务网络安全体系，首先就必须了解造成电子商务网络安全隐患和不安全因素的原因。

值得注意的是，要保证电子商务的安全，除了必要的安全技术手段外，加强内部管理和制定相应的法律、法规也非常重要。事实上，根据大量资料显示，电子商务中有相当大比例的安全事故是由于企业内部管理不善造成的。如果掌握企业内部核心机密的人无意或有意的泄密，那么即便采用最先进的安全技术手段也是无济于事的。因此，电子商务是一项涉及企业、商家、个人客户和银行等方方面面的社会工程，相关部门必须制定相应的法律、法规，这样才能有法可依，有章可循，从而有利于电子商务的安全管理，促进电子商务的发展。

基于 Web 的电子商务交易体系被攻击手段在技术上可以分为物理攻击和逻辑攻击两大类。其中物理攻击的对象是电子商务系统的硬件设备，它可以使系统中的数据和信息在瞬间崩溃并且无法恢复。而逻辑攻击则是利用各种信息技术手段非法侵入电子商务系统，蓄意破坏电子商务交易规则，给电子商务交易双方带来严重的经济损失。

1. 数据存储保护技术

数据是计算机系统的核心，是维持电子商务系统运作的生命之源。随着计算机技术和信息技术的快速发展，越来越多的信息被转化或处理成数字形式，存储于各种存储介质之中，而这些存储介质也成为了电子商务交易体系中物理攻击最主要的对象之一。电子商务中的海量交易数据如何有效的存储和管理也是目前关注的重点。

目前，最常使用的数据存储保护技术是由加里弗利亚大学伯克利分校在 1987 年提出的 RAID 技术，即 Redundant Array of Independent Disks（冗余磁盘阵列技术）。这种技术的主要目的是通过把多个相对小的、廉价的磁盘进行组合来代替体积庞大、价格昂贵的盘，形成一个硬盘阵列组，从而降低数据存储的费用。相对单个独立硬盘，RAID 可以增强数据集成度、增强容错功能并且增加处理量或容量。

RAID5 是目前比较流行的一种应用，它是一种能够将储存性能、数据安全和存储成本兼顾的存储解决方案。它使用的是 Disk Striping（硬盘分区）技术。RAID5 至少需要三块硬盘，这三块硬盘不是对存储的数据进行镜像备份，而是把数据和相对应的奇偶校验信息存储到组成 RAID5 的各个磁盘上，并且奇偶校验信息和相对应的数据分别存储于不同的磁盘上。当 RAID5 的一个磁盘数据发生损坏后，可以利用剩下的数据和相应的奇偶校验信息去恢复被损坏的数据。RAID 5 可以为系统提供数据安全保障，但保障程度要比镜像低而磁盘空间利用率要比镜像高。

随着研究的不断深入，冗余阵列技术的不断完善，数据专家们通过构建异地数据阵列，使数据的异地存储、异地恢复成为可能，这也是数据存储保护方式和数据恢复方式的主流和发展趋势。例如，用户在系统网络中某一主机建立了一套 RAID 5 的数据存储方案，同时在网络中的其他主机上也相应的建立了另外的、不同的 RAID 5 存储方案。如果系统中某一台主机遭到攻击导致数据受损或破坏，就可以通过网络中的其他主机上迅速恢复数据。

2. 常见的网络安全技术

由于计算机网络是完全开放的，因而，计算机的网络安全是电子商务交易体系的重要关口。为了有效应对种种网络威胁，一个有效的电子商务安全体系结构由 5 部分构成，分别是网络服务层、加密技术层、安全认证层、支付协议层和商务系统层，如图 2 - 18 所示。

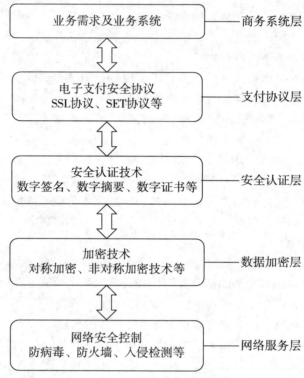

图 2 - 18　电子商务安全体系结构

其中，商务系统层包括业务需求及业务系统；支付协议层是指在进行电子商务交易所采用的一系列协议，一般是 SET、SSL 等安全协议；安全认证层是一些安全认证技术的集合，这其中包括数字摘要、数字签名、数字证书等；数据加密层是采用机密技术对交易数据进行加密，保证数据安全；网络服务器则是利用防火墙、防病毒和入侵检测等技术对网络安全进行控制。

通过构建电子商务安全体系，使得在电子商务交易中，交易数据的有效性、机密性和完整性等得到了充分的保障。

2.6.3　网络安全控制

1. 防病毒技术

防病毒技术亦称计算机反病毒技术。是指采用专门的技术手段来抵御计算机病毒的入侵或者对计算机病毒进行有效的查杀。具体讲，就是采用有效手段来避免或者阻止计算机病毒（计算机程序）进入到计算机内存中，对计算机系统传染和破坏，进行损坏计算机磁盘的操作，尤其是写操作。

预防病毒技术包括：磁盘引导区保护、加密可执行程序、读写控制技术、系统监控技术等。例如，大家所熟悉的防病毒卡，其主要功能是对磁盘提供写保护，监视在计算机和驱动器之间产生的信号。以及可能造成危害的写命令，并且判断磁盘当前所处的状态：哪一个磁盘将要进行写操作，是否正在进行写操作，磁盘是否处于写保护等，来确定病毒是否将要发作。

对计算机病毒的判定是一种规则判定，即对病毒的规则进行分类处理，而后在程序运作中凡有类似的规则出现则认定是计算机病毒。计算机病毒的预防应用包括对已知病毒的预防和对未知病毒的预防两个部分。目前，对已知病毒的预防可以采用特征判定技术或静态判定技术，而对未知病毒的预防则是一种行为规则的判定技术，即动态判定技术。

2. 防火墙技术

防火墙技术是互联网中或者内部网络之间以及互联网与内部网络之间的计算机网络设备或计算机中的一个功能模块，主要由硬件防火墙与软件防火墙按照一定的安全策略建立起来的有机组成体，目的在于保护内部网络或计算机主机的安全。原则上只有在内部网络安全策略中合法的通信量才能顺利进出防火墙。通过使用防火墙技术能够保护数据的完整性、保护网络的有效性、保护数据的精密性。

但是防火墙技术存在着一些缺点。正常状况下，所有互联网的数据包软件都应经过防火墙的过滤，这将容易造成网络信息交通的瓶颈。特别是在攻击性数据包出现时，攻击者会不时寄出数据包，让防火墙疲于过滤数据包，而使一些合法数据包软件亦无法正常进出防火墙。另外防火墙无法完全有效阻挡病毒攻击，尤其是隐藏在数据包中的病毒。此外电脑本身的操作系统可能会有一些系统漏洞，使入侵者可以利用这些漏洞绕过防火墙过滤，从而入侵计算机。

3. 入侵检测技术

数据入侵检测技术是一种积极的计算机数据安全防护技术，是计算机系统继防火墙技术之后的第二道安全闸门，是把计算机系统的安全防范关口前移，对入侵计算机系统的行为和数据进行安全检测，让存在安全风险和安全隐患的操作、数据和信息不能进入计算机应用系统。主要是通过收集和分析用户的网络行为，服务器数据库操作、安全日志、审计规则和数据，以及网络中计算机系统中的若干关键节点的信息，检查进入应用系统数据中心以及数据中心内部的操作、数据是否违反安全策略以及是否存在被攻击的迹象。

进行入侵检测的软件与硬件的组合便是入侵检测系统（Intrusion Detection System, IDS）。入侵检测系统的典型代表是 ISS 公司（国际互联网安全系统公司）的 Real Secure。它是计算机网络上自动实时的入侵检测和响应系统。它可以无妨碍地监控网络传输并自动检测和响应可疑的行为，在系统受到危害之前截取和响应安全漏洞和内部误用，从而最大程度地为企业网络提供安全。

2.6.4　加密技术

在开放计算机网络环境中，信息数据的保护方式通常是采用加密、解密的密码技术方式来完成的。密码技术起源于通信，是保护个人隐私和秘密信息的重要技术环节，是避免非法攻击者截获取信息的一种保护机制。

密码技术是为了避免非法攻击者截获秘密信息，而重新进行信息编码，隐藏原始信息中秘密内容或者敏感内容的技术手段。信息发送者通过密钥对敏感或者秘密信息进行加密形成密文，然后将密文传送至接收方，在接收方通过密钥对密文解密，从而恢复出信息原文。计算机密码不仅为不安全的网络上提供了一种安全的传输方式。同时，还可以保护秘密信息不被修改和查看。而且，即使加密后密文信息被非法截取，也很难恢复出原始信息数据。

一般来说，任何一个加密方案，都可以用一个五元组来表示。假设记 EI 表示一种加密方案，则 EI =（P，C，E，D，K）。其中，P 表示待加密的数据明文，C 表示加密后的数据密文，E 表示加密算法，D 表示解密算法（E 和 D 统称为密码体制），K 表示用来加密或解密的密钥。而根据 K 有两种形式，即加密密钥和解密密钥，如果加密密钥与解密密钥相同，则称之为对称加密；反之，则称之为非对称加密。

1. 对称加密技术

对称加密技术是一种传统加密技术，其核心是对称算法（Symmetric algorithm），又称为单密钥算法。信息的发送方和接收方通过同一密钥完成对信息的加密和解密过程，对称算法的安全性主要取决于密钥本身的时间复杂度和空间复杂度。与此同时，一旦密钥泄漏，任何人都可以通过密钥对密文进行解密，密文就毫无秘密可言，因此，密钥的机密性是对称加密技术的首要任务和关键问题。

对称算法包括序列算法和分组算法两类。其中序列算法的加密和解密运算是以信息中的位或字节为单位；分组算法的加密和解密运算是以信息中固定长度的组为单位。在实际应用中一般使用 64 位的分组算法，即增加了密文破译的难度，同时又方便计算，其中代表算法是 DES 算法。

美国国家标准局为保证政府部门在进行信息处理时数据的安全性，在 1973 年公开征集满足下列条件的加密方法：密码的规定明确而严谨；能通过破译密钥所需时间与计算量来衡量该方法的安全性；安全性只依赖于密钥的安全性而不依赖于算法的安全性。最后美国国家标准局采用了 IBM 公司提出的方案，这是一种基于传统密码体制的加密算法，通过不断的改进，最后于 1977 年 1 月 5 日被美国国家标准局正式确定为美国的统一数据加密标准 DES（Data Encryption Standard）。近 30 年来 DES 算法得到了广泛的应用。

对称加密算法的优点是算法公开、计算量小、加密速度快、加密效率高。对称加密算法的缺点是在数据传送前，发送方和接收方必须商定好密钥，然后使双方都能保存好密钥。其次如果一方的密钥被泄露，那么加密信息也就不安全了。另外，双方用户每次使用对称加密算法时，都需要使用其他人不知道的唯一密钥，这会使得收、发双方所拥有的钥匙数量巨大，密钥管理成为双方的负担。

2. 非对称加密技术

为了解决了对称密钥中密钥预先分配和管理的难题，在 1976 年提出了非对称密钥机制，也引发了计算机密码技术的一场革命。非对称加密技术也称为公开密钥加密技术，其核心是公开密钥算法，即 Public-key algorithm。在这种机制下，使用一对密钥来完成信息的加密和解密，其中在发送方使用公开密钥进行加密，然后发送，在接收方，使用私有密钥进行解密，从恢复出信息原文。公钥与私钥之间存在这样的关系：公钥完全公开，但只能用于信息的加密，私钥由用户秘密保存，只能用于解密，两者不可互换。

例如，甲乙之间使用非对称加密的方式进行重要信息的安全传输。

（1）乙方生成一对密钥（公钥和私钥）并将公钥向其他方公开。

（2）得到该公钥的甲方使用该密钥对机密信息进行加密后再发送给乙方。

（3）乙方再用自己保存的另一把专用密钥（私钥）对加密后的信息进行解密。乙方只能用其专用密钥（私钥）解密由对应的公钥加密后的信息。

在传输过程中，即使攻击者截获了传输的密文，并得到了乙的公钥，也无法破解密文，因为只有乙的私钥才能解密密文。

RSA 算法是非对称加密技术的成熟算法，是 1977 年由罗纳德·李维斯特（Ron Rivest）、阿迪·萨莫尔（Adi Shamir）和伦纳德·阿德曼（Leonard Adleman）一起提出的。当时他们三人都在麻省理工学院工作。RSA 就是他们三人姓氏开头字母拼在一起组成的。RSA 算法能够抵抗到目前为止已知的绝大多数密码攻击，已被 ISO 推荐为公钥数据加密标准。

非对称加密与对称加密相比，其安全性更好：对称加密的通信双方使用相同的密钥，如果一方的密钥遭泄露，那么整个通信就会被破解。而非对称加密使用一对密钥，一个用来加密，一个用来解密，而且公钥是公开的，密钥是自己保存的，不需要像对称加密那样在通信之前要先同步密钥。

但是非对称加密也存在着缺点，加密和解密花费时间长、速度慢，只适合对少量数据进行加密。

3. 混合加密技术

在电子商务交易过程中，对称加密技术虽然执行速度快，但是密钥难以分配与管理，非对称加密技术也存在着算法复杂度高、运行时间长等缺点。因此，在实际应用中，通常使用混合加密技术。混合加密技术是将公开密钥加密和秘密密钥加密结合起来，其核心是电子信封（Envelope）技术，具体实现步骤包括：

（1）密钥的生成。首先，随机生成两个大素数 p 和 q；然后，通过非对称密码技术的 RSA 算法生成一对密钥，其中，一个是可以完全公开的公钥，另一个是系统中用户秘密保存的私有密钥。

（2）会话密钥的加密。首先，随机生成一个 64 位的大数，作为对称密钥分组算法的会话密钥，通过会话密钥完成等待传送信息明文的加密，形成密文。然后，使用公钥对会话密钥进行加密后与密文合并。最后，在接收方，用户通过私有密钥对接收信息进行解密，随即通过会话密钥恢复信息明文。

混合密码技术可以较好解决密钥更换，以及公开密钥算法中的程序运行时间长和抗攻击脆弱的问题。混合密码机制不仅能够充分保障密钥的机密性，而且密钥的分配与管理相对比较容易。

2.6.5 安全认证技术

安全认证技术是保证电子商务活动中交易双方身份及其所用文件真实性的必要手段。目前，常用的技术手段包括：

1. 数字签名技术

签名对大家来说并不陌生，主要起到认证与审核的作用。在日常生活中，许多事务都需要当事者的签名，传统的、书面的签名方式包括手签、指印及个人印章等。而在基于计算机的事务处理中的签名是以数字形式、电子形式存在的，即数字签名。

数字签名（又称公钥数字签名、电子签章）是一种类似写在纸上的普通的物理签名，但是使用了公钥加密领域的技术实现，用于鉴别数字信息的方法。一套数字签名通常定义两种互补的运算，一个用于签名，另一个用于验证。

数字签名，就是只有信息的发送者才能产生的别人无法伪造的一段数字串，这段数字串同时也是对信息的发送者发送信息真实性的一个有效证明。数字签名的技术基础是计算机信息的密码技术和数字水印技术。数字签名是非对称密钥加密技术与数字摘要技术的应用。

当前比较的流行的数字签名算法有 RSA 数字签名算法、椭圆曲线数字签名算法、美国标准的数字签名算法（DSA），以及具有报文恢复功能的数字签名算法等。主要功能作用包括：接收方、发送方的身份证实；发送方对发送报文的不可否认；发送报文的不可仿造、复制和篡改。

2. 数字摘要技术

一般来说，数字签名是用来处理短消息的，而对于较长的消息则显得有些吃力。当然，也可以将长的消息分成若干小段，然后再分别签名。不过，这样做非常麻烦，并且会带来数据完整性的问题。比较合理的做法是在数字签名前对消息先进行数字摘要。

数字摘要可以将任意长度的消息变成固定长度的短消息，其核心就是单向哈希函数（Hash）技术。哈希函数的技术特点就是可以将任意长度的输入字符串转换成固定长度的输出字符串。与此同时，哈希函数还有如下特点：已知输入求解输出很容易，已知输出求解，输入却很难；不同的输入要想得到同一输出几乎是不可能的。输出与输入之间具有高度敏感性，输入的微小变化都会引起输出的巨大变化。

数字摘要就是采用单向 Hash 函数将需要加密的明文"摘要"成一串固定长度（128位）的密文，这一串密文又称为数字指纹，它有固定的长度，而且不同的明文摘要成密文，其结果总是不同的，而同样的明文其摘要必定一致。

3. 数字证书技术

数字证书，即 Digital ID（Digital Certificate），亦称为数字凭证。数字证书是一种数字标识，主要作用是在网络上提供身份的证明，用电子手段来证明用户的身份及用户的访问权限。数字证书是在电子商务实施过程中交易双方身份验证的凭证。应用系统的注册合同用户可以利用数字证书发送加密邮件，在电子商务交易过程中，交易双方相互出示数字凭证，在此基础上完成相关交易操作，保证电子商务交易地顺利完成。

数字证书是一种权威性的电子文档，由权威公正的第三方机构，即 CA（例如，中国各地方的 CA 公司）中心签发的证书。它以数字证书为核心的加密技术（加密传输、数字签名、数字信封等安全技术）可以对网络上传输的信息进行加密和解密、数字签名和签名验证，确保网上传递信息的机密性、完整性及交易的不可抵赖性。使用了数字证书，即使用户发送的信息在网上被他人截获，甚至丢失了个人的账户、密码等信息，仍可以保证用户的账户、资金安全。

完整的数字证书包括序列号、版本信息、发行机构、所有人名称、证书公钥、证书签名算法，以及发行者的数字签名等内容。主要功能有：信息不会被非法截取、复制及篡改；可以证实信息收发双方的身份；发送方对发送信息不可否认。

4. 证书授权认证中心

证书授权，即 CA（Certification Authority）。证书授权认证中心，作为电子商务交易中受信任的第三方，承担公钥体系中公钥的合法性检验的责任。CA 中心为每个使用公开密钥的用户发放一个数字证书，数字证书的作用是证明证书中列出的用户合法拥有证书中列出的公开密钥。CA 机构的数字签名使得攻击者不能伪造和篡改证书。它负责产生、分配并管理所有参与网上交易的个体所需的数字证书，因此是安全电子交易的核心环节。

证书授权认证中心是现代化大规模电子商务网络安全的根本保证，采用的是基于公钥基础设施的 PKI CA 体系，它支持 SET CA 体系，同时也兼容 non-SET CA 体系，广泛应用于B2C（企业对消费者）模式以及 B2B（企业对企业）模式的电子商务体系之中。主要作用包括：数字证书的产生、分配；数字证书、数字签名，以及用户密钥的集中管理。

本章参考文献

［1］刘宏．电子商务概论［M］．北京：清华大学出版社，2010.

［2］张宽海．电子商务概论［M］．2 版．北京：电子工业出版社，2013.

［3］张润彤，朱晓敏．电子商务概论［M］．2 版．北京：中国人民大学出版社，2014.

［4］王超立．移动电子商务的发展初探［J］．商场现代化，2014（5）.

［5］李馥佳．EDI 在集装箱配载中的应用［D］．大连：大连海事大学，2010.

［6］刘红军，王敏晰，彭立．电子商务技术教程［M］．北京：机械工业出版社，2006.

［7］施晓军．EDI 技术在货运信息管理中的应用研究与开发［D］．上海：上海海运学院，2001.

［8］方少林．EDI 在企业管理中的竞争优势［J］．中国商贸，2009（19）.

［9］王罡，李锴乐．我国网络第三方支付的发展及风险分析［J］．经济前沿，2007（11）.

［10］胡嫣．浅议第三方支付平台下网络金融的发展［J］．经营管理者，2015（4）.

［11］谢希仁．计算机网络［M］．6 版．北京：电子工业出版社，2013.

［12］李思．1 季度我国移动购物交易额达 780.2 亿元［N］．上海金融报，2014 - 05 - 16.

［13］冯坡．这个四月，阿里巴巴占尽风光［N］．国际商报，2013 - 05 - 13.

［14］特伯恩．电子商务导论［M］．王健，译．北京：中国人民大学出版社，2011.

［15］王珊，萨师煊．数据库系统概论［M］．4 版．北京：高等教育出版社，2006.

［16］汪明．数据挖掘综述［J］．河北软件职业技术学院学报，2012，14（1）.

［17］张庆丽．电子商务安全策略研究［D］．开封：河南大学，2012.

［18］吴洋．电子商务安全方法研究［D］．天津：天津大学，2006.

［19］丁玲．电子商务网络安全设计与实现［D］．南京：南京邮电大学，2012.

［20］祁砚芩．关于第三方支付平台以及互联网金融发展研究［D］．太原：山西财经大学，2014.

第三章　电子商务结构和业务流程

通过网络进行的电子商务活动为企业交易带来的优势越来越明显，因此电子商务受到企业界的高度重视。然而值得注意的是，电子商务正处在一个不断变化和完善的过程中，了解和掌握电子商务的结构和业务流程等问题，就成为本章的重点。

第一节　B2B 模式的电子商务平台

3.1.1　B2B 电子商务平台概述

B2B 电子商务平台是电子商务的一种模式，是英文 Business to Business 的缩写，即商业对商业，或者说是企业间的电子商务，即企业与企业之间通过互联网进行产品、服务及信息的交换。

B2B 模式是电子商务中历史最长、发展最完善的商业模式，能迅速的带来利润和回报。它的利润来源于相对低廉的信息成本带来的各种费用的下降，以及供应链和价值链整合的好处。它的贸易金额是消费者直接购买的 10 倍。企业间的电子商务成为电子商务的重头。它的应用有通过 EDI 网络连接会员的行业组织，基于业务链的跨行业交易集成组织，网上及时采购和供应营运商。

B2B 不仅仅是建立一个网上的买卖者群体，它也为企业之间的战略合作提供了基础。任何一家企业，不论它具有多强的技术实力或多好的经营战略，要想单独实现 B2B 是完全不可能的。单打独斗的时代已经过去，企业间建立合作联盟逐渐成为发展趋势。网络使得信息通行无阻，企业之间可以通过网络在市场、产品或经营等方面建立互补互惠的合作，形成水平或垂直形式的业务整合，以更大的规模、更强的实力、更经济的运作真正达到全球运筹管理的模式。

B2B 是企业与企业之间通过互联网进行产品、服务及信息的交换。目前基于互联网的 B2B 的发展速度十分迅猛，据最新的统计，在 1999 年初互联网上 B2B 的交易额已经远远超过 B2C 的交易额，在今后的 5 年内，B2B 将达到 41% 的年平均增长率，到 2004 年，全球范围内的 B2B 交易预计将达到 7.29 万亿美元。传统的企业间的交易往往要耗费企业的大量资源和时间，无论是销售和分销还是采购都要占用产品成本。通过 B2B 的交易方式买卖双方能够在网上完成整个业务流程，从建立最初印象，到货比三家，再到讨价还价、签单和交货，最后到客户服务。B2B 使企业之间的交易减少许多事务性的工作流程和管理费用，降低了企业经营成本。网络的便利及延伸性使企业扩大了活动范围，企业发展跨地区跨国界更方便，成本更低廉。

B2B 不仅仅是建立一个网上的买卖者群体，它也为企业的之间的战略合作提供了基础。任何一家企业，不论它具有多强的技术实力或多好的经营战略，要想单独实现 B2B 是完全不可能的。单打独斗的时代已经过去，企业间建立合作联盟逐渐成为发展趋势。网络使得信息通行无阻，企业之间可以通过网络在市场、产品或经营等方面建立互补互惠的合作，形成水平或垂直形式的业务整合，以更大的规模、更强的实力、更经济的运作真正达到全球运筹管理的模式。

3.1.2　专注平台打造

B2B 网站最基本的功能是商务平台的搭建。B2B 网站发展的三个阶段分别是：信息平台阶段、交易平台阶段，互信平台阶段。B2B 网站的初级阶段只是给广大商家提供了买卖信息的平台，通过聚拢众多的买卖信息，从而吸引更多的商业会员加入进来，他们在平台里寻找买家和卖家。此时，B2B 平台的功能仅仅限于信息整合。

目前，电子商务发展到第二阶段，即从单纯的信息平台逐渐演变到真正的交易平台。所谓交易平台是指 B2B 平台参与到交易过程中去。从初期的买卖信息的提供到支付手段的整合，到物流的最终实现，商品交易的整个过程都有 B2B 网站作为第三方的参与。此时 B2B 网站的作用更加明显和丰富，B2B 平台不仅仅作为一个旁观者，而是交易成功的关键因素。平台的会员企业会被买家卖家认为是优先交易的标准，具有 B2B 平台参与的交易过程被认为是风险较低的选择。这一切都为 B2B 网站发展到第三阶段奠定了基础。

B2B 发展的第三阶段，是互信网络的形成。在此阶段，商务平台成为交易双方交流的中枢，不仅是买卖行为在这里发生，信息的交流、知识的互换，甚至产品的创意研发的初始都会在 B2B 平台里实现。B2B 平台最终成为一个商人聚居的中心地，成为一个有机的具备自我发展功能的商业系统。

以上所述为国内 B2B 商业模式的第一种，代表公司为阿里巴巴。一个成功的平台首先是要有人气，阿里巴巴的平台打造颇为成功地聚集了大量的人气。支付宝则显示了阿里巴巴控制交易过程的野心。而阿里巴巴的社区则形成了很好的商业交流的风气，诸多迹象表明，阿里巴巴的平台正在朝着互信平台的方向发展。

阿里巴巴的成功可以称作是平台模式的成功。

3.1.3　B2B 电子商务平台模式

B2B 电子商务平台主要包括两种基本模式：一种是企业之间直接进行的电子商务（如制造商的在线采购和在线供货等）；另一种是通过第三方电子商务网站平台进行的商务活动。例如，国内著名电子商务网站阿里巴巴是 B2B 平台，各类企业可以通过阿里巴巴进行企业间的电子商务，如发布和查询供求信息，与潜在客户/供应商进行在线交流和商务洽谈等。

目前企业采用的 B2B 可以分为以下 4 种模式：

1. 面向制造业或面向商业的垂直 B2B

垂直 B2B 可以分为两个方向，即上游和下游。生产商或商业零售商可以与上游的供应商之间的形成供货关系，如 Dell 电脑公司与上游的芯片和主板制造商就是通过这种方式进行合作。生产商与下游的经销商可以形成销货关系，比如 Cisco 与其分销商之间进行的交易。

2. 面向中间交易市场的 B2B

这种交易模式是水平 B2B，它是将各个行业中相近的交易过程集中到一个场所，为企业的采购方和供应方提供了一个交易的机会，像阿里巴巴、环球资源网、ECVV、TOXUE 外贸网等。

3. 自建 B2B 模式

行业龙头企业自建 B2B 模式是大型行业龙头企业基于自身的信息化建设程度，搭建以自身产品供应链为核心的行业化电子商务平台。行业龙头企业通过其自身的电子商务平台，串联起行业整条产业链，供应链上下游企业通过该平台实现资讯、沟通、交易。但此类电子商务平台过于封闭，缺少产业链的深度整合。

4. 关联行业 B2B 模式

关联行业 B2B 模式是相关行业为了提升目前电子商务交易平台信息的广泛程度和准确性，整合综合 B2B 模式和垂直 B2B 模式而建立起来的建立跨行业电子商务平台。

3.1.4 B2B 平台的系统支持

B2B 只是企业实现电子商务的一个开始，它的应用将会得到不断发展和完善，并适应所有行业的企业的需要。目前企业要实现完善的 B2B 需要许多系统共同的支持，如制造企业需要有财务系统、企业资源计划 ERP 系统、供应链管理 SCM 系统、客户关系管理 CRM 系统等，并且这些系统能有机地整合在一起实现信息共享、业务流程的完全自动化。实现这样的系统需要企业投入数量可观的人力、物力和财力，多数中小企业会对这样大的投入望而却步。考虑到这些企业的特点，新网提供了企业支付得起的 B2B 电子商务解决方案。一方面，企业可以采用新网提供的产品，从低端到高端、从单一到全面，有步骤地实现B2B。例如，分销商可以针对业务的主要特点采用新网的 DRP 系统，商业企业可以使用新网的 SCM 系统，以销售、服务等业务为重点的企业可以采用 CRM 系统。另一方面，考虑到一些中小企业在资金、人员等方面的限制，新网将以 ASP 应用软件服务提供商的方式，向企业用户提供基于互联网的软件托管、分发、管理应用程序租用及相关服务。企业用户可以将业务应用所需的基础结构、业务运作和应用管理等完全托管给新网这样的应用服务提供商。使用户以低成本的投入方式得到了高质量的技术和服务保障，从而确保了企业电子商务战略的顺利实施。B2B 是企业实现电子商务、推动企业业务发展的一个最佳切入点，企业获得最直接的利益就是降低成本和提高效率，从长远来看也能带来巨额的回报。跟以前相比，企业总体战略中越来越重视与信息技术的结合。公司的 CEO 们认识到，企业必须有所作为，才能保持企业的竞争能力。信息技术对企业正日益变得生死攸关，新的信息技术投资能真正增强企业实力，而不仅限于改善企业的日常运作。这种模式的交易方主要有：用户（购买商）、交易中心（销售商）、供应商（或制造商）、运输商（配送中心）、银行及认证机构（CA）与支付网关。例如，计算机销售的全部流程：

（1）客户在销售商的网站上提交一份定购计算机的订单。

（2）销售商接到订单后，立即向计算机供应商传递一个查询。

（3）计算机供应商查询计算机库存数据，如果当前库存数量能完成这个订单，计算机供应商进行应答，产生一个供货时间表。

（4）销售商向运输商的计算机系统提交一个查询。

（5）运输商的系统首先核对自己的运输能力，然后提供一个运输这台计算机的时间表。

（6）计算机销售商向客户的系统发出订单确认。

（7）销售商根据用户时间表、供货商时间表、运输商时间表向供货商发出发货通知。

（8）销售商向运输商发出运输通知。

（9）用户向银行发出付款通知，银行确认付款信息的真实性。

（10）银行确认后开始付款，银行划账后通知销售商货款已到。

3.1.5　B2B 电子商务平台的定位

1. 明确拥有网站的原因

许多组织并不知道建设网站是为什么。请回答这个问题：你的网站对于你的组织有何帮助？对于访问者呢？

2. 建设一个网站是为了用户，而不是你自己

这是最重要的一堂课：你的网站是为了你的用户，而不是你自己。他们带着目的访问你的网站，而你的工作就是帮助他们达到这些目的。所以，集中考虑用户需要做什么，而不是你想要表达什么。

3. 满足需求

访问者会随着你的网站建好而至吗？如果你想吸引访问者，首先必须满足他们的需求。需求越明确，你的解决方案就越高效，越多的访问者就会到来。

4. 制订计划

这个简单的忠告却常常被忽略掉：在开始着手建设一个网站之前，你就应该制订好计划，并形成文本。它将帮助你把决策考虑的更将透彻，更好的估算成本。同时，它也确保了团队里每一个成员都清楚事实上自己在做什么。

5. 协作

每一个成功的网站都是有效协作的结果，应为它需要不同分工的人——设计、开发、营销，共同工作。但是，他们思考的方式不同，工作方式不同，甚至语言也不同。所以，他们需要一些帮助。

6. 注意网站的交通状况

通过观察访问者的动向——他们从哪来、浏览了哪些内容、逗留了多长时间、何时离开，便可知道网站上哪一部分在工作，或者哪一部分没有工作。

7. 不断发展你的网站

网站启动之后，真正的工作才刚刚开始。你应该注意它的使用情况并逐步修改以更好地满足用户的需求。

8. 保证网站的易用性

这是一条经历无数考验的方程式：你的网站越易用，也就会有更多的人来使用它。所以，如果你想获得更大的动力，那么确保你的网站更加简单和直接——显而易见的选择、明确的名字，并遵从用户的习惯。

9. 测试，测试，再测试

当一个网站被不同的浏览器，或者被不同的用户使用，呈现的结果是不可预料的。所以，在正式投入使用之前，确保它是经过测试的！在不同的系统上测试网站的设计和技术。

同样，测试它的可用性：用户能理解你的网站吗？他们能够达到自己的目的吗？

10. 通过 E-Mail 与用户保持联系

用户总在记住你网站的前提下去访问它。E-Mail 是提醒他们最好的方式。无论你拥有什么样的网站，E-Mail 都是让访问者回头的最好方法。但要记住的是：把握好提醒还是骚扰的切合点，楔莫过火！

11. 保证网站的焦点

以无限的时间和资源来思考 1000 件能做的事情，也是很容易做到的。但是，更多不一定就更好。从用户的立场来看：一个好网站首先应是一个简单的网站，画蛇添足只会造成麻烦。

12. 网站访问速度至关重要

如果网站的页面载入得太慢，那么即使你其他地方做得再好，也是枉然。

3.1.6 B2B 电商平台优化难题

网站优化已经成为 B2B 电子商务网站的基本网络营销策略。由于 B2B 电子商务网站具有明显的 B2B 行业特征，B2B 网站优化面临着 B2B 网站特有的问题。

1. 综合问题

B2B 网站结构看起来简单，无非是供应信息、求购信息、产品库、企业库等主要栏目，以及每个栏目下对不同行业、不同产品类别的分类，将相应的信息发布到相应的分类中。但实际上，B2B 网站分类方法对于网站的整体优化状况是至关重要的，因分类目录不合理将造成用户难以获取网站信息、搜索引擎忽略二级栏目及二级栏目中的信息，以及网站 PR 值低等综合问题。根据新竞争力对 B2B 网站优化研究的体会，B2B 网站的栏目和分类目录设置中的问题比较突出。

2. 大量新发布的信息无法被搜索引擎收录

随着供求信息发布量的增加，大量新发布的信息在不断滚动更新，但很多新的信息还未等到搜索引擎收录就已经滚动到多层次目录之下，而由于网站结构层次设计不合理的原因，即使全部网页都转换为静态网页，仍有可能造成信息无法被搜索引擎收录。

3. 动态网页的制约因素

领先的网站早已经过网站优化改造实现了全部信息的静态化处理，但 B2B 网站发展到今天，仍然有大量网站采用全动态网页技术，甚至主栏目和二级栏目都是动态生成，这样的动态网站已经无法在搜索引擎自然检索结果中获得任何优势，即使网页被搜索引擎收录，也难以获得比其他同类内容的静态网页有任何优势，其结果是，通过搜索引擎自然检索带来的访问量越来越少。

4. 网页标题设计及网页内容的相关性问题

在一般由网站维护人员编辑内容的网站中，网页标题的设计以及网页标题与网页内容的相关性问题可以得到比较好的控制，但在用户自行发布信息的 B2B 行业网站，网页标题设计不专业以及与网页内容相关性不高的问题比较突出，其后果是不仅供求信息内容网页在搜索引擎中没有竞争优势，甚至可能影响整个网站的表现。在"搜索引擎检索结果中的低质量网页及其成因分析"中对此有所描述。

B2B 电子商务网站优化中还有很多形形色色的问题，除了网站优化中没有考虑到的网站基本要素外，还有的是 B2B 网站技术人员自己在摸索着进行网站搜索引擎优化因为不当的操作所造成的种种问题，很多问题日积月累已经成了疑难杂症，不仅没有达到网站优化的目的，反而让网站出现更多的问题。

3.1.7 成本构成

1. 技术成本

电子商务的技术成本包括软硬件成本、学习成本和维护成本。电子商务是各种技术结合的产物，昂贵的投资、复杂的管理和高昂的维护费用使得一些系统、技术和人才匮乏的企业望而却步。

2. 安全成本

在任何情况下，交易的安全总是人们关心的首要问题，如何在网上保证交易的公正性和安全性、保证交易双方身份的真实性、保证传递信息的完整性及交易的不可抵赖性，成为推广电子商务的关键所在。

3. 物流成本

在电子商务中最难解决的就是物流配送。物流配送是电子商务环节的重要和最后的环节，是电子商务的目标和核心，也好似衡量电子商务成功与否的一个重要尺度。

4. 客户成本

电子商务的客户成本，指的是顾客用于网上交易所花费的上网、咨询、支付直到最后商品到位所花费的费用总和，这是一种完全依赖于网络的服务，只要消费者一开始享受这样的服务，就要承担每小时数元钱的最低成本，还不包括添置相应的硬件设备和学习使用的费用。

5. 广告成本

电子商务平台的广告成本，是指企业所开发的电子商务平台要传播给人知晓所需要耗费的通过的一系列途径，譬如信息门户网站、电视、媒体、报纸、广播等所耗费的成本。

3.1.8 B2B 网站的盈利模式

据《中国行业电子商务网站调查报告》显示，2002—2006 年，国内行业电子商务网站数量持续高速增长，每年平均增速超过 15%，目前有 1800 多家的行业电子商务网站，2006 年行业电子商务网站中的 51.22% 实现了盈利。其中，45.75% 的行业电子商务网站实现了全年的盈利，5.19% 的网站已持续 6 年盈利。网站盈利主要是企业盈利模式：

1. 会员费

企业通过第三电子商务平台参与电子商务交易，必须注册为 B2B 网站的会员，每年要交纳一定的会员费，才能享受网站提供的各种服务，目前会员费已成为我国 B2B 网站最主要的收入来源。例如，阿里巴巴网站收取中国供应商、诚信通两种会员费，中国供应商会员费分为每年 4 万元和 6 万元两种，诚信通的会员费每年 2300 元；中国化工网每个会员第一年的费用为 12000 元，以后每年综合服务费用为 6000 元；五金商中国的金视通会员费每年 1580 元。

2. 广告费

网络广告是门户网站的主要盈利来源，同时也是 B2B 电子商务网站的主要收入来源。阿里巴巴网站的广告根据其在首页位置及广告类型来收费。中国化工网有弹出广告、漂浮广告、BANNER 广告、文字广告等多种表现形式可供用户选择。

3. 竞价排名

企业为了促进产品的销售，都希望在 B2B 网站的信息搜索中将自己的排名靠前，而网站在确保信息准确的基础上，根据会员交费的不同对排名顺序作相应的调整。阿里巴巴的竞价排名是诚信通会员专享的搜索排名服务，当买家在阿里巴巴搜索供应商信息时，竞价企业的信息将排在搜索结果的前三位，被买家第一时间找到。中国化工网的化工搜索是建立在全球最大的化工网站上的化工专业搜索平台，对全球近 20 万个化工及化工相关网站进行搜索，搜录的网页总数达 5000 万，同时采用搜索竞价排名方式，确定企业排名顺序。

4. 增值服务

B2B 网站通常除了为企业提供贸易供求信息以外，还会提供一些独特的增值服务，包括企业认证、独立域名、提供行业数据分析报告、搜索引擎优化等。像现货认证就是针对电子商务行业提供的一个特殊的增值服务，因为通常电子采购商比较重视库存。另外针对电子型号做的谷歌排名推广服务，就是搜索引擎优化的一种，像 seekic 这个平台就有这个增值服务，企业对这个都比较感兴趣。所以可以根据行业的特殊性去深挖客户的需求，然后提供具有针对性的增值服务。

5. 线下服务

主要包括展会、期刊、研讨会等。通过展会，供应商和采购商面对面地交流，一般的中小企业还是比较青睐这个方式。期刊主要是关于行业资讯等信息，期刊里也可以植入广告。globalsource 的展会现已成为重要的盈利模式，占其收入的 1/3 左右。而 ECVV 国际贸易网所组织的线下展会和采购会也已取得不错的效果。

6. 商务合作

包括广告联盟、政府、行业协会合作、传统媒体的合作等。广告联盟通常是网络广告联盟，亚马逊通过这个方式已经取得了不错的成效，但在我国，联盟营销还处于萌芽阶段，大部分网站对于联盟营销还比较陌生。国内做得比较成熟的几家广告联盟有：百度联盟、谷歌联盟等。

7. 按询盘付费

区别于传统的会员包年付费模式，按询盘付费模式是指从事国际贸易的企业不是按照时间来付费，而是按照海外推广带来的实际效果，也就是海外买家实际的有效询盘来付费。其中询盘是否有效，主动权在消费者手中，由消费者自行判断来决定是否消费。尽管 B2B 市场发展势头良好，但 B2B 市场还是存在发育不成熟的一面。这种不成熟表现在 B2B 交易的许多先天性交易优势，比如在线价格协商和在线协作等还没有充分发挥出来。因此传统的按年收费模式，越来越受到以 ECVV 为代表的按询盘付费平台的冲击。"按询盘付费"有 4 大特点：零首付、零风险；主动权、消费权；免费推、针对广；及时付、便利大。广大企业不用冒着"投入几万元、十几万，一年都收不回成本"的风险，零投入就可享受免费全球推广，成功获得有效询盘后，辨认询盘的真实性和有效性后，只需在线支付单条询盘价格，就可以获得与海外买家直接谈判成单的机会，主动权完全掌握在供应商手里。

3.1.9 B2B 电子商务平台建站必须遵循的四大标准

1. 网页审美（Website Aesthetics）

不以炫目、怪异来夺人眼球，而是以专业的方式来展示独特的商品信息和服务，符合大众审美，并有艺术感的亮点存在，能在第一时间内给潜在客户留下印象。

2. 可用性（Usability）

专注于怎样让用户搜索、比较、流程更便捷，获得良好的用户体验。

3. 内容为王（Content）

探寻客户的潜在客户需求，为潜在客户提供最有价值的信息，引导和教育客户怎样去选择和鉴定商品，并且让客户相信这些信息及服务足够让他们付诸行动购买，提供最具商业价值的网站结构布局。

4. 搜索引擎优化（SEO）

网站优化，正确运用各种设计元素，让搜索引擎更易抓取，提升网站的营销价值。

综上所述，网站建设对于 B2B 电子商务企业有着举足轻重的作用，是客户了解企业最方便最直观的途径，一个集审美、内容、实用且具营销价值的企业网站，在以用户体验为关注点的电子商务、网络购物的互联网经济中更具有战略意义，B2B 企业一定要选择合适的网站建设服务商，量身打造适合自己行业、产品及品牌风格的个性化营销型站点。

3.1.10 B2B 电子商务网站 SEO 研究

1. SEO 定义

SEO（search engine optimization）的主要工作是了解各类搜索引擎的特点和工作原理，以此为基础对网页进行优化完善，提高其在搜索引擎的排名，从而进一步提高网站的访问量，最终提升网站的销售能力或宣传能力。将 SEO 应用于 B2B 电子商务平台，一方面是为了在网站平台内部争取较前的排名，以便让客户在 B2B 网站内部搜索某一关键词查找商品时能轻易看到网站提供的商品；另一方面，通过使用 SEO，希望自己发布在 B2B 网站上的产品、供求信息、公司介绍能够在主要搜索引擎里有一个比较好的排名。当有潜在客户通过 Google 等、门户网站查找供应商时，能够很快发现相关的链接。

2. B2B 电子商务网站发展现状

B2B 是指一个市场的领域，指企业对企业之间的营销关系。基于互联网的 B2B 发展速度十分迅猛，目前涉及应用 B2B 方式来进行生产经营的产业有 25 个之多，主要包括电脑电子、电决方案、金融、电信等产业。中国比较出名的 B2B 网站有阿里巴巴、环球资源、河北商贸网、慧聪网、中国制造交易网、河北建材网、made in china、龙之向导等专业性的 B2B 电子商务交易平台。

B2B 电子商务网站的营销方式包括搜索引擎优化推广、强势广告宣传推广、邮件列表推广等方式。在众多的营销手段中，网站优化是基本的营销策略，而决定网站搜索引擎排名的最主要参数是 PR（pagerank）值，网站的 PR 取值范围在 1～10，一般网站 PR 值在 5 以上即可达到较好的搜索效率。ECVV 外贸平台的 PR 值为 6，很值得作为参考。但是对国内 B2B 电子商务网站 PR 值的调查发现，高达 46.1% 的 B2B 网站 PR 值等于或者小于 3，导致网站的被搜索效果不好。

网站 PR 值过低说明网站存在问题，考查当前 B2B 电子商务网站建设状况，存在的网站优化问题主要表现在以下 4 个方面：

（1）网站栏目和产品分类设置不合理；

（2）新发布信息无法被搜索引擎收录；

（3）动态网页的制约因素；

（4）网页标题设计及网页内容的相关性问题。

B2B 电子商务网站优化存在很多技术难题需要研究解决，B2B 网站技术人员在网站建设优化过程中需要不断探索完善，以便于提高网站的服务质量以及在同行业中的竞争力。

3.1.11 B2B 电子商务平台建站公司的选择

古语有云："工欲善其事，必先利其器"，为了公司或企业的长远发展，请慎重选择一家值得信赖的、信誉与实力并重的网站设计公司。那么应当如何选择好的网站设计公司呢？现在提供网站建设服务的公司很多，此产业是一个很速成的产业，所以充满了很多非专业的正规公司。因此，对于广大用户而言，如何选择网站设计公司应当慎重。以下几点可以考虑：

（1）拥有固定办公场所。你也许遇到过这种情况：当你提出要去给你做网站的公司实地看看时，对方会找出种种理由推脱，极力阻止你去，同时却以低于市场价很多的价格向你承诺各种服务。可想而知，那些连公司的地点都不愿告诉客户、不敢让客户去他们公司看看的网络公司一定都是含有欺诈成分的公司，而缺乏足够的办公环境、技术实力，所做的承诺也只能成为不切实际的空中楼阁。

（2）具有多年网站设计经验。我们不否定新生事物，但是如果从长远考虑的话，我们还是建议您选择具有多年网站设计经验的公司，一方面在网站设计的过程中他们考虑到的东西更多，更能了解客户的需求；另一方面这样的公司积累了大量的客户群体，也不会轻易倒闭。

（3）网络公司自己网站的水准。作为专业的网站建设公司，如果他们自己公司的网站都一塌糊涂，你还会相信他们的实力吗？如果对自己公司的网站都可以将就，你还会期待他们对你负责吗？

（4）你信任的、并且对网络行业、对技术了解的人给你的意见。互联网发展到今天，网站的好坏早已不是凭网页上动画是不是很多、颜色是不是很鲜艳、是不是有声音有录像等这些表面的东西所决定。支撑网站正常运行的后台管理技术、资讯实时更新技术、流量统计分析技术、在线沟通技术等才是关键。当然，可能很多人都说他们公司有这些东西，那你就得擦亮眼睛了：这些东西是他们公司自己开发的吗？能不断升级更新吗？技术上是领先、可靠、实用的吗？

（5）网络公司技术人员与业务人员的比例。一个网站建设公司如果全是业务员的话就要注意网站报价的水分了，因为业务员是一个公司的基础，当然也会拿大量的订单回报，所以说合理的技术与业务人员比例才会保证客户支付的费用真正的用在网站的建设上面。

（6）网站案例，不要只看他们自己的网站。因为有些网站制作公司自己的网站都是别人给设计制作的。

网站案例中只有截屏的小图不能说明问题，一定要有客户网站的正式链接，并且您一定要到客户的网站上看一看。因为一般网站的界面缩小后，看起来效果都不错，很多细节更本看不出来。另外，通过切实访问该公司为客户制作的网站，了解一下网站的访问速度。这些也是检验网站制作公司的工作是否精细的重要环节，因为一个网站做得好不只是设计这一方面，还包括页面制作是否认真负责，图片是否在保证效果的前提下，尽量做到最小，以提高网站的访问速度。

（7）不要相信那些大包大揽的公司，甚至终身免费维护的骗话。他们可能只是为了得到你的单子，但没有考虑服务的问题，所以可以任意向你承诺。

（8）网站报价。不能只看网站报价，中等规模以上的网站需求需要的不仅仅是一份报价单，而是一个全面的网站策划方案书。网站的制作质量一定是与费用相关的，过低的报价不可能提供优秀的网站设计，更是无法保证保障网站项目的质量与服务水平。从事或号称能网站建设的人员很多，包括个人自学的学生，但开发人员的经验非常重要，而且需要多人合作的具有一定项目管理实施过程才能圆满完成网站的建设与发布，这样网站的含金量也大大不同。选择网站开发公司比较费用时，应该比较的是"性价比"，就是您花费同样的费用是否可以得到最好的结果。

第二节 B2C 模式的电子商务平台

3.2.1 B2C 电子商务概述

B2C 即公司对消费者的业务，又称直接市场消费，主要包括有形商品的电子订货和付款，无形商品和服务产品的销售。其特点是能迅速吸引公众和媒体的注意力，是最富于创造力的领域之一，也是竞争最为激烈的领域之一。B2C 的利润或者来源于公司所提供的业务，或者来源于广告商。公司可以通过提供购物、咨询、拍卖等服务收取手续费、会员费，等等；也可以因为浏览量和点击量极大，从而吸引广告商在页面上放置广告。

由 B2C 的特点可以看出，即使是电子商务下的 B2C 市场仍可细分为若干不同的商业模式。例如，Michael Rappa 依据获得收益的方式将电子商务模式分为：代理模型（brokerage model）、广告模型（advertising model）、信息中介模型（infomediary model）、商贸模型、制造商模型（manufacturer model）、会员模型（affiliate model）、社区模型（community model）和订阅模型（subscription model）。中国社科院财贸所电子商务课题按照为消费者提供服务的内容把不同 B2C 商务模式分类为：电子经济、电子直销、电子零售、远程教育、网上预定、网上发行和网上金融等类型。

根据企业对消费者的电子商务中的企业在商务模式流程中的作用和商业模式的理论为依据，将 B2C 电子商务分为以下三个类别：生产商直销模式、中间商模式、第三方交易平台模式。

1. 生产商直销模式

直销模式是 Direct sales model 的中译，比较通俗的说法是"无店铺销售"的模式。生产商直销模式指产品制造商通过自建电子商务平台直接向消费者提供其产品的模式。

2. 中间商模式

中间商是指在制造商与消费者之间"专门媒介商品交换"经济组织或个人。这种模式的电子商务通常向消费者提供多种类别的商品。

3. 第三方交易平台模式

第三方是指两个相互联系的主体之外的某个客体。第三方交易平台属于第三方服务中介机构完成第三方担保支付的功能。它主要是面向开展电子商务业务的企业提供电子商务基础支撑与应用支撑服务，不直接从事具体的电子商务活动。它的本质就是一个提供了信誉保障的信息中介平台。

4. 三种商业模式对比

下面将上述三种商业模式进行初步的对比，以展现它们之间的区别。如表 3 - 1 所示。

表 3 - 1　三种商业模式的区别

模式类别	生产商直销模式	中间商模式		第三方交易平台模式
		综合类中间商模式	垂直类中间商模式	
定义	生产商直销模式是指产品制造商通过自建的电子商务平台直接向消费者提供其生产的产品的模式	综合类中间商模式是指中间商或零售商通过电子商务平台向消费者提供多种类型的商品	中间商中的特殊类型，销售的商品种类较少	第三方交易平台从本质上讲就是一个提供了信誉保障的信息中介平台，它为生产商和中间商提供一个为消费者服务的交易平台，其本身并不负责产品的配送和售后
典型代表	戴尔公司	当当网	京东商城	天猫商城
是否从事生产	是	否	否	否
是否直接从事交易	是	是	是	否
商品种类	单一	品种较多	品种较少	非常多
商品价格	省去中间商环节，价格较低	电子商务平台建设、维护、推广费用，价格一般	电子商务平台建设、维护、推广费用，价格一般	第三方收取平台费用，价格较高
支付	在线支付、邮局汇款	在线支付、第三方支付、货到付款、邮局汇款	在线支付、第三方支付、货到付款、邮局汇款	第三方支付
售后服务	生产厂商提供服务	中间商提供服务	中间商提供服务	平台不提供售后服务，由加盟厂商提供售后服务
信誉	厂商保证，信誉较好	一般	一般	严格的准入制度，信誉较好

3.2.2 生产商直销模式

3.2.2.1 直销

直销就是产品不通过传统的共销售渠道进行营销，而是直接由生产商或经销商销售产品的一种有效营销方式。世界直销协会对于直销的概念是如此定义的：直销是指在固定零售店铺以外的地方（如个人住所、工作地点或者其他场所），由独立的营销人员以面对面的方式，通过讲解和示范方式将产品和服务直接介绍给消费者，进行消费品的行销。用老百姓的话说，就是生产厂商把产品的销售柜台延伸到了顾客家中。换句话说，就是通过直销员，直接把产品送到有消费需求的顾客的手中。

3.2.2.2 直销模式与传统销售模式的区别

直销模式与传统销售模式的主要区别，在于销售渠道的不同。

传统的销售渠道是：生产厂家—总代理—省代理—市代理—批发商—商店—消费者。

直销的销售渠道是：生产厂家—直销商—消费者。

3.2.2.3 生产商直销模式

直销模式是 Direct sales model 的中译，比较通俗的说法是"无店铺销售"的模式。生产商直销模式指产品制造商通过自建电子商务平台直接向消费者提供其生产的产品的模式。这些产品包括实物产品和虚拟产品。生产商可以是实物产品的生产商或者虚拟产品的生产商。实物产品如电脑、数码产品、服装，虚拟产品如教育、知识、信息、音乐、虚拟金融产品、电子书籍、杂志等。这种模式不受时间与空间的限制，随消费者与直销商的方便，在任何时刻、地点进行，该模式最大优点是减少了流通环节，生产商直接面对消费者，最大限度的降低了中间环节信息和利润损失，通过网络获取消费者的需求信息。这种模式要求生产商有功能完备的在线销售平台、专业化的信息系统和商务流程来满足在线消费者的各种需求。

3.2.2.4 戴尔公司简介

戴尔公司（Dell Company）是一家总部位于美国得克萨斯州朗德罗克的世界知名企业，由迈克尔·戴尔于1984年创立。创立之初公司的名称是 PC's Limited，1987年改为戴尔电脑公司。戴尔电脑公司以生产、设计、销售家用电脑和商用电脑闻名。另外它也涉足高端电脑市场、服务器、数据存储设备、网络设备等。戴尔的其他产品包括软件、打印机、PDA和电脑相关产品。经过30多年的发展，戴尔电脑公司已从一个无名的小公司变成世界500强公司。1999年，戴尔取代康柏电脑（Compaq）成为美国第一大个人电脑销售商。2002年戴尔的这一地位被刚刚收购了康柏电脑的惠普公司所取代。不过到了2003年第一季度，戴尔再次取得领先地位，成为世界第一大电脑销售商。戴尔能取得今天的成就，与它独特的商业运作模式——直销模式相关。戴尔的直销模式即除去中间商或代理商，直接向客户销售其产品或服务，使得公司能够以更低廉的价格把产品就销售出去，另外公司的订单制生产，即先有订单，之后才按客户要求组装电脑的方式，也大大降低了生产成本，为戴尔赢得市场创造了先机。

3.2.2.5 戴尔公司的直销模式的原则

戴尔自创立以来就一直坚持直销。在 IT 行业，一提起直销就不得不提到戴尔公司，戴尔几乎成了直销的代名词，人们甚至将两者联系在一起，称之为戴尔直销模式。为了提高效率，戴尔还力求精简。仅在简化流程方面，戴尔就拥有 550 项专利。而这些专利也正是其他公司无法真正复制貌似简单的"戴尔模式"的最主要原因。戴尔的供应链系统早已打破了传统意义上"厂家"与"供应商"之间的供需配给。在戴尔的业务平台中，客户变成了供应链的核心。零库存是戴尔成功的法宝，戴尔在库存上获得的成就无人匹敌。它在全球的平均库存天数已降至 6 天以内，即使非常知名的电脑公司——联想的存货天数也是在 30 天左右，一般电脑厂商的库存时间则为 2 个月。

对戴尔来说，直销模式的客户既包括大型企业客户、政府和教育机构，也包括中小企业和个人、家庭消费者。针对全球不同的客户，戴尔会根据其需求提供相应的产品解决方案，帮助他们建立自己的信息技术及互联网基础架构。直销模式要坚持 5 个原则，这 5 个原则其实也是戴尔对供应链的要求。

1. 寻找最短到达用户路径

如果要与顾客保持最短的距离，最好的办法就是面对面交易。而要达到这种效果的最好办法便是直销。直销使企业直接面对消费者，轻松获得消费者的需求信息。直销可以直接获得客户的需求，最"了解"市场。

2. 标准化

网上直销的产品一般是标准比较高的商品，因为消费者只能在网上看到商品的图片或介绍，对于差异比较大的商品，消费者要想了解更多，现场接触无疑是最好的一个方法，而网络是无法实现此功能的。DELL 选择进入的行业一般都是技术标准化程度非常高的行业。比如，个人电脑、打印机、服务器等。要想在一个不够规范的市场里推动一个非标准产品，所耗工夫匪浅，因此标准化非常重要。

3. 零库存

戴尔准确地把握用户的需求，实行按订单生产，一般情况下，产品生产出来后便已销售，实现了零库存，也最大限度降低了成本。

4. 低成本

消费者之所以到网上购买商品，一个非常重要的原因是线上产品的价格低于线下销售的价格。戴尔标准化的生产方法和先进的直销模式，大大降低了成本。戴尔对新产品的开发也着眼于不降低质量为前提的降低成本。而且订单制生产销售又减少了库存，降低了成本。

5. 客户关系管理，重点关注服务

戴尔在厦门的客户服务中心里，有 85% 左右的问题是一个电话就可以解决的。其他 15% 的问题需要现场解决，其中 95% 也是可以一次性解决的，对于一些高端服务器的维护，由戴尔的工程师亲自去做。戴尔现在已经能够在全国大部分城市提供第二个工作日响应的现场服务。戴尔在中国的服务是采用由戴尔的客户服务中心进行调度，分包给 4 个本地服务伙伴的策略。

3.2.2.6 B2C 电子商务生产商直销模式的优势

1. 信誉的保障

信用问题是影响消费者选择在线购物的关键因素之一。在线购物的不确定性使得消费者的感知风险明显高于传统的线下购物模式，而生产商直销商模式借助其企业本身的品牌号召力，降低了消费者的感知风险，使得交易的可能性增加。为降低消费者的购买风险，戴尔是国内唯一一家支持货到付款的电脑销售公司。另外，为保护消费者的切身利益，戴尔对已投放市场、但有质量问题的电脑实行召回制度，发生在 2006 年的大规模笔记本电脑电池的召回事件便能说明这一切。

2. 商品价格低

由于生产商直接面对消费者，从理论上是流通环节最少的一种商业模式，从而大大降低了商品的销售价格。在生产领域，戴尔注重提高效率，但是在流程方面戴尔就有 550 多项专利；在供应链方面，戴尔以客户为核心，在库存方面，戴尔追求零库存，使其存货天数降至 6 天；在销售方面，戴尔按需定制，每生产一台，销售一台。戴尔在供应链、生产、库存、销售的优势是别的 IT 企业所不能匹敌的。在欧洲的电脑市场，戴尔被称为"价格杀手"。戴尔的直销模式使戴尔获得了巨大的利润和市场认可。

3. 售后服务有保障

生产商可以直接依靠其传统线下售后服务体系，为消费者提供了保障。设在厦门的戴尔"国内客户服务中心"，85% 的问题，一个电话可以解决。15% 的问题上门服务。戴尔现在已经能够在 1680 个城市提供第二个工作日响应的现场服务。对于一些核心的高端服务器的维护可能直接由戴尔自己的工程师做。

3.2.2.7　B2C 电子商务生产商直销模式的劣势

1. 在线销售模式与传统渠道的冲突

消费者选择在线消费的一个重要的原因就是在线购物相对于传统购物模式所购买的商品具有价格优势。生产商直销模式减少了中间商流通环节，为价格优势提供了可能，但是这势必损害传统线下销售渠道。有过网上交易的人很容易发现，同一款产品网上价格会比零售商、专卖店便宜的多。但也有例外，以网上一款热卖的型号为戴尔 Inspiron15（S510427CN）的电脑为例，2009 年 6 月 4 日戴尔官方网站报价为 4999 元，而一些线下销售企业售价竟低于此价格 50 至 100 元。并且大部分戴尔的电脑价格线下销售的价格低于线上销售的价格。由于经销商的压价，戴尔的线上交易不可避免的会受到影响。如何平衡两种渠道的利益关系，是生产商必须解决的核心问题。从成功的生产商直销模式的案例来看，通常取得成功的都是销售一些适合在线销售的标准化的商品，如计算机、数码产品等，这些商品的销售对传统的渠道依赖并不像服装类的商品对传统销售渠道那么强烈。

2. 电子商务平台建设、维护和推广的费用高

生产商直销模式通常需要生产商自己建设、维护和推广电子商务平台，这需要投入大量的精力和费用。

3. 直销模式不适用于中国市场

（1）国人对直销认知程度没有达到直销要求的水平。

直销在中国没有发挥其巨大威力，最主要的原因是中国消费者还不习惯直销方式，对直销的信任度不高。直销其实是最原始、最古老的销售方式。除了销售额，什么都没有。在中国这个有着复杂历史国度，直销模式在很大程度上给人的感觉就像非法传销一样。只有众人对品牌有了一定程度上的认识，才会接受直销这种模式，否则只能适得其反！我国比较发达的地区只是很小部分，大多数人们的观念意识还是传统的，包括一些行为习惯，人们的购买意识还停留在"先挑后买"的观念上，因此，这种方式对广大的中国民众来说并不适合。

（2）直销无法覆盖中国三级以下的市场。

中国是一个庞大而分散的市场，直销模式根本无法有效覆盖。就中国经济不发达的小城镇及偏远地区来说，戴尔多年来奉行的直销策略确实不适用。因地制宜的发展策略是被人们所公认的。纵然戴尔是个好品牌，在中国的偏远地区，直销方式的终端不到位，最终只能导致销售业绩差。而戴尔适时的调整销售模式，无疑是摆脱困境的最好方式。

3.2.2.8 戴尔生产商直销模式小结

1. 根据实际调整策略，才是生存发展之道

中国地域广阔，各个地区的风俗、消费习惯、贫富差距都有所不同。要根据不同的地域、不同的生活习惯，以及当地人的一些行为习惯来决定采取何种营销模式。不同的地区可以采用不同销售模式，发达大中城市采用直销，偏远地区则可采用分销模式。而戴尔也在改变营销方式，2007 年陆续与国内的几大家电连锁商开展了合作，拓展其线下业务。

2. B2C 直销模式的新趋势——B4C

经管电子商务相对线下贸易有着许多的优势，但是国内外许多电子商务网站仍然面临着巨大的成本开支。例如，库存问题，大大削弱 B2C 电子商务网站的活力能力，几乎所有的 B2C 网站都在尽量控制库存成本。其次，赚取买卖差价的盈利模式，也决定了 B2C 网站不可能在向用户提供购物建议时不偏不倚，而是会尽量推荐库房中积压的产品，这无疑会影响用户的体验以及对网站的信任度。另外，尽管 B2C 在越来越细分化，从种类繁多的大型超市化 B2C，到现在专注于某一领域的 B2C，但是竞争却没有因市场的细分而减弱，大量的 B2C 网站都提供同质化的商品，不惜成本血拼价格，却往往忽略了服务。B4C（Business for Consumer）由此而生，它是一个以服务为宗旨，以满足客户需求、提高客户满意度为企业经营理念，倡导在线服务的电子商务式直销的一种新趋势。

3.2.3 中间商模式分析

3.2.3.1 中间商商业模式

中间商是指在制造商与消费者之间"专门媒介商品交换"经济组织或个人。中间商可以按照不同的标准进行分类，按照中间商是否拥有商品所有权，可将其划分为经销商和代理商；按照销售对象的不同，中间商分为批发商和零售商。本文按商品提供者所提供商品的种类的多少将中间商模式分为两类：综合类中间商模式和垂直类中间商模式。

3.2.3.2 综合类中间商模式

综合类中间商模式是指中间商或零售商通过电子商务平台向消费者提供多种类型的商品。从标准化的书籍到服装、数码产品及家电等所有的适合网络销售的产品，以及虚拟产品。最早出现该模式的是 B2C 电子商务，其典型的代表是亚马逊、当当网、卓越和京东商城。它们实行统一配送和售后服务，支付方式灵活，有较好的信誉保障，虚拟产品销售的典型代表金融服务、游戏点卡等。

1. 当当网简介

当当网是全球最大的综合性中文网上购物商城，由国内著名出版机构科文公司、美国老虎基金、美国 IDG 集团、卢森堡剑桥集团、亚洲创业投资基金（原名"软银中国创业基金"）共同投资成立。

1999 年 11 月，当当网正式投入运营。发展至今，当当网一直保持高速度成长，每年成

长率均超过 100%。当当网在线销售的商品包括了家居百货、化妆品、数码、图书、音像等几十个大类，近百万种商品，在库图书超过 40 万种。目前当当网有超过 4500 万的注册用户（含大陆、港、澳、台和国外），遍及全国 32 个省、市、自治区和直辖市，2008 年图书销售超过 12 亿元。每天有上万人在当当网平台购物，每月有 2000 万人在当当网浏览各类信息。

2. 综合类中间商模式的优势

（1）价格优势。

中间商商品的价格通常比生产者品牌的要低，这是它能吸引众多顾客的最主要原因。商品售价的持续上升，尤其是在通货膨胀时期更为严重，其主要原因就是转嫁到消费者头上的广告费和包装费。每一个生产者名牌的诞生，无不伴随着广告的狂轰滥炸。据估计，目前国内企业商品成本中一般有 5%～20% 是广告费支出。巨额的广告费终归要由广大的消费者来承担。而中间商品牌的推行，只集中在一个或者几个品牌的宣传。尽管仅从广告费来看，其开支照样巨大，甚至会超过某些生产者品牌，然而一旦分摊到每一个具体产品时，其广告成本就会低得多。电子商务网站利用其网络优势进行宣传，更能为产品节省一大笔广告费用。

（2）信誉优势。

信誉是商业中的一笔巨大无形资产，大型零售商，特别是大型综合类 B2C 电子商务网站的信誉好，这是 C2C 电子商务卖家所无法比拟的。信誉好的 B2C 电子商务网站无疑对消费者具有很大的吸引力，特别是在假货泛滥的时代，信誉就几乎成为质量的保证。消费者能否买得放心，已成为促使他们在不同零售商、不同品牌之间进行选择的重要因素。在我国现有的商业行为中，制假、售假的现象层出不穷，假货的制造水平越来越高，消费者不可能人人都会辨别真伪，更不用说网络上的虚拟世界。所以常常"弄假成真"。既然消费者自己不能有效地识别假货，他们就把这一主要职责交给中间商来承担，他们总是喜欢到信得过的电子商务网站去购物。

（3）把握市场需求优势。

相对而言，中间商比生产商更能准确地把握消费者需求的变化，电子商务网站利用其先进的信息管理系统和数据挖掘系统，更能在第一时间得出市场的需求信息。现代市场营销观念的核心就是如何去满足消费者的需求，而消费者的需求是不断变化的。每一个生产者总想力求把握这种变化，并据此开发产品来迎合消费者的需求。在把握消费者的需求上，零售商具有天然的优势。生产者主要通过销售业绩和中间商的信息反馈来大致了解顾客的需要，而不像零售商那样无时无刻不在直接跟消费者打交道。如果零售商拥有自己的品牌，就可以根据顾客的需求来要求生产者生产，这样往往能领先生产者一步。一些零售商通过自己的研究开发部来进行产品的研究开发，甚至跑到了潜在的生产者前面。

3.2.3.3 综合类中间商模式的劣势

（1）难以选择合适的生产者。

选择合适的生产商，这是推行中间商模式的最大难点。一方面电子商务企业对自有品牌的商品品质要求较高，在对潜在的商品供应商进行选择时要花费相当多的时间和精力。对供应商的选择不但要求其产品质量达到要求，而且其生产能力、交通状况等方方面面的因素都要做出慎重的考虑。产品品种越多，合作的厂家也就越多，货源的供给、质量的监测等问题就越多，电子商务企业承担的风险就越大。另一方面，实力较强的生产厂家并不乐意成为电子商务企业的单纯生产者，只有一些中小型生产商或有大量剩余生产能力的厂商才会容易被中间商品牌的订货所吸引。

（2）规模不大，难以体现中间商品牌的优势。

虽然网络上有名目繁多的 B2C 电子商务网站，但还是远未达到规模经济效应。除当当、卓越外，其他 B2C 电子商务网站的销售额和市场份额都很小。

（3）推出中间商品牌要承担较大的风险。

由于综合类中间商模式是多种商品共享一个品牌，其风险是很大的。其中任何一种商品出现了问题，都会或多或少地对使用该品牌的电子商务网站信誉产生损害。这就对于电子商务企业在产品质量、服务水平、供货能力等方面的要求更高、更严。如果电子商务企业只是简单地经营生产者品牌商品，出现了质量问题可以找厂家解决，它所承担的风险较小，而且大型电子商务企业凭其大量进货还可获得较多的价格折扣，从中获得较大的利润。推出中间商品牌，需要巨额广告费，付出与收益是否划算，也会成为每一个电子商务网站管理者所必须考虑的问题。

（4）缺乏科学的自有品牌管理。

我国目前发展综合类 B2C 电子商务网站，一是缺乏对供应商及商品选择、检验、考核的科学程序；二是缺乏必要的资金来进行市场研究和产品设计；三是缺乏通晓商品知识、市场营销规律和法律法规知识的专门人才；四是缺少自有品牌的产权机制。自有品牌的建设，往往是前人栽树，后人乘凉，很难在短期内取得效益，而是需要几代领导人的共识和努力，而目前的体制很难达到这样的要求。

（5）商品种类无法与 C2C 抗衡。

C2C 电子商务知名网站淘宝网的商品种类达千万之多，而国内最大的 B2C 电子商务网站当当网的商品种类还不到淘宝的 1/10。

（6）成本较高。

B2C 电子商务平台要求较高的流量支持，故需要较高的维护、推广费用。另外商品的库存、售后和服务成本较高。

3.2.3.4　综合类中间商模式小结

在 B2B 领域，阿里巴巴独领风骚；在 C2C 领域，淘宝、易趣、拍拍占据三强；而在 B2C 领域，一直是群龙无首的局面，以 2008 年第一季度中国 B2C 市场厂商销售市场份额为例，当当网销售额第一，占市场份额的 16.0%，处于第二的是垂直类的 B2C 企业京东商城，占 15.4%，第三是卓越网，市场份额是 14.7%，综合类 B2C 电子商务网站占据的第一和第三的位置，但他们没有与其他电子商务网站拉开差距。另外，就整个电子商务市场而言，B2C 的市场份额只占很小的一部分，数据显示 2008 年 B2C 的销售额还不到整个电子商务市场的 10%。本应做强做大的 B2C 电子商务网站没有想象中的强大。信用、物流、服务等众多方面一直制约着综合类电子商务网站的发展，另外垂直类 B2C 电子商务网站的飞速发展，引起了业界的广泛关注，综合类电子商务网站何去何从，我们拭目以待。

3.2.3.5　垂直类中间商模式

从电子商务参与交易的主体来看，垂直类中间商模式和综合类中间商模式所处的地位差不多，其不同之处就是垂直类中间商模式专注于某一特定的细分市场而不是综合的商品。

之所以把垂直类中间商模式另外划分一类，主要由于近年来该类 B2C 电子商务网站发展迅猛。其中以京东商城尤为突出，其 4 年内的年平均销售额增长率达到 300% 以上。另外一些专注某一类产品的企业如母婴类的红孩子、钻石类的我要钻石网及衬衣类的 PPG 都得到了长足的发展。再加上一大批知名网站和企业也纷纷创立自己的垂直类网上商城，如太平洋电脑网（Pconline）旗下的 IT 产品网上交易平台"IT 商城"。垂直类中间商模式的高速发展，引起了业界的广泛关注。

1. 京东商城简介

京东商城是以 3C 产品［计算机（Computer）、通信（Communication）和消费电子产品（ConsumerElectronic）三类电子产品］为主的 B2C 电子商务公司。该公司由现任 CEO 刘强东于 1998 年创立于北京中关村。2004 年京东商城涉足电子商务领域以来，专注于该领域的长足发展，凭借在 3C 领域的深厚积淀，秉承"先人后企"的发展理念，奉行"合作、诚信、交友"的经营理念，先后组建了上海及广州全资子公司，富有战略远见地将华北、华东和华南三点连成一线，使全国大部分地区都覆盖在 360buy 京东商城的物流配送网络之下；同时不断加强和充实公司的技术实力，改进并完善售后服务、物流配送及市场推广等各方面的软、硬件设施和服务条件。京东商城作为国内最大的 3C 网购平台，其点击率、销售量及国内影响力也是首屈一指的。2008 年公司的销售额突破 10 亿元，商品出售总数在 60 万件左右，公司 CEO 刘强东预计 2009 年京东商城会维持过去 2～4 倍的发展速度。2009 年 1 月 12 日京东商城又获得来自今日资本、雄牛资本，以及亚洲著名投资银行家梁伯韬的私人公司共计 2100 万美元的联合注资，京东商城将得到长足的发展。

2. 垂直类中间商模式的优势

（1）信誉保证。

B2C 垂直类电子商务网站一般直接与厂商订货，省去了中间渠道，又专注于某一类产品，出货时严格把关，避免了出现假货的情况；其次一般垂直类电子商务网站支持第三方支付工具，如京东支持支付宝等网上支付工具；另外，京东商城现已在部分城市开通货到付款业务，大大降低了消费者的感知风险，提高了交易的可能性。

（2）更专注于某一细分市场。

以京东商城为例，该公司专注于 3C 类产品，比一般 B2C 电子商务网站如当当网、卓越网提供更多的 3C 类产品。据统计京东商城所出售的 3C 类电子产品的种类达 4 万种，而当当、卓越销售的 3C 类电子产品种类加起来还不足京东的一半。

（3）价格优势。

垂直类电子商务网站出售的产品的价格比综合类电子商务网站更具优势。由于垂直类中间模式的电子商务网站直接有生产厂商订货，省去了中间商渠道，其次该类网站一次性进货量比较大，容易获得生产厂商的优惠，另外该类型的电子商务网站的产品集中于某一类产品，更容易管理，便于建立集中的仓储系统，降低成本。例如，2007 年进入衬衫品牌直销领域的当当网 CEO 李国庆算过一笔账：没有门店房租可以省去销售额的 10%，没有批发环节可以省去销售额的 20%，没有中间商可以省去销售额的 20%，"可见，电子商务原则上可为传统销售公司省出 50% 费用支出"；节省下来的 50% 费用体现在商品价格上，毫无疑问比传统零售企业的商品更具竞争力。另外京东商城实行了价格举报机制，如果用户发现有比京东更低的价格，京东商城会在核实后修改该商品的价格。

（4）有助于提高网站的知名度。

京东商城的主营商品是 3C 类产品，并且以中国最大的 3C 类产品销售商自居，既避免了与当当、卓越正面竞争，又诚实的面对广大消费者。

（5）服务专业。

垂直类 B2C 电子商务网站，由于其销售的产品比较单一，其营销团队的人才及经验较其他商业模式的电子商务网站更有优势。

3. 垂直类中间商模式的劣势

（1）资金门槛过高。

创立于 1998 年的京东公司并没有网上业务，在 2004 年转型之后才涉足电子商务领域，2005 年 11 月其单日的订单处理量突破 500 万。京东真正发展起来的契机是 2007 年获得今日资本 1000 万美元的融资，公司利用这笔费用加大了产品的宣传，京东商城才为消费者所熟知。由于受到采购、仓储、物流、销售等方面的影响，2009 年京东商城进行了第二轮融资，融资金额达到 2100 万美元。

（2）产品成熟度较高。

目前成功的电子商务网站在产品选择上有一个共同的特点就是产品标准、购买标准非常清晰简单，没有复杂的定制环节，产品成熟度越高，验收越容易。京东选择 3C 产品。当当网、卓越网选择书籍。PPG、凡客诚品选择男士衬衫。

（3）产品种类过于狭窄。

据易观国际统计 2008 年第四季度中国 B2C 网上零售市场商品品类份额中，3C 类电子商品零售市场销售额达 10.11 亿元，占 35.87%，环比增长 19%。日用百货以 33.75% 的市场份额位列第二，环比增长高达 40%。出版物以 16.53% 位列第三。

由此可见，3C 类电子商品的市场份额大约只占到整个 B2C 电子商务市场的 1/3，而且其环比增长低于中国 B2C 总体市场规模的 26%，从 3C 类电子商品和日用百货的环比增长来看，3C 类电子商品的发展潜力也远不如占同样市场份额的日用百货。要想在未来的 B2C 电子商务市场上立足，单一的商品结构和市场很难把自己做强做大。

（4）利润较低。

以京东为例，该企业的主营产品是 3C 类电子产品，而该类产品的销售价格受市场影响比较大，按照摩尔定律来讲就是"用一个美元所能买到的电脑性能，每隔 18 个月翻两番"，如果产品不能及时卖出去，公司将面临巨大的亏损。

4. 垂直类中间商模式小结

2003 年，经历了"非典"的京东商城，毅然抛弃线下销售模式，进入电子商务领域。短短 4 年时间从一个销售额仅 1000 万元的小企业，以每年 300% 的速度迅猛发展成一个年销售额达 10 亿元的销售巨头。京东商城能取得今日的成就，与它独特的商业模式相关联。它抓住 3C 类电子产品的特点，制定相应的营销策略，迅速占领市场，使它成为一个能与"国美"相媲美的大型企业。但"成也萧何，败也萧何"，其独特的商业模式也限制了企业的进一步发展。2008 年初，京东商城开始试销日用百货类商品，2009 年初京东商城通过第二轮融资，全面进入日用百货领域，其商品总类也由年前的 4 万种，变成现在的 60 万种。往日以"因为专注，所以专业"为宗旨的垂直类 B2C 网站将自己的战线越拉越长。原本的专卖店变成了百货大楼，市场能认可吗？垂直类 B2C 将逐渐消失吗？这一切恐怕只有时间能够给出正确答案。

3.2.4 第三方交易平台模式分析

3.2.4.1 第三方交易平台模式

第三方是指两个相互联系的主体之外的某个客体。第三方交易平台属于第三方服务中介机构完成第三方担保支付的功能。它主要是面向开展电子商务业务的企业提供电子商务基础支撑与应用支撑服务，不直接从事具体的电子商务活动。它的本质就是一个提供了信誉保障的信息中介平台。这种模式的典型代表是天猫商城。

3.2.4.2 天猫商城简介

天猫商城是亚洲最大购物网站淘宝网全新打造的 B2C 购物平台，而淘宝网提供的是 C2C 网上交易平台，主要是个人对个人。天猫商城整合数千家品牌商、生产商，为商家和消费者之间提供一站式解决方案。提供 100% 品质保证的商品，7 天无理由退货的售后服务，以及购物积分返现等优质服务。

天猫商城处在飞速发展阶段，多种新型网络营销模式正在不断被开创。加入品牌商城，将拥有更多接触最前沿电子商务的机会，也为全新的 B2C 事业创造更多的奇迹。

淘宝网和天猫商城的特点：淘宝是 C2C 平台，卖家多是个体户，开店者也多，因此东西丰富多样，价格较低，但质量不能完全保证。天猫商城是 B2C 平台，卖家均为企业，有一定的规模，商品来路可靠，质量保证，但价格通常较贵。

3.2.4.3 天猫商城的 B2C 与其他 B2C 的区别

天猫商城于 2008 年 4 月正式上线。与其他模式的 B2C 相比，天猫商城的 B2C 明显不同。

首先，天猫商城是在 C2C 电子商务网站淘宝网的基础上建立起来的，它是利用淘宝网的高人气和原有的技术平台建立起来的 B2C 电子商务网站。

其次，天猫商城的 B2C 模式，从本质上是第三方的交易平台，平台本身并不参与商品的销售和服务。商品的销售、配送和售后服务均由平台上的卖家负责，从而大大降低了淘宝商场的配送和售后服务的成本。

再次，阿里巴巴推出天猫商城的一个主要原因是为了解决 C2C 平台信用制度的缺陷。C2C 松散的准入制度和自身的缺陷，使得在 C2C 平台上销售的商品只能保证与卖家描述的一致而不能保证商品的质量，从而使 C2C 平台上假货横行。天猫商城制定了严格的准入制度，具体如下：

商家至少需具备以下条件之一：

（1）授权商，获得国际或者国内知名品牌厂商的授权；

（2）拥有自己注册商标的生产型厂商；

（3）专业品类专卖店。

并具备以下三个条件：

（1）有企业营业执照商家（不包括个体户营业执照）；

（2）有注册商标或者品牌或者拥有正规的品牌授权书；

（3）同时商家必须承诺：

1）所有商品一口价销售，保障原厂正品；

2）七天退换货；

3）参加全网积分购物活动；

4）保障商品质量、承诺售后服务；并提供销售发票。

通过严格的准入制度，既提高了商家的信用，也保证了商品的质量。

3.2.4.4 三方交易平台模式的优势

1. 简化交易

天猫商城自主开发的支付工具——支付宝采用了与众多银行合作的方式，从而大大地方便了网上交易的进行，对于商家来说，不用安装各个银行的认证软件，从一定程度上减少了费用和操作步骤。

2. 降低成本

天猫商城作为中介方，可以促成商家和银行的合作。对于商家第三方支付平台可以降低企业运营成本；对于银行，可以直接利用支付宝的服务系统提供服务，帮助银行节省网关开发成本。

3. 提供增值服务

支付宝还能够提供增值服务，帮助商家网站解决实时交易查询和交易系统分析，提供方便及时的退款和支付服务。

4. 防止交易中的纠纷问题

第三方交易平台可以对交易双方的交易进行详细的记录，从而防止交易双方对交易行为可能的抵赖，以及为在后续环节中可能出现的纠纷问题提供相应的证据。

5. 第三方交易克服交易方的虚拟性

网上交易时，买方和卖方都未必使用真实的身份进行注册，因此我们知道的信息很可能是虚假的，在这样的情况下进行电子商务活动是非常不可靠的。例如，消费者在购物网站上购买商品，并且进行付款，可是等了很久就是没有受到货物。后来发现是犯罪分子在该购物网站上用虚假的信息注册店铺，引诱消费者上当受骗，进而实施犯罪行为。第三方支付能够很好地阻止这类行为。

3.2.4.5 三方交易平台的劣势

第三方交易平台的这种模式是一种全新的 B2C 模式，其还需要实践进一步的检验，其同时也存在着一些明显的缺点：

1. 目标市场的重叠和竞争

B2C 和 C2C 共享一个平台，不可避免的存在着目标市场的重叠和竞争。C2C 平台上的高信誉度卖家是 B2C 最大的竞争对手，其前期积累的高信誉度，降低了消费者的感知风险。而 B2C 卖家还需要向淘宝交纳一定的费用，从而提高了成本，其商品的销售价格不可避免的要高于同一平台的 C2C 卖家。而对于价格十分敏感的在线消费者，这是 B2C 的致命的缺点之一。

2. 竞争对手众多

淘宝的 B2C 商城中每个品牌的商品最多有三个卖家，而他们面对的竞争对手是整个 C2C 平台，其商品的种类和数量明显少于 C2C 平台。

3. 难以实现互动

淘宝的 B2C 商城中的卖家，多是一些商品的生产商或实体经销商，其销售商品时很难有精力实现对每一个客户的互动。而在线销售的商品除了一些标准化程度很高的商品，还有很多非标准化的商品。例如，服装、食品等。而这些非标准化的商品需要买卖双方的互动来降低消费者的感知风险，从而提高交易的可能性，而这些 B2C 是目前是难以提供的。

第三节　C2C 模式的电子商务平台

3.3.1　C2C 模式概述

C2C 这种模式的产生以 1998 年易趣成立为标志，采用 C2C 模式的主要有易趣、淘宝、拍拍等网站。C2C 电子商务模式是一种个人对个人的网上交易行为，C2C 电子商务企业采用的运作模式是通过为买卖双方搭建拍卖平台，按比例收取交易费用，或者提供电子商务平台给个人在上面开店铺，以会员制的方式收费。产业链如图 3-1 所示。

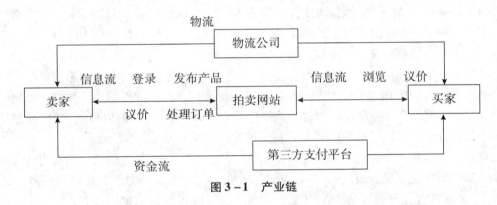

图 3-1　产业链

"电子"是电子商务中的硬件部分，是电子商务得以开展的基本框架，而"商务"则是软件，是电子商务得以开展的灵魂。

在"商务"过程中包括三种基本流，即信息流、物流和资金流，它们分别由三种基础设施——信息基础设施、配送基础设施和支付基础设施支持。三种基础设施达到无缝对接，才能提供全面的电子商务服务。信息是营销中的一个非常重要的环节，是沟通卖家和买家的一个重要的桥梁，信息流包括商品信息的提供、促销行销、技术支持、售后服务，报价，付款通知等内容，是双向的。物流活动是物品在卖方和买方之间的实体流动，是实现网络营销的保证。没有现代化的物流技术，无论网络营销采用多么便捷的形式，商品的生产和交换都难以顺利进行。资金是社会活动的基础，也是电子商务的基础，网上交易可以分为交易环节和支付结算环节两个部分，其中支付结算环节是由包括支付网关、银行和发卡行在内的金融专业网络完成的，因此，离开了银行，便无法完成网上交易的支付，从而也谈不上真正的电子商务。

3.3.2　C2C 电子商务平台三层体系结构及实现技术

电子平台的表示层：主要提供统一的图形用户界面。完成两个任务：一是从业务逻辑层获取数据并显示给用户；二是实现与用户的交互，将有关数据送给业务逻辑层进行处理。利用 Masterpage 技术建立具有统一布局和风格的页面，带给用户以一致性的感受；使用主题和皮肤功能配置同类型的服务器控件的外观样式且方便的应用于各个场合，使得页面更加和谐美观；利用脚本技术实现页面特效，如背景切换、图片切换、页面选项卡等，增强用户体验。利用 PHP + MySQL 技术 MVC 架构开发 Web 电子商务网站。

电子平台的业务逻辑层：业务逻辑组件以面向对象的方式将业务实体对象组织起来，以实现自定义的业务规则和业务逻辑，完成应用程序运行所需要的处理。业务实体组件主要用于将关系型数据库中的数据以对象的形式表现出来，既实现数据映射，也可用于实现数据封装，即将从表示层获取的数据封装为数据对象交由业务逻辑组件进行处理。

业务逻辑层实现过程如下：

（1）根据核心的业务信息确定应使用哪个业务实体类来实现数据的封装与映射。

（2）确定使用哪个业务逻辑组件类来组织业务实体对象，实现自定义的业务逻辑。

（3）在业务逻辑组件类中为该核心的业务信息编写业务逻辑和业务规则的实现代码。

数据访问层：定义数据访问组件，该组件用于连接和访问数据库，其核心是执行自定义 SQL 语句以实现对于数据记录的操作。数据访问组件将业务逻辑层与特定数据存储解决方案的细节隔离开来。通常数据访问组件访问单个数据库，封装数据库中的单个表或者一组相关表上的与数据相关的操作。

业务逻辑层将纯粹的数据库访问操作命令下达到了数据访问层，数据访问组件要做的便是执行自定义的 SQL 语句或存储过程实现对数据库记录操作，然后将操作结果返回给业务逻辑层。存储过程一般用于较为复杂的查询操作，减少执行所需的网络传输宽带和执行时间，加之存储过程已经对 SQL 语句进行了预编译，可大大提高执行效率。

网站主要包括以下几个数据库：用户信息表（register）、登记拍卖物品信息表（auction）、简单留言功能信息表（auction note）、出价信息表（do-Bid）、关注物品信息表（favorite）、购买物品信息表（fix-buy）、公告栏信息表（message）数据库表等。

电子商务平台模型如图 3－2 所示。

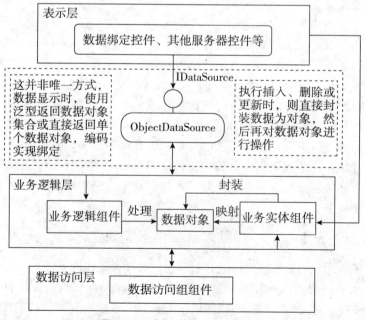

图 3 – 2　电子商务平台模型图

3.3.3 C2C 电子商务网站的基本框架和功能

网站框架决定了网站页面上交互元素的位置，框架层被用于优化设计布局，以达到页面上交互元素之间最大的工作效率，引导用户一步步完成操作。其主要包括：信息结构布局、导航结构布局、界面层级结构。页面设计需要考虑可交互元素之间的位置布局，导航则需要考虑网站中引导用户移动的元素安排，而信息设计则考虑传达给用户的信息要素的排布。具体的设计包括按钮、表格、照片和文本区域等模块之间的位置关系，布局位置等都属于框架层范畴。

首先，以淘宝网、拍拍网、eBay 为例分析 C2C 电子商务网站架构。

淘宝网能够为卖家建立网上的个人店铺、发布商品信息、帮助买家快速查找所需商品（即搜索功能）、使用"淘宝旺旺"软件实现买卖双方在线聊天、使用"支付宝"软件实现网上电子支付。淘宝网目前已经成为我国国内最受欢迎的 C2C 的电子商务交易平台。淘宝网的购物流程和开店流程如图 3-3 和图 3-4 所示。

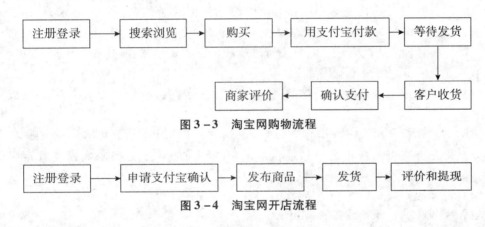

图 3-3 淘宝网购物流程

图 3-4 淘宝网开店流程

拍拍网是腾讯公司于 2005 年推出的新业务。它除具有一般的 C2C 网站功能外，其支持交易的软件"财富通"是最大亮点。"财富通"已经和国内 8 家银行合作，实现了即时网上支付。

eBay 是全球最大的在线商品交易网站，易趣网是中国国内第一个成功的大型 C2C 网站，2003 年被 eBay 收购，成为 C2C 市场的领军网站。

通过上述对 C2C 主流电子商务网站的综合分析，其功能模块主要分为前台模块和后台模块。如图 3-5 所示。

前台模块：包括会员注册、拍卖物品登记、商品浏览、物品查找、关注物品、投诉、价格参考、购买物品、顾客留言，会员注册后可以登记拍卖物品，会员通过商品浏览和查找可以对拍卖进行竞标；也可以关注物品，投诉不合法的物品；还可以在参考历史成交物品记录后再进行相应操作；顾客可以在自己的会员管理模块里修改自己的个人资料、查看物品竞标过程、重新提交未成交的物品等。

后台模块：包括类别管理、拍卖物品管理、用户管理、公告栏管理。管理人员可以删除、增加、修改类别，对拍卖物品进行推荐、删除管理，还可以查看、修改、删除用户资料，通过公告栏管理可以实时在首页发布信息等功能。

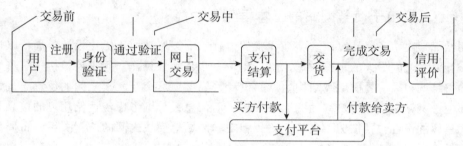

图 3-5　电子商务交易流程

具体功能包括：①个人信息管理，修改密码，设置密码保护、安全邮箱，设置收货地址。②发布商品，针对需求发布商品，管理个人商品。③发布需求，管理个人需求。④查看商品分类，分类浏览商品，收藏商品，定购商品（商品放入购物车）。⑤生成订单，管理订单，进行交易评价，查看个人评价。⑥开设店铺，管理店铺，管理留言。⑦浏览店铺，收藏店铺，进行店铺留言。⑧搜索商品、店铺、会员、需求，收藏搜索。⑨帮助中心，提供咨询、建议、管理员登录、管理员管理、用户管理。⑩商品管理、需求管理、订单管理、店铺管理。⑪分类管理、积分配置、公告管理。

第三方支付模式的交流流程如下：

（1）客户在电子商务网站上选购商品，最后决定购买，买卖双方在网上达成交易意向。

（2）客户选择利用第三方作为交易中介，客户用信用卡将货款划到第三方账户。

（3）第三方支付平台将客户已经付款的信息通知商家，并要求商家在规定时间内发货。

（4）商家收到通知后按照交易意向发货。

（5）客户收到货物并验证后通知第三方。

（6）第三方将其账户上的货款划入商家账户。

第三方支付平台提供一系列的应用接口程序，将多种银行卡支付方式整合到一个界面上，负责交易结算中与银行的对接，使网上购物更加快捷、便利。

3.3.4　淘宝、拍拍、eBay 三大 C2C 网站的对比分析

1. 用户界面

界面简洁易用，功能齐全。eBay 网站设计优美、清爽、简洁，稳重厚实、细节感强，页面上图片与文字搭配均衡，布局匀称，在赏心悦目的同时还保证了较快的页面浏览速度，反映是一个跨国公司网站的面貌，符合小资人士的品位。淘宝鲜亮的橙色则是淘宝独特的品牌视觉标记。橙色是属于年轻人的颜色，体现了其娱乐、时尚的营销定位，代表了年轻时尚、充满乐趣、清新活泼，操作简捷清晰，互动性强。淘宝主页栏目头上的"我要买"、"我的淘宝"、"卖家中心"、"服务中心"、"购物车"、"收藏夹"及"网站导航"等 7 个标签，给网购者带来了极大的方便。拍拍网的首页包括了"功能导航"、"我要买"、"我的拍拍"、"购物车"、"财付通"等，规划合理。二级页面采用不同色彩，比较灵活。

2. 搜索功能

淘宝在搜索框中输入会实时显示相匹配的热门搜索词条及其搜索结果数量，可以帮我们自动完成输入，而在高级搜索中，淘宝网提供了十分详细的搜索辅助选项，除了常规的关键字、类别、卖家会员名、是否促销等，还提供了买卖方式、价格范围、运费、发货及付款方式、卖家所在地、卖家级别等多种丰富的选项，可以让我们根据自己的需要进行组合搜索，找到满足我们不同购物需求的商品。拍拍网首页的搜索框同样支持自动完成功能，可以给我们带来不少方便。在高级搜索中，拍拍网将商品搜索和店铺搜索一分为二，商品搜索的选项与淘宝网相当，而店铺搜索其多提供了主营项目、店主性别的搜索选项。易趣可以在中国、美国、加拿大、澳大利亚等不同的国家进行搜索。

3. 个人资料管理功能

淘宝网支持修改除了个人真实姓名外的所有信息，如地址、手机、E-Mail 地址、密码等，不过从安全的角度出发，淘宝网在相关安全资料被修改时可能需要验证预留问题或是注册认证时所用身份证号。收货地址管理方面，淘宝网支持保存 5 个有效地址，对于已添加的地址可随时进行修改和删除，收货地址管理非常方便。拍拍与淘宝相似，不过更改时的验证环节没有淘宝那么多。在收货地址方面，拍拍支持预设 10 个收货地址，对已添加的地址同样可以方便地管理。eBay 个人资料管理更为简单，需要填写的项目很少。

4. 支付方式

淘宝通过支付宝提供了三种付款方式，分别为网上银行、支付宝卡通和网点充值。网上银行和支付宝卡通都是通过银行账户进行，但是有些不同：支付宝卡通服务是支付宝联合多家银行，共同推出的一项网上支付服务，它将支付宝账户和银行卡连通，不一定要银行账户开通网上银行即可进行。拍拍通过财付通提供了银行卡充值、网吧充值和上门收款充值三种方式。其中银行卡充值即网上银行充值，共计支持 20 余家网上银行。eBay 使用安付通进行付款。

5. 信用评价体系

淘宝作为一个完全本土化的网站，在社会信用体系不完备的情况下，也是通过买家和卖家的互评记录其信用，但不能避免自卖自买自评的现象，而且交易的成功与否完全由交易双方说了算，所以也避免不了互相交换好评的不规范操作，所以在信用度上不如eBay。总的来看，这几家网站的信用评价体系都较为成熟，基本能够客观地体现卖家的信用状态（利用特殊手段恶意刷信用的卖家除外）。三家网站的评价系统非常相似，分三种：好评为正、中评为零、差评为负；对于未经过网站支付平台的交易不计分；根据分数对卖家进行星、钻的等级划分；评价的同时可以附上评价的具体内容，以便给他人更多参考。

6. 安全功能

从密码安全、资金安全及购物防受骗等角度出发，这些网站支持的安全功能主要有：安全登录控件、密码保护、交易过程中的安全提醒、第三方支付工具、数字证书，淘宝和拍拍及它们对应的支付工具在安全方面做了不少工作，可以为我们的购物安全带来较好的保障。

此外还包括三大网站购物流程的对比、开店费用、沟通工具的不同、盈利模式等。

第四节 业务流程

电子商务流程是指从消费者在其客户端上网寻找产品或服务信息开始，到售后服务于支持为止所经历的全部历程。本节主要针对 B2B、B2C、C2C 这三种模式的业务流程进行分析。

3.4.1 B2B 模式的业务流程

用户可以通过注册不同身份，担任采购商或者供应商的角色。采购商在前台购买商品，订单就会出现在相应的供应商的订单处理中，供应商处理订单后，交给采购商确认，经过二次确认的订单就可以生成销售单。同时，销售单生成后，供应商派物流商把货物送至采购商；采购商可以在适当的情况下结清货款。如图 3 - 6、图 3 - 7 和图 3 - 8 所示。

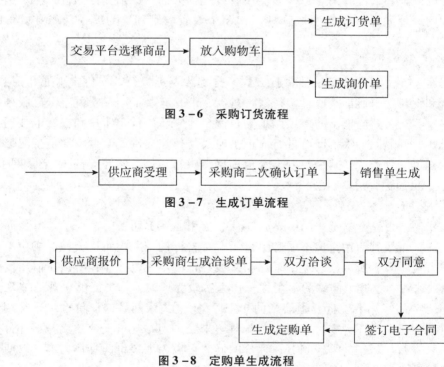

图 3 - 6　采购订货流程

图 3 - 7　生成订单流程

图 3 - 8　定购单生成流程

B2B 模式的电子商务主要的用户有：采购商、供应商、物流商等相关的用户，主要的业务流程包含用户注册，采购商从供应商处购买商品。

1. 采购商

（1）在电子银行申请企业银行账户；

（2）在 B2B 平台中会员注册；

（3）下载采购商数字证书；

（4）登录 B2B，选择商品。

2. 供应商

（1）在电子银行申请企业银行账户；

（2）在 B2B 平台中会员注册；

（3）下载供应商数字证书；

（4）发布新商品。

3. 物流商

（1）在电子银行申请企业银行账户；

（2）在物流网会员注册；

（3）下载物流商数字证书；

（4）仓库管理，增加新仓库；

（5）车辆管理，增加新车辆；

4. 供应商选择物流商

（1）供应商申请物流商；

（2）物流商登录，客户管理，签约。

5. 购买过程

（1）采购商购买，生成询价单；

（2）供应商同意询价；

（3）采购商生成洽谈单，并同意；

（4）供应商同意洽谈单，并生成电子合同；

（5）采购商同意签订合同。

6. 如果不讨价还价，步骤

（1）采购商购买，生成采购单；

（2）供应商受理；

（3）采购商受理；

（4）其他的与下面（5）～（12）步骤相同；

（5）采购商付款（网上支付）；

（6）供应商在"订单管理"中生成发货单；

（7）物流商做"入库处理"；

（8）供应商在"订单管理"中生成配送单；

（9）物流商确认配送单，出库管理，车辆调度，配送处理，送货完成；

（10）供应商支付物流货款；

（11）采购商确认收货；

（12）采购商、供应商、物流商分别查看状态。交易完成。

3.4.2　B2C 模式的业务流程

　　B2C 即企业通过互联网为消费者提供一个新型的购物环境——网上商店，消费者可以在网上购物、在网上支付各类费用。由于这种模式节省了客户和企业的时间和空间，大大提高了交易效率，特别对于工作忙碌的上班族，这种模式可以为其节省宝贵的时间。但是在网上出售的商品特征也非常明显，仅仅局限于一些特殊商品，如图书、音像制品、数码类产品、鲜花、玩具等。这些商品对购买者视、听、触、嗅等感觉体验要求较低，像服装、音响设备、香水需要消费者特定感官体验的商品不适宜在网上销售，当然，也不排除少数消费者就认定某一品牌某一型号而不需要现场体验就决定购买，但这样的消费者很少，尤其在我国产品质量管理体系并不完善，人们更愿意相信自己的体验感觉来决定是否购买。所以，到目前为止，B2C 市场上成功的企业，如当当、卓越都是卖一些特殊商品的。

B2C 的具体流程：

（1）商场注册 edi，银行—商场选择生产者—生产者选择物流公司；

（2）商场生成订单—生产者接收订单—生产者给物流公司发送送货通知单—物流公司给生产者发提货通知—物流给生产者发提货通知—商场接货—办理提货手续—生成到货通知—商场给生产者发到货通知—生产者给商场发付款通知—商场到银行转账—生产者；

（3）各角色进行入库、出库、生成财务账工作。

在流程进行时，EDI 中心会生成相应的 EDI 报文如下：

（1）网上商城发送订货单给生产企业；

（2）生产企业发送应答的订货单给网上商城；

（3）物流公司将送货通知单给网上商城；

（4）网上商城确认送货通知单给物流公司；

（5）物流公司将到货通知单给网上商城；

（6）网上商城确认到货通知单。

B2C 是电子商务按交易对象分类中的一种，即表示商业机构对消费者的电子商务。这种形式的电子商务一般以网络零售业为主，主要借助于互联网开展在线销售活动。例如，经营各种书籍、鲜花、计算机、通信用品等商品。B2C 主要流程：

（1）注册每个角色的信息（商店、物流公司、银行）：然后到银行进行注册、申请银行账号。

（2）进入自己的银行—申请（客户或商店、物流公司）——注册（注册时的名称一定要与注册时的一致，证件代码也是注册后生成的代码）。

（3）有了账号之后要去银行存钱（系统可以自己设存款金额）。

（4）进入商店后台进行采购—选择系统供应商—选中商品，更新修改信息—支付。

（5）进入商店后台进行库存管理—商品入库—商品信息管理—资金管理—库存查询。

（6）进入前台的网上商城采购（必须是自己的商城）—定购—填写订单信息—选择付款银行—支付方式（储值卡或信用卡）—物流配送方式（快递转运或邮政投递）—支付（省略了物流环节，所以送货与物流公司的转账业务不作表述）进入商店后台—检查库存—库存管理（销售、出库）。

3.4.3 C2C 模式的业务流程

C2C 电子商务是在消费者与消费者之间进行的商务模式，它通过互联网为消费者提供进行相互交易的环境——网上拍卖、在线竞价。具体流程如下。

1. 注册会员

买家和卖家在竞拍商品前，需要先注册成为 C2C 网站的会员。注册会员时，需要提供真实身份认证。

（1）点击"免费注册"，进入用户填写页面；

（2）按要求填写完毕后，点击"看过并同意服务条款，下一步"，申请完毕。

2. 搜索商品

您可以搜索到您所需要的商品，主要有分类、关键字（商品名称）两种搜索方式。

分类：选择您要搜索的类型，点击"搜索"便完成。

关键字：填入您所要搜索的商品名称，点击"搜索"便完成。

3. 卖东西

只要注册成为了 C2C 的会员，卖家在此可以发布自己的商品，并且可以收到买家反馈来的信息，并给予回复。

登录商品的过程如下：

（1）注册并通过实名认证，登录 C2C 网站，选择商品分类。

（2）填写商品信息，包括商品名称，描述，数量，所在地，新旧程度，设定价格（起始价、底价），选择商品在线时间。确认您的交易联系方式；上传商品图片并填写附加支付、运货及售后信息。

4. 买东西

消费者可以在此采购自己喜欢的商品，在此过程中可以与其他消费者竞买商品也可以与供应者进行交易交流。

（1）寻找商品。

寻找商品有两种方式：

搜索：在任何页面的搜索框里，输入要查询的若干与商品有关的关键字，即能得到所有相关商品的列表。

商品分类：在首页的商品分类结构或者买东西页面的商品分类，一层一层地往下找。

（2）竞标商品。

点击您所要购买的商品的"详细信息"按钮，便进入该商品的买卖页面。

（3）网上成交。

只设起始价。即无底价竞标卖法，起始价就等于底价，有买家竞标即可成交。

起始价＋底价。即有底价竞标卖法，底价设置应大等于起始价，当竞标结束，有买家出价达到底价，即告竞标成功。竞标成功的买家按购买数量、出价高低依次与卖家网上成交，价高者得到所需数量的商品。

5. 新登录商品

新登商品是用户当天在系统上新登录出售的商品列表。

6. 抢手商品

抢手商品是所有竞标次数超过 20 的热门商品列表。

7. 即将结束

即将结束是当天达到竞拍期限的商品列表。

8. 我的得易

此模块可以让您知道 C2C 的所有买卖操作信息。主要包括作为买家的竞标中的商品、已买入的商品；作为卖家的出售中的商品、已售完的商品；用户设置：用户信息修改、注销用户等构成。

竞标中的商品：点击"竞标中的商品"便进入商品信息介绍，从此可以看到商品的现在价格。

已买入的商品：点击"已买入的商品"进入您的购买商品目录中，可以看到商品信息。

出售中的商品：点击"出售中的商品"，进入正在出售的商品，点击商品后，可以看到最新的竞价最高价格。

已结束的商品：点击"已结束的商品"，进入已结束商品目录。

用户信息修改：点击"用户信息修改"，进入用户信息修改页面，修改后，点击"确定"修改完成。

注销用户：点击"注销用户"，进入确定页面，点击"确定"后，用户名被删除，无法再使用该用户进行登录。

9. 用户信誉评比

买家对卖家进行信誉评比，更好的促使双方成功交易。买家在选购商品时可以查看到卖家的信誉评比信息。买家竞标商品成功，登录"我的得易"，查看"已买入商品"明细，点击给卖家评价"就可以对卖家进行信誉评比"。

提示：不论双方交易过多少次，每位用户只能为另一用户进行一次信誉评比。

10. 后台管理

C2C 后台管理主要是为网站管理者提供网站运营的各种管理功能，包括登录日志查询、会员管理、组群设置、拍卖目录设置、拍卖商品管理等。

登录日志：可为管理员提供查看用户登录网站日志的功能，目的是为管理员更好的监控网站运行情况。

会员管理：管理者可以查看会员信息、并对会员进行组群设置分配。

组群设置：即可对会员进行组群分类，以方便管理员对众多的会员进行批量维护。

拍卖目录设置：管理员在这里可以对拍卖网站的商品目录进行添加、删除等维护工作。

拍卖商品管理：在这里可以对拍卖的商品进行注销等维护操作。

本章参考文献

［1］苏静，翟旭君. 传统企业电商之道［M］. 北京：电子工业出版社，2013.

［2］李建忠. 电子商务运营实务［M］. 北京：机械工业出版社，2014.

［3］相成久. 电子商务应用与运营［M］. 北京：中国人民大学出版社，2010.

［4］蔡剑，叶强. 电子商务案例分析［M］. 北京：北京大学出版社，2011.

第四章　信息技术在电子商务中的应用

第一节　常用通信工具在网络营销中的应用

当前网络营销业界一个有目共睹的现象：需求长尾化、营销精准化、管理可控化和用户体验个性化的网络营销特点。也就是说各网站有产品就有市场，往后一切都变得轻松容易，媒介碎片化，产品、品牌同质化严重，信息瞬息万变，消费者对企业的营销活动开始产生疲劳；企业左右消费者越来越难，原来的口碑营销法越来越不灵了。所以更需要企业机构长期持续地做互动\体验营销宣传。视电子口碑的营销功能，随着淘宝、百度、拍拍等的普及化，有网站的机构都需要强有力的网络营销。那么我们在这个互动营销时代都有哪些锋利的兵器呢？下面我们共同分析研究几种常用的工具及其使用方法。

1. 网络营销常用工具

在现阶段的网络营销活动中，常用的网络营销工具包括：企业网站、搜索引擎、电子邮件、即时信息、浏览器工具条等客户端专用软件、电子书、博客等。借助于这些网络营销工具，才可以实现营销信息的发布、传递、与用户之间的交互，以及为实现销售营造有利的环境。

随着互联网技术和应用的不断发展，适用于网络营销的基本工具也随之发生变化，新的工具会不断出现，而现在适用的工具随着时间的推移可能不再有效了，因此网络营销工具具有一定的阶段性。网络广告是网络营销的重要内容之一，但是，网络广告本身并不是网络营销工具，而是一种网络营销方法。网络广告信息需要一定的载体才能将信息传递给用户，这种载体可以是网站、电子邮件、搜索引擎、电子书、客户端软件等网络营销工具。

2. 网络营销的常用方法

在网络营销体系中，网络营销方法起着承上启下的作用。网络营销的职能要求由相应的网络营销方法来实现，网络营销的实践活动是对各种网络营销方法的应用。网络营销方法是对网络营销工具和各种网络资源的合理应用，网络营销工具与网络营销方法是相辅相成的，只有工具而没有运用，网络营销的价值不会自动发挥出来。离开网络营销工具，有些网络营销方法无所依托。如果是按照一个企业是否拥有自己的网站来划分，企业的网络营销又可分为无站点网络营销和基于企业网站的网络营销两类。有些方法在两种情况下都适用，但更多方法需要以建立网站为基础，基于企业网站的网络营销更具优势。

4.1.1　搜索引擎推广方法

搜索引擎推广的方法又可以分为多种不同的形式，常见的有：登录免费分类目录、登录付费分类目录、搜索引擎优化、关键词广告、关键词竞价排名、网页内容定位广告等。

从目前的发展趋势来看，搜索引擎在网络营销中的地位依然重要，并且受到越来越多企业的认可，搜索引擎营销的方式也在不断发展演变，因此应根据环境的变化选择搜索引擎营销的合适方式。

1. 搜索引擎是常用的互联网服务之一

搜索引擎的基本功能是为用户查询信息提供方便，随着互联网上信息量的爆炸式增长，如何寻找有价值的信息显得日益重要，因此搜索引擎便应运而生。由于搜索引擎成为上网用户常用的信息检索工具，这种可以为用户提供发现信息的机会的搜索引擎，也就理所当然地成为网络营销的基本手段之一。利用搜索引擎、分类目录等具有在线检索信息功能的网络工具进行网站推广由于搜索引擎的基本形式可以分为网络蜘蛛型搜索引擎和基于人工分类目录的搜索引擎，因此搜索引擎推广的形式也相应地有基于搜索引擎的方法和基于分类目录的方法，前者包括搜索引擎优化、关键词广告、竞价排名、固定排名、基于内容定位的广告等多种形式，而后者则主要是在分类目录合适的类别中进行网站登录。随着搜索引擎形式的进一步发展变化，也出现了其他一些形式的搜索引擎，不过大都是以这两种形式为基础。

实质上，利用机器自动检索网页信息的搜索引擎才是真正意义上的搜索引擎。现在的大型网站一般都同时具有"搜索引擎"和"分类目录"查询方式。从用户应用的角度来看，无论通过技术性的搜索引擎，还是人工分类目录型的搜索引擎，都能实现自己查询信息的目的，因此习惯上没有必要严格区分这两个概念，而是统称为搜索引擎。只不过为了网络营销的目的，需要针对不同的搜索引擎采用不同的搜索引擎营销策略，才有必要从概念和原理上给予区分。

2. 搜索引擎的网络营销功能

（1）提高网站/网页被收录的机会，网站建设完成并发布到互联网上并不意味着自然可以达到搜索引擎营销的目的，无论网站设计多么精美，如果不能被搜索引擎收录，用户便无法通过搜索引擎发现这些网站中的信息，当然就不能实现网络营销信息传递的目的。因此，让尽可能多的网页被搜索引擎收录是网络营销的基本任务之一。

（2）搜索结果位置靠前，网站/网页被搜索引擎收录仅仅被搜索引擎收录还不够，还需要让企业信息出现在搜索结果中靠前的位置，这就是搜索引擎优化所期望的结果，因为搜索引擎收录的信息通常都很多，当用户输入某个关键词进行检索时会反馈大量的结果，如果企业信息出现的位置靠后，被用户发现的机会就大为降低，营销效果也就无法保证。

（3）信息获得用户关注，通过对搜索引擎检索结果的观察可以发现，并非所有的检索结果都含有丰富的信息，用户通常并不会点击浏览检索结果中的所有信息。因此，需要对搜索结果进行判断，从中筛选一些相关性最强，最能引起用户关注的信息进行点击，进入相应网页之后获得更为完整的信息。

（4）获取信息方便，用户通过点击搜索结果而进入网站/网页，是搜索引擎营销产生效果的基本表现形式，用户的进一步行为决定了搜索引擎营销是否可以最终获得收益。在网站上，用户可能为了解某个产品的详细介绍选择成为注册用户。

4.1.2　电子邮件推广方法

以 E-Mail 为主要的网站推广手段，常用的方法包括电子刊物、会员通信、专业服务商的 E-Mail 广告等。

　　基于用户许可的 E-Mail 营销与滥发邮件不同，许可营销比传统的推广方式或未经许可的 E-Mail 营销具有明显的优势，如可以减少广告对用户的滋扰、增加潜在客户定位的准确度、增强与客户的关系、提高品牌忠诚度等。根据许可 E-Mail 营销所应用的用户电子邮件地址资源的所有形式，可以分为内部列表 E-Mail 营销和外部列表 E-Mail 营销，或简称内部列表和外部列表。内部列表也就是通常所说的邮件列表，是利用网站的注册用户资料开展 E-Mail 营销的方式，常见的形式如新闻邮件、会员通信、电子刊物等。外部列表 E-Mail 营销则是利用专业服务商的用户电子邮件地址来开展 E-Mail 营销，也就是电子邮件广告的形式向服务商的用户发送信息。许可 E-Mail 营销是网络营销方法体系中相对独立的一种，既可以与其他网络营销方法相结合，也可以独立应用。有一点要铭记，开展 E-Mail 营销的前提是拥有潜在用户的 E-Mail 地址，这些地址可以是企业从用户、潜在用户资料中自行收集整理，也可以利用第三方的潜在用户资源。

4.1.3　网络聊天工具推广方法

　　网络聊天是人们在情感生活中倾吐心事的一种全新方式，在这种方式中传播品牌就如同把广告植入到娱乐中一样。由于在网上具有匿名的功能，人们在虚拟的网上，可能会转变现实中的角色，变得更温情或者变得更加强悍、冷漠等。网络聊天不仅有助于通过情感交流的方式中潜移默化地传播品牌，而且是发现和挖掘消费者潜在需求的最好途径。

　　首先让目标群体成为品牌的传播者，就先要关注他们所关心的一切事物。如果你的品牌能够帮助更多的人们分享它的乐趣以及新的事物，那么你的品牌在无形之中也就被人们所接受了。例如，可口可乐与腾讯联合推出的奥运火炬在线传递活动就是一次的非常成功的品牌传播活动，它们两者都从中受益匪浅。

　　品牌传播者需要在不同的工具中游走才能最大限度地传播品牌。我国主要的聊天工具如下：

　　（1）QQ：由深圳腾讯公司开发，目前用户数最多，尤其在青少年、大学生等人群中占有极大的比重。使用时必须申请号码，查找和添加好友时，可以通过对方的 QQ 号码、昵称、电子邮件等方式进行查询。

　　（2）MSN：由美国微软公司开发，在办公一族中拥有大量的用户，在总量上居于第二位。它不要求用户申请号码并记住复杂的号码，用户可以使用自己的电子邮件地址和密码登录。在添加联系人时，需要通过对方的电子邮件地址查找。

　　（3）贸易通：由阿里巴巴公司推出的在线贸易通信工具，主要用于阿里巴巴平台上的商贸沟通，也可单独用于日常对话和交流。

　　（4）雅虎通：由雅虎公司推出的即时聊天工具。它拥有独特的聊天情境、语音聊天室、超级视频等功能，比较侧重于趣味性的即时交流。

4.1.4　信息发布推广方法

　　将有关的网站推广信息发布在其他潜在用户可能访问的网站上，利用用户在这些网站获取信息的机会实现网站推广的目的，适用于这些信息发布的网站包括在线黄页、分类广告、论坛、博客网站、供求信息平台、行业网站等。信息发布是免费网站推广的常用方法之一，尤其在互联网发展早期，网上信息量相对较少时，往往通过信息发布的方式即可取得满意的效果，不过随着网上信息量爆炸式的增长，这种依靠免费信息发布的方式所能发挥的作用日益降低，同时由于更多更加有效的网站推广方法的出现，信息发布在网站推广的常用方法中的重要程度也有明显的下降，因此依靠大量发送免费信息的方式已经没有太大价值，不过一些针对性、专业性的信息仍然可以引起人们极大的关注，尤其当这些信息发布在相关性并且可信度比较高的网站时。

4.1.5　病毒性营销方法

病毒性营销方法即暴力式营销手段，并非真的是以传播病毒的方式开展营销，而是利用用户之间的主动传播，让信息像病毒一样传播和扩散，从而达到推广的目的，病毒性营销方法实质上是在为用户提供有价值的免费服务的同时，附加上一定的推广信息。常用的工具包括免费电子书、免费软件、免费 Flash 作品、免费贺卡、免费邮箱、免费即时聊天工具等可以为用户获取信息、使用网络服务、娱乐等带来方便的工具和内容。如果应用得当，这种病毒性营销手段往往可以以极低的代价取得非常显著的效果。

病毒性营销并没有固定的模式，其基础是提供有价值的免费服务、吸引人的免费信息等，并且这些服务和信息是容易通过互联网用户自动传播的。为了对病毒性营销有更多的了解，网上营销新观察将一些常见的病毒性营销模式进行了简单的归类，从病毒性营销信息载体的性质进行划分，常见的病毒性营销形式主要包括下面 4 类：

（1）通信服务类：提供免费通信工具，形成用户圈，这个圈子自动扩大形成规模，如QQ、免费 E-Mail 等；

（2）优惠服务类：转发在线优惠券、转发商品信息短信等；

（3）实用功能型：免费实用软件、免费在线查询（域名查询、邮政编码查询、手机号码属地查询、IP 属地查询等）、在线评价等；

（4）免费信息类：适合转发和下载的情感故事、幽默故事、贺卡、Flash、视频、电子书、歌曲下载等。

这 4 类常见形式当然并没有包含全部的病毒性营销模式，其实有很多营销策略都融合了病毒性营销的思想，如网络联盟（网络会员制营销）、网上拍卖、网上商店等常见的电子商务营销模式。另外，一些病毒性营销方案也表现为用户邀请模式，如 Google 推出 Gmail时所采用的用户邀请模式也是很有效的病毒性营销方案。

4.1.6　快捷网址推广方法

即合理利用网络实名、通用网址及其他类似的关键词网站快捷访问方式来实现网站推广的方法。快捷网址使用自然语言和网站 URL 建立其对应关系，这对于习惯于使用中文的用户来说，提供了极大的方便，用户只需输入比英文网址要更加容易记忆的快捷网址就可以访问网站，用自己的母语或者其他简单的词汇为网站"更换"一个更好记忆、更容易体现品牌形象的网址。例如，选择企业名称或者商标、主要产品名称等作为中文网址，这样可以大大弥补英文网址不便于宣传的缺陷，因为在网址推广方面有一定的价值。随着企业注册快捷网址数量的增加，这些快捷网址用户数据可也相当于一个搜索引擎，这样，当用户利用某个关键词检索时，即使与某网站注册的中文网址并不一致，也存在被用户发现的机会。

4.1.7 网络广告推广方法

网络广告是常用的网络营销策略之一，在网络品牌、产品促销、网站推广等方面均有明显作用。在所有与品牌推广有关的网络营销手段中，网络广告的作用最为直接。网络广告的常见形式包括：BANNER 广告、关键词广告、分类广告、赞助式广告、E-Mail 广告等。BANNER 广告所依托的媒体是网页、关键词广告属于搜索引擎营销的一种形式，E-Mail 广告则是许可 E-Mail 营销的一种，可见网络广告本身并不能独立存在，需要与各种网络工具相结合才能实现信息传递的功能，因此也可以认为，网络广告存在于各种网络营销工具中，只是具体的表现形式不同。将网络广告用户网站推广，具有可选择网络媒体范围广、形式多样、适用性强、投放及时等优点，适合于网站发布初期及运营期的任何阶段。

4.1.8 资源合作推广方法

通过网站交换链接，用户资源合作等方式，在类似的网站之间利用网站链接策略实现互相推广的目的。

每个网站都拥有自己的资源，这种资源可以表现为一定的访问量、用户信息、有价值的内容和功能、网络广告空间等，利用网站的资源与合作伙伴开展合作，实现资源共享，共同扩大收益的目的。在这些资源合作形式中，交换链接是最简单的一种合作方式，交换链接或称互惠链接，是具有一定互补优势的网站之间的简单合作形式，即分别在自己的网站上放置对方网站的名称并设置对方网站的超级链接，使得用户可以从合作网站中发现自己的网站，达到互相推广的目。交换链接的作用主要表现在几个方面：获得访问量、增加用户浏览时的印象、在搜索引擎排名中增加优势、通过合作网站的推荐增加访问者的可信度等。

第二节 网页设计及美工技术

电子商务美工既包括了传统的电脑美工的工作范畴，又涵盖了近年来大放异彩的网页美工的工作范畴。电子商务美工同样能够从事电脑美工或网页美工的相关工作，如网页设计、平面设计；同时，相对于电脑美工和网页美工，电子商务美工定位更加专业，如产品摄影与图片处理时，将摄影艺术与后期图片处理艺术相结合，掌握拍摄产品的要点，用于网络产品销售。除了电脑美工的应用邻域之外，电子商务美工还可以用在网店装修、网上零售、网络贸易、多媒体应用、虚拟动画制作等领域发挥自己的特有优势。

4.2.1 HTML 概述

HTML，即超文本标记语言，是 Web 的描述语言。设计 HTML 语言的目的是为了能把存放在一台电脑中的文本或图形与另一台电脑中的文本或图形方便地联系在一起，形成有机的整体，人们不用考虑具体信息是在当前电脑上还是在网络的其他电脑上。我们只需使用鼠标在某一文档中点取一个图标，互联网就会马上转到与此图标相关的内容上去，而这些信息可能存放在网络的另一台电脑中。

HTML 文档制作并不是很复杂，而且功能强大，支持不同数据格式的文件的嵌入，应用十分广泛。其主要特点如下：

（1）简单易学。HTML 是 SGML（标准通用标记语言）的简化版，用户可以很容易使用各类标记建立 HTML 文档。

（2）可扩展性。HTML 语言采用子类元素的方式，为系统扩展带来保证。现在 HTML 语言的版本是 4.0 版，语言功能大大加强。

（3）与平台无关。HTML 文档可以不加修改运行在 PC 机和 MAC 等其他类型的机器上。

HTML 只能提供静态的 Web 页面，没有交互，也不能制作复杂的动画，一般只能完成简单的信息发布功能。

传统的 HTML 一般通过编辑工具编辑文档，然后通过 Web 浏览器显示出效果。常用的编辑工具有文本编辑工具，如 Windows 自带的记事本或写字板，编辑后的纯文本文件的扩展名为 . htm 或 . html；另一类编辑工具能够所见即所得，如 FrontPage、Dreamweaver 等。

4.2.2　HTML 语言结构

HTML 文件是标准的 ASCII 文件，看起来它像是加入了许多被称为链接签（tag）的特殊字符串的普遍文本文件。

从结构上讲，HTML 文件由元素（element）组成，组成 HTML 文件的元素有许多种，用于组织文件的内容和指导文件的输出格式。绝大多数元素是"容器"，即它有起始标记和结尾标记。元素的起始标记叫作起始链接签（start tag），元素结束标记叫作结尾链接签（end tag）。

在起始链接签和结尾链接签中间的部分是元素体。每一个元素都有名称和可选择的属性，元素的名称和属性都在起始链接签内标明。例如，体元素（body）。

< body backgroud = " back – ground. gif" >

< h2 > demo </h2 >

This is my first html file. < p >

</body >

下面我们来解释以上的语句：

（1）第一行是体元素的起始链接签，它标明体元素从此开始。因为所有的链接签都具有相同的结构，所以我们将仔细分析这个链接签的各个部分，以便读者对链接签的写法有大概的了解。

"<"起始链接签开始 body 元素名称，由于元素和链接签一一对应，所以元素名也叫链接签名。需要注意的是 < 和 body 之间不能有空格，元素名称不分大小写。

"background"——属性名。一个元素可以有多个属性，属性及其属性值不分大小写。本属性指明用什么方法来填充背景。

" = "——指明属性值。

"background. gif"——属性值，表示用 background. gif 文件来填充背景。

"属性名"，" = "，"属性值"合起来构成一个完整的属性，一个元素可以有多个属性，各个属性用空格分开。

" > "起始链接链结束。

（2）第二行和第三行是 body 元素的元素体，最后一行是 body 元素的结尾链接签。结尾链接签用 </开始，随后是元素名，然后是大于号 >。

从上面的例子中我们可以看出，一个元素的元素体中可以有另外的元素。（上例中第二行的标题元素 <h2> … </h2> 和第三行的分段元素 <p>。实际上，html 文件仅由一个 html 元素组成，即文件以 <html> 开始，以 </html> 结尾，文件其部分都是 html 的元素体。html 元素的元素体由两大部分，即头元素 <head> .. </head> 和体元素 <body> … </body> 和一些注释组成。头元素和体元素的元素体又由其他的元素和文本及注释组成。也就是说，一个 html 文件应具有下面的结构：

<html>　　　　　html 文件开始

<head> 文件头开始

文件头

</head>　　　文件头结束

<body> 文件体开始

文件体

</body> 文件体结束

</html>　　　　html 文件结束

需要说明的是，HTML 是一门发展很快的语言，早期的 HTML 文件并没有如此严格的结构，因而现在流行的浏览器（如 Netscape，Mosaic 等）为保持对早期 HTML 文件的兼容性，也支持不按上述结构编写的 HTML 文件。还需要说明的是，各种浏览器对 HTML 元素及其属性的解释也不完全一样。

一般来讲，html 的元素有下列三种表示方法：

（1）<元素名> 文件或超文本 </元素名>

（2）<元素名　属性名＝"属性值… > 文本成超文本 </元素名>

（3）<元素名>

第三种写法仅用于一些特殊的元素，比如分段元素 P，它仅仅通知 Web 浏览器在此处分段，因而不需要界定作用范围，所以它没有结尾链接签。HTML3.0 标准中，也定义了 </p> 链接签，它用于需要界定作用范围的段落，如增加对齐方式属性的段落。

HTML 文件中，有些元素只能出现在头元素中，绝大多数元素只能出现在体元素中。在头元素中的元素表示的是该 HTML 文件的一般信息，如文件名称，是否可检索等。这些元素书写的次序是无关紧要的，它只表明该 HTML 有还是没有该属性。与此相反，出现在体元素中的元素是次序敏感的，改变元素在 HTML 文件中的次序会改变该 HTML 文件的输出形式。

4.2.3　DHTML 语言结构

DHTML 是在传统的 HTML 语言基础上，采用 CSS（Cascading Style Sheets，即层叠样式表）来设置网页的样式，并运用 JavaScript 或 VBScript 技术提供动态和交互的网页功能。Netscape 4.0 和 IE 4.0 以上的版本支持 DHTML，DHTML 是一种"客户端"技术，其优点在于增强了 Web 页面的功能，在 Web 页面上直接建立动画、游戏和应用软件等，并提供了浏览站点的全新方式，与 Java、Flash 等技术不同的是，用 DHTML 编制的页面不需要插件的支持就能完整的实现。

1. DHTML 的基础层叠样式表 CSS

CSS 是 Cascading Style Sheet 的缩写，即层叠样式表，主要用于设定 DHTML 元素在页面上的显示风格。CSS 格式包括选择器、属性和属性值三部分，其形式如下：

selector {property：value；property：value；...}

（1）select（选择器）：包括 DHTML 选择器（DHTML Selector）、类选择器（Class Selector）和 ID 选择器（ID Selector）三种。

（2）property（属性）：就是那些将要被修改的性质，如 color、font-size……。

（3）value（属性值）：赋给 property 的值，如给 color 赋值 blue。

层叠样式表区分大小写，注意拼写。下面对 CSS 层叠样式表举例说明：

< HTML >

< STYLE >

< ! ——

p {font-family：“宋体”；font-size：12pt；color：red；font-weight：bold}

. bigFont {font-size：200%}

#newColor {background-color：#0033ff；color：yellow}

—— >

</STYLE >

< BODY >

< p > HTML 选择器 < span class = "bigFont"> 类选择器 </span > < span id = "newColor">
ID 选择器 </span > </p >

</BODY >

</HTML >

在这个程序中，< STYLE > </STYLE > 间为嵌入式层叠样式表，定义了三个选择器，分别是 HTML 选择器、类选择器和 ID 选择器。在〈BODY〉和〈/BODY〉间用定义好的层叠样式表显示文本。

2. 定义和使用基本样式

下面的程序段中有两个样式：H1 和 favor，H1 是一个有效的 DHTML 元素，在程序中由〈H1〉〈/H1〉标记的部分将继承样式 H1 的全部属性；favor 则是一个非 DHTML 元素，定义它的时候必须在前面加上一个圆点，引用时要用〈class〉来声明，在程序中由〈favor〉〈/favor〉标记的部分将继承样式 favor 的全部属性。

〈HTML〉

〈HEAD〉〈TITLE〉 test 〈/TITLE〉

〈STYLE TYPE = " text/css"〉

〈 ! ——

H1{font-style：normal；

font-weight：bold；

color：green；

line-height：20pt}   /定义样式 H1/

```
.favor｛font-style：normal；
fontsize：15pt；
background-image：url（back.imag.gif）；
textalign： center｝        ／定义样式favor／
—〉
〈/STYLE〉
〈/HEAD〉
〈H1〉 THIS IS A TEST!〈/H1〉      ／使用样式H1／
〈P CLASS = "favor"〉DO YOU LIKE THIS?〈/P〉      ／使用样式favor／
```

3. 使用外部样式

样式表还可以存放在外部文件中，这个文件与页面的联系可以通过 IMPORT 或 LINK。例如，样式表存放在文件 mysite.css 中，在文档中可以插入下列代码调用外部样式表：

```
〈LINK REL = STYLESHEET
HREF = "mysite.css"
TYPE = "text/css"
Title = "Test Style"〉
```

4. 实现交互功能

CSS 本身没有交互功能，要实现交互，就须将 CSS 定义的对象与文档模型（DOM）结合在一起，将 Web 文档转换为 DHTML 文档。DOM 提供了脚本语言访问页上元素的途径。Microsoft 和 Netscape 支持的对象模型有一些不同。

在 Microsoft 的模型中，脚本语言可以访问 HTML 页面上的所有元素，所有元素都被反映为 document.all 中的对象。下面的程序段用于写出页面中所有的元素：

```
for( I = 0;I〈document.all.length;I ++ 〉
｛
document.write （document.all［I］.tagName + "\ n"）；
｝
```

在 Netscape 的模型中，脚本语言可以访问 HTML 页面上特定集合的元素，如〈layer〉标签中的内容。下面的程序段用于写出页面中所有 layer 的名称：

```
for( I = 0;I〈document.layers.length;I ++ 〉
｛
document.write （document.layers［I］.name + "\ n"）；
｝
```

5. 定位技术的使用

在 HTML 中，任何对象的位置与网页结构的其他部分总是相对的，我们编制网页时经常会由于添加一段文字而把一个图像挤出页面。现在，使用 DHTML 的定位技术可以把对象固定下来，还可以堆叠起来，即在页面的同一位置摆放多个图像，然后不断地指定摆放在最上面的对象来实现动画效果。下面请看一个例子：

```
* myback ｛background-color： transparent｝
* mypoit
```

```
position：absolute；
top：5in；
right：5in；
width：10in〉
BODY｛background-image：url（/image/back. gif）；｝
〈class =. mypoint〉Img（src = "/image/a. gif）
〈DIV CLASS = " pile" ID = " image1" style = " z – index：4" 〉
〈DIV CLASS = " pile" ID = " image2" style = " z – index：3" 〉
〈DIV CLASS = " pine" ID = " image3" style = " z – index：2" 〉
〈DIV CLASS = " pine" ID = " image4" style = " z – index：1" 〉
〈/BODY〉
```

在上面的程序段中，背景设成了让光线透过底图，这样的效果在以前是要通过专门的作图工具才能完成的。在页面上还堆叠放置了 4 幅图，它们所产生的动画效果也是不错的。

第三节　客户关系管理系统的应用

客户关系管理（Customer Relationship Management，CRM）是一种旨在改善企业与客户之间关系，提高客户忠诚度和满意度的新型管理机制。进入 21 世纪之后，计算机与网络技术的飞速发展，使全球进入了崭新的电子商务时代。电子商务的迅速发展给企业的 CRM 带来了无限的发展空间，将 CRM 的功能和价值都提高到了一个新的水平。CRM 应用系统能够提供电子商务的对接口，全面支持和开发电子商务，极大地提高了电子商务的效率。同时，企业也可以在可承受的成本范围内来管理更多的客户资源，实现更高的客户满意度。

4.3.1　客户关系管理理念

1. 客户关系管理的含义

CRM 是指通过管理客户信息资源，提供客户满意的产品和服务，与客户建立起长期、稳定、相互信任、互惠互利的密切关系的动态过程和经营策略，它既是一种新型的管理思想，又是一种新型的管理机制，还是一整套的企业管理软件和技术。

CRM 首先是一种管理理念，其核心思想是将企业的客户（包括最终客户、分销商和合作伙伴）作为最重要的企业资源，通过完善的客户服务和深入的客户分析来满足客户的需要，保证实现客户的终生价值。

CRM 目的在于管理、改变和加强客户的行为。公司能够根据市场需求来引导消费行为。目前全世界一些著名公司在不断推出新的概念、新的产品，并提交市场来引导整个消费。

成功的 CRM 要求公司进行重组，要进行内部改革，并且此内部改革需要集团高层领导的支持。

CRM 的核心思想就是以客户为中心。

CRM 的宗旨就是改善企业与客户之间的关系，使客户时时感觉到企业的存在，企业随时了解到客户的变化。

2. 客户关系管理与客户服务的区别

（1）主动性不同。

传统的客户服务是被动的，客户不提出问题就不发生客户服务。

CRM 是主动的，不但要解决客户提出的种种问题，还要主动与客户联络，了解客户新的需求，介绍企业新的产品，促使客户再度上门。

（2）对待客户的态度不同。

传统的客户服务中，无论是客户打电话，还是给客户打电话，都被认为是麻烦事，增加了企业成本。

CRM 的理念中，不联络、不响应客户是疏离客户的表现。疏离客户代表客户的生命周期的终结，企业将永远失去了客户。

（3）与营销的关系不同。

传统的客户服务与营销是分开的，营销依靠具有说服技巧的业务人员，而客户服务多依赖维修工程师。

CRM 则将营销和客户服务合为一体，将客户服务视为另一种营销途径。把新产品推荐给老客户或依照老客户的特定需求创造新产品。

3. 电子商务环境下的客户关系管理

客户关系管理是指企业借助网络环境下信息获取和交流的便利，并充分利用数据仓库和数据挖掘等先进的智能化信息处理技术，把大量的客户资料加工成信息和知识，用来辅助企业经营决策，以提高客户满意度和企业竞争力的一种过程或系统解决方案

4. 客户关系管理的实施

正确的实施顺序是 CRM 成功的基础从理解客户开始，在客户需求的基础上阐明客户策略招募需要的员工，培训、激励和保持员工以符合公司的总体策略以客户为中心的方法设计合理并实用的流程选择合适的软件或工具进行技术支持以确保能够实现以上需求

4.3.2　客户关系管理的内容

4.3.2.1　客户关系管理的核心

客户关系管理实质上是一种"关系营销"。与以往只注重吸引新顾客、达成一次性交易的"交易营销"相比，"关系营销"更注重保留客户，建立长期稳定的关系，"关系营销"的目的在于与客户结成长期、相互依存的关系。两者的比较如表 4 – 1 所示。

表 4 – 1　关系营销与交易营销对比表

关系营销	交易营销
专注重视顾客	注重一次性交易
高度重视顾客利益	以产品功能为核心
着眼于长期关系	着眼于当前销售
强调客户服务	不太重视客户服务
很多的顾客承诺	有限的客户承诺
所有部门都关心产品和服务质量	质量首先被看作生产问题

对于企业来说，寻找新客户固然重要，但忽视维持现有客户关系是绝对错误的，因为吸引新顾客的成本是保持老顾客成本的 5 倍以上。客户流失率是客户关系管理过程中严格控制的指标。

4.3.2.2 客户关系类型及其选择

营销大师科特勒把企业与客户之间的关系归结 5 种类型客户关系管理，企业可选择适合自己与特定客户之间的关系类型，如下所示：

基本型：这种关系是指企业销售人员把产品销售出去后不再与客户接触。

被动型：企业的销售人员在销售产品的同时，还鼓励客户在购买产品后，如果遇到问题或有意见时，及时向企业反馈。

能动型：销售完成后，企业不断联系客户，提供有关改进产品的建议和新产品的信息。

伙伴型：企业不断地协同客户，努力帮助客户解决问题，支持客户的成功，实现共同发展。

负责型：产品销售完成后，企业及时联系客户，询问产品是否符合客户的需求，有何缺陷或不足，有何意见或建议，以帮助企业不断改进产品，使之更加符合客户需求。

这 5 种客户关系类型之间并不具有简单的优劣对比程度或顺序，因为企业所采用的客户关系类型既然取决于它的产品以及客户特征，那么不同企业甚至同一企业可根据其客户的数量和边际利润水平，选择合适的客户关系。如图 4-1 所示。

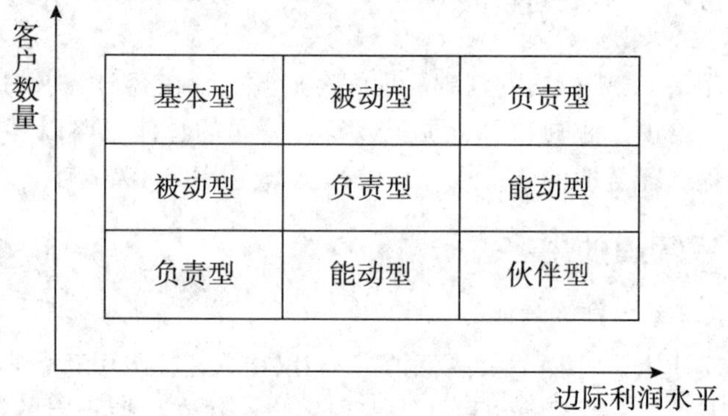

客户数量	基本型	被动型	负责型
	被动型	负责型	能动型
	负责型	能动型	伙伴型

边际利润水平

图 4-1　客户关系

4.3.2.3 客户细分

1. 客户细分的概念

客户细分又称市场细分，是指把某一产品的市场整体划分为若干个消费者群，以提供有针对性的产品服务和营销模式的市场分类过程。

属于同一个细分市场的客户彼此相似，而隶属于不同细分市场的客户具有差异性。

2. 客户细分的目的

（1）帮助企业深刻地认识市场和寻找市场机会；

（2）帮助企业确定目标市场，有针对性地开展营销活动；

（3）帮助企业集中有限资源于最有价值的客户群；

（4）帮助企业对未来盈利进行量化分析。

VIP 客户：对企业最有价值的客户，占企业客户总量 1%，对企业贡献的价值最大，位于金字塔最顶层，是企业最关注的客户群体。

主要客户：占 4%，是企业需要重点关注的客户群体，并努力促使其向 VIP 客户升级。

普通客户：占 15%，是企业值得关注的客户群体，通过企业努力，普通客户的一部分会升级成主要客户。

小客户：占 80%，位于最底层，能为企业盈利不多，甚至使企业不盈或亏损。企业对其采用一般管理，对有潜力客户积极培养，对缺乏潜力客户需要放弃。

客户满意度是客户通过一个产品或服务的可感知的效果，与他的期望值相比较后形成的愉悦或失望的感觉状态。

营销界有一个著名的等式：

$$100 - 1 = 0$$

即使有 100 个顾客对一个企业满意，但只要有一个顾客对其持否定态度，企业的美誉就立即化为乌有。

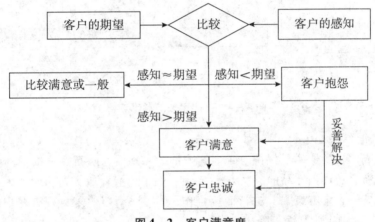

图 4 – 2　客户满意度

1）如果感知结果与期望相称，即 c 等于 1 或接近 1 时，一般会出现两种状态：一种是客户因实际情况与心理期望值基本相符而表示"比较满意"；另一种是客户会因对整个购买决策过程没有留下特别印象而表示"一般"。所以处于这种感受状态的客户很有可能重复同样的购买经历，也有可能选择该企业的竞争对手的产品或服务。

2）如果感知结果超过期望，即 c 大于 1 时，这意味着客户获得了超过期望的满足感受，客户会十分满意或愉悦。其满意程度可以从事后感知与事前期望之间的差异函数来测量。显然，感知超过期望越多，客户的满意程度就越高，而当感知远远超过期望时，满意就演变成忠诚。

3）当感知低于期望时，即 c 小于 1 时，则客户会感到失望和不满意，甚至会产生抱怨或投诉，但如果对客户的抱怨采取积极措施妥善解决，就有可能使客户的不满意转化为满意，甚至令其成为忠诚的客户。

4.3.2.4　客户忠诚度

顾客忠诚对于企业生存和发展的经济意义是非常重要的。获得新顾客需要付出成本，特别在供过于求的市场态势下，这种成本将会越来越昂贵，但新顾客对于企业的贡献却是非常微薄的。更重要的是，忠诚的顾客会成为"传道者"，努力向其他人推荐企业的服务，并愿意为其所接受的服务支付较高的价格。因此，忠诚顾客是企业竞争力重要的决定因素，更是企业长期利润最重要的源泉。

客户的忠诚可理解为客户长期锁定你的公司，使用你的产品，并且在下一次购买类似产品时还会选择你的公司。

真正了解和赢得客户忠诚度的唯一途径是了解自己客户的需求和行为。而实现这一点的唯一途径是运用高度发达的信息技术对客户需求和行为进行分析和预测。

客户忠诚是指客户对某一特定产品或服务产生了好感，形成了偏好，进而重复购买的一种趋势。客户流失的形成过程如图 4 - 3 所示。

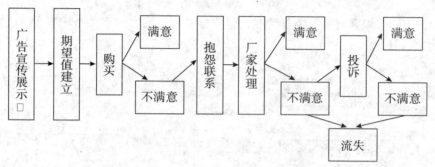

图 4 - 3　客户流失的形成过程

1. 客户保持的意义

发展一位新客户的成本是保持一个老客户的 5 ~ 10 倍；向新客户推销产品的成功率是15%，而向现有客户推销产品的成功率是 50%；如果企业对服务过失给予及时关注，70%对服务不满的客户还会继续与其进行商业合作；60% 的新客户来自现有客户的推荐；客户忠诚度下降 5%，则企业利润下降 25% ……

2. 客户保持模型

客户保持模型描述了客户保持的决定因素（客户满意、客户认知价值、转移成本）与客户保持绩效的度量维度（重复购买意图）之间的因果关系和影响方向。如图4 - 4 所示。

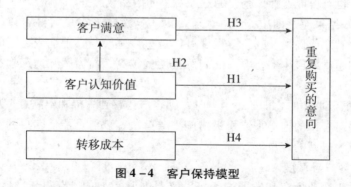

图 4 - 4　客户保持模型

3. 客户满意

客户满意是客户通过一个产品或服务的可感知的效果，与他的期望值相比较后形成的愉悦或失望的感觉状态。

影响关系：客户满意是导致购买或重复购买的最重要的因素；客户满意度对重复购买意愿有正向影响。

4. 客户认知价值

（1）客户认知价值是客户对供应商提供的相对价值的主观评价。不仅要将收益与为之付出的成本相比较，而且要将当前供应商的价值与最好的可替代供应商的价值相比较。

（2）影响关系：客户认知价值与重复购买意向正相关。并通过两种途径产生影响：

1）直接影响。

2）通过客户满意间接影响，客户认知价值与客户满意呈正相关。

（3）转移成本。是客户对结束与现供应商的关系和建立新的替代关系所产生的影响关系；转移成本与重复购买呈正相关。其涉及的相关成本包括两部分：

1）过去投入的、在转移时将损失的关系投资；

2）建立一个新的替代关系涉及的潜在的调整成本。

影响关系：转移成本与重复购买意图呈正相关。

（4）客户保持模型的4个假设：

H1：客户认知价值越高，重复购买意愿越强；

H2：客户认知价值越高，客户满意度越高；

H3：客户对企业越满意，重复购买意愿越强；

H4：转移成本越高，重复购买意愿越强。

4.3.3　数据仓库与数据挖掘技术——客户关系管理的手段

1. 数据仓库

随着信息技术在企业中广泛应用，企业已经发现数据所隐含的巨大价值，所面对的问题不是简单的处理数据，而是如何挖掘和利用原有数据中的信息和知识，以便支持决策和管理分析。

2. 数据仓库（Warehouse）技术

数据仓库是 CRM 的基础。它不同于传统的数据库系统侧重企业的日常事务处理。它是一个作为决策支持系统和联机分析应用数据源的结构化数据环境，从数据库中获取信息，目的是进行数据挖掘。

3. 数据挖掘的定义

我们先来看一个数据挖掘的故事。

"尿布与啤酒"的故事是关于数据挖掘最经典和流传最广的故事。数据仓库中信息数据量非常大，欲从中找出与客户相关的有价值的信息，并找出信息间的关联，则需使用数据挖掘技术从海量数据中抽取出潜在的、有价值的知识、模型或规则，这些信息可能有潜在的价值，可支持决策，并能为企业带来利益或为科学研究寻找突破口。

数据挖掘是一种决策过程，从大量数据库中发现并提取隐藏在其中的合理有效的信息。帮助企业管理人员寻找规律，发现被忽略的要素，预测趋势，进行决策。

4. 数据挖掘主要功能

（1）分类。

按照分析对象的属性、特征，建立不同的组类来描述事物。例如：银行部门根据以前的数据将客户分成了不同的类别，现在就可以根据这些来区分新申请贷款的客户，以采取相应的贷款方案。

（2）聚类。

聚类如同通常所说的物以类聚，是通过分析数据库中的记录数据，根据一定的分类规则，合理地划分记录集合，确定每个记录所在类别。

（3）关联分析。

数据关联是数据库中存在的一类重要的可被发现的知识。若两个或多个变量的取值之间存在某种规律性，称为关联。关联是某种事物发生变化时其他事物也会受到影响的这样一种联系。例如：每天购买啤酒的人也有可能购买香烟，比重有多大，可以通过关联的支持度和可信度来描述。

（4）预测。

数据挖掘自动在大型数据库中寻找预测性信息，以往需要进行大量人工分析的问题如今可以迅速直接由数据本身得出结论。典型的例子就是市场预测问题，数据挖掘使用过去有关促销的数据来寻找未来投资中回报最大的用户。

（5）偏差检测。

数据库中的数据常有一些异常记录，从数据库中检测这些偏差很有意义。

偏差检测对分析对象的少数的、极端的特例的描述，揭示内在的原因。例如：在银行的 100 万笔交易中有 500 例的欺诈行为，银行为了稳健经营，就要发现这 500 例的内在因素，减小以后经营的风险。

5. 数据挖掘的方法及工具

数据挖掘的方法很多，大致可分为：传统统计方法、可视化技术、决策树、神经网络方法、遗传算法、关联规则挖掘算法等。

数据挖掘中大部分方法都不是专为解决某个问题而特制的，方法之间也不互相排斥。不能说一个问题一定要采用某种方法，别的方法就不行。一般来说，针对某个特定的数据分析课题，并不存在所谓的最好的方法，在最终决定选取哪种模型或方法之前，各种模型都试一下，然后再选取一个较好的。各种方法在不同的数据环境中，优劣会有所不同。

数据挖掘的方法主要有：关联分析、聚类分析、预测、时序模式分析和偏差分析等。常见和应用最广泛的算法和模型有：

（1）传统统计方法：抽样技术、多元统计分析和统计预测方法等。

（2）可视化技术：用图表等方式把数据特征直观地表述出来。

（3）决策树：利用一系列规则划分，建立树状图，用树形结构来表示决策集合，可用于分类和预测，常用的算法有 CART、CHAID、ID3、C4.5、C5.0 等。

（4）人工神经网络：模拟人的神经元功能，从结构上模仿生物神经网络，经过输入层、隐藏层、输出层等，对数据进行调整、计算，最后得到结果，是一种通过训练来学习的非线性预测模型，可以完成分类、聚类、特征挖掘、回归分析等多种数据挖掘任务。

（5）遗传算法：基于自然进化理论，在生物进化的概念基础上设计的一种优化技术，它包括基因组合、交叉、变异和自然选择等一系列过程，通过这些过程以达到优化的目的，模拟基因联合、突变、选择等过程的一种优化技术。

（6）关联规则挖掘算法：关联规则是描述数据之间存在关系的规则，形式为"A1∧A2∧…∧An→B1∧B2∧…∧Bn"。一般分为两个步骤：第一步，求出频繁数据项集；第二步，用频繁数据项集产生关联规则。

（7）最近邻技术：这种技术通过已辨别历史记录的组合来辨别新的记录，它可以用来做聚类和偏差分析。

6. 数据挖掘的实施步骤

（1）确定业务对象。

清晰地定义出业务问题，认清数据挖掘的目的是数据挖掘的重要一步。挖掘的最后结构是不可预测的，但要探索的问题应是有预见的，依据 CRM 的功能做需求分析，定义问题。

（2）数据准备。

数据的选择：搜索所有与业务对象有关的内部和外部数据信息，并从中选择出适用于数据挖掘应用的数据。将准备用于数据挖掘的数据进行预处理，如转换、清理、填补以及合并等，验证数据的完整性、规范性。

（3）数据挖掘。

对所得到的经过转换的数据进行挖掘．除了完善从选择合适的挖掘算法外，其余一切工作都能自动地完成。

（4）建立模型。

根据定义的问题以及数据的类型决定采用的模式，同时要根据数据的属性（连续或离散）考虑采用相应的算法，自动的建立数据挖掘模型。

（5）评价和解释。

对于挖掘的结果应用两个指标进行评估，一个是支持度，用来验证结果的实用性；一个是可信度，用来验证结果的准确性。模型的验证是数据挖掘成败的关键，不但要验证预测模型的过程正确，同时使用这些模型的其他输入和输出过程也要正确。验证的方法是输入一些历史数据，运用该模式比较数据挖掘的结果与已知历史结果的差异，如果差异很大，就要考虑改进模型或应该重新建立新的模型。

7. 数据挖掘需要的人员

数据挖掘过程的分步实现，不同的步会需要是有不同专长的人员，他们大体可以分为以下三类：

（1）业务分析人员：要求精通业务，能够解释业务对象，并根据各业务对象确定出用于数据定义和挖掘算法的业务需求。

（2）数据分析人员：精通数据分析技术，并对统计学有较熟练的掌握，有能力把业务需求转化为数据挖掘的各步操作，并为每步操作选择合适的技术。

（3）数据管理人员：精通数据管理技术，并从数据库或数据仓库中收集数据。

4.3.4 数据挖掘在客户关系管理中的应用

1. 客户细分

客户属性可以分为内在属性和外在属性，客户的地域分布、客户的产品拥有、客户的组织归属等可以认为是客户的外在属性；性别、家庭成员数、信用度、价值取向等可以认为是客户的内在属性。利用数据挖掘技术中的决策树或是模糊聚类方法来进行挖掘，得到基于客户预测价值的客户金字塔模型。

客户细分的数据挖掘过程如图4-5所示。

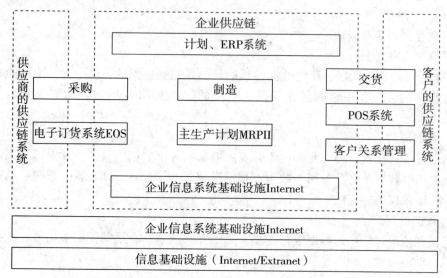

图4-13 基于 EDI 的供应链信息组织与集成模式

基于 EDI 的信息集成后，供应链节点企业之间与有关商务部门之间也实现了一个集成，形成一个集成化的供应链，如图4-14所示。其基本过程是先将企业各子公司和部门的信息系统组成局域网（LAN），在局域网的基础上组建企业级广域网（WAN）相当于互联网，再与其他相关的企业和单位连接。与其他企业的通信连接方式通过增值网（EDI 中心）或 Internet 网。随着互联网的发展，传统的客户/服务器模式 EDI 也将向 Browser/server 模转变。

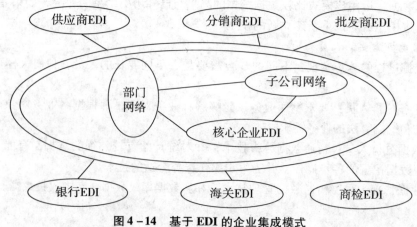

图4-14 基于 EDI 的企业集成模式

建立基于 EDI 的供应链信息组织和传递模式，各企业都必须遵守统一的商业操作模式（标准），采用标准的报文形式和传输方式，目前广泛采用的是联合国贸易数据交换标准一。

供应商和用户（分销商、批发商）一起协商确定标准报文，首先用户（分销商、批发商）提供商品的数据结构，然后由 EDI 标准专业人员在 EDIFACT 标准中选取相关的报文、段和数据元。

3. 基于互联网的 EDI 模式

除了传统的 EDI 数据交换模式外，随着互联网的出现，也可以采用一种新的基于互联网的 EDI 模式：Internet/EDI 模式。因为互联网灵活多样的入网方式和开放统一的通信标准，消除了贸易伙伴之间的通信壁垒，而且收费标准低，带宽高，有利于降低 EDI 的通信成本和时间，因此利用互联网传输 EDI 单证，更适合于供应商对零散用户的库存管理。另外，采用 Internet/EDI 模式，一方面丰富了 EDI 单证的交换方式，另一方面可以利用电子邮件传送多媒体的能力，丰富 EDI 的内容，把传统的基于文本格式的单证扩展成多媒体形式，使单证图文并茂。如供应商向用户提供报价信息时，也提供商品的外观图像，有助于用户选择商品。

采用互联网电子邮件传输 EDI 单证需要特殊的封装技术。首先是对 EDI 的传输编码处理，并封装在 EDI 服务中心，然后利用互联网电子邮件传输系统进行传输。

安全性也是 EDI 应用需要考虑的问题。基于互联网的 EDI 其报文的安全性可以通过互联网的安全框架和互联网上的安全协议来实现。

对绝大多数中小企业来说，实现企业之间商贸业务的电子化的最直接、最快的途径是进入当今全球共有的信息高速公路——互联网。通过互联网，实现电子沟通（E-communication）、电子贸易（E-trade）、电子调研（E-research）和电子促销（E-marketing）。因此，研究实用的集成化供应链技术支持工具应建立在 Internet/intranet 基础上，研究以 Internet/intranet 为工具的企业信息组织与集成，使 MRP Ⅱ 等信息支持系统不再是仅限于一个企业内部，而是能够通过互联网和相关的企业进行信息的共享和无缝连接的开放性的信息系统，实现集成化供应链管理下的信息共享目的。

4.4.5　数据处理技术对供应链的支持

4.4.5.1　传统的数据库技术及局限

1. 供应链中数据库的类型

数据库用于存储和组织数据。供应链中数据库的类型有：

（1）关系数据库。这些数据库允许存储相关的数据，这些数据的存储方式能够快速利用 SQL 进行标准化的查询，它可以集中在计算机或服务器内，也可以位于计算机或者小型机的网络中。

（2）目标数据库。目标数据库可以存储数字、字符和图形结构的数据，由于它不具有标准化且维护成本很高，以及图形和其他的非标准数据需要较大的存储空间，使用起来也更为复杂，因此，在使用上受到了一定的限制。

（3）数据中心。数据中心的存储空间较小，通常用来存储相对较小的部门数据。

（4）群件数据库。群件数据库是为适应群组功能而设计的，如保存更新的记录和允许多个用户访问等，常应用于远程办公以及虚拟企业中。

（5）数据仓库。数据仓库经常与数据挖掘联合起来使用，通过复杂的分析工具对数据进行萃取和提炼。

2. 数据库系统的缺陷

从前面章节对数据库处理技术的介绍中我们得知，由于事务处理和分析处理、数据库与数据仓库具有很大的区别，虽然数据库中存有大量的日常业务数据，尽管数据库在事务处理方面的应用获得了巨大的成功，但它对分析处理的支持一直不能令人满意，直接运用事务处理环境来支持决策管理是不行的，即数据库中的数据无法用于供应链决策系统 CSC，不能对决策提供数据支持，其原因有以下几点。

（1）在事务处理环境中，数据操作存取频率高而处理时间短，允许多个用户按分时段方式使用系统资源，这适合于联机事务处理 OLTP 应用，而 SCS 的应用可能需要连续运行几个小时，需要消耗大量的系统资源。

（2）SCS 需要集成的、企业内、外部的相关数据，且相关数据收集得越完整，得到的决策结果就越可靠。而事务处理的数据是分散的和不一致的，数据间形成了错综复杂的网状结构，并且没有对非结构化的外部数据进行统一管理。这些都导致数据库的数据缺少集成性，SCS 在使用数据时必须再自行集成，耗费耗时较大。

（3）无法为 SCS 提供动态性数据，决策使用的数据不能随数据源的变化而变化，这样决策者使用的是过时的数据，导致决策不准确。

（4）无法提供历史数据，数据库中的数据一般只保存 60～90 天的数据，因此缺少历史数据，而在决策过程中，历史数据是相当重要的，如果没有大量历史数据为依据，便无法进行决策分析。

因此，建立在事务处理环境上的数据库无法为 SCS 提供决策所需的数据。为了更好地支持供应链决策管理，就需要有更好、更强功能的数据处理系统来提高分析和决策的效率与有效性。需要把分析型数据从事务处理环境中提取出来，按照 SCS 处理的需要进行重新组织，建立单独的分析环境，而 SCS 如果没有真正意义的数据仓库的支持，就无法发挥其应有的作用。

4.4.5.2 数据仓库对供应链的支持

为了解决海量数据和信息支持不足的矛盾，获得高质量的数据，以支持供应链运行和管理，用来完成数据处理工作的数据仓库的功能应包括：数据建模，数据的抽取、转换和加载，数据的清洗、融合与集成，数据存储管理和查询，运行维护等。下面我们从数据仓库与供应链的关联以及数据仓库对供应链的支持入手，来解释这些功能的应用。

1. 数据仓库与供应链的关联

在企业信息化管理中，ERP（或其他的 MIS 系统）的管理思想和模式基本上都是基于一种"面向事务处理"的、按顺序逻辑来处理事件的管理，为它们完成数据处理和存储的是数据库；反过来，数据库又为日常业务处理过程提供操作型数据。这些管理系统均不能对企业和供应链的运行提供决策和对无法预料的时间和变化快速做出反应，而企业必须根据动态多变的需求做出正确的判断，然后做出决策，就必须经常地、快速地根据新的决策去改变产品、服务的策略和计划。有了数据仓库的数据支持，管理人员可以通过对对象的分析，按照设定的目标去寻找一种最佳的方案，能够紧跟、甚至超前于市场的需求变化，快速做出正确的决策，并以最快的速度执行这些变化。因此，需要更高层次的管理功能和数据类型来完成企业和供应链的新的需求。

在供应链管理系统中，先将低层事务处理系统（ERP 或供应链执行系统 SCE 等）所处理的、存放在数据库中的操作型数据经过抽取，在数据仓库中识别、整理、清洗和集成，转化为面向主题的分析型数据，再在数据仓库基础上建立各种分析；由于供应链管理还有一部分数据来自于企业内部其他系统和企业外部，数据仓库也必须融合其他业务和系统的信息，然后为 SCM 提供服务。这样，数据库与数据仓库在供应链中各司其职，数据库为底层的事务处理和业务执行提供和存储数据，完成日常事务的处理和供应链计划的执行；而数据仓库则为 SCM 聚合和提供所需的数据，来完成分析、计划、优化和决策任务。

有了基于这种结构的数据仓库系统，就可以建立各种商业智能分析和应用，可以针对企业或供应链的各环节、各业务进行分析，如对供应商、客户、成本、财务、产品和服务等进行交叉多维分析，还可以进行一些高级的数据挖掘分析等，来完成供应链优化和决策，为企业或供应链创造竞争优势。

2. 数据仓库对供应链的支持

数据仓库对供应链管理的支持主要有以下几方面。

（1）数据仓库是供应链决策和优化的基础，为它们提供了数据支持。任何好的决策和优化都需要高质量的数据支持，一个决策和优化的正确程度取决于所使用的数据的准确程度。随着竞争的加剧，需要在更短的时间内做出准确的决策，这就需要在短时内能够尽可能多地获得相关信息；为了使决策更加科学，需要跨越的决策分支也变得越来越大，因此，需要有自动数据分析工具，以帮助减少精确分析大量数据所需的时间；在进行供应链的计划制订过程中，数据仓库也对 APS、CSP、LPS 等供应链的计划子系统提供了分析数据。

（2）数据仓库是 CRM 的基础，它可用来巩固客户数据、检验客户数据（如对真假货的辨别、对信用卡真伪的鉴别等），为市场盈利和竞争状况的分析，产品重新配置的分析，利润核心的发掘，以及公共资产的管理等提供高质量的数据。对于零售商来说，数据仓库有助于确定客户的数据特征，如人口构成和购买习惯、确定购物方式等；对于制造商，可以利用数据仓库的数据对自己生产的产品、产品的市场/销售分布、使用产品的客户等诸多主题分析提供高质量的数据，来确定其产品和市场定位、销售策略；对于银行来说，数据仓库有助于确定最有效益的客户和最忠诚的客户，对盈利和风险进行分析等；对保险公司，可用数据仓库的数据进行索赔分析，开发新服务的分析、客户优劣分析和风险分析等；对电信公司，可用数据仓库的数据来预测客户消费趋势和走向，潜在市场容量和商机等。

（3）数据仓库是产品设计的基础，数据仓库可以为产品设计提供产品数据、市场数据和客户使用数据，使设计人员能够紧跟市场和客户的需求与偏好，对产品及其原材料和零部件以及其他因素进行设计分析，在尽量降低成本的情况下，为客户开发出一流的产品和服务。

（4）数据仓库是企业理财的基础，它为企业的获利能力、产品的获利能力、市场区域的获利能力等，以及它们组合的综合获利能力分析提供有效数据，以实现企业资源的有效利用和低成本、高产出的运行；而成本分析也将借助它实现深层次地挖潜，进一步地降低成本；它还支持财务业务的资金分析和风险分析，这些都将有利于企业更好地理财。

（5）数据仓库为生产制造提供了强有力的支持，生产环节可以利用数据仓库的有效数据来对过去几年的生产情况、排产进度、工艺路线和流水线运行，以及产品的质量进行比较和分析，找出是什么因素能导致生产率提高、成本的下降和质量提高；研究出它们的变化趋势，以及这些变化趋势对利润有什么效果等；以此改进生产和质量控制过程，提高产量、降低成本。

此外，数据仓库还为SRM、LIS系统和这些业务环节提供了支持作用，帮助它们改进业务处理过程和削减成本，提高效率。其实，数据仓库对供应链上的所有环节都具有支持作用，企业或供应链一旦运用好数据仓库，将会获得意想不到的收益。

4.4.5.3 数据挖掘对供应链管理的支持

在目前的供应链管理系统中几乎都集成了对计划、生产、运输、产品销售和客户服务等进行数据挖掘的技术，它能够提供商业智能的分析结果。特别是在以市场需求拉动的供应链终端，是数据挖掘技术大有作为的市场，在巨大市场空间和浩瀚的客户资料中，有着众多的宝贵资源等待和需要数据挖掘去开采和利用。

1. 数据挖掘的功能与数据来源

（1）数据挖掘目前的功能主要有以下几种：概念描述、关联分析、分类和预测、聚类、检测、演变分析。在进行挖掘之前首先要明确挖掘的任务，比如要进行分类、聚类或寻找关联规则等，再根据这些任务来对所选择数据进行预处理，削减其中重复的部分，将最后的结果展现出来。

（2）数据挖掘中的数据有两种来源，它可以来自数据仓库，也可以直接来自数据库。所有的数据都需要再次进行选择，具体的选择方式与任务有关。挖掘出的数据需要进行进一步的评价才能最终成为有用的信息，按照评价结果的不同，数据可能需要反馈到不同的阶段，重新进行分析和计算。

2. 供应链管理中数据挖掘的内容

在以客户为中心的供应链中，客户关系管理的目的就是提高客户服务水平和客户满意度，开拓和扩大客户群。在CRM业务中，数据挖掘内容涵盖了客户需求分析、忠诚度分析和等级评估分析，市场分析、产品和服务销售分析等。具体包括：

（1）消费习惯和频度、产品类型、服务和方式、交易历史记录、需求变化趋势等因素分析。

（2）客户服务持续时间、交易总数、客户满意程度、客户地理位置分布和消费心理等因素分析。

（3）客户消费规模和行为、客户订单履约情况、客户信用度等因素分析。

（4）市场份额/占有率、潜在的机会和威胁、合作伙伴等因素分析。

（5）产品/服务销售、区域市场、渠道市场、季节销售等因素分析。这些都能帮助企业维护好客户关系，保证企业利润的持续增长。

在供应链决策管理中，数据挖掘为SCS提供了强有力的数据支持，使SCS能够以任何主题、任意维数、针对任何类型及其组合进行分析，为做出科学的决策提供参考和数据。它的深层次数据挖掘与从数据中探测趋势和模式的功能，为SCS提供了鲜明的、具有独特特征的决策数据；它的查询/报表书写工具可用来生成各类数据表格，也为决策人员提供了直观的分析环境和输出方式。这些都支持了SCS做出更有价值的商业分析和指导企业发展的战略决策。

3. 数据挖掘对供应链管理的其他支持

在供应链管理的其他环节上，如设计、采购、生产、销售、物流、财务和人事等，都能够有效地利用数据挖掘技术去完善各个业务流程。借助于数据挖掘技术，能够对产品、材料/部件等各种特性，对供应商的供货行为、原材料/部件特性、采购合同内容等，对生产线运行、工艺路线安排、生产成本和生产率等因素，对资金流量、成本、获利能力、风险等财务因素，对运输方式和路线、物流网络、物流流程和配送安排等业务和因素进行分析，找出提高效率与效能，以及减少成本的规律，使各项业务的计划和流程更加合理，业务间的衔接更加紧密，整个供应链的响应速度更快，竞争力更高。

此外，数据挖掘对供应链还有一个重要的支持，即提供竞争情报的行情和分析，竞争情报除了包括竞争对手的生产经营战略、组织结构体系、重大营销活动、新产品研发计划、产品结构等之外，还包括国际产业经济动态、国家宏观经济政策、产业结构调整方向、区域性优惠发展措施、国家质量评估体系等宏观政策因素。宏观经济环境、市场需求动向和竞争对手情报等信息资源左右着企业战略决策与宏观发展规划，也直接决定企业市场策略的实施，所以，对宏观信息资源的整合利用以及竞争情报分析将成为企业级数据挖掘应用的重点。

数据挖掘在供应链管理中的作用就是强力支持以市场和客户需求为价值源泉，以供应链决策为指导，为价值链上的各环节进行增值分析，并将分析结果迅速作用于供应链上每一个环节，优化环节间业务过程，改善供应链的运作，最终实现以客户终端需求为导向的价值增值。

第五节 会计电算化技术的应用

电子商务的发展对许多不同的学科都产生了影响，从而使得在电子商务环境中的各个不同学科的发展形成了一个全新的研究领域；会计决定于客观经济环境的变化，服务于特定的社会环境，电子商务的发展为更加高效的会计模式提供了广阔的空间和可能。

4.5.1 电子商务条件下会计电算化的现状

当今时代，互联网技术的快速发展和应用，对人们一直以来所习惯的工作方式、管理方式乃至生活方式都造成了前所未有的冲击，它不仅给世界经济和人类社会活动带来深刻的变革，也为企业造就了无限的商机。网络技术的普及和广泛应用，使企业的经营活动进入了电子商务时期。电子商务是指在技术、经济高度发达的现代社会里，掌握信息技术和商务规则的主体，系统化的运用电子工具，高效率、低成本地从事以商品交换为中心的各种经济活动的全过程。基于互联网的电子商务的发展，为各种新的更加高效的财务与管理模式提供了广阔的空间和可能，这种商务活动使企业成为全球网络供应链中的一个节点，新的企业系统开始出现，如网上企业、网际企业、虚拟企业等。同时新的经济形态也逐步形成，如直接经济、网络经济等。这些伴随着电子商务而来的新的组织与经济形式，形成了企业间基于项目的完全富有弹性的动态联盟。这种多元的经济形式固然导致了许多不确定因素，但不可否认的是，它对传统产业和人们一直所遵循的经济规律都产生了巨大影响。

与此同时，随着信息技术的发展，企业在财务核算中应用的电算化会计系统也实现了从记账凭证到会计报表编制全过程的自动化。从而商品化、通用化的财务软件得到了越来越广泛的应用。究其原因，在于会计电算化比较传统的手工方式，更有其独特的优势：首先，会计工作是一个企业日常经营中非常重要的环节，会计工作的好坏直接影响企业的经营决策；其次，国家对会计软件市场进行了规范，形成了一个良好的市场环境，使得会计软件的发展呈现出一片繁荣的景象；另外，会计电算化需要的投入较低，其硬件方面主要需要的是计算机及一些辅助设备，投资不大，绝大多数企业都能承受。在这些有利的条件下，会计电算化的发展得到了强有力的支持。然而，现行的电算化会计系统是基于手工会计业务流程的会计系统，虽然一定程度上改变了会计核算和财务管理的运作方式和速度，但对高速发展的现代管理来说，已略显滞后并存在诸多不足，主要表现在：

1. 覆盖范围较小

通过对会计电算化的分析可以看出，会计电算化主要是在会计工作中使用计算机技术。其处理的对象是会计数据，处理的范围基本上局限于会计部门内部。而企业的财务信息涉及企业中各个部门，如采购、人力资源、销售、生产、运输等部门等。正是这些部门，构成了企业财务信息的产生、传递和变化的过程。会计部门只是财务信息的最后处理者，会计电算化也只是对已经形成的财务信息进行计算机处理，满足企业对财务信息的需求。

2. 会计电算化容易成为信息孤岛

许多企业实施会计电算化后，虽然也在开展其他自动化信息化系统的建设工作，但由于缺乏整体的规划，没有用企业信息化的观点来统一指挥信息化工作，造成企业内部各个信息化系统与会计电算化系统之间数据格式不统一和不一致，使会计电算化不得不采用手工辅助的办法与外界交流，其信息化的作用也大大降低。

3. 会计理论研究的相对滞后

会计理论研究方法既是以往研究的理论结果，又是以后研究的出发点和条件。会计理论的研究确定了电算化会计和信息化会计信息系统的基本功能体系、运作规范及特点、审计接口、会计档案等基本要求，它一方面要符合传统会计行业标准的基本要求，同时又具有自身独有的特点。会计理论的基本问题研究透彻了，会计软件的研制就有了明确的方向和目标，才能更符合会计、审计工作的实际要求，会计电算化软件才能更好地服务于会计工作、服务于企业，才能使会计工作在实现电算化后更加规范、效率更高、安全性更强，才能更好地为管理决策服务，以实现会计电算化的效益原则。

加入 WTO 后，随着世界经济一体化、信息化的进程，我国的企业将面临着全球范围内的激烈竞争。经济的繁荣发展和市场的全面开放，必将对企事业单位的信息化进程产生新的推动作用，财务、供应链管理一体化应用的企业级财务软件将成为财务软件市场的主流。竞争的国际化会促进软件质量和服务效率的全面提升。会计信息化市场将摆脱原有的行政干预的阴影，形成公平有序的竞争新秩序。发达国家的经验证明，谁掌握了最新的信息技术，谁就能占据国家经济竞争的制高点。信息技术的最重要应用平台就是电子商务。会计工作只有以电子商务作为处理信息的工具，才能符合现代企业的基本要求，才能在激烈的竞争中保持不败。

4.5.2 电子商务条件下会计电算化的创新

电子商务是对传统商务模式的重大变革，与传统商务模式相比，它具有明显的特征和优势，显示出巨大生命力。这些优势和特征实际上也就是电子商务模式下影响会计的新环境。具体表现为：

第一，组织机构虚拟化。

在电子商务环境下，企业可以建立以互联网为基础的组织机构，这种组织机构虽然具备相应的功能，但不一定有固定的办公场所，人员分工也不明确，往往一人多岗。

第二，生产工序灵活化。

在电子商务环境下，产品的设计、生产由电子计算机辅助完成，不同地域的多个企业可同时对同一种产品进行合作设计和制造，而且其工艺设计灵活多变，同一生产线可以生产品种、性能差别较大的不同产品。市场调研、产品开发、材料采购、产品制造和产品销售环环紧扣，几乎可以同时进行，生产周期大大缩短。

第三，时空条件无限化。

电子商务不受时空条件的限制，可以 24 小时不间断运作，经营地点可以延伸到世界各个角落，大大增加了商机。

第四，资源管理战略化。

在电子商务环境下，仅靠企业自身的资源难以有效参与市场竞争，应当把经营过程中各有关方面（包括供应商、制造工厂、分销网络、客户等）纳入一个紧密联系的供应链中，统筹安排企业的供产销活动，以提高企业的生产经营效率，增强市场竞争能力。

第五，商品交易无形化。

在电子商务环境下，企业可以无固定经营场所，信息传递通过网络进行，交易者可以在世界任何一个角落从事决策和交易活动。企业除可继续经营有形产品外，无形产品的生产经营业务同样大大增加，货款收支也通过网络进行，商品交易具有无形性。

第六，产品成本超低化。

在电子商务环境下，企业可以通过网络了解信息，采购材料，宣传和展示产品，开展客户支持和售后服务，其材料和产品库存也大大降低，实现了零存货制，因而产品生产和交易成本也大大降低。

电子商务是一种全新的商务模式，它的出现已经并将继续引起社会各领域震动。会计电算化是实行电子商务的基础，如果会计仍然处于手工记账阶段，那么电子商务无从谈起。同时，如果企业的电子商务应用仅处于初级阶段，对原始凭证和记账凭证仍需手工输入，即使在会计核算的主要环节实现了自动化处理，电算化会计也不能成为电子商务的主体。

现代经济社会，几乎每个单位和个人都需要运用会计信息进行有关经济决策活动。电子商务参与构建的会计是电算化会计与网络经济相结合的产物。真正意义上的电子商务会计是在电算化会计基础上与互联网相连接，将企业发生的原始财务信息通过网络系统直接进入会计核算系统，不仅在会计核算的主要环节实现了自动化处理，而且通过互联网实现了电子原始凭证的确认和记账凭证的自动生成，全部会计核算过程实现了自动化处理。将企业内部会计核算与外部传入的与会计相关的信息相结合，实现会计核算的整体处于计算机系统的管理过程中。电子商务的出现，必然会对会计信息用户的信息需求产生重大影响，从而要求会计信息系统进行相应创新。显然，这些创新是在适应会计环境的变迁和广大信息用户对会计信息的新要求而实现的，主要有以下方面内容：

1. 会计理论创新

会计理论创新在会计创新体系中起统驭作用，因此，在会计创新中应把会计理论创新放在首位，在电子商务环境下，需要创新的会计理论问题主要有以下内容：

（1）会计目标创新。

关于会计目标的说法有多种，但一般将其表述为向信息用户提供相关经济信息。在电子商务环境下，应特别强调会计信息对于经济决策的有用性，因而应把会计工作的目标定位于决策有用性上。

（2）会计假设创新。

1）关于会计分期。由于信息用户对会计信息的时效性要求大大增强，传统的会计分期假设已经过时，因而应当予以修订。对产品寿命周期短的产品，可以交易完成或作为会计期间；对产品寿命周期长的产品，可继续延用传统会计分期做法，但不必要等到期末才提供会计信息，可根据需要随时提供，这是可以办到的。

2）关于会计计量。在电子商务环境下，人们比以往任何时候更关心非货币信息，包括企业生产能力、市场占有率、经营环境。人力资源状况、产品质量、企业文化、社会责任及履行情况、社会信誉等。因此，应对货币计量假设予以修订，采用货币计量与非货币计量并重的办法。

（3）会计原则创新。

传统会计的一个基本原则是按历史成本原则记账。在电子商务环境下，由于一些数字资产的成本与价值差别很大，为使会计信息资料能反映这类资产的真实价值，应对历史成本原则进行修订，采用按成本和价值双重指标记账的原则。

（4）会计要素创新。

1）关于资产。首先，鉴于人力资源在企业中的重要性，应将人力资源纳入资产范围，将用于人力资源的投资予以资本化，设立"人力资产"账户进行核算。同时。应扩大无形资产的核算范围，无形资产不仅应核算专利权、专有技术、商标权、使用权等传统内容，而且要把管理方法、企业文化等内容纳入商誉范畴，作为无形资产进行核算。对于成本与价值相差较大的无形资产，应按成本和价值进行双重揭示。

2）关于所有者权益。在所有者权益中，应增加人力资本内容；核算由劳动者个人以其自身对企业进行的投资，确立劳动者权益，并允许其参与利润分配。但应当与物力资本区别对待。

2. 会计信息载体创新会计信息依附于一定的载体之上

在传统会计期间，会计信息的载体表现为纸介质，包括会计凭证、账簿、报表和合同、契约等。在会计电算化的当前应用阶段，核算程序可由计算机自动完成。作为计算机外存的硬盘、软盘、光盘、磁带成为记录和储存会计程序和数据的主要介质。而在电子商务条件下，新的储存介质（远程计算机和网络服务器）应用，改变了以往电算化会计信息的记载、储存、传递和阅读方式，预示着无纸化会计时代的真正到来。

3. 会计结算方式创新在电子商务环境下，货币支付可以通过网络来实现，从而出现了电子货币

电子货币的出现，促进了结算方式的创新，产生了电子货币结算方式。电子货币结算方式不仅方便快捷，而且成本也很低。目前，电子货币结算方式主要有信用卡型电子货币

结算方式、存款利用型电子货币结算方式和现金模拟型电子货币结算方式。

4. 会计控制创新在电子商务环境下，国内外的会计软件公司纷纷推出基于互联网的会计信息系统，对会计自身的内部控制提出了严峻挑战

对此，必须进行会计控制创新，以保证会计信息系统的安全。首先，要进行会计法规创新。会计法规制定部门要对会计工作的新环境、新形势进行调查研究，及时出台适合电子商务环境的会计法规，为会计信息系统的安全提供法律保障。同时，软件开发机构和企业自身也应根据不同企业的具体情况，注意开发适合电子商务环境和企业自身情况的会计控制系统，为会计信息系统的安全提供技术保障。

5. 会计揭示创新

（1）揭示内容创新。

1）关于资产负债表在资产负债表中，应增加"人力资产"和"人力资本"两个商务管理因素，但二者不是相等的关系。人力资产反映的是企业和劳动者本人用于人力资源投资的合计数，人力资本反映的是归属于劳动者的部分。对于无形资产，应扩大披露范围，除在正表中披露其账面价值外，还应在附注中披露其成本、市场价值、科技含量、预期收益和使用年限等。对于数字化资产，除应在正表中披露其成本外，还应在附注中披露其市场价值。

2）关于利润表和利润分配表中的费用项目应增加"人力资产折耗费用和贬值损失"；利润分配表应增加"劳动者分配利润"项目。

3）关于现金流量表现金流量表应增加"人力资源投资活动现金流量"项目。

4）增加"非货币性相关信息报告"对于企业经营环境、经营战略、人力资源、产品质量、社会责任及履行情况、企业文化等重要的非货币性信息，可单独编制"非货币性相关信息报告"予以揭示。

6. 会计规范创新

会计规范包括会计法、会计准则、会计制度等内容。会计实务的制度性很强，必须严格遵守法律、准则和制度。因此，有关部门应根据实际情况，不断制定新法律、新准则、新制度，修订旧法律、旧准则、旧制度，以满足会计实践活动的需要。

7. 会计教育创新

无论会计工具和技术多么先进，会计规范多么严密，会计人员是不可或缺的。在电子商务环境下，会计人员需要熟练掌握会计理论和业务知识，还需要熟练掌握计算机、网络和电子商务的知识和技术。不仅需要有良好的责任感和敬业精神，还需要有敏捷的思维方式、敏锐的观察能力、深刻的分析能力、快速的判断能力和良好的服务意识。因而会对教育也应适应这种需要，更新教学内容，变革教学方法。现有会计队伍也必须在工作中不断学习，并进行必要的正规培训，以适应电子商务环境对会计工作的需要。

4.5.3　会计电算化的未来趋势——网络财务

电子商务下的网络财务便是当前经济形势下的新兴管理模式，是我国会计电算化的发展的未来趋势，也是企业财务管理的一次重大进步，它的产生标志着一个新的财务管理时代即将到来。同时，也给企业会计系统带来了一场全方位、根本性的革命。网络财务是电子商务的重要组成部分，它以网络技术为基础，帮助企业实现财务与业务协同、远程报表、

远程报账、远程查账及远程审计等远程处理，实现事中动态会计核算与在线财务管理，实现集团型企业对分支机构的集中式财务管理。它支持电子单据与电子货币，改变了财务数据信息的获取和利用方式，财务数据也将从传统的纸质页面数据、磁盘数据发展到网页数据。作为把网络技术与财务管理方法结合起来的一种新的财务管理模式，网络财务可以说是会计电算化的未来，也是财务会计的未来。

网络财务是电子商务发展到一定水平的前提下产生的，即电子商务的飞速发展导致了网络财务的出现，并带动了网络财务的发展。网络时代的来临、互联网和 Web 技术为电子商务的产生奠定了基础，更为网络财务的产生建立了技术前提。网络财务依赖于电子商务技术，其技术水平也必然还要随着电子商务水平的发展而发展。电子商务技术中，电子支付、电子查询、电子数据交换等多项技术给网络财务的发展以有力的支持，为网络财务工作领域的不断扩大提供了必要的技术支持。电子商务技术每前进一步都会为网络财务技术带来有益的促进，如电子商务技术中，电子加密技术的发展，必然使网络财务受益匪浅。

网络财务是电子商务的基础。电子商务的广泛应用有一个关键性的问题没有解决，这就是在结算、付款、物流系统方面的缺陷。因为电子商务的实现势必要求企业与企业之间、企业与银行之间能够通过互联网进行财会业务往来，不可避免地要发生支付、清算和税务等对外的财务往来业务，这是电子商务的最终目标。因此，电子商务将不得不面对着支付手段和运营信誉的考验。从技术角度来说，就必须有一套完备的能够支持电子商务的财务软件系统，自动无误地帮助企业完成这些工作，这套基于 Web 技术的财务软件系统就是"网络财务软件"。

所以说，电子商务不仅需要有互联网作为物质基础，而且还需要有功能强大的"网络财务软件"来支持其运作。可以说，网络财务是电子商务应用的基础，这是因为：其一，网络财务能够支持并从根本上解决企业与其他组织的协调业务，从内部的协同来看，网络财务使得财务部门的预算控制、资金准备、网上支付、网上结算等工作与业务部门的工作能够协同进行；从外部的协同来看，网络财务使得企业的网上询价、网上催账、网上保险、网上报税等工作与其他企业和社会部门的工作能够协同进行。其二，网络财务能够支持电子货币，这是电子商务实现的必要条件。众所周知，支付过程是整个商贸交易过程中的关键性环节，也是双方实现商贸交易的目的，而电子货币的出现解决了诸如支付效率、支付质量、支付信誉等令财会人员头痛的难题。

网络财务的核心是财务管理的数字化和远程化，其技术保证一方面来自企业财务管理软件，另一方面则来自保证网络安全的软件和硬件整体方案，这一切充分保证了电子商务的核心环节——物流、付款、结算的顺利进行。一旦电子商务的关键性难题得到了解决，电子商务的全面实现与普及便只是时间问题了。

网络财务是为适应电子商务的发展，建立在网络环境基础上的会计信息系统，它是信息经济的产物，其产生和发展加速了会计信息化的过程。相对传统电算化财务系统而言，网络财务是前所未有的重大变革，它有着以下许多鲜明的特点：

1. 网络化与智能化并存

网络应用远程处理技术，实现企业内部的会计信息，以及企业与外部相关机构的信息共享，使会计数据实现异地共享，信息传输范围更广。这是当前企业管理发展的一个明显趋势，也使得企业实施预测、决策、控制和分析的难度越来越大。

要实现这项要求，首先，必须要有功能齐全、灵活适用的网络财务软件。包括会计核算、财务控制、财务决策集中化的管理信息系统，把物资采购、产品销售、货款结算等业务，按照电子商务的要求融入到网络财务软件之中。其次，除了要加大数据量的采集和运用，不断提高工作人员信息处理水平与分析、判断经济活动发展变化的能力外，还要逐步实现管理信息系统的智能化，即利用决策支持系统，采集专家的经验、智慧和各种决策方法，归类存入计算机。这样，在预测、决策过程中，就可以快速运用这些决策方法辅助决策，以提高决策的可靠性。第三，建立新的财务风险预测模型，对企业经济运行过程中的敏感性指标（如保本点、收入安全线、最大负债极限等）及时反馈，系统地辨认可能发生的财务风险，管理决策人员可以根据需求进行虚拟决算，实时跟踪市场的变化情况，迅速做出决策，使决策依据数据化，保证决策结果的科学性。

2. 财务与业务的协同

网络时代使得商务信息和其他业务信息相互连接，彼此共享，这对企业的财务和业务间的协调提出了更高更新的要求。企业全程业务的协同，包括网上采购、网上销售、网上服务、网上考勤等；企业与供应链的协同如网上询价、网上催账等；企业与社会部门的协同如网上银行、网上保险、网上报税、网上报关等。在这些协同化财务管理系统中，一旦业务活动的产生伴随有财务信息，就必须将这些信息及时地处理，并将处理的结果及时反馈给业务系统，保证财务业务的协同处理并生成各种管理信息。这种协同化财务管理方式能够消除财务与业务活动运作上的时间差，从根本上改变财务与业务互不对称的滞后现状，使企业的财务资源配置和业务运作协调同步，从而实现资源配置最优化。

这就必须要求规范管理，理顺财务总系统和子系统的核算关系、业务流程和账表设计的适应电子商务的发展，是经济全球化、网络化发展的必然结果，电子商务会计将成为会计发展的必然趋势。网络的出现是全球 IT 领域继 PC 机后的第二次产业浪潮，它带来了全球经济和社会的重大变革，大量的信息通过国际互联网迅速传播，将世界原有的有形界限全然打破，对企业的影响是最直接和深远的。企业经营和管理信息逐步以电子方式进行，实现数字化管理，网上企业、网际企业、虚拟企业等新型企业系统开始出现。可以说，电子商务是人类经济、科技、文化发展的必然产物，它是信息化社会的商务模式，是商务的未来。网络财务作为电子商务的重要组成部分，更是掀起了会计史上的一次新的革命。

本章参考文献

［1］杨珺. 信息技术在电子商务中的应用［J］. 农业网络信息,2007(2).

［2］贺甲宁. 论信息安全技术在电子商务中的应用［J］. 电子制作, 2014(12).

［3］石海涛. 基于网络安全维护的计算机网络安全技术应用［J］. 电脑编程技巧与维护, 2014(8).

［4］张鸣. 信息安全技术在电子政务系统中的应用研究［A］. 计算机研究新进展(2010)——河南省计算机学会2010 年学术年会论文集［C］, 2010.

［5］李飞, 王应泉. 信息安全技术研究［A］. 开创新世纪的通信技术——第七届全国青年通信学术会议论文集［C］, 2001.

［6］云亮．计算机网络安全中入侵检测技术探讨［J］．科技传播，2012(3)．

［7］王方石，李曦，李向前．电子商务的安全性［A］．全国计算机网络应用年会论文集（2001）［C］，2001．

［8］韩晓舟，陈炜．电子商务下的会计信息系统［A］．全面建设小康社会：中国科技工作者的历史责任——中国科协 2003 年学术年会论文集（下）［C］，2003．

［9］徐贵宝，陈京京．电子商务技术综述［J］．邮电规划，2004，(3)．

［10］http：//www.docin.com/p- 490474207.html.

第五章　搜索引擎在电子商务中的应用

1994 年前后，万维网出现，它的开放性和其上信息广泛的可访问性使我们的信息资源得到前所未有的丰富。同时海量的信息也使得获取有效信息成为难点。如果想通过 Web 搜索到潜在的客户、替代的产品、可靠的供货商等有价值信息，就要求我们必须掌握搜索引擎的相关技术，能够从浩瀚的信息源中找到我们所需要的信息。

第一节　搜索引擎的工作原理

5.1.1　搜索引擎的分类

搜索引擎（Search Engine）是一个对互联网信息资源进行搜索整理、分类、并储存在网络数据库中供用户查询的系统，包括：信息搜集、信息分类及用户查询这三个部分。

从使用者的角度看，搜索引擎提供一个搜索框输入待搜索的关键词，通过网络提交给搜索引擎后，搜索引擎就会返回与用户输入的内容相关的信息列表。其实，搜索引擎涉及多领域的理论和技术：数字图书馆、数据库、信息检索、信息提取、人工智能、机器学习、自然语言处理、计算机语言学、统计数据分析、数据挖掘、计算机网络、分布式处理等，具有很强的综合性。搜索引擎的用途，对普通用户而言，搜索引擎则仅仅是一种查询工具，作为工具，使用者要了解搜索引擎的功用、性能，并掌握其使用方法和技巧；对商家来说，搜索引擎是一种盈利的产品或服务；而作为产品，搜索引擎商要研制、改进和创新其搜索技术；作为服务，搜索引擎营销商要研究搜索引擎优化和推广。利用搜索引擎的目的不同，构成了搜索引擎研究的不同群体和对搜索引擎不同角度不同侧重的研究。

常用的搜索引擎有如下几种：

1. Google 搜索引擎

"Google" 来源于 "Googol"，这是一个数学名词，表示一个 "1" 后面跟着 100 个 "0"。这个词是由美国数学家 Edward Kasner 的外甥 Milton Sirotta 创造的，随后通过 Kasner 和 James Newman 合著的《Mathematics and the Imagination》（《数学与想象力》）一书广为流传。Google 使用这一术语体现了公司整合网上海量信息的远大目标。

Google 的使命是整合全球信息，使人人皆可访问并从中受益。完成该使命的第一步始于 Google 创始人 Larry Page 和 Sergey Brin，他们在斯坦福大学的学生宿舍内共同开发了全新的在线搜索引擎，然后迅速传播给全球的信息搜索者。目前 Google 被公认为全球规模最大的搜索引擎，它提供了简单易用的免费服务，用户可以在最短的时间内得到相关的搜索结果。

Google 按照关键词的接近度确定搜索结果的先后次序，优先考虑关键词较为接近的结果。它是全球最大的搜索引擎，借助与 America Online、Netscape 及其他公司的合作伙伴关系，它所回应的查询远远多于其他在线服务商。Google 是互联网上 5 大最受欢迎的网站之一，在全球范围内拥有无数的用户，其中有超过 50% 的点击量来自美国境外。

作为目前世界上最大的搜索引擎，Google 支持多达 132 种语言，包括简体中文和繁体中文；Google 提供了最便捷的网上信息查询方法。通过对 20 多亿网页进行整理，Google 可为世界各地的用户提供适需的搜索结果，而且搜索时间通常不到半秒，现在每天需要提供 1.5 亿次查询服务。

2. 百度搜索引擎

百度，2000 年 1 月由从美国硅谷归来的李彦宏、徐勇创立于北京中关村。发展到今天，其基于字词结合的信息处理方式，相当巧妙解决了中文信息的理解问题，极大地提高了搜索的准确性和查全率。使它成为全球最大的中文网站、最大的中文搜索引擎。

百度每天响应来自 138 个国家超过数亿次的搜索请求。用户可以通过百度主页，在瞬间找到相关的搜索结果，这些结果来自于百度超过 10 亿的中文网页数据库，并且，这些网页的数量每天正以千万级的速度在增长。

百度一直致力于倾听、挖掘与满足中国网民的需求，秉承"用户体验至上"的理念，除网页搜索外，还提供 MP3、文档、地图、新闻、影视等多样化的搜索服务，率先创造了以贴吧、知道、百科、空间为代表的搜索社区，将无数网民头脑中的智慧融入了搜索。"百度一下"已经成为了人们进行搜索的新动词。

百度还为各类企业提供竞价排名以及关联广告服务。每个月有超过 5 千家的企业通过百度获得商机，5 万家企业使用百度竞价排名服务，超过 300 家大型企业使用百度搜索广告服务。

3. YaHoo（雅虎）

20 世纪 90 年代初，搜索引擎的应用起源于少数高校和科研机构中对研究论文的查找。1994 年 4 月，美国斯坦福大学电机工程系的博士生大卫·费罗（David Filo）和杨致远（Jerry Yang）建立了自己的网络指南信息库，将其作为记录他们个人对互联网的兴趣的一种方式。这就是 YaHoo 的前身。

但是不久，他们就发现他们自己编写的列表变得很长，不便于处理。于是他们开始在 YaHoo 身上花费越来越多的时间。

随后，他们将 YaHoo 变成了一个可定制的数据库，旨在满足成千上万的、刚刚开始通过互联网社区使用网络服务的用户的需要。他们开发了可定制的软件，帮助他们有效查找、识别和编辑互联网上存储的资料。

不久后，David Filo 和杨致远共同创办了雅虎公司，通过著名的雅虎目录为用户提供导航服务。雅虎目录有近 100 万个分类页面，14 个国家和地区当地语言的专门目录，包括英语、汉语、丹麦语、法语、德语、日语、韩文、西班牙语等。雅虎目录已成为最常用的在线检索工具之一，并成功地使搜索引擎的概念深入人心。

5.1.2 搜索引擎的种类

Google 和百度是一种全文搜索引擎（Full Text Search Engine），它们通过俗称"蜘蛛"（Spider）或"机器人"（Robot）的检索程序，通过互联网提取各个网站的网页信息（主要是文字信息），建立起信息索引库。当用户进行检索时，从该索引库中提取与用户搜索引擎查询条件相匹配的记录，再按一定的排列顺序返回给用户。这种引擎的特点是搜全率比较高。

像雅虎、搜狐等搜索引擎是目录索引搜索引擎。它是将网站分门别类地存放在相应的目录中，当用户在查询信息时，可选择关键词搜索，也可按分类目录逐层查找。目录索引搜索引擎的特点是检索的目标结果是网站，可以看作是网站的黄页查询；不足是数量有限、更新不及时，并且人工维护成本较高，但查找的准确率比较高。

而像 MetaCrawler、搜魅网（someta）属于元搜索引擎（Meta-Search Engine）。这类搜索引擎没有自己的数据，而是将用户的查询请求同时发向多个搜索引擎，然后将各个引擎返回的结果进行重复排除及重新排序后，作为自己的查询结果传递给用户。这类搜索引擎的特点是返回给用户的信息量大，但是信息数据不是自己采集的。

按照搜索机制划分，元搜索引擎包括并行式和串行式两类，并行式元搜索引擎运行时是将查询请求同时发向各个独立搜索引擎，然后将结果按特定的顺序呈现给用户；串行式元搜索引擎运行时是将查询请求先发向某个独立搜索引擎，待其返回结果后再将请求发往另一个独立搜索引擎。显然，并行式元搜索引擎运行模式较好，搜索所需时间也较短。

万纬搜索引擎就是非常有名的中文元搜索引擎之一。万纬中文集成搜索引擎包括了 5 个英文搜索引擎 Argos、Google、Hotbot、NorthernLight、Yahoo 和 7 个中文搜索引擎如网典、新浪、雅虎（中文）、搜狐、天网、悠游搜索。用户可根据需要自由选择其中最多 6 个引擎进行同步搜索，搜索结果可按相关度、时间、域名和引擎分类。

5.1.3　全文搜索引擎的组成部分

全文搜索引擎主要由四大系统构成。

（1）下载系统，用于从 Web 上采集各种类型的网页信息，并保持对 Web 变化的同步。

（2）分析系统，用于对下载系统采集的信息进行 PageRank 和分词计算。

（3）索引系统，用于将分析系统处理后的网页对象索引入库。

（4）查询系统，用于分析用户提交的查询请求，然后从索引库中检索出相关网页并将网页排序后，以查询结果的形式返回给用户。

1. 下载系统

搜索引擎要知道网上的信息，就得派人出去收集，每天都有新的网站产生，每天都有网站内容的更新，而且这些产生的网站数量、更新的网站内容是爆炸式的，靠人工是不可能完成这个任务的，所以搜索引擎的发明者就设计了计算机程序，由它们来执行这个任务。

探测器有很多叫法，也叫爬行器（Crawler）、蜘蛛、机器人。这些形象的叫法是描绘搜索引擎派出的蜘蛛机器人爬行在互联网上探测新的信息，Google 把它的探测器叫作 Google-bot，百度称为 Baiduspider，Yahoo 称为 Slurp，无论它们叫什么，它们都是人们编制的计算机程序，由它们不分昼夜地访问各个网站，取回网站的内容、标签、图片等，然后依照搜索引擎的算法给它们定制索引。

网络蜘蛛通过网页的链接地址来寻找网页，从网站某一个页面（通常是首页）开始，读取网页的内容，找到在网页中的其他链接地址，然后通过这些链接地址寻找下一个网页，这样一直循环下去，直到把这个网站所有的网页都抓取完为止。如果把整个互联网当成一个网站，那么网络蜘蛛就可以用这个原理把互联网上所有的网页都抓取下来。

从理论上说，网络蜘蛛从任何一个页面出发，顺着链接都能搜索尽网上的所有页面。但是，由于网站及页面链接结构异常复杂，网络蜘蛛采取一定的爬行策略去搜索网络中的页面。常用的爬行遍历策略是两种，一种是深度优先，另一种是广度优先。

所谓深度优先，指的是网络蜘蛛沿着发现的链接一直向前爬行，直到前面再也没有其它链接，然后返回到第一个页面，沿着另一个链接再一直往前爬行。网络蜘蛛跟踪链接，从 A 页面爬行到 A1、A2、A3、A4，到 A4 页面后，已经没有其他链接可以跟踪就返回 A 页面，顺着页面上的另一个链接，爬行到 B1、B2、B3、B4。在深度优先策略中，网络蜘蛛一直爬到无法再向前，才返回爬另一条线。

广度优先是指网络蜘蛛在一个页面上发现多个链接时，不是顺着一个链接一直向前，而是把页面上所有第一层链接都爬一遍，然后再沿着第二层页面上发现的链接爬向第三层页面。网络蜘蛛从 A 页面顺着链接爬行到 A1、B1、C1 页面，直到 A 页面上的所有链接都爬行完，然后再从 A1 页面发现的下一层链接，爬行到 A2，A3，A4，……。

那么电子商务中的商品宣传页面如果能够被网络蜘蛛抓取到，让消费者能够通过搜索引擎查询到自己的产品页面，就需要设法吸引网络蜘蛛来抓取，尽量让商品页面被网络蜘蛛作为重要页面抓取。那么，哪些页面被认为比较重要呢？有下面的几方面影响因素：

（1）网站和页面权重。质量高、资格老的网站被认为权重比较高，这种网站上的页面被抓取的深度也会比较高，所以会有更多深度链接的网页被收录。

（2）页面更新度。网络蜘蛛每次爬行都会把页面数据存储起来。如果第二次爬行发现页面与第一次收录的完全一样，说明页面没有更新，网络蜘蛛也就没有必要经常抓取。如果页面内容经常更新，网络蜘蛛就会更加频繁地访问这种页面，页面上出现的新链接，也自然会被网络蜘蛛更快地跟踪，抓取到新页面。

（3）导入链接。无论是外部链接还是同一个网站的内部链接，要被网络蜘蛛抓取，就必须有导入链接引入页面，否则网络蜘蛛根本没有机会知道页面的存在。高质量的导入链接也经常使页面上的导出链接的爬行深度增加。

（4）与首页点击距离。一般来说网站上权重最高的是首页，大部分外部链接是指向首页的，网络蜘蛛访问最频繁的也是首页。离首页点击距离越近，页面权重越高，被网络蜘蛛爬行的机会也越大。

2. 分析系统

分析系统主要完成信息抽取、网页消重、中文分词和 PageRank 计算等工作。

网络蜘蛛抓取到的页面中的 HTML 代码，里面包含了大量的 HTML 格式标签、CSS 样式及 JavaScript 脚本等无法用于排名的内容。搜索引擎的分析系统首先要做的就是从 HTML 的字符流中提取网页显示的文字信息。搜索引擎也会提取出一些特殊的包含文字信息的代码，如 Meta 标签中的文字、图片替代文字、链接锚文字等。这种处理称为"网页结构化"。网页结构化对网络蜘蛛抽取的 HTML 网页中的数据按照如下几个基本信息依次抽取，打包出一个网页对象。

（1）锚文本。某个商品构件的主页可能被供应商的网页中存在的锚（anchor）所指向，其锚文本就是该网页的最佳描述。特别是对于某些没有标题的网页，锚文本是最好的补充。

（2）标题。特指 HTML 标识语言中 < title > </title > 中间的文字部分，这部分文字表达了网页的基本主题或者核心内容。

（3）正文标题。可能网页中 < title > < /title > 被忽视了，或者其中的文字没有任何网页描述特性，因而需要抽取正文中适当的文字作为正文标题。例如，抽取 < H1 > …… < H6 > 系列的正文标识中文字。

（4）正文。正文是一个网页的主体内容，它完整地表述了网页的内容，一般出现在 < body > 标签中。

（5）正向链接。正向链接是引导用户继续深入了解网页相关信息的链接，通常采用 < a > 标签表示。这些链接的文字也就是其他网页的锚文本。

对于网络蜘蛛抓取的网页还存在一个问题，就是相同内容的页面可能在不同 IP 地址的网页中出现。对于网页内容完全相同的页面可以称为镜像页面，而主题内容相同的页面称为转载页面，对于 Web 中存在大量转载页面，搜索引擎就要通过网页消重方法去掉网页集合中转载的网页。而当前搜索引擎的消重原理主要采用基于关键词匹配和结合向量空间模型来消除转载网页。首先提取并记录网页中出现的关键词，同时根据预定的算法赋予每个关键词一个权限，这些关键词的权限构成了一个向量空间，可以用来表示抽取的网页，将每个页面权重最高的 N 个关键词构成的特征项集合用消息摘要算法计算其消息摘要值，如果两个网页间 N 个消息摘要中 M 个相同，就可以认为它们是转载网页，可以去除一个。

因为英语、德语等西方语言通常采用空格或标点符号将词隔开，所以词语的获得比较简单，但是中文等东方语言，虽然句子间有分隔符，但是词与词间没有分隔符，所以需要靠计算机切割出词语，因此搜索引擎在处理中文类网页时还要多一项任务就是中文分词。中文分词算法通常分为三大类：基于字典、词库匹配的分词方法、基于词频统计的分词方法和基于知识理解的分词方法。基于字典、词库匹配的分词方法主要应用词典匹配、汉语语法等通过最大匹配算法、最小分词方法等进行分词处理。这类方法简单、效率高，但是不适合丰富的汉语言的语言环境。基于统计的分词方法则利用字和词的统计信息，如把相邻字句的信息、词频及相应的共现信息等应用于分词。该方法具有较强的实用性。基于知识理解的分词方法主要基于句法、语法分析，并结合语义分析，通过对上下文内容所提供信息的分析对词进行定界，它通常包括三个部分：分词子系统、句法语义子系统、总控部分。在总控部分的协调下，分词子系统可以获得有关词、句子等的句法和语义信息来对分词歧义进行判断。这类方法试图让机器具有人类的理解能力，需要使用大量的语言知识和信息。由于汉语语言知识的笼统、复杂性，难以将各种语言信息组织成机器可直接读取的形式。因此目前基于知识的分词系统还处在实验阶段。

PageRank 即网页排名，又称网页级别。是一种由搜索引擎根据网页之间相互的超链接计算的技术，而作为网页排名的要素之一。PageRank 计算就是搜索引擎把从 A 页面到 B 页面的链接解释为 A 页面给 B 页面投票，搜索引擎根据投票来源（甚至来源的来源，即链接到 A 页面的页面）和投票目标的等级来决定新的等级。通过 PageRank，一个高等级的页面可以使其他低等级页面的等级提升，那么用户能更快更多概率的查询到该低等级页面的内容。

3. 索引系统

下载和分析系统主要研究如何更快速抓取更多高质量网页的相关技术，而索引系统研究如何从以亿为单位的网页库进行内容的组织，为用户提供高性能的检索服务。搜索引擎通常采用倒排索引方式。下面以事例讲解一下倒排索引的建立过程如：

（1）网页1的内容："张三居住在九江，我也居住九江"。

（2）网页2的内容："他曾经居住武汉"。

通过分析系统分析出每个页面的关键词集合：

（1）页面1的关键词：［张三］［居住］［九江］［我］［居住］［九江］。

（2）页面2的关键词：［他］［居住］［武汉］。

因此可以建立基本倒序索引表（见表5－1），此表关键词部分就是把网页中分析的关键词，而后面的倒排列表就是该关键词被搜索的页面的 URL 的先后顺序的倒序关系。

表5－1　基本倒排索引表

关键词	倒排列表（URL）
张三	页面1
居住	页面1，页面2
九江	页面1
我	页面1
他	页面2
武汉	页面2

表5－2是一个相对复杂些的倒排索引，与表5－1的基本倒序索引相比，在关键词对应的倒排列表中不仅记录了关键词出处的 URL，还记载了单词频率信息（TF），即这个单词在某个文档中的出现次数，之所以要记录这个信息，是因为词频信息在搜索结果排序时，计算查询和文档相似度是很重要的一个计算因子，所以将其记录在倒排列表中，以方便后续排序时进行分值计算。

表5－2　带有单词频率信息的倒排索引

关键词	倒排列表（URL：TF）
张三	（页面1：1）
居住	（页面1：2），（页面2：1）
九江	（页面1：2）
我	（页面1：1）
他	（页面2：1）
武汉	（页面2：1）

有了这个索引系统，搜索引擎可以方便地响应用户的查询，如用户输入查询词"九江"，搜索系统查找倒排索引，从中可以读出包含这个单词的文档，这些文档就是提供给用户的搜索结果，而利用单词频率信息即可以对这些候选搜索结果进行排序，计算文档和查询的相似性，按照相似性得分由高到低排序输出。

4. 查询系统

它直接面向用户，在接受用户提交的查询请求后，通过检索、排序及摘要提取等过程，将结果组织成搜索结果返回给用户。整个过程不仅要快，而且要准确，才能满足用户的需要。

早期的检索模型是一种称为"布尔模型"的检索模型。它是一种采用 AND、OR 或者 NOT 等逻辑运算符将多个查询词连成一个逻辑表达式，继而通过布尔预算进行检索的简单匹配模型。这种检索易于实现，检索速度快，但是没有考虑网页与查询词的相关性问题，因此查询词中只要有一个关键词没有包含，就可能出现结果遗漏的现象。

还有一种"向量空间模型"，它提出了将查询词和文档按照关键词的维度分别向量化，然后通过计算这两个向量间夹角余弦的方法得到文档与查询词的相似度。从而优先检索那些和查询词相似度大的文档，并且能够对检索出的文档按照与查询词的相似度进行排序。它通常通过三个步骤进行检索：

（1）把原始查询和网页关键词库都看作是文本，使用同样的向量化过程分别得到查询向量和关键词向量；

（2）通过计算向量相似度的方法计算原始查询和关键词的相似度。

（3）按照与查询词的相似度从大到小排序文档，返回给用户。

搜索引擎采用了布尔模型和向量空间模型结合的方法来进行信息检索，布尔检索的检索效率高而且容易实现；向量空间模型能提高检索的相似性，通过相似度排序的手段能够极大改善查询搜索范围。

搜索引擎的使用步骤：

虽然有很多不同（且同样有效的）方法用于网络搜索，但是如果使用如下的步骤就可以获得很好的搜索结果。其步骤如下：

（1）想好要寻找什么。哪些词能够最好地描述要寻找的信息或者概念？哪些词是能够用来替换的？有没有哪些词是可以不必包括在想要搜索的更好定义的需求之内？

（2）构建搜索要求。使用尽可能多所需要的关键词；越多越好。如果存在可能的话，试着用适当的搜索操作来使搜索更精准——或者，如果愿意的话，可以使用高级搜索页面。

（3）点击"搜索"按钮进行搜索。

（4）评估一下搜索结果页面上的匹配程度。如果一开始的结果与想要的不一致，再提炼搜索要求并重新搜索——或转向更合适的搜索站点再进行搜索。

（5）选择想要查看的匹配的页面，点击进行浏览。

（6）保存这些最符合需求的信息。

第二节　搜索引擎的使用

5.2.1　搜索引擎的使用技巧

作为一名电商从业者，一定要了解搜索引擎的使用技巧，以便更快捷灵活的搜索到潜在的客户，更有商机的产品等。而针对不同的搜索主题，应当选用不同的搜索引擎，通常对中文信息的搜索采用百度搜索引擎，而国外信息一般使用 Google 搜索引擎。

1. Google 搜索的规则

一般就是在 Google 的搜索框中输入一两个关键字，然后点击"搜索"按钮，等着

Google 显示出它第一页的搜索结果。这是一个相当简单的匹配算法模式的搜索，不幸的是，通常此时出现的大部分并不是需要的结果。其实，还是有更好的方式能够让搜索产生一些更少、更为准确的结果。只要准确遵守 Google 的搜索规则，就能很快得到更多更好的 Google 搜索结果。

（1）And 规则。

在 Google 的检索规则中，最基本的一条是 And 规则，即当你输入多个检索词之后，Google 默认为要检索所有的包含所有检索词的网页，它们之间为 And 链接。

大多数的用户都没有意识到，Google 会自动假定一次搜索要求中所有的词之间都是一种"和"的关系。也就是，如果你输入两个词，它就会假定你所寻找的页面是包含这两个词的。它不会反馈给你仅包含其中一个词的页面。

这就使得你无须在输入搜索要求时输入一个"和"。如果你想要搜索的包括"Bob"和"Ted"，你所需要做的就是输入 bob ted 即可。Google 会自己假定一个"和"，并自动地将它们包括在内部的索引搜索内。

这与在所要求的词之间假定"或"是不同的。例如，对比输入的要求"bob ted"（记得，这个实际上是 bob 和 ted）与"bob 或 ted"。根据第一个要求所得的结果所包含的页面会共同提到 Bob 和 Ted。而后者，结果所包含的页面会只单独提到 Bob，也有些页面是单独提到 Ted，还有一些是共同提到他们二者的。这是一个微妙的差异，但却是很重要的。

（2）排除常用词规则。

在 Google 的检索规则中，有些常用词如"的"、"the"或者"of"等这些词是不被当作检索词而被忽略掉的。

所有类似这些"and"和"or"的词，Google 会自动地将这些在你输入的搜索要求中的不重要的、普通的词忽略掉。这些被称作是"忽略的单词"，包括"and""the""where""how""what""or"（所有字母皆为小写，还有其他一些类似的词——包括一些单独的数字或单独的字母（如"a"）。

在搜索中包含会被忽略的单词并没有什么大碍，不过会使搜索速度有些下降，这就是 Google 将它们剔除的原因。举一个例子，你想要搜索的是"how a toaster works"（烤箱如何工作），Google 会移除"how"和"a"两个词，并自行按新的更短的关键词"toaster works"进行搜索。

（3）不区分大小写规则。

Google 对于检索词中的大小写是完全不做区分的，这个规则的设置是为了改善检索结果，因为利用这样一个规则，就可以检索到包含该词的所有网页，避免了因为大小写不规范而造成的在查全率上的损失。

（4）排除标点符号规则。

Google 并不认为标点符号具有与文字一样的重要地位，因此 Google 会忽略检索之间绝大多数的标点符号。但是单引号和连字符是不会被省略的。

（5）检索词的词序和邻近规则。

在 Google 中，检索词的排序方式对于整个检索式具有重要的影响，它将首先匹配按照检索式给出的次序进行搜索。同时它也将优先匹配检索词相互邻接的网页。

2．Google 搜索的运算符

（1）双引号（""）。

双引号界定多个检索词，可以查到各个单词按相同顺序在一起出现的网页，只将要搜索词组用双引号括起来。

当搜索一个特定词组时，如果只是简单地输入词组中所有的词，是无法得到最好结果的。Google 也许能够反馈出包含这个词组的结果，但它也会列出包含所输入所有词的结果，却未必让这些词按照正确的顺序。

如果要搜索一个特定的词组，应该将整个词组放在一个引号内。这样就能让 Google 搜索规定顺序的精确的关键词。

例如，如果要搜索"Monty Python"，可以输入 monty python 作为搜索要求，接着也许会获得可接受的结果；这些结果中会包含有着"monty"和"python"两个词的页面。但这些结果并不仅是包含了关于英国喜剧团体的页面，还包括了名叫 Monty 的蛇，以及名叫 Monty 的家伙，他养了蛇当宠物，还有其他一些包括了"monty"和"python"的词的页面，即使它们之间看起来似乎毫无关联。

为了将搜索结果限定在只关于 Monty Python 喜剧团之内，也就是想要搜索的页面是按规定的顺序，将这两个词作为一个词组包含在内的，就应该在输入搜索要求时输入"monty python"——确保这个词组在引号之内。这样的话，如果没有按照规定的顺序将这两个词匹配为一个精确的词组，这个页面就不会被列在搜索结果当中。

（2）通配符（＊）。

在检索时，如果只知道某字句的一部分，可以通过通配符来进行检索。在 Google 中，使用星号作为通配符运算符，表示匹配用它代表的任何词。

"＊"这个是搜索通配符，是搜索中一个实用的技巧，用法和以前在 DOS 下 DIR 的用法一样，如我们搜索相机资料的时候，只记得佳能相机有一款叫什么 800 的，具体中间是什么却记不清楚了，这时候我们使用通配符搜索，搜索"佳能 ＊ 800"，这时候我们从第一条搜索结果看到了，原来相机名字是"佳能 IXUS 800"。

（3）"OR"、"＋"、"－"和"～"。

在检索式中运算符 OR 必须以大写的形式出现，否则会把它看成是普通的检索词。OR 运算符告诉 Google 查找包含其中任何一个词的网页。运算符"＋"表示包含运算符后面的词。运算符"－"表示不包含该运算符后面的词。运算符"～"让 Google 检索该词及其同义词。

为了让 Google 必须在搜索中包含（"and""the""where""how""what""or"）特定的词，使它不被排入"忽略的单词"。想要做到这点，就可以在确实需要的词之前加上一个"＋"符号。例如，要在搜索要求中包含"how"，输入"＋how"。请确保在＋符号之前有一个空格符，而不是在它之后。

有时如果想要通过排除一些包含特定词的页面来精练搜索结果。可以通过使用一个"－"号来去掉搜索结果中不想要包括在内的词；在搜索要求中任何之前加上了"－"符号的词都会自动地排除在搜索结果之外。同样地，也请记住在"－"符号之前留一个空格符。

例如，如果想要搜索"bass"，你所得到的页面可能会包括男歌手一类的或是关于鱼的一类的。如果仅想搜索的是歌手这类的页面，输入搜索要求时只要输入："bass – fish"就行了。

要搜索类似"elderly"的词，输入"～elderly"，所得到的页面就会不仅是包括"elderly"这个词，还会有包括"senior""older""aged"等词的页面。如果要只是列出近义词的页面，而不需要给出许多原先输入的那个词的页面，可以用"–"符号来连接"～"操作，例如"～keyword–keyword"。这样就能在近义词所得的结果中排除原先输入的词。在先前的例子中，要得到仅有"elderly"近义词的搜索结果，就输入"～elderly–elderly"即可。

综合应用事例：

示例1：搜索所有包含关键词"搜索引擎"和"历史"的中文网页。

搜索："搜索引擎 历史"。

结果：已搜索有关"搜索引擎"和"历史"的中文（简体）网页。共约有78600项查询结果，这是第1～10项。搜索用时0.36秒。

用了两个关键字，查询到的结果是7万多条。但查看一下搜索结果，发现前列的绝大部分结果还是不符合要求，大部分网页涉及的"历史"，并不是我们所需要的"搜索引擎的历史"。怎么办呢？删除与搜索引擎不相关的"历史"。我们发现，这部分无用的资讯，总是与"文化"这个词相关，另外一些常见词是"中国历史"、"世界历史"和"历史书籍"等。

示例2：搜索所有包含"搜索引擎"和"历史"但不含"文化"、"中国历史"和"世界历史"的中文网页。

搜索："搜索引擎 历史 – 文化 – 中国历史 – 世界历史"。

结果：已搜索有关"搜索引擎 历史 – 文化 – 中国历史 – 世界历史"的中文（简体）网页。共约有36800项查询结果，这是第1～10项。搜索用时0.22秒。

我们发现在相关搜索到的页面中出现"archie"、"lycos"和"蜘蛛"等字样的概率较多，因此可以进一步搜索包含这些词的网页。

示例3：搜索如下网页，要求必须含有"搜索引擎"和"历史"，没有"文化"，可以含有以下关键字中任何一个或者多个："Archie"、"蜘蛛"、"Lycos"及"Yahoo"。

搜索："搜索引擎 历史 archie OR 蜘蛛 OR lycos OR yahoo – 文化"。

结果：已搜索有关"搜索引擎 历史 archie OR 蜘蛛 OR lycos OR yahoo – 文化"的中文（简体）网页。共约有8400项查询结果，这是第1～10项。搜索用时0.16秒。

（4）圆括号（( )）。

逻辑关系优先级使用圆括号，如查找包含"java"和"JVM或者虚拟机"的内容可以使用：Java（JVM或者虚拟机）组合形式。

（5）.. 搜索数字范围。

用两个半角句号（不加空格）隔开两个数字可查看日期、价格和尺寸等指定数字范围的搜索结果。Google 提供了这个很有用的搜索技巧，可以搜索一组数字，如100，101，102，这时候我们可以使用搜索100..102来完成对一个数字范围的搜索，其中第一个数字是最小值，第二个数字是最大值，两个数字之间是2个半角的句号。

这个技巧对于模糊数字的搜索是很有效的，如我们想要购买一款数码相机，这个相机是600万像素以上，900万像素以下，并且我们能够接受的价格是3000～4000元，这时候我们可以搜索这个"数码相机 600..900 百万像素 3000..4000 元",就可以搜索到所有 600 万像素至 900 万像素以及 3000 元至 4000 元之间的符合规格的相机了。

3. Google 搜索的语法结构

使用 Google 所提供的特殊的语法结构,能够帮助用户缩小检索范围,更有效地找到所需要的内容。在一般情况下,Google 将整个网页进行收录和索引,通过专门的语法结构,可以让用户搜索网页的某些特定部分或者特定信息。

(1) Intitle。

将搜索范围限制在网页的标题内,即检索词仅匹配(在网页标题中)字词出现在检索结果的网页的链接内和打开网页后浏览器的标题栏内。

示例:搜索张三丰的个人主页。

搜索:"intitle:张三丰"。

(2) Intext。

只在网页的正文中检索关键词,即忽略超链接文本、URL 及标题等。

示例:搜索正文中包含"美的空调"的页面。

搜索:"intext:美的空调"。

(3) Inanchor。

在页面的链接锚点进行搜索,即在一个链接的描述文本内进行检索。

如在 Google 搜索"inanchor:点击这里",返回的结果页面本身并不一定包含"点击这里"这四个字,而是指向这些页面的链接文字中出现了"点击这里"这四个字。

(4) Site。

"site" 表示搜索结果局限于某个具体网站或者网站频道,如 "sina. com. cn"、"edu. sina. com. cn",或者是某个域名,如 "com. cn""com" 等。如果是要排除某网站或者域名范围内的页面,只需用 "-网站/域名"。

示例 1:搜索中文教育科研网站(edu. cn)上所有包含"电子商务"的页面。

搜索:"电子商务 site:edu. cn"。

结果:已搜索有关电子商务 site:edu. cn 的中文(简体)网页。共约有 108680 项查询结果,这是第 1~10 项。搜索用时 0. 96 秒。

示例 2:搜索包含"电子商务"和"外贸"的新浪网站页面。

搜索:"电子商务 外贸 site:sina. com. cn"。

结果:已在 sina. com. cn 搜索有关电子商务外贸的中文(简体)网页。共约有 9901 项查询结果,这是第 1~10 项。搜索用时 0. 64 秒。

注意:site 后的冒号为英文字符,而且,冒号后不能有空格,否则,"site:"将被作为一个搜索的关键字。此外,网站域名不能有"http"及"www"前缀,也不能有任何"/"的目录后缀。

(5) Inurl。

将搜索结果限制在 URL 或者网站页面上,它可以查询网站的子目录。一般通过这个语法,我们可以查找某些特定的内容页,如帮助页,也可以查找特定的文件,如音乐或者视频文件。

Inurl 语法返回的网页链接中包含第一个关键字,后面的关键字则出现在链接中或者网页文档中。有很多网站把某一类具有相同属性的资源名称显示在目录名称或者网页名称中，如"MP3""GALLARY"等，于是，就可以用 Inurl 语法找到这些相关资源链接，然后，用第二个关键词确定是否有某项具体资料。Inurl 语法和基本搜索语法的最大区别在于，前者通常能提供非常精确的专题资料。

示例1：查找 MIDI 曲"沧海一声笑"。

搜索："inurl：midi 沧海一声笑"。

结果：已搜索有关 inurl：midi 沧海一声笑的中文（简体）网页。共约有14项查询结果，这是第1~10项。搜索用时 0.01 秒。

示例2：查找微软网站上关于 windows2000 的安全课题资料。

搜索："inurl：security windows2000 site：microsoft. com"。

结果：已在 microsoft. com 内搜索有关 inurl：security windows2000 的网页。共约有 198 项查询结果，这是第 1~10 项。搜索用时 0.37 秒。

注意："inurl："后面不能有空格，Google 也不对 URL 符号如"/"进行搜索。

（6）Link。

"Link"语法返回所有链接到某个 URL 地址的网页。

示例：搜索所有含指向华军软件园" www. newhua. com"链接的网页。

搜索："link：www. newhua. com"。

结果：搜索有链接到 www. newhua. com 的网页。共约有 695 项查询结果，这是第 1~10 项。搜索用时 0.23 秒。

注意："link"不能与其他语法相混合操作，所以"link："后面即使有空格，也将被 Google 忽略。

（7）Filetype。

检索特定类型的文件，即搜索后缀或者文件的扩展名。在我们寻找特定格式的内容的时候，这项语法是必不可少的。

"filetype："，这是个尚在测试阶段。普通页面似乎上只能查询 PDF 文件。在图像搜索里可以查 JPG 文件"Bin Laden filetype：jpg"。

示例：搜索关于电子商务的 PDF 文档。

搜索："电子商务 filetype：pdf"。

（8）Daterange。

查找在一定的日期或者一定的日期范围内，Google 索引的网页（该语法只关注被 Google 收录的时间，而不关注网页创建的时间）。格式：daterange：开始时间 - 结束时间。

（9）Related。

检索与某特定网页类似的网页。这在搜寻相关内容或者具有类似功能的网页的时候，非常有帮助。

是否有发现过一个网页是确实很喜欢的，又想知道是否还有与它类似的其他网页呢？不需要再疑虑地思考了；可以使用 Google 的相关来寻找：这个操作算符所显示的页面会与特定的页面在某些方面是相似的。例如，如果很喜欢 InformIT 上的文章，可以通过输入"related：http：//www. informit. com"来寻找类似的页面。

（10）搜索 Google Directory。

Google 在它的搜索数据库中将成千上万的网页索引化——这就不会产生压倒性数量的搜索结果。量确实已经够了，但有时你也许会更愿意得到一些高质量的结果。

由于质量较数量更为重要，就可以绕过主要的 Google 搜索引擎而使用 Google Directory 来代替。Google Directory 是一个网页清单相对较小的数据库，它们都是通过一个人工编辑团队手动精心挑选的。Google Directory 是有被注释和组织到相关的话题类目下的。可以通过类目来浏览网页目录，或是搜索指定的项目。

Google Directory 是一个可用来搜索大量 Google 网页索引实用选择。Google Directory 的结果比起在更大的搜索索引范围中的搜索结果更为集中且高质，也能够帮助在任何给定的类目下更好地认识什么是可用的信息。另外，如果喜欢，也可以利用浏览类目来替代搜索。

要进入 Google Directory，点击 Google 主页上的"更多"链接，在接下来的页面中选择类别。当然，你也可以直接进入 Google 的 Directory，只要在浏览器中输入"directory. google. com"即可。

4. Google 提供的其他相关搜索环境

可以通过使用其中 Google 更为专业的搜索站点之一来得到更好的结果。它们包括：

Froogle 可以用来搜索那些有着最低价格的特定商品的在线购物网站。

Google Answers 所提供的服务是直接让你的搜索需求面向专业人员的小组，大多数都是用于当你有着更为复杂的问题，而无法通过简单的搜索来解答的时候。

Google Apple Macintosh Search 主要是在 apple. com 域名中，以及和其他与苹果公司相关的站点进行搜索。

Google Blog Search 是用来搜索博客和博客文章的。

Google Book Search 可以搜索成千上万的小说和非小说类图书的全文。

Google BSD UNIX Search 可以搜索到大量专门为 BSD 版本的 UNIX 操作系统专业化的站点。

Google Groups 可以搜索到 Google Groups 档案的相关文章。

Google Linux Search 用来搜索大量与 Linux 相关的网站。

Google Microsoft Search 可以搜索主要是 microsoft. com 域名中的内容，以及其他微软相关的站点。

Google News 可用来搜索大量有最新新闻和头条的新闻网站，也能够搜索历史的新闻资料，一直可以追溯到两个世纪之前。

Google Scholar 在一个有着学术杂志、文章、报纸、论文和书籍的数据库中进行搜索，也能够选择大学或研究书库。

Google U. S. Government Search 是用来搜索那些美国政府的网站——这是一个最好的用来搜索官方性政府举措、信息、报告等的地方。

Google University Search 能在一个有着超过 600 所大学网站的数据库中进行搜索——能够用来查询课程安排、入学资料等。

使用 Google 快讯可以提高工作效率。做为一个公司员工，每天都要关注自己公司和竞争对手的最新消息，怎么才能在最短的时间内获得最多的信息呢？可以使用 Google。

Google 快讯是 Google 新闻的定制化自动发送，用户可以定制自己需要的内容，Google 会在设定的时间内（即时、每天、每周）给用户发送 Google 最新搜索到的新闻文章，非常方便。例如，我是一家做搜索的开发公司，我需要每天关注自己的竞争对手，因此我只要登录：http://www.google.com/alerts? hl = zh-CN，然后在"搜索字词"中输入"Google"，"频率"为每天，即可每天收到关于 Google 的最新消息，同样在"搜索字词"中输入"百度"，可以获得百度的最新消息。当然，搜索关键字不只是公司，可以用这个工具跟踪任何信息，如输入某个名人的名字，可以追踪这个名人的最新消息和新闻；搜索某个行业名称，可以追踪这个行业的相关新闻；搜索某个新闻事件，可以得到这个事件的最新报道。

5.2.2　搜索引擎的应用技巧

首先必须明白，网络资源搜索的第一步不是选择搜索引擎，而是分析提问内容，从提问内容中提取最能表达提问主题的若干个关键词，再将这些提问关键词组合成最适合表达提问内容的提问表达式。即"内容—关键词—表达式"的过程。下面把常用的搜索技巧罗列出来：

1. 选择适当的查询词

（1）表述准确。查询词表述准确是获得良好搜索结果的必要前提。一类常见的表述不准确情况是，脑袋里想着一回事，搜索框里输入的是另一回事。例如，要查找 2014 年国际十大新闻，查询词可以是"2014 年国际十大新闻"；但如果把查询词换成"2014 年国际十大事件"，搜索结果就没有能满足需求的了。另一类典型的表述不准确，是查询词中包含错别字。例如，要查找小米手机，用"小米手机"，当然是没什么问题；但如果写错了字，变成"晓米"，搜索结果就差得远了。

（2）注意查询词的主题关联与简练。目前的搜索引擎并不能很好的处理自然语言。因此，在提交搜索请求时，您最好把自己的想法，提炼成简单的，而且与希望找到的信息内容主题关联的查询词。

【案例】

某三年级小学生，想查一些关于时间的名人名言，他的查询词是"小学三年级关于时间的名人名言"。这个查询词很完整的体现了搜索者的搜索意图，但效果并不好。绝大多数名人名言，并不规定是针对几年级的，因此，"小学三年级"事实上与主题无关，会使得搜索引擎丢掉大量不含"小学三年级"，但非常有价值的信息；"关于"也是一个与名人名言本身没有关系的词，多一个这样的词，又会减少很多有价值信息；"时间的名人名言"其中的"的"也不是一个必要的词，会对搜索结果产生干扰；"名人名言"，名言通常就是名人留下来的，在名言前加上名人，是一种不必要的重复。因此，最好的查询词，应该是"时间名言"。

（3）根据网页特征选择查询词，很多类型的网页都有某种相似的特征。例如，小说网页，通常都有一个目录页，小说名称一般出现在网页标题中，而页面上通常有"目录"两个字，点击页面上的链接，就进入具体的章节页，章节页的标题是小说章节名称；软件下载页，通常软件名称在网页标题中，网页正文有下载链接，并且会出现"下载"这个词，等等。经常搜索，并且总结各类网页的特征现象，并应用查询词的选择中，就会使得搜索变得准确且高效。例如，找明星的个人资料页。一般来说，明星资料页的标题，通常是明星的名字，而在页面上，会有"姓名""身高"等词语出现。例如，找林青霞的个人资料，就可以用"林青霞 姓名 身高"来查询。而由于明星的名字一般在网页标题中出现，因此，更精确的查询方式，可以是"姓名 身高 intitle：林青霞"。Intitle，表示后接的词限制在网页标题范围内。这类主题词加上特征词的查询构造方法，适用于搜索具有某种共性的网页。前提是您必须了解这种共性（或者通过试验性搜索预先发现共性）。

2. 找问题解决办法

我们在工作和生活中，会遇到各种各样的疑难问题，如电脑中毒了、被开水烫伤了，等等。很多问题其实都可以在网上找到解决办法。因为某类问题发生的概率是稳定的，而网络用户有好几千万，于是几千万人中遇到同样问题的人就会很多，其中一部分人会把问题贴在网络上求助，而另一部分人，可能就会把问题解决办法发布在网络上。有了搜索引擎，我们就可以把这些信息找出来。找这类信息，核心问题是如何构建查询关键词。一个基本原则是，在构建关键词时，我们尽量不要用自然语言（所谓自然语言，就是我们平时说话的语言和口气），而要从自然语言中提炼关键词。这个提炼过程并不容易，但是我们可以用一种将心比心的方式思考："如果我知道问题的解决办法，我会怎样对此作出回答。"也就是说，猜测信息的表达方式，然后根据这种表达方式，取其中的特征关键词，从而达到搜索目的。例如，我们上网时经常会遇到陷阱，浏览器默认主页被修改并锁定。这样一个问题的解决办法，我们应该怎样搜索呢？首先要确定的是，不要用自然语言。比如，有的人可能会这样搜索"我的浏览器主页被修改了，谁能帮帮我呀"。这是典型的自然语言，但网上与这样的话完全匹配的网页，几乎就是不存在的。因此这样的搜索常常得不到想要的结果。我们来看这个问题中的核心词汇。对象：浏览器（或者 IE）的主页。事件：被修改（锁定）。"浏览器"、"主页"和"被修改"，在这类信息中出现的概率会最大，IE 可能会出现，至于锁定，用词比较专业化，不见得能出现。于是关键词中，至少应该出现"浏览器"、"主页"和"被修改"，这是问题现象描述。一般情况下，只要对问题作出适当的描述，在网上基本上就可以找到解决对策。

例如，"浏览器主页被修改"。

例如，"冲击波病毒 预防"。

再如在 JDBC 的调试中出现了：

Exception in thread "main" java. sql. SQLException：Io 异常：The Network Adapter could not establish the connection

  at oracle. jdbc. driver. DatabaseError. throwSqlException（DatabaseError. java：124）

  at oracle. jdbc. driver. DatabaseError. throwSqlException（DatabaseError. java：161）

  at oracle. jdbc. driver. DatabaseError. throwSqlException（DatabaseError. java：273）

  at oracle. jdbc. driver. T4CConnection. logon（T4CConnection. java：318）

  at oracle. jdbc. driver. PhysicalConnection. ＜init＞（PhysicalConnection. java：343）

  at oracle. jdbc. driver. T4CConnection. ＜init＞（T4CConnection. java：147）

  at oracle. jdbc. driver. T4CDriverExtension. getConnection（T4CDriverExtension. java：31）

  at oracle. jdbc. driver. OracleDriver. connect（OracleDriver. java：545）

  at java. sql. DriverManager. getConnection（DriverManager. java：579）

  at java. sql. DriverManager. getConnection（DriverManager. java：221）

atTestJDBC. main（TestJDBC. java：12）

从上面的异常显示来看触发了很多异常，但是我们发现其实真正的异常触发原因就是"Exception in thread "main"java. sql. SQLException：Io 异常：The Network Adapter could not establish the connection"，因此我们要解决这个异常现象，就只要在搜索引擎中可以使用："The Network Adapter could not establish the connection" jdbc 作为搜索内容，找别人对此类异常的解决方法。

3. 找产品使用教程

当使用一种新软件，或者新产品（如扫描仪）时，往往会需要一个细致的教程。类似教程在书店里常可以买到，但在网上一样也可以搜索到。教程的搜索，有两个要点，第一个要点是，这个教程是针对什么产品做的。这点比较好确定。例如，找 office 2000 的教程，这第一个要点的内容就是"office 2000"。第二个要点是，这类教程通常会有一些什么样的特征关键词。也就是说，如果某个网页是某类产品的教程，这个页面上，会有一些什么样的词汇，来表明这个网页是教程。对这些特征关键词的把握是搜索老手和新手的差别所在。其实只要平时做个有心人，对类似问题多总结，多记忆，搜索技能就会慢慢熟练。对教程类网页而言，常出现的特征关键词有：教程、指南、使用指南、使用手册、从入门到精通，等等，而在 URL 链接中，通常会有汉语拼音的"jiqiao"来标注这个页面是技巧帮助性页面。通过一次搜索就达到目的通常会有些困难，但多次试验，总会构建出一个非常好的搜索关键词。

例如，"JQuery 技巧集锦"。

例如，"数码手写器 使用指南"。

例如，"HTML inurl：jiqiao"。

4. 找英汉互译

尽管手头有英文词典，但翻词典不仅麻烦、速度慢，而且可能对某些词汇的解释不够详尽。多数词典只能对单个汉字词语做出对应的英文解释，但该解释在上下文中也许并不贴切。搜索引擎找英汉互译的一个长处就在于，可以比较上下文，使翻译更加精确。

（1）找简单的英汉互译，很多搜索引擎提供了英汉互译功能。对找到释义的汉字词语或者英文单词词组，在结果页的搜索框上面会出现一个"词典"的链接，点击链接，就可以得到相应的解释。

（2）找生僻词语的互译，很多情况下，无论是在线下的词典，还是用百度的线上词典，都无法找到词义解释，此时就需要利用网页搜索了。在某些情况下，网页作者会对某些生僻的词语加注一个英文或者中文释义。但提取这个生僻翻译的难度在于，没有表明释义存在的特征性关键词，因为作者在注释的时候，是不会有诸如"英文翻译"这样的提示语的。例如，我们要找"特此证明"的英文正规翻译。我们想象一个有"特此证明"的英文翻译，通常会有一些判断性的语句，如"他是×××××"，对应的英文就是"he is ××"，于是，如果把"特此证明"和"he is"放在一起搜索，可能就能找到想要的结果。

5. 找专业报告

很多情况下，我们需要有权威性的、信息量大的专业报告或者论文。比如，我们需要了解中国电子商务状况，就需要找一个全面的评估报告，而不是某某记者的一篇文章；我们需要对某个产品的工艺进行深入研究，就需要找这方面的专业论文。找这类资源，除了构建合适的关键词之外，我们还需要了解一点就是：重要文档在互联网上存在的方式，往往不是网页格式，而是 Office 文档或者 PDF 文档（PDF 文档是 Adobe 公司开发的一种图文混排电子文档格式，能在不同平台上浏览，是电子出版的标准格式之一）。多数上市公司的年报，就是用 PDF 做的。很多公司的产品手册，也以 PDF 格式放在网上。在百度上可以以 "filetype："这个语法来对搜索对象做限制，冒号后是文档格式，如 PDF、DOC、XLS 等。

6. 找人

在互联网上找人，首先想到的就是搜他/她的名字。而一个人可能有多个名字。正式名、曾用名、小名、网名、英文名、绰号等。如果我们要找的人并不著名，找人可能是个艰巨的工程，因此所有这些可能的名字，都需要一一试验。但中国人有 10 多亿，随便找个名字，都能找出多个重名者。因此，在名字之外，我们还需要添加更多的限制条件。即与这个人密切相关的经历。比如，籍贯、生日、曾就读的学校、曾待过的班级、曾有过的作品、曾工作过的单位等。用名字 + 相关经历做组合查询，可以最大限度的从互联网信息中过滤所要找的人的点滴资料。当然，如果所搜人名的结果数不多，也可以不加限制，逐一浏览搜索结果即可。

7. 找产品信息

对于高价值的产品，我们在购买之前通常会做一个细致的研究，通过对比，择优而购。研究过程中，会需要很多资料，如产品规格、市场行情、别人对产品的评价，等等。如何通过搜索引擎获取这些资料呢？到制造商的官方网站上找第一手产品资料，对于高价值的产品，制造商通常会有详细而且权威的规格说明书。很多公司不但提供网页介绍，还把规格书做成 PDF 文件供人下载。利用前面小节谈到的企业网站查找办法找到目标网站，然后利用 site 语法，直接在该网站范围内查找需要的产品资料。

例如，"mp3 播放器 site：Samsung. com. cn"。

找产品某个特性的详细信息，有时候，我们可能非常关注特定产品的某个特性。举例说，我们想了解一下著名耳机拜亚动力 DT231 的音质。就直接可以用产品型号 "DT231" 和 "音质" 这个特征词搜索媒体或者其他用户对这个产品的这个特性的评价。

例如，"DT231 音质"。

与上面的两种需求刚好颠倒过来，有时候我们先有了特定的需求，然后想找一些能满足自己需求的产品作对比研究。这样的搜索经常会被需要。

第一种方式，是希望借助于业内的行家评论，即所谓的综述性评论文章。我们经常可以在媒体上看到诸如 "暑期购电脑指南"、"DVD 机选购全攻略" 等文章。如果我们对某类希望购买的产品一无所知，最好先找一些这方面的综合性评论做参考。这类综合评述文章通常有个特点，就是标题常常出现诸如 "选购指南" "综合评测" "从入门到精通" 等特征性词汇，当然，这些特征性词汇需要我们平时生活和学习中多做积累。我们用产品名称加上这类特征词汇做查询词，就可以轻松搜到类似文章。

例如，"MP3 播放器 选购指南"。

第二种方法就是利用需求直接搜索。如果对产品比较熟悉，也可以利用产品名称和提炼的需求，组成查询词进行搜索。比方说，当需要找一部 4 核的、尺寸是 5 寸的智能手机时（特性是 5 寸和 4 核）。于是就可以这样搜索：

例如，"4 核 5 寸 智能手机"。

8. 找网上购物信息

直接找商品信息。网络商城的页面都具有一定特点，除了商品名称会被列举出来，页面上通常会有一些肯定会出现的特征词，如"价格""购物车"等。于是，用商品名称，加上这些特征词，我们就能迅速地找到相关的网页了。

例如，"孔明灯 购物车"。

例如，"金庸全集 价格"。

找购物网站，除了直接搜商品信息，我们也可以先找一些著名的购物网站，然后在站内进行搜索。找这类购物网站比较简单，就是用类似"购物"这样的查询词进行搜索。

例如，"购物"。

9. 网上找客户

（1）明确是哪个行业的客户。

首先要确认的是客户有什么共同点。例如，销售商出售的是专门用于笔记本电脑上的零件，这时候要找的就是笔记本电脑制造商；如果出售的是一种专门针对服装厂的 MRP 软件，那么要找的就是有一定规模的服装厂。还有一个特点是有地域限制。因此关键词中，还需要加入地区限制。

例如，"苏州工业园区 笔记本电脑制造"。

（2）找最新投资的客户。

刚刚准备投资或者奠基或者投产的客户，是销售新客户开发的重点。越早把握这类信息，在激烈的市场竞争中就越占一分先机优势。对于某个工业园区的新投资厂商，除了从政府部门中获取资料，也可以从网上进行搜索。大型的新投资或者新开工通常会有当地报道，这类网页一般有固定的格式，会有一些特征关键词，如"开工"、"动工"、"奠基"、"剪彩"和"投产"等。用工业园区的名称，加上产品行业名称，再加上这类新投资的特征词，组成关键词进行搜索，往往可以获得很好的效果。

例如，"苏州工业园区 笔记本电脑 投资 动工"。

（3）找目标客户群体的关键职位变迁。

对销售而言，潜在目标客户群的某些关键职位如果发生变迁，则通常是业务切入的好时机。关键职位，通常是与销售直接打交道的采购、采购经理、物料经理等。如何查找这类变迁信息呢？在人力资源网上通常会有体现。人力资源网上的企业招聘信息，通常首先会介绍一下自己是做什么的，然后是招聘需求。于是用行业名称，加上招聘信息的特征词，把搜索范围局限在当地的人力资源网站上，就可以随时关注最新动态。

例如，"笔记本电脑 招聘 采购 site：siphrd.com（注：siphrd.com 是苏州工业园区人力资源网）"。

10. 找企业或者机构的官方网站

很多时候，我们需要到企业或者机构的官方网站上查找资料。如果不知道网站地址的话，首先就需要通过搜索引擎获得企业或者机构的网站域名。

通过企业或者机构的中文名称查找网站，这是最直接的方式。我们可以直接利用企业在网络用户中最为广泛称呼的名称作为关键词进行搜索。什么是"最为广泛称呼的名称"？例如，新浪可能有很多称呼，如"新浪""新浪网""sina""新浪公司""北京新浪互联信息服务有限公司"等。哪个是网络用户最常用的呢？毫无疑问就是"新浪"。于是，我们在查询新浪的域名时，最简单快捷的方法就是用"新浪"作为关键词。

例如，"海尔"。

例如，"上海市政府"。

例如，"大众汽车"。

第三节 淘宝搜索的使用

5.3.1 淘宝搜索的模型结构

淘宝搜索并不像全网搜索（Google、百度等）那样需要对整个互联网抓取数据、分析数据、归类数据，淘宝搜索的数据依赖于"卖家"整理归类并进行精准发布，换句话说，"卖家"商品发布的过程就是淘宝搜索建立商品索引的过程。

有了按类目、按属性发布的商品，就有了商品索引基础，算法引擎就可以根据商品关键词，为买家提供精确的搜索结果。

目前淘宝的几个比较大的搜索入口有：店铺搜索、商城搜索、宝贝搜索。顾名思义，店铺搜索主要是搜索店铺，可以搜索店铺名称、店铺主营宝贝等。商城搜索主要是搜索商城内的商品。宝贝搜索则可以搜索所有商品，包括商城内的商品。搜索结果页的构成：

1. 淘宝主搜结果页

淘宝主搜结果页（见图 5-1）主要包括以下模块：

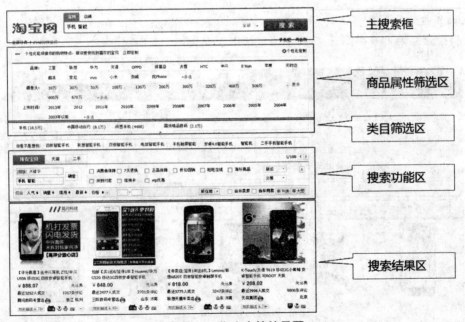

图 5-1 淘宝主搜结果页

（1）主搜索框：用户搜索行为的操作区域，主要分为"宝贝搜索""店铺搜索"，同时支持"天猫""二手""全球购"三类细分搜索；

（2）商品属性筛选区：根据商品属性特征进行推荐，支持用户漏斗型缩小购物范围；

（3）类目筛选区：当关键词类目特征不明显时，推荐多个类目的商品集合，支持用户跨类目选购；

（4）搜索功能区：用户进行精准搜索的多功能搜索筛选区，包括"搜索市场 TAB 选择""商品特征筛选""单一维度排序""价格热度展示"及"个性化引导提示"。

（5）搜索结果区：商品结果选购区域，主要包括"豆腐块""混排"两个部分。豆腐块指的是前三个商品结果位，主要用于推荐天猫优质卖家的优质商品；混排指的是其他商品结果位，由淘宝或者天猫商品根据算法得分竞争排列。

淘宝搜索各模块如图 5-2 所示。

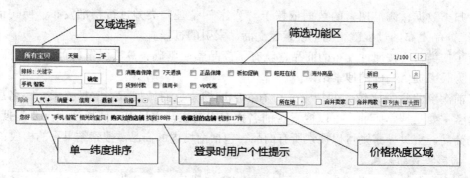

图 5-2　淘宝搜索各模块

2. 天猫搜索结果页

天猫搜索结果页（见图 5-3）主要包括以下模块：

图 5-3　天猫搜索结果页

（1）智能导航区：根据用户群体特征或个性特征智能推荐区域，主要包括"品牌推荐""类目推荐""属性推荐"三个类型；

（2）智能关联推荐区：根据用户检索关键词，进行热门相关关键词推荐；

（3）功能筛选区：与主搜功能筛选区类似，支持用户精准搜索；

（4）商品结果区：结合用户特征分析，推荐符合消费者需求天猫商品集合。

3. 淘宝搜索模型构成元素

淘宝搜索只是一个淘宝的站内搜索工具，就是对淘宝平台中的数据按照淘宝自己的规则进行索引。在访客统计中看到的"店铺访问来源中来源详情中的淘宝搜索"值就代表潜在消费者都是先访问了淘宝，然后在访问淘宝的时候利用淘宝自己的分类索引和模糊关键字搜索等工具找到了淘宝卖家。那么淘宝卖家应该注意哪些事项，以期在搜索中赢得消费者的关注，能够优先被淘宝搜索优先推荐给买家，因此需要适当地了解淘宝搜索算法的模型结构。

淘宝搜索算法"金字塔"模型结构如图5-4所示。

图5-4 淘宝搜索算法"金字塔"模型结构

金字塔模型由下往上逐层过滤（择优留用），能到达金字塔最顶端的商家或者商品才会最终推荐给买家。该模型底层大，顶层逐步收窄。收窄的逻辑是每一层的模型。例如，类目模型在最底层，意思是如果发布商品类目选错，商品将不会在前台搜索和类目中得到有效的展现。如果类目发布正确，但标题中没有买家搜索时选用的关键词，就会被第二层的文本模型过滤，依然得不到展现机会。

在这个金字塔模型中，每个层级都有其算法模型发生作用。

（1）类目模型：商品发布的唯一分类和属性。商品发布过程中，如果类目或者属性发布错误，将直接影响商品不能被搜索正常推荐。

例如，卖家已发布了一件宝宝连体衣，结果发现怎么搜也搜索不到，原来卖家把产品的类目选择为"童装/童鞋/亲子装 >> 套装"，但是在淘宝首页默认是"童装/童鞋/亲子装

>>连身衣/爬服/哈衣",因此就要把产品的类目调整到"连身衣/爬服/哈衣"中。

同时,对类目的选择一定要根据商品的定位、用途来判断。例如,商品是"雨衣",其类目图如图5-5所示。

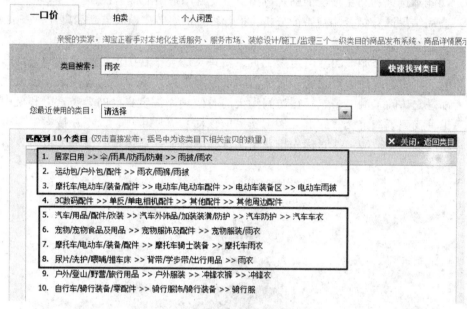

图5-5 商品发布的目录选择图

可以发现,该商品有很多不同的类目,那么应该选择哪个类目?卖家就要想清楚,选择这款雨衣是给谁用的,在什么场合下使用的。如果是家用的普通雨衣,就选择在居家日用下;配件装备用途的雨衣就放在对应的装备下面。这样商品就能更好地被淘宝搜索到。

(2)反作弊模型,反作弊模型与类目模型同在最底层,也就是说当一款商品出现违规,跟放错类目一样得不到有效的展现。淘宝会根据商家作弊数据的分析,对商家实施不同程度的处罚措施,包括商品处罚、商家处罚两大类。严重的情况下,整个商家的所有商品都将被限制展示。

为了维护整个淘宝市场经营秩序的公平、公正、公开,反作弊模型也随着炒作方式不断的发生着变化。在这里需要注意有两点。

第一,切忌自卖自买。主要表现为公司搞活动的时候,员工直接在线购买;线下渠道店铺与线上联合搞活动的时候,商家代替买家进行下单购买等。

第二,切忌超低价格引流。折扣力度严重偏离市场正常经营范畴,涉嫌行业不正当竞争的情况会被禁止。尤为明显的是,利用第三方开放平台进行包括"1元秒杀"在内的各种炒作经营行为。

(3)文本模型:由商品标题和重要属性以及SKU(指宝贝的销售属性集合,供买家在下单时点选)组成,商品标题需要和商品属性以及SKU匹配。

文本模型中最重要的就是商品的标题要合理包含与用户搜索热门关键词。

淘宝一般依据标题中是否包含用户搜索关键词来推荐商品结果,因此商品标题的选择需要尽可能包含这个商品的热门关键词。

　　热门关键词来源通常是通过搜索提示（主搜推荐词、首页类目索引名）、数据魔方（热门搜索特征、行业热词榜）、量子恒道（店内搜索关键词、淘宝搜索关键词）、直通车（系统推荐词、关键词参考）等相关渠道获得。

　　通常，商品标题的选词步骤如下：

　　第一步：确定行业热门关键词词根。词根就是用最简单易懂的词去形容要销售的产品。例如，产品是一条"雪纺连衣裙"，那么"裙子"算是一个词根，但是它是一个范围非常广的大词根，不够精准。因为裙子有很多种类，有连衣裙、半身裙、礼服裙等，那么"雪纺连衣裙"最精准的词根是什么，就是"连衣裙"。

　　第二步，词根确定完毕后，就要选择关键词，也就是围绕词根寻找关键词。一个标题一般是 30 个字，确定好"连衣裙"这三个字后就要确定其他的 27 个字，这些字就要围绕词根来对商品进行准确的描述。这些字如何确切呢？就是用淘宝官方软件——数据魔方的"淘词"功能来处理（该软件要付费使用）。用数据魔方里面的"全网关键词查询"，输入产品词根，它会自动按照搜索人气排序，找出 500 个围绕这个词根的关键词。因此输入"连衣裙"后可以得到如图 5 - 6 所示的效果。

序号	关键词	搜索人气	搜索指数	占比	点击指数	属域点击占比	点击率	当前宝贝数	转化率	直通车
1	连衣裙	66,314	246,362	12.38%	104,452	25.18%	41.66%	13,773,626	0.29%	1.4
2	连衣裙秋	23,529	115,319	5.7%	45,731	18.48%	38.91%	6,191,459	0.21%	1.35
3	名援露背立体连衣裙	21,345	38,076	1.84%	23,183	3.46%	60.27%	598	0.03%	0.09
4	秋装 连衣裙	14,146	55,557	2.71%	22,231	20.64%	39.27%	2,601,326	0.37%	1.31
5	连衣裙 秋冬	12,730	73,896	3.62%	32,349	19.96%	43.04%	1,549,151	0.36%	1.24
6	秋冬新品 连衣裙	11,458	54,523	2.66%	18,335	20.47%	32.89%	232,071	0.26%	1.27
7	连衣裙秋冬新款	10,422	55,390	2.7%	19,176	18.47%	33.88%	987,573	0.19%	1.23
8	平绒 连衣裙	7,108	24,877	1.19%	9,393	22.68%	37.01%	254,128	0.1%	1.16
9	秋连衣裙2012新款	5,009	24,208	1.16%	10,503	42%	42.65%	3,325,794	0.28%	1.25
10	秋装新品 连衣裙	4,147	20,281	0.97%	7,725	17.78%	37.35%	404,005	0.27%	1.21
11	长袖 连衣裙	3,991	22,389	1.07%	10,050	18.08%	44.16%	4,612,952	0.37%	1.24
12	冬季连衣裙	3,317	16,313	0.78%	7,097	20.06%	42.77%	386,529	0.22%	1.08
13	秋冬季连衣裙	3,265	17,504	0.83%	7,269	15.28%	40.79%	309,924	0.2%	1.23
14	连衣裙秋装	3,023	8,691	0.41%	2,491	26.66%	27.94%	463,982	0.08%	1.3

图 5 - 6　数据魔方中全网关键词查找

　　第三步，匹配产品，即从查出的关键词里找出匹配产品属性的词。比如，查出的关键词里有两个词是"长袖连衣裙""短袖连衣裙"，而要出售的连衣裙就是是长袖的，那么"长袖连衣裙"正好匹配产品属性。

　　如果在找到的词中有 100 条属于匹配产品属性的词，那么如何把这 100 条词压缩成 27 个字呢，那就要选出优质词。继续通过数据魔方提供的数据结合一定的运算规则进行提取优质词。

　　一般可以通过选择的关键词对应的搜索人气除以当前宝贝数的值的大小确定优质词的好坏。

序号	关键词	搜索人气	搜索指数	占比	点击指数	商城点击占比	点击率	当前宝贝数	转化率
1	连衣裙	66,314	246,362	12.38%	104,452	25.18%	41.66%	13,773,626	0.29%
2	连衣裙秋	23,529	115,319	5.7%	45,731	18.48%	38.91%	6,191,459	0.21%
3	名媛露背立体连衣裙	21,345	38,076	1.84%	23,183	3.46%	60.27%	598	0.03%
4	秋装 连衣裙	14,146	55,557	2.71%	22,231	20.64%	39.27%	2,601,326	0.37%
5	连衣裙 秋冬	12,730	73,896	3.62%	32,349	19.96%	43.04%	1,549,151	0.36%
6	秋冬新品 连衣裙	11,458	54,523	2.66%	18,335	20.47%	32.89%	232,071	0.26%
7	连衣裙秋冬 蕾丝	10,422	55,390	2.7%	19,176	18.47%	33.88%	987,573	0.19%
8	毛呢 连衣裙	7,108	24,877	1.19%	9,393	22.68%	37.01%	254,128	0.1%
9	秋连衣裙2012新款	5,009	24,208	1.16%	10,503	42%	42.65%	3,325,794	0.28%
10	秋装新品 连衣裙	4,147	20,281	0.97%	7,725	17.78%	37.35%	404,005	0.27%
11	长袖 连衣裙	3,991	22,389	1.07%	10,050	18.08%	44.16%	4,612,952	0.37%

图 5-7　数据魔方数据

例如，"连衣裙"这个词的优质得分 = 搜索人气 66314 ÷ 当前宝贝数 13773626 = 0.0048
"连衣裙秋"优质得分 = 搜索人气 23529 ÷ 当前宝贝数 6191459 = 0.0038
"名媛露背立体连衣裙"优质得分 = 搜索人气 21345 ÷ 当前宝贝数 598 = 35.69

计算之前找到的 100 个词的优质得分后，看看哪个词得到的分最多！然后按照得分降序的顺序。

第四步，组合关键词按照之前计算优质得分高的词，来组合一个 30 字的关键词。

一般编辑标题可以遵循以下 5 大原则：

1）可读性原则：标题通顺流畅；前部吸引眼球（"N 次断货""某某同款"等）。

2）等效原则：俗称引导向正式名称。

3）符号原则：易读性符号：空格、"/"等；强调性符号。"【】"、"＊☆"等。

4）拆分原则：英文以字母为单位，汉字以淘宝数据库中的词组为单位；优先展示不需要拆分含该词的宝贝。

5）无序原则：关键词排列顺序不对搜索产生影响。

关键词文本推荐的趋势：

电子商务的发展中，越来越多标品（非标品）的属性信息都在快速地走向标准化。在这个基础上，未来的搜索将越来越重视"属性"信息的精准推荐。

很多关键词在标题上并不一定会用到，但通过属性信息的全面理解，将极大的增强商品召回数量。例如，"智能手机"的搜索结果，不仅仅可以推荐标题中带有智能手机的商品，更可以同时推荐带有"操作系统"的手机。

从这个层面上来说，商家商品发布的属性级精细化运营就变得尤为重要。

关键词应用要注意合理应用"空格"将有助于算法更好地理解标题，避免误判。

例如："大世界虎头铅笔 12 支装"中，"大世界"为品牌词、"虎头"为行业词，看上去没什么问题。但是，算法在对完整标题进行理解的时候，是以"字"为单位逐步扩展到"两字词""三字词"，依此类推。这种情况下，"大世界"作为完全不知名的品牌就会被忽略。而"虎头"作为流行词获得算法的理解，从而直接影响整个商品的文本得分。因此，标题修改为"大世界 虎头铅笔 12 支装"比较合理。

（4）时间模型：淘宝会根据商品的上下架时间，对即将下架的商品进行优先推荐。时间模型在整个搜索模型中的可操作性是最强的。所以合理的优化好上下架时间对排名的影响非常重要。时间模型和文本模型仅次于在最底层的类目模型。时间模型主要在淘宝主搜应用，在天猫商城并未生效。

上下架时间可以采用以下均分策略：

1）商品上架时间的均分策略。按"均分法"分配每日上架产品数（即：总产品数／天数＝每日产品上架数）。

例如：按天均分产品：324/6＝54（注：周末两天均分），如图5－8所示。

	周一	周二	周三	周四	周五	周六	周日
U盘	12	12	12	12	12	6	6
鼠键	11	11	11	11	11	6	5
耳麦	9	9	9	9	9	5	4
笔记本配件	8	8	8	8	8	4	4
摄像头	7	7	7	7	7	4	3
贴膜	7	7	7	7	7	4	3

图5－8　按天均分产品

2）商品上架品类的均分策略。以均分法打散各品类商品发布，即：上架间隔时间＝60分钟／（每日上架产品数／每日小时数）。如图5－9所示。

例如，按公式得出：60/（54/9）＝10，最终得出产品上架间隔时间为10分钟。

品类		U盘	鼠键	耳麦	笔记本配件	摄像头	贴膜
时间/数量		3	3	2	2	1	1
周一	9—10	9:10					
		9:20					
		9:30					
		9:40					
		9:50					
		10:00					
	10—11	10:10					
		10:20					
		10:30					
		10:40					
		10:50					
		11:00					

图5－9　商品上架品类的均分策略

（5）卖家模型：统计评估商家的活跃程度与综合质量。

卖家模型的核心指标：

卖家自身因素的考核维度有上百种，体现的是商家综合能力，其中值得重点关注的包括以下几个方面：

1）DSR：买家对卖家综合服务评价。

2）店铺转化率：浏览转化（可通过主图优化提升）、购买转化（可通过 ITEM 描述优化和营销活动提升）。

3）旺旺响应：除自动答复外的人工旺旺客服响应速度（间隔越短越好）。

4）动销率：30 天内有成交商品占总商品量的比例。

5）卖家模型的发展趋势。

（6）服务模型：统计分析商家为买家提供的服务质量。服务模型的主要指标：

1）投诉率：服务好客户，降低投诉是关键。

2）纠纷率：与客户保持良好的沟通，杜绝纠纷是永恒的追求。

3）退款率：降低成交退款，跑赢行业大盘。

4）旺旺响应率：指人工回复的咨询客户数占询盘总数的比例。

5）旺旺响应速度：指人工回复咨询的平均时间间隔。

6）物流时效：指客户付款到签收的时间间隔。

服务模型体现的是一个卖家的整体服务能力，决定其能否为搜索用户提供高品质的服务。

卖家模型和服务模型由整个店铺的大数据组成，可操作性不强，平时经营时注意提供好相关服务就行了。

（7）人气模型：统计评估买家对产品的认可程度。

人气模型的主要指标：

1）转化率：商品的浏览转化率与成交转化率；

2）销售额（量）：商品所形成的支付宝购买金额；

3）收藏数：商品被收藏的数量；

4）评分：已成交客户对该商品的评价；

5）熟客率：商品成交客户中熟客二次购买的占比；

6）UV、PV：商品 ITEM 级别的 UV&PV 热度。

人气模型是最多暗箱操作的一个模型了，如果操作不慎，商品就会又回到最底层的反作弊模型重新过滤。根据底层的几个模型过滤后，可以出现的商品都在这个位置一决高下。

（8）个性化模型：统计分析买家的购物偏好，包括但不限于最优成交价格区间、品牌偏好、属性偏好等。

个性化模型的应用差异：

个性化模型目前在天猫商城通过"用户个性化匹配""品牌分层""市场化价格引导"等多维度进行导购干预；而在淘宝主要以"用户个性化匹配"为主。

其显著的特点决定了天猫商城更加善于把握个性化买家对品牌的购物倾向性、对品类价格的购物敏感性。

商家经营中要注意，受天猫商城个性化市场化价格引导的影响，天猫商家需要更加关注主力商品前台类目的价格导向性。即跟随行业主流价格进行商品经营，比追求低价爆款更容易赢得搜索的推荐。

（9）商业规则：商家参与提供的特色服务，主要包括：七天退换，消费者保障计划等。

在淘宝与天猫各个行业市场下，都会有一些特色服务，但凡提供特色服务的商家和商品将会更容易获得搜索的流量倾斜。

例如，天猫电器城推出的"电"字标认证，就包含了"时效展示、送货上门、顺丰包邮、全国联保、延长保修"等系列服务。搜索电器城相关商品时，带有"电"字标认证的商品会被优先推荐。

5.3.2　注意影响淘宝搜索的因素

淘宝的自然搜索有两种搜索排名方式，一个是按所有宝贝排名，一个是按人气宝贝的搜索排名。

1. 淘宝的第一种排名方法就是所有宝贝排名

（1）影响所有宝贝排名的因素是：类目属性相关性的关系。

只有所搜关键词与宝贝标题及宝贝属性有相关性，商品才会向买家展示；淘宝的商品搜索环境和普通网页的搜索是不同的。主要表现在：淘宝搜索的商品，卖家在上传的时候都是放在一些特定的类目下。比如，小米手机应该放在手机的类目下，而日常使用的围脖应该放在"服饰配件/皮带/帽子/围巾"的类目下面。每个商品都有一个固定的类目存放位置，方便商家管理自己的商品。不过有时候，为了买家看商品的便利，淘宝有一个前台类目的概念。比如，买家在挑选手套的时候，需要首先定位自己想要买的手套是男性还是女性。因此淘宝展现给买家挑选的是一个同时含有一个男性手套和一个女性手套的类目，如果输入"男士 手套"，它会将所有"服饰配件/皮带/围巾/帽"下配件"性别"是"男士"的手套自动放在前台类目下方便买家挑选。就好比超市的仓库和货架展台。仓库中一类商品为了方便人们查找，只能放在同一个地方；而货架展台中一类商品可以放在多个货架上边（既可以放在特价促销的柜台又可以放在正常商品的柜台），因此商品的前台类目是随季节、促销、市场流行程度而变化的，而方便卖家上传管理商品的后台类目基本恒定，很长时间才会变化一次。随前台类目的变化而变化的是有利于挑选前台类目和管理后台类目之间的对应关系。介绍这些后台类目情况，是为了提醒卖家们一定要注意自己商品上传时的所放类目。

淘宝搜索的相关性和商品所在的前台类目也是息息相关的，当买家搜索一个关键字的时候，淘宝怎么来判断展现那个商品呢？它会根据这个关键字来匹配用户想要找那类商品。比如用户输入"笔记本电脑"应该想找一台笔记本，那么手机数码类的商品在默认排序中会被降权。当用户输入的是"内存"，那也就是要找"电脑硬件/显示器/电脑周边"类目下的"内存"，其他类目下的商品都会被降权。当用户输入"皮鞋 女"这样的商品搜索词，那"男士皮鞋"就会被降权，因此在卖家填写商品时，用字准确度越高、商品的属性填写越完整，就越容易被买家精确搜索到，进而成交转化率也会变得很高。

以手套为例：如果某卖家上传的时候图省事，只将商品存放在"服饰配件/皮带/围巾/帽"的下面。那么买家在搜索皮带的时候，因为前台类目的关系，该卖家填写的属性不够完整可能无法搜索到该卖家的商品。有些卖家因为不了解淘宝的宝贝相关性和类目、属性的关系，所以抱着侥幸心理故意将商品放错类目，希望以此引入更多的流量。比如，故意将自己的商品放在热卖的类目下面，从而希望获得更多的流量，但是淘宝的监控小组一旦发现相关卖家的商品放错类目会直接降权，导致产品排到最后一页。其实即使没有被系统降权，实际上也已错失了高成交意愿的买家。

大家可以看到当商品的标题、属性和所搜关键词必须对应上才会有宝贝的展示。因此在商家描述商品的时候一定要对商品的标题和属性填写得很完美。搜索的关键字和商品的标题越匹配展现就越靠前。

（2）影响宝贝在所有宝贝排名的第二个因素：降权。

淘宝的降权都是很多卖家很害怕的问题，淘宝对降权处罚非常严重，那什么情况下会引起降权呢，一般炒作信用、故意堆砌关键词、广告商品、重复铺货、邮费虚假等行为，淘宝都会对宝贝进行降权。降权的最长时间是 30 天，如果卖家的宝贝被降权了，那就是在所有宝贝中，卖家就会排到最后几名，几乎是搜不见的。如何知道自己的宝贝降权了？一般情况下在淘宝搜索框里面搜索宝贝然后按销量排名，在销量中找不见宝贝的时候，就是被降权了。因此卖家千万不要触犯淘宝的规则，如果被淘宝处了那就只能自己吃亏了，也有些卖家认为自己的宝贝标题全部放些热门词那会有更高的展现，其实这样也是存在误区的，淘宝系统如果检测出商品关键字存在堆积情况，也会降权的。

（3）上下架时间。

在所有宝贝的排名中，上下架时间是最重要的影响因素，一般宝贝以 7 天为一周期进行展现，离下架时间越短宝贝的展现越靠前。因此卖家要根据自己店铺的情况选择合适的上下架时间与上架宝贝。

（4）动态评分。

动态评分是淘宝衡量卖家服务水平的一个考察点，淘宝的大理念是为顾客考虑，所以动态评分是一个很重要的考察因素。淘宝一般从三个方面评价卖家：发货速度、服务水平、宝贝描述。从而将最优质的宝贝展现给买家。动态评分在一定程度上也会影响所有宝贝的排名。

2. 淘宝的第二种排名方法就是人气排名

何谓人气？顾名思义就是宝贝的受欢迎程度，受欢迎程度要量化到具体分值，所以就给宝贝的人气排名按人气分来衡量。当买家在搜索宝贝的时候，对宝贝是否优先推荐的人气排名的主要因素有哪些？

（1）交易量。

交易量是淘宝人气排名的最重要因素，是检验宝贝是否受顾客欢迎，是否是当季流行、热卖的主要考察点。它在一定程度上体现了一个店铺和一个宝贝的受欢迎程度。销售中又分为销售总量和交易笔数，都会作为人气排名的参考依据。通常淘宝的人气分，会参考最近 30 天的交易数据，还会根据时间的因素进行加权。天猫商城的宝贝虽然销售量是可以累积的但是也会以最近 30 天的交易笔数为准。

（2）转化率。

转化率是指 100 个顾客看了宝贝以后，有多少顾客产生购买的比例，淘宝可以跟踪到不同的流量来源，转化率也是按照不同流量来进行计算的；转化率会按不同的类目来计算权重，所有的宝贝都是在自己的类目下进行比较，因此转化率是影响淘宝人气排名的第二种重要因素。转化率反映了宝贝的性价比和宝贝的受欢迎程度。当流量来了，如果宝贝的转化率很低，说明宝贝的性价比或者店铺的服务等不能让顾客满意，因此导致转化率低。所以也会影响宝贝的人气排名。不同的行业转化率会有很大的不同，比如男性用品就比女性用品的转化率高，化妆品就比女鞋的转化率高，这个要根据不同类目的情况做对比，在卖家所经营的大类目下，转化率高就会排名靠前。

（3）收藏量。

收藏量是侧面的反映宝贝的受欢迎程度，收藏越多说明宝贝的受欢迎程度越高，当人们去收藏宝贝的时候，这些顾客就是潜在的购买者，所以也体现了宝贝的人气。

（4）回头客。

回头客是指在店铺中重复购买的客户，回头客比例越高，说明宝贝的销售势头越好，如果宝贝的性价比高，店铺的服务质量好，回头客也会增加很多。回头客高低，反映了顾客对宝贝和店铺的认可程度。回头客也是根据行业的不同有所差异，一般男性比女性对于产品的忠诚度高。

（5）其他。

人气排名还会参考支付宝使用率、消保、发货速度、服务评分、好评率、卖家信用、宝贝浏览量等。这部分数值主要是保障买家有很好的购物体验的前提。总之，人气分是一个综合分数，会参考不同的因素，基于统计分析拟合出一个数值。不少人认为有些参数可以通过刷销量，刷信用等方式达到。这确实在所难免，但是淘宝系统有严格的监管机制，一些不符合常规参数的统计，系统会自动过滤，因此大家要按正常的办法提高排名。

3. 人气排序如何优化

（1）保证宝贝没有任何违规。

如果想培养出人气宝贝，千万不能有任何违规动作，不只包括淘宝的7大降权类型，类似嫁接宝贝的方法也是不可取的。另外，搞邮费补差价连接等这些特殊情况，这样淘宝也会降权，但是这个只会影响虚拟的宝贝，对店铺没什么影响。

（2）保证类目的正确性。

这点非常的重要，大家可能会觉得这个都不会错，其实在淘宝上有10%的宝贝类目放置是错误的，如果大家不知道怎么放置的时候就去淘宝搜索看看同行是怎么放置的。

（3）优化具体关键字。

选择关键字有4个地方可以参考：①选择有一定流量的关键字，可以开通直通车账户，里面有很多的词可以参考；②在淘宝的搜索结果页；③关注数据魔方的搜索排行；④要根据自己的实际情况，如品牌、风格等因素来确定、优化关键字。

（4）不要分散人气分。

很多卖家为了增加宝贝的曝光率，将统一宝贝按不同的方式发布，这样很容易被系统判断为重复铺货，也会降低宝贝的销量排序，影响人气排名。

（5）适当进行一些推广。

推广的方式很多，除直通车、淘宝客、钻石展位、推广等还有很多的免费推广工具，因此大家如果有时间和精力就可以做这些推广。

（6）提升客户转化率。

每天关注重点培养的人气宝贝，如果发现浏览量变化很大，但是咨询很少，那就要对宝贝的描述进行思考。可能是宝贝的描述不够吸引人，如果咨询量还可以但是成交很少就要增加一些优惠的活动，如满级就减、送礼品等，从而提高转化率。

（7）多使用支付宝交易。

从技术上讲，多使用支付宝成交，淘宝系统会跟踪，这样对于累积人气有很好的作用。

本章参考文献

［1］李晓明. 搜索引擎：原理技术与系统［M］. 北京：科学出版社，2007.

［2］袁津生，李群，蔡岳. 搜索引擎原理与实践［M］. 北京：北京邮电大学出版社，2008.

［3］卢亮，张博文. 搜索引擎原理、实践与应用［M］. 北京：电子工业出版社，2007.

［4］罗刚. 自己动手写网络爬虫［M］. 北京：清华大学出版社，2010.

［5］http：//blog. csdn. net/dongzhongshu/article/details/2068330.

［6］http：//blog. csdn. net/zhongsuhua/article/details/336782533.

［7］http：//baike. baidu. com/view/122911. htm? wtp = tt.

［8］http：//maijia. taobao. com/detail/marketing/20131125/65992. htm.

［9］http：//www. admin5. com/article/20140808/555925. shtml.

［10］http：//www. techxue. com/portal. php? mod = view&aid = 4788.

［11］http：//www. shuaishou. com/school/infos8242. html.

第六章 C2C 模式在淘宝中的应用

淘宝网是目前亚太地区最大的网络零售商圈，致力打造全球领先的网络零售商圈，成立于 2003 年 5 月 10 日，由阿里巴巴集团投资创立。

截至 2013 年，淘宝网已经拥有近 5 亿的注册用户数，每天有超过 6000 万的固定访客，同时每天的在线商品数已经超过了 8 亿件，平均每分钟售出 4.8 万件商品。随着淘宝网规模的扩大和用户数量的增加，淘宝也从单一的 C2C 网络集市变成了包括 C2C、团购、分销、拍卖等多种电子商务模式在内的综合性零售商圈，成为世界范围的电子商务交易平台之一。

第一节 在淘宝中申请商铺

随着电子商务的迅猛发展，越来越多的人选择网上购物。网上开店在满足人们网上购物需求的同时，也提供了大量就业的机会，成为了很多人创业致富的首选。而在众多的网络交易平台中，淘宝网无疑是人气最旺的平台之一。

6.1.1 开店准备

淘宝网的主要模式是 C2C，也就是消费者与消费者之间的网上交易，每个人既可以是买家，也可以是卖家。

如果想要在淘宝网上开店，需要做以下开店准备：

物质条件准备：

1. 一台可以上网的电脑

因为是网上交易，所以必须要有一台配置还可以的电脑，通过这台电脑，连上互联网，就可以在淘宝网申请开店了。

2. 已经年满 18 岁的身份证照

必须要有两张电子照片，一张是你手执你的身份证合影的照片，另一张是你的身份证照的正面照。

3. 数码相机

在申请开店成功后，必须要使用数码相机对你要卖的商品进行拍照，从多角度给顾客提供商品的细节。当然，如果手机像素很高，清晰度很好的话，也可以直接用手机来拍照。

心理准备：

（1）选择专职还是兼职。

专职做淘宝可以把全部的时间投入到店里，时间很充足，获得的收益可能会较好，但是需要承担一定的风险。

兼职做淘宝是利用空余时间来经营淘宝店，投入的时间有限，获得的收益相对来说会差一些，但是相对风险也要小一些。

（2）选择经营产品。

淘宝网上商家成千上万，商品种类也五花八门。如何在这浩瀚的商品大潮中，使得自己的小店脱颖而出，选择合适的经营商品非常重要。

在选择经营商品有几个小建议：

（1）选择自己熟悉的产品，在与客户沟通的时候，不需要额外花时间来了解产品的特性，也能与客户交流的得心应手。

（2）选择具有价格优势的商品，如果你能够有一手的货源，直接从厂家拿货，那你的商品就具有价格优势，就足够吸引客户的眼球。

（3）选择具有区域优势的商品，如地方特产。这些地方特产只在当地有销售，这样在淘宝上的卖家竞争要相对小一些。

6.1.2 淘宝账号注册

要想享受淘宝网免费的网上交易乐趣，并且在超人气的社区里尽情交流网上购物经验，那么，就必须先注册成为淘宝的会员。如果还想继续享受淘宝的高人气和销售的乐趣，只需要提交身份证号码和银行账户进行支付宝个人认证，即可拥有卖家资格。

1. 免费注册会员

（1）登录淘宝网，点击页面顶部的"免费注册"。

（2）进入注册页面，首先设置登录名。注册方式有两种，一种是手机号码注册，另一种是邮箱注册。默认是手机号码注册，如果想使用邮箱注册，需要点击页面下方的"使用邮箱注册"，如图6-1所示。

图6-1 淘宝网账户注册

如果使用手机号码注册，手机号码就是登录名，必须要进行手机号码验证。输入手机号码和验证码，校验码务必要在英文状态或半角模式下输入，否则系统将会提示校验码出错。然后将手机上收到的效验码输入，点击"确定"按钮。如图6-2所示。

如果选择邮箱注册，则要求输入电子邮箱和验证码，校验码务必要在英文状态或半角模式下输入，否则系统将会提示校验码出错。如图6-3所示。

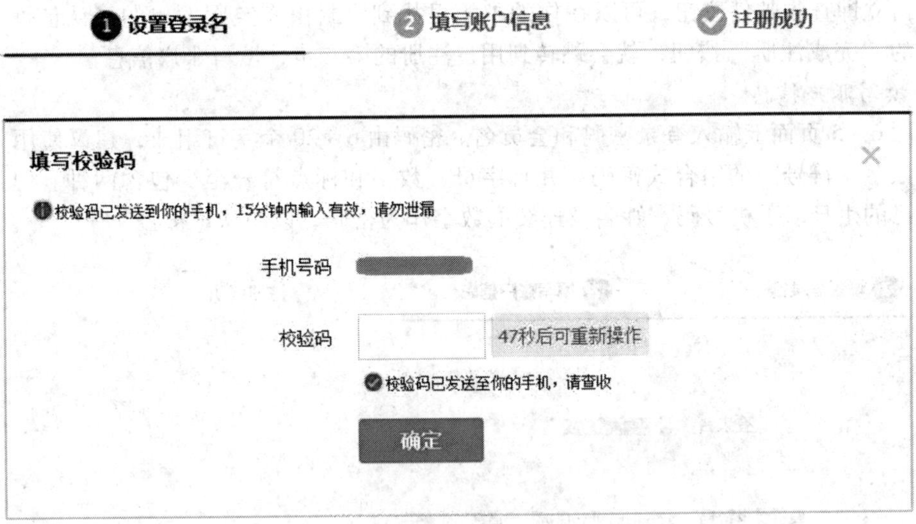

1 设置登录名   **2** 填写账户信息   ✓ 注册成功

填写校验码   ✕

ⓘ 校验码已发送到你的手机，15分钟内输入有效，请勿泄漏

手机号码   ▇▇▇▇▇▇

校验码   [   ]   47秒后可重新操作

✓ 校验码已发送至你的手机，请查收

确定

图 6 - 2   填写校验码

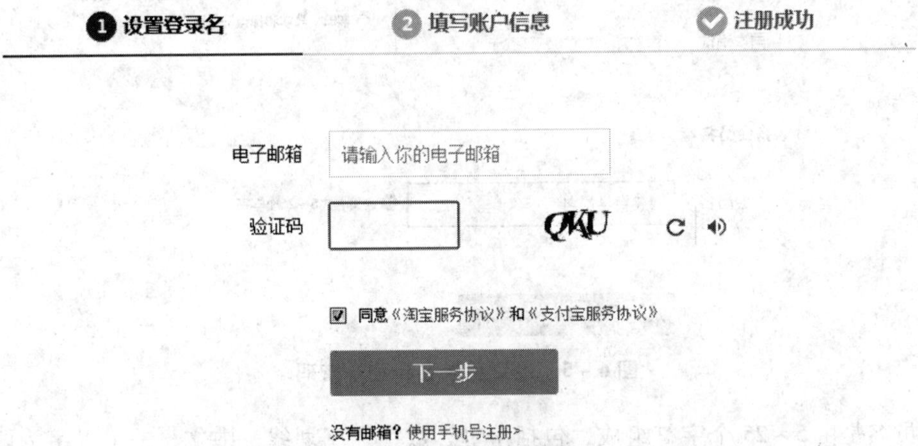

1 设置登录名   **2** 填写账户信息   ✓ 注册成功

电子邮箱   请输入你的电子邮箱

验证码   [   ]   *OKU*   C 🔊

☑ 同意《淘宝服务协议》和《支付宝服务协议》

下一步

没有邮箱? 使用手机号注册>

图 6 - 3   使用邮箱注册

输入完成后会弹出一个窗口，让你输入手机号，之后会给你的手机发送一条验证码消息，输入验证码后，点击"下一步"，会弹出下面的窗口。如图 6 - 4 所示。

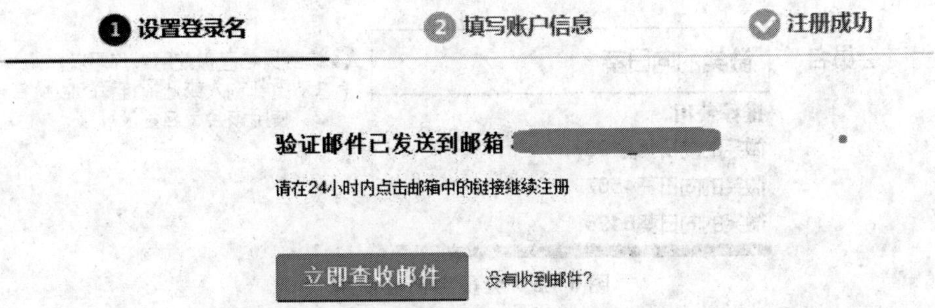

1 设置登录名   **2** 填写账户信息   ✓ 注册成功

验证邮件已发送到邮箱 ▇▇▇▇▇▇▇▇

请在24小时内点击邮箱中的链接继续注册

立即查收邮件   没有收到邮件?

图 6 - 4   验证邮件发送到邮箱

点击立即查收邮件按钮，可以在你的邮箱里找到一封由淘宝网发出的确认信件，点击邮件上的"完成注册"按钮，就会跳转到用户注册的第二步，填写账户信息。

2. 填写账户信息。

在图6-5页面上输入登录密码和会员名。密码由6～20个字符组成，建议使用"英文字母＋数字＋符号"的组合式密码，并且字母、数字和标点符号至少包含两种。但是不要使用自己的生日、手机号码、姓名及连续的数字作为密码，以防账户被盗。

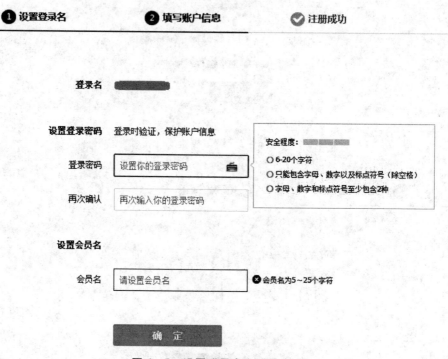

图6-5 设置登录名和登录密码

会员名是由5～25个字符组成，包括字母、数字、下划线、中文，一个汉字为两个字符，为了便于记忆，推荐使用中文会员名注册。如果会员名已有人使用，则会给你提示，给你推荐其他的会员名使用。如图6-6所示。

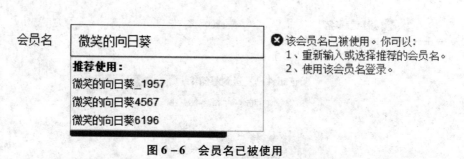

图6-6 会员名已被使用

选择系统推荐的会员名，点击"确定"按钮，之后就会弹出一个页面，恭喜你注册成功。如图 6 - 7 所示。

图 6 - 7　淘宝账户注册成功

6.1.3　支付宝注册

完成用户注册后，登录网站，会在页面的右上角看到需要你进行支付宝的实名认证，这是淘宝为了保证购物者的购物安全而设置的安全防线。如图 6 - 8 所示。

图 6 - 8　会员信息

点击"实名认证"，会跳转到支付宝注册页面。

1. 设置身份信息

在注册页面，要求你输入支付宝的登录密码，支付密码和设置身份信息，在设置身份信息中要准确地填写你的真实姓名和身份证号码。如图 6 - 9 和图 6 - 10 所示。

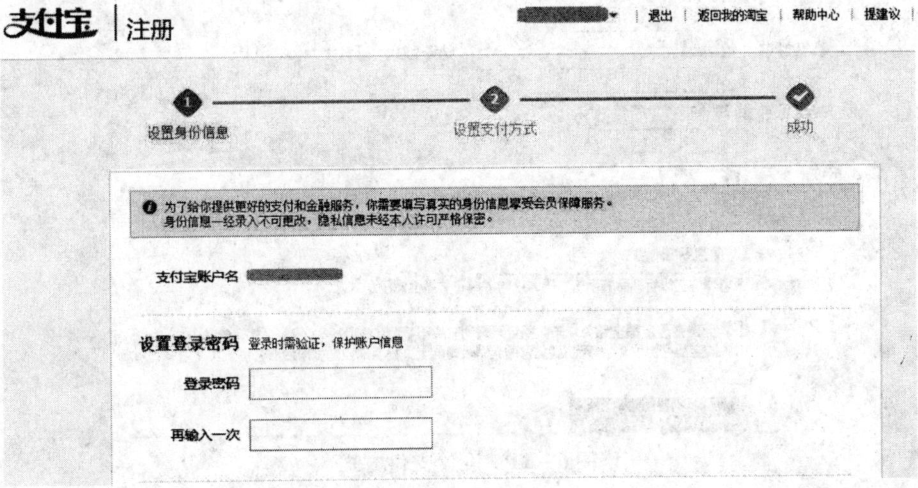

图 6 - 9　支付宝注册（1）

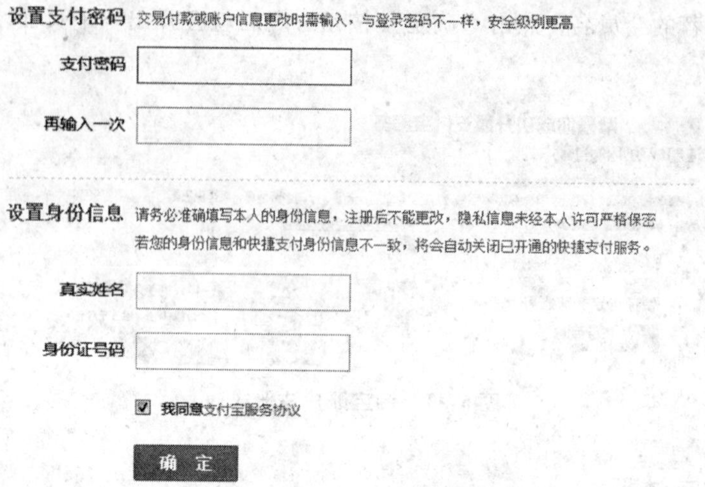

设置支付密码　交易付款或账户信息更改时需输入，与登录密码不一样，安全级别更高

支付密码　[   ]

再输入一次　[   ]

设置身份信息　请务必准确填写本人的身份信息，注册后不能更改，隐私信息未经本人许可严格保密
若您的身份信息和快捷支付身份信息不一致，将会自动关闭已开通的快捷支付服务。

真实姓名　[   ]

身份证号码　[   ]

☑ 我同意支付宝服务协议

[确　定]

图 6 - 10　支付宝注册（2）

2. 设置支付方式

点击确认按钮后，会进行支付方式的设置。在这里需要填入您的银行卡卡号以及该卡在银行开户时预留的电话号码，以验证该银行卡是否属于你本人。点击"同意协定并确定"按钮。如果没有银行卡或者不设置，可以点击"先跳过，注册成功"。完成注册。如图 6 - 11所示。

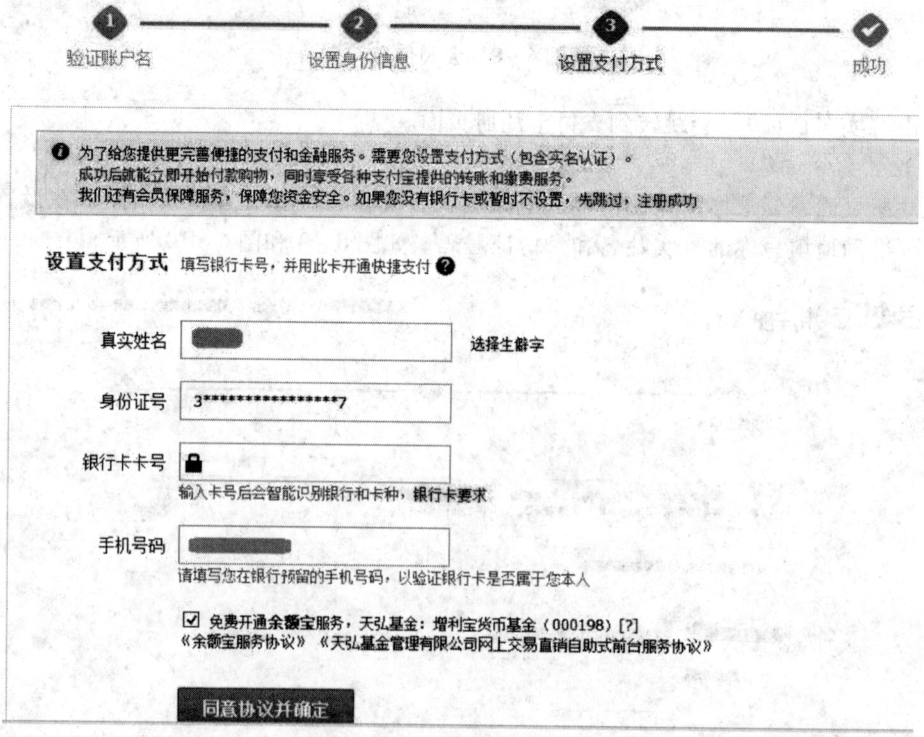

① 验证账户名　② 设置身份信息　③ 设置支付方式　✔ 成功

ℹ 为了给您提供更完善便捷的支付和金融服务。需要您设置支付方式（包含实名认证）。
成功后就能立即开始付款购物，同时享受各种支付宝提供的转账和缴费服务。
我们还有会员保障服务，保障您资金安全。如果您没有银行卡或暂时不设置，先跳过，注册成功

设置支付方式　填写银行卡号，并用此卡开通快捷支付 ❓

真实姓名　[████]　　选择生僻字

身份证号　[3*************7]

银行卡卡号　[🔒]
输入卡号后会智能识别银行和卡种，**银行卡要求**

手机号码　[████████]
请填写您在银行预留的手机号码，以验证银行卡是否属于您本人

☑ 免费开通**余额宝**服务，天弘基金：增利宝货币基金（000198）[?]
《余额宝服务协议》《天弘基金管理有限公司网上交易直销自助式前台服务协议》

[同意协议并确定]

图 6 - 11　设置支付方式

点击"同意协议并确定"之后，会弹出成功开通支付宝服务的页面。如图 6－12 所示。

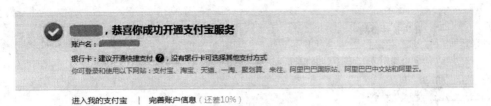

图 6－12　成功开通支付宝服务

6.1.4　身份认证

完成以上步骤，就可以在网上购物了。但是如果想要在淘宝网上开店，还需要以下几步骤。首先点击卖家中心菜单栏下的免费开店。淘宝上提供了两种开店的模式，一种是专业店铺，另一种二手商品转让。您可以选择自己合适的模式。如图 6－13 所示。

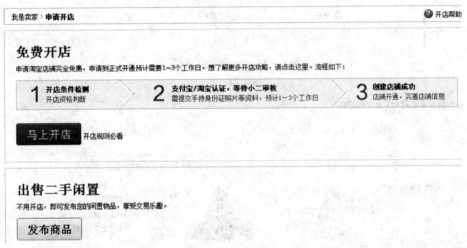

图 6－13　免费开店

点击"马上开店"按钮后，系统会对您的账户进行开店条件检测，在第二步申请开店认证中，选择开店类型和所在地。开店类型包括个人开店和企业开店。开店所在地包括：中国大陆、香港/澳门、台湾和海外 4 种。如果您的支付宝已经实名认证，则已经通过支付宝实名认证，然后进行淘宝开店认证。点击"立即认证"。如图 6－14 所示。

在淘宝开店认证中，需要填写和支付宝实名信息一致的姓名和身份证号，并且上传手持身份证照片和身份证正面照片，对于手持身份证照片要求五官清晰，身份证信息清楚并完整露出双手手臂。身份证正面照片要求证件上的文字清晰可见。如图 6－15 所示。

同时填写您的联系地址和联系电话，并通过手机获得验证码，输入验证码，然后提交。如图 6－16 所示。

上传完照片，填写好联系方式后，点击"提交"按钮，就可以等待淘宝网对你个人资料的审查，审查通过，就可以正式开店了，如图 6－17 所示。一般审查的周期在 2～3 天。

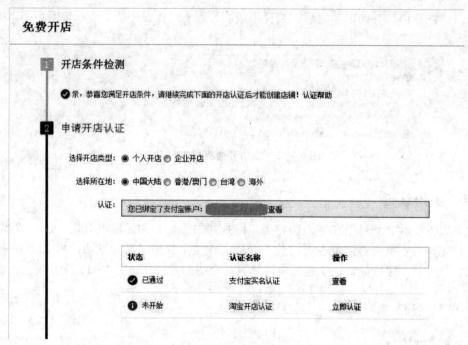

图 6 – 14　申请开店认证

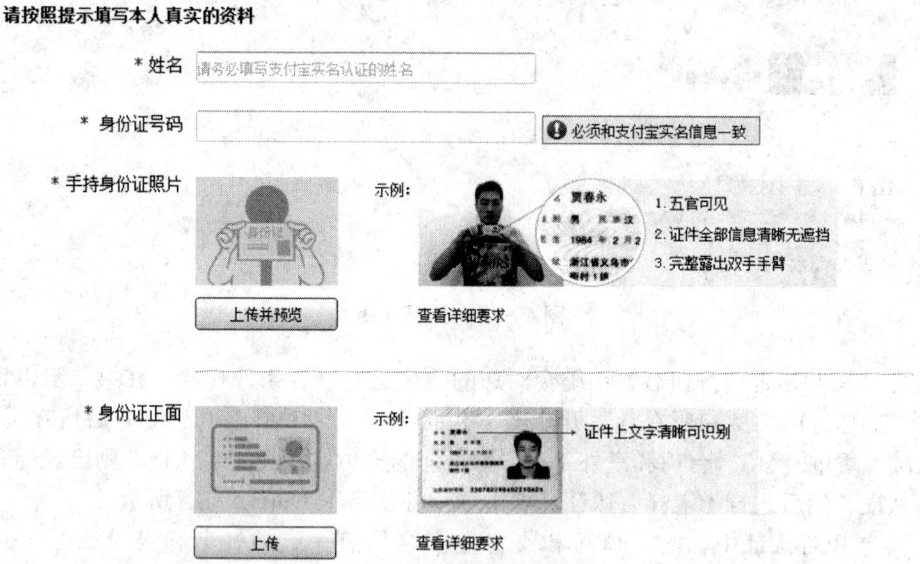

请按照提示填写本人真实的资料

* 姓名　请务必填写支付宝实名认证的姓名

* 身份证号码　　　　　　　　　　　　　　❶ 必须和支付宝实名信息一致

* 手持身份证照片　　　　　　　示例：　　　1. 五官可见
　　　　　　　　　　　　　　　　　　　　2. 证件全部信息清晰无遮挡
　　　　　　　　　　　　　　　　　　　　3. 完整露出双手手臂
　上传并预览　　　　　查看详细要求

* 身份证正面　　　　　　　示例：　　　证件上文字清晰可识别

　上传　　　　　查看详细要求

图 6 – 15　填写真实个人资料

如果是想在淘宝中发布闲置用品，则可以不进行身份认证，直接发布商品，在图 6 – 18 页面填写发布闲置用品的标题、类目、新旧程度、转卖方式、价格、交易方式等信息。

在图 6 – 19 页面填写运费、联系方式、所在地、宝贝图片、宝贝描述等信息。

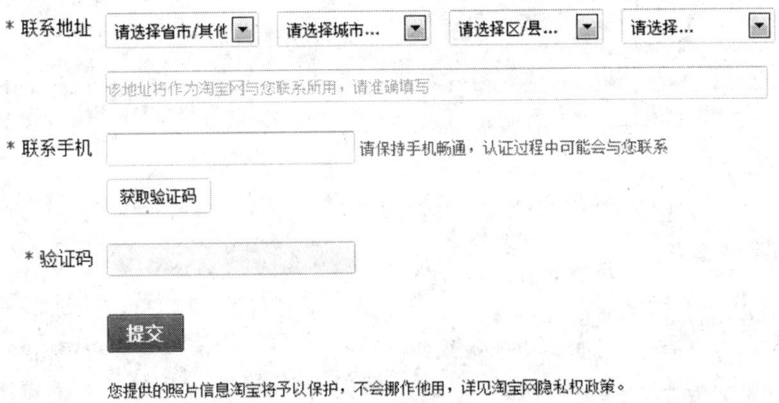

* 联系地址　请选择省市/其他 ▼　　请选择城市... ▼　　请选择区/县... ▼　　请选择... ▼

该地址将作为淘宝网与您联系所用，请准确填写

* 联系手机　[　　　　　　　　]　请保持手机畅通，认证过程中可能会与您联系

获取验证码

* 验证码　[　　　　　　　　]

提交

您提供的照片信息淘宝将予以保护，不会挪作他用，详见淘宝网隐私权政策。

图 6 – 16　填写联系方式

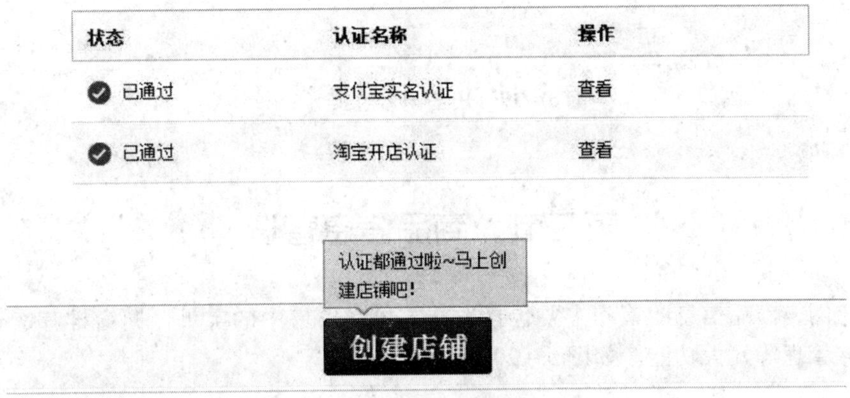

状态	认证名称	操作
✔ 已通过	支付宝实名认证	查看
✔ 已通过	淘宝开店认证	查看

认证都通过啦~马上创建店铺吧!

创建店铺

图 6 – 17　审查通过创建店铺

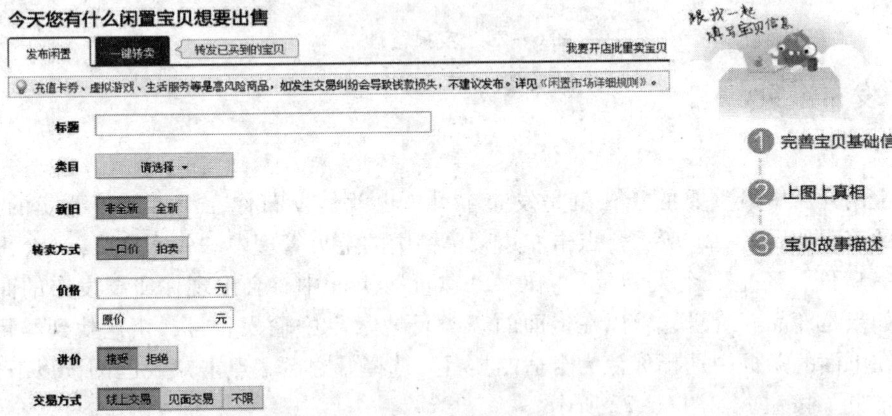

今天您有什么闲置宝贝想要出售

发布闲置　一键转卖　转发已买到的宝贝　　　　　　　我要开店批量卖宝贝

充值卡券、虚拟游戏、生活服务等是高风险商品，如发生交易纠纷会导致钱款换失，不建议发布。详见《闲置市场详细规则》。

标题　[　　　　　　　　　　]

类目　请选择 ▼

新旧　非全新　全新

转卖方式　一口价　拍卖

价格　[　　　　　]元
　　　　原价 [　　　　　]元

讲价　接受　拒绝

交易方式　线上交易　见面交易　不限

跟我一起填写宝贝信息

① 完善宝贝基础信息
② 上图上真相
③ 宝贝故事描述

图 6 – 18　出售闲置宝贝（1）

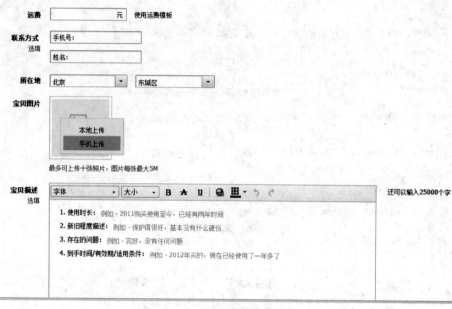

图 6 – 19 出售闲置宝贝（2）

第二节 商品信息管理

在淘宝网，商品信息的管理主要包括发布宝贝、出售中的宝贝、橱窗推荐、仓库中的宝贝和仓储管理等几大功能。如图 6 – 20 所示。

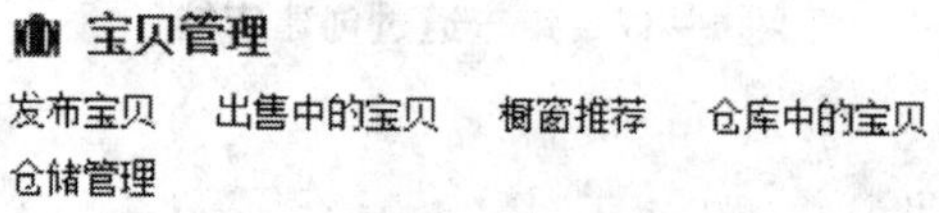

宝贝管理

发布宝贝 出售中的宝贝 橱窗推荐 仓库中的宝贝
仓储管理

图 6 – 20 宝贝管理

6.2.1 发布宝贝

1. 发布宝贝流程

在淘宝网开店中最重要的步骤就是发布宝贝，也就是发布你在淘宝网里要卖的商品。发布宝贝的流程如图 6 – 21 所示。点击左边菜单栏中的宝贝管理中"发布宝贝"，会出现选择，是"一口价"还是"个人闲置"。在"一口价"页面中，会出现你所要发布的商品所属类别，如果是商品有货号，可以在上面的"类目搜索"中输入货号，快速找到类目。也可以自己在下面的条框中选择你认为合适的类目。选择好之后，点击"我已阅读以下规则，现在发布宝贝"按钮。如图 6 – 22 所示。

2. 填写商品基本信息

在宝贝基本信息页，需要选择宝贝类型、页面模板、宝贝属性、是否支持定制，另外还需要输入宝贝标题、宝贝卖点、一口价、数量、商家编码和商品条形码（如果商品有条形码）等信息。如图 6 – 23 所示。

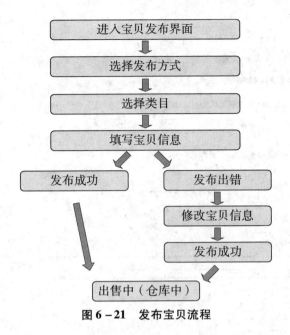

图 6 - 21　发布宝贝流程

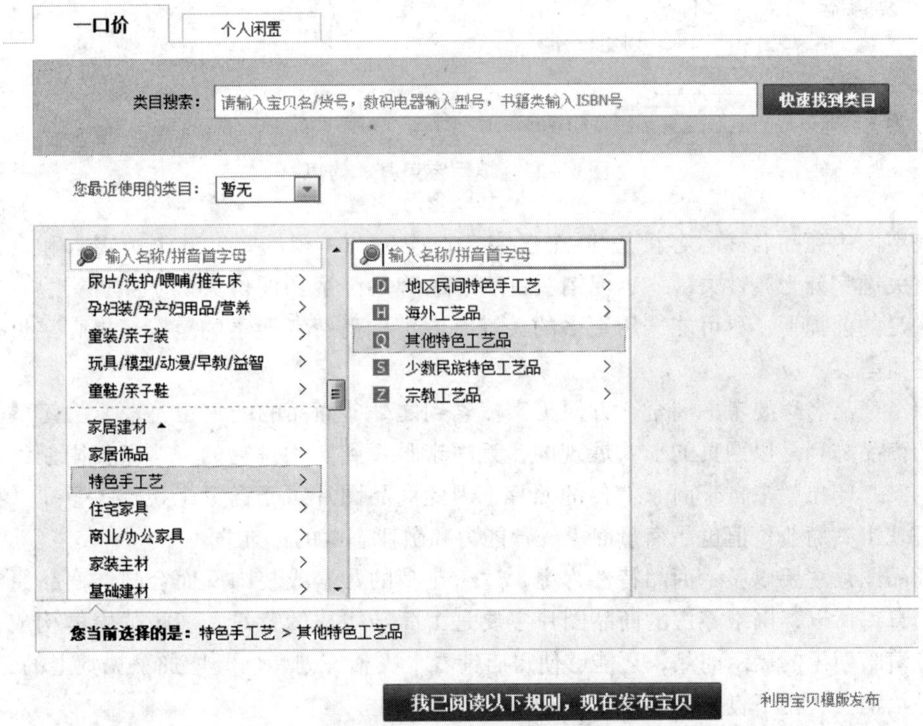

图 6 - 22　发布宝贝选择类目

消费者的购物目的不同，但是购物的顺序基本上都大同小异，一般是从搜索商品名称开始，然后看谁的价格更吸引人，谁的商品图片更漂亮，谁对商品的情况介绍得更详细，因此"宝贝标题"也就是"商品名称"在销售过程中非常重要。

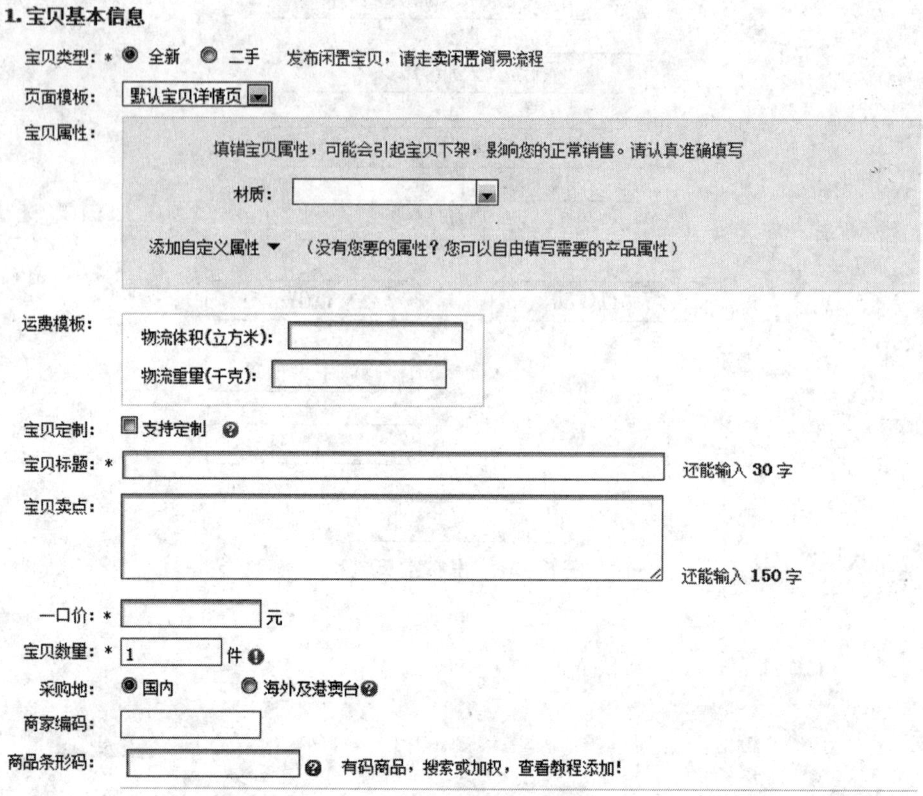

1.宝贝基本信息

宝贝类型：* ⦿ 全新　◉ 二手　发布闲置宝贝，请走卖闲置简易流程

页面模板：｜默认宝贝详情页｜▾｜

宝贝属性：

> 填错宝贝属性，可能会引起宝贝下架，影响您的正常销售。请认真准确填写
>
> 材质：｜　　　　　　　｜▾｜
>
> 添加自定义属性 ▼　（没有您要的属性？您可以自由填写需要的产品属性）

运费模板：　物流体积(立方米)：｜　　　　　　　｜

　　　　　　物流重量(千克)：｜　　　　　　　｜

宝贝定制：☐ 支持定制 ❓

宝贝标题：* ｜　　　　　　　　　　　　　　　　　　　｜　还能输入 30 字

宝贝卖点：｜　　　　　　　　　　　　　　　　　　　｜

　　　　　　　　　　　　　　　　　　　　　　还能输入 150 字

一口价：* ｜　　　　　｜元

宝贝数量：* ｜1　　　｜件 ❶

采购地：⦿ 国内　　　◉ 海外及港澳台 ❓

商家编码：｜　　　　　　　｜

商品条形码：｜　　　　　　　　｜ ❓ 有码商品，搜索或加权，查看教程添加!

图 6-23　填写宝贝基本信息

淘宝网中商品名称的容量是 30 个汉字、60 个字节，根据顾客的消费需求和定位的区别，将关键字分为属性关键字、促销关键字、品牌关键字和评价关键字 4 种类型，在容量能够满足的前提下，尽可能选用更多的关键字，扩大消费者搜索的范围，提高宝贝被他们发现的概率。

除了商品名称要考虑周全，方便买家搜索到之外，商品的图片也是非常关键的。网络零售的商品陈列是以网页的形式展现的，无法亲眼看到实物是它的一个条件限制，顾客对商品的第一印象就来自于商家上传的照片，因此商品图片对于商家来说至关重要，如何使商品呈现出其商业价值也是衡量商家经营能力和敬业态度的标准之一。

商品图片主要以展示商品特性为主，过于花哨的背景或装饰反而会削弱商品原本想传达的信息，所以，网络零售的商品图片主要是由简洁明快的背景和清晰的主体构成，这不仅可以清晰明了的展示商品，还能够使得店铺看上去整齐划一，既增加了视觉上的舒适感，也容易给消费者留下良好的印象。

淘宝上商品照片和普通产品照片不同，通常产品图片通常只要求如实拍出产品的原貌，色彩还原准确，清晰、构图合理，但是，商品图片因为需要刺激消费者的购买欲，达到销售的目的，因此，在此基础上还要求画面美观，有视觉冲击力，能看出商品的本来价值，提高商品的性价比，挖掘出顾客潜在的消费需求。

需要注意的是，"宝贝图片"里上传的图片是显示在宝贝详情页的主图下方，买家可以通过点击图片，观察商品的各个细节。淘宝在"宝贝图片"里增加了一个新功能，就是可以上传视频长度在9秒内的主图视频，通过主图视频让买家动态的了解商品。而"宝贝描述"里上传的图片是显示在宝贝详情里，在宝贝描述里，你还可以上传文字描述、视频等，更进一步的让买家详细了解商品特征。如图6-24所示。

图6-24　上传宝贝图片

3. 售后保障

在售后保障信息中，需要注意细节，如是否有发票，是否保修等售后保障信息。在销售后续环节中，这些参数会非常重要。如图6-25所示。

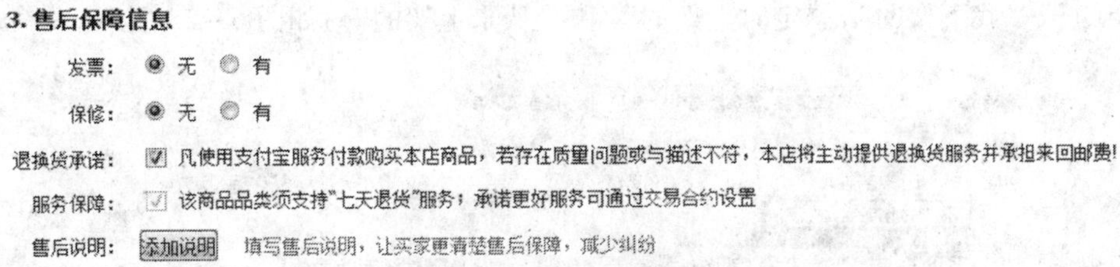

3.售后保障信息

发票：　◉ 无　　○ 有

保修：　◉ 无　　○ 有

退换货承诺：　☑ 凡使用支付宝服务付款购买本店商品，若存在质量问题或与描述不符，本店将主动提供退换货服务并承担来回邮费！

服务保障：　☑ 该商品类须支持"七天退货"服务；承诺更好服务可通过交易合约设置

售后说明：　添加说明　填写售后说明，让买家更清楚售后保障，减少纠纷

图6-25　售后保障信息

4. 其他信息

在其他信息中，选择库存计数方式、有效期、开始时间等参数。最后点击"发布"按钮。如图6-26所示。

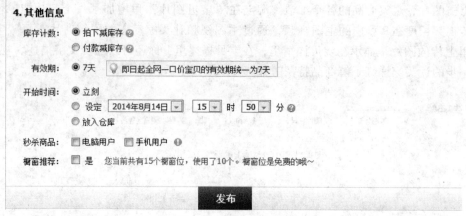

图 6 – 26　宝贝其他信息

6.2.2　出售中的宝贝

这个功能模块，能帮助卖家了解当前所有出售的宝贝的详情，并以列表的形式展现出来，同时，还提供了多种查询方式供卖家查询出售的宝贝。如图 6 – 27 所示。

图 6 – 27　出售中的宝贝

6.2.3　仓库中的宝贝

通过点击"仓库中的宝贝"，可以让卖家了解当前商品信息，这里的商品都是下架商品，根据选择适当的下架状态去了解店铺经营情况。下架状态共有 4 种，分别是"所有等待上架的"、"我下架的"、"定时上架的"和"从未上架的"。如图 6 – 28 所示。

图 6 – 28　仓库中的宝贝

第三节　店铺管理

在店铺管理中，主要包括查看店铺、店铺装修、店铺基本配置、子账号管理、手机店铺管理、宝贝分类管理、域名设置和掌柜推荐这些基本功能模块。如图 6－29 所示。

店铺管理

查看我的店铺　　店铺装修　　店铺基本设置　　子账号管理
手机店铺管理　　宝贝分类管理　域名设置　　掌柜推荐

图 6－29　店铺管理

6.3.1　查看我的店铺

通过点击"查看我的店铺"，可以迅速到达店铺首页，并且以买家的视角看到你的店铺的结构布局。如果你对你的小店的布局不太满意。那么就可以像真正的店铺一样，进行店铺装修了。

6.3.2　店铺装修

点击"店铺装修"，进入店铺装修页面，如图 6－30 所示。在左边的页面管理中，会将你的店铺中现有的页面以菜单的形式列举出来，比如基础页、宝贝详细页、宝贝列表页等，你也可以通过点击右上角的"＋"按钮添加自定义页面。

图 6－30　店铺装修

每个页面的装修都遵循同一套流程。

1. 选择页面

在左侧的"页面管理"中选择一个页面。或首页、宝贝详细页等。

2. 编辑模块

在所选择的页面模板上，对页面上的各个模块依次进行编辑。编辑好后保存。

在编辑模块中，可以对页面编辑，布局管理和页面属性三方面进行修改。其中，利用布局管理可以对页面各模块的布局顺序、大小、结构等进行调整，通过点击"添加模块"增加新的模块单元，也可以通过点击"添加布局单元"增加你所想要的布局单元。如图 6－31 所示。

店铺页头

店铺招牌

导航

搜索店内宝贝	店铺公告
宝贝分类（竖向）	宝贝推荐
宝贝排行榜	
友情链接	

请添加模块 ＋   请添加模块 ＋

➕ 添加布局单元

图 6 – 31   页面编辑模块

3. 发布装修

装修后的页面，只有点击"发布"按钮，才会在前台展示。

6.3.3   店铺基本设置

在店铺基本设置中，主要是对你的店铺的详细信息进行介绍和展示。包括店铺名称、店铺标志、店铺简介、经营类型、联系地址、店铺介绍等信息的设置，如图 6 – 32 所示。

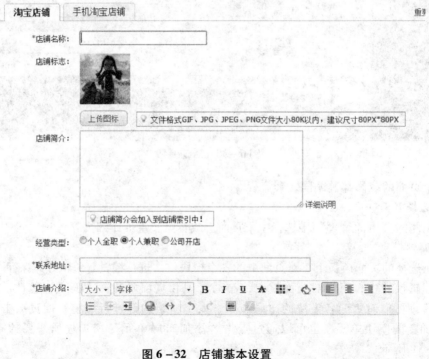

图 6 – 32   店铺基本设置

在用户登录状态下，进入"我的淘宝"页面，点击左侧"管理我的店铺"就能进入店铺管理平台，也可以从店铺页面右上角的"管理我的店铺"入口直接进入管理平台。

点击"店铺基本设置"进入到店名、店标的设置页面。

1. 店铺名称

在给店铺起名的时候，在店名里面加入相应的关键字，根据经营情况来设计和优化店名，就可以使店铺被更多的人搜索到。

店名的容量是 30 个字，我们可以使用以下的关键字元素来进行组合。

（1）店铺或主营品牌、经营内容、定位特点等行业介绍类关键字。

（2）皇冠、钻石、好评率等信誉信息类关键字。

（3）包邮、打折、清仓、新货上架、热卖程度、收藏有奖等促销信息类关键字。

（4）原创手工、外贸原单、厂家直销等专业特色类关键字。

（5）在线情况、议价态度、发货周期等个性化关键字。

（6）商盟、满就送、搭配减价等淘宝组织或活动类关键字。

2. 上传店铺标志

从电脑硬盘里上传一个格式为 GIF 或 JPG、JPEG、PNG 的图片文件，文件大小须在 80K 以内，图片的建议尺寸为 100 像素×100 像素。

3. 店铺简介

店铺介绍主要说明经营品牌、商品、属于什么风格特点等，要突出主题，介绍清楚店铺所经营的产品和产品性能、基本的售后服务和一些经商态度，文字不要太多，言简意赅，表达明晰。

4. 店铺介绍

店铺介绍是以网页的形式呈现的，因此要使用 html 编辑器来进行设计，可以粘贴网页设计的源代码，也可以将店铺的情况编辑成文字内容，再简单地更改一下字体、颜色、大小、插入图片和链接等来突出重点信息，使文字的排版更加美观。

除此之外，在店铺基本设置中，还包括了主要货源、是否有实体店、是否有工厂或仓库这些选项的设置，如图 6-33 所示。通过这些设置，可以让淘宝买家对你的店铺有一个大致的了解，更好地为买家服务。

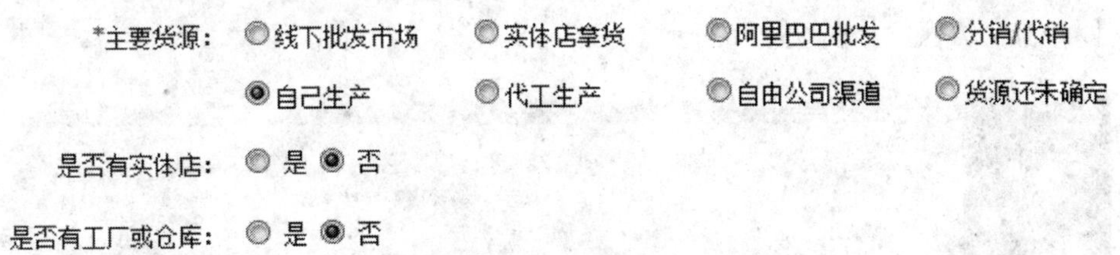

图 6-33 店铺其他设置

随着智能手机的日益普及，手机淘宝是一个大趋势，因此，淘宝网也给卖家提供了手机淘宝店铺，可以给你提供更多的销售渠道。

6.3.4 子账号管理

子账号业务是淘宝网及天猫提供给卖家的一体化员工账号服务。掌柜使用主账号创建员工子账号并授权后，子账号可以登录旺旺接待顾客咨询，或登录卖家中心帮助管理店铺。并且主账号可对子账号的业务操作进行监控和管理。

通过设置子账号，可以有以下优点：

（1）规避员工使用主账号的风险，比如主账号权利太大，店铺机密信息易泄露（支付宝信息、店铺基本信息和数据）；主账号操作不可控，高危操作易进行（删除宝贝、修改宝贝价格等）；主账号操作不可查，责任无法对应操作人（主账号所做操作无法对应到员工）；

（2）高效员工管理，有清晰的组织结构，更详细的员工权限分工，从而提高员工管理效率。

目前淘宝网给新开店的店铺提供三个免费的子账号，如图6-34所示。如果你在业务开展过程中，觉得不够的话，也可以根据需要购买。

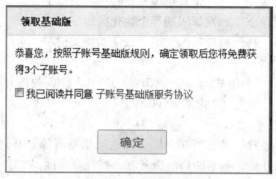

图6-34 领取子账号

6.3.5 宝贝分类管理

在这个模块中，主要是对你店铺里的宝贝进行分类，让买家更快更迅速地找到他所想要购买的宝贝。

淘宝提供了两种分类，一种是添加手工分类；另一种是添加自动分类。

手工分类是你自己根据店铺宝贝的性质，增加类别，在每个类别下还可以增加子类别，构成多层菜单模式。还可以执行在每个类别下上传分类图片，上下移动类别顺序等操作，实现个性化分类方法。如图6-35所示。

图6-35 添加手工分类

而添加自动分类，则是在总动分类条件设置中，可以选择"按类目归类""按属性归类""按品牌归类""按时间价格"4种方式进行归类，如图6-36所示。

图6-36　添加自动分类

6.3.6　掌柜推荐

掌柜推荐模块，是卖家将他店铺里一些热销的商品展现在掌柜推荐模块中，添加此模块后，卖家可以自由推荐宝贝，展示想要推广的商品。

要想在首页中展示掌柜推荐，需要以下几个步骤：

（1）在页面装修模块中，在右侧栏中找到"在此处添加新模块"，点击按钮，在跳出的选项框中找到"宝贝推荐"模块，添加到主页板块中。保存发布后，就能在主页面看到增加了宝贝推荐模块。如图6-37所示。

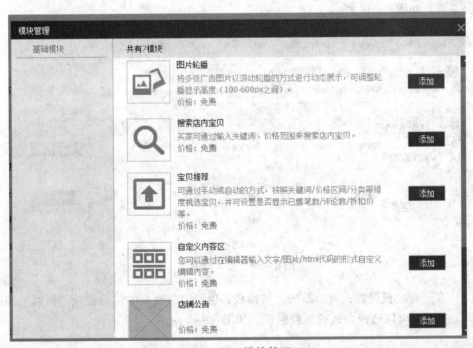

图6-37　模块管理

（2）将商品设置为推荐宝贝。点击"我是卖家"页面的左侧菜单栏中的"店铺管理"下的"掌柜推荐"菜单，就会显示店铺中的所有商品的图片，在每个商品后会有个推荐手指，点击后该商品就会成为推荐商品。

第四节　交易管理

在交易管理模块中，主要包括物流工具、已卖出的宝贝、评价管理、发货设置、我有货要运输和物流指数等几大功能模块。如图6-38所示。

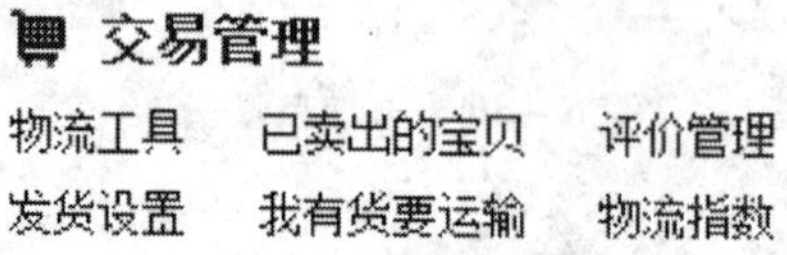

🛒 交易管理

物流工具　　已卖出的宝贝　　评价管理

发货设置　　我有货要运输　　物流指数

图6-38　交易管理

6.4.1　物流工具

在物流工具模块，分为服务商设置、运费模板设置、运费/时效查看器、物流跟踪信息、地址库和运单模板设置6大功能模块。

（1）可以在服务商设置模块中，选择快递服务商，开通快递服务，开通的服务商可被消费者下单时查看并选择。因此，卖家在设置时，一定只能开通对你来说比较方便可行的快递服务商。如图6-39所示。

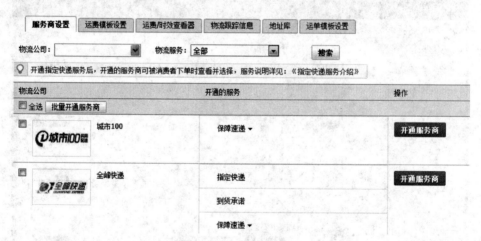

图6-39　服务商设置

（2）在运费模板设置，可以新增运费模板，也可以对现有的运费模板进行修改和删除，在宝贝上架时，可以选择合适的运费模板。如图6-40所示。

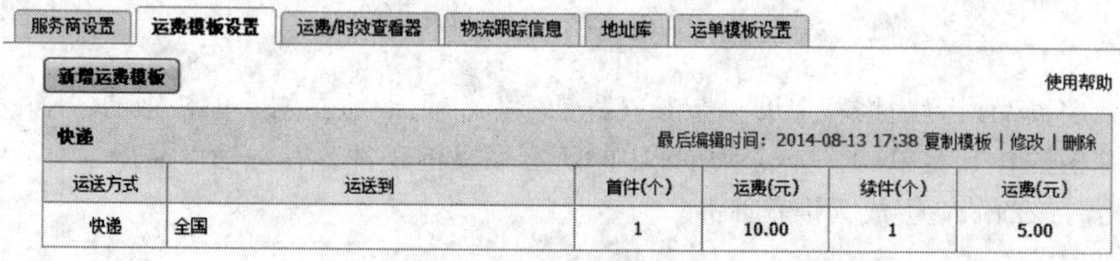

| 服务商设置 | 运费模板设置 | 运费/时效查看器 | 物流跟踪信息 | 地址库 | 运单模板设置 |

新增运费模板　　　　　　　　　　　　　　　　　　　　　　　使用帮助

快递		最后编辑时间：2014-08-13 17:38 复制模板｜修改｜删除			
运送方式	运送到	首件(个)	运费(元)	续件(个)	运费(元)
快递	全国	1	10.00	1	5.00

图6-40　设置运费模板

（3）运费/时效查看器。通过在运费/时效查看器中输入物流服务方式、起始地、目的地、宝贝重量等参数，可以自动计算出快递费，在交易时自动修改运费，以达到节省卖家时间，提高成交率的目的。如图 6 – 41 所示。

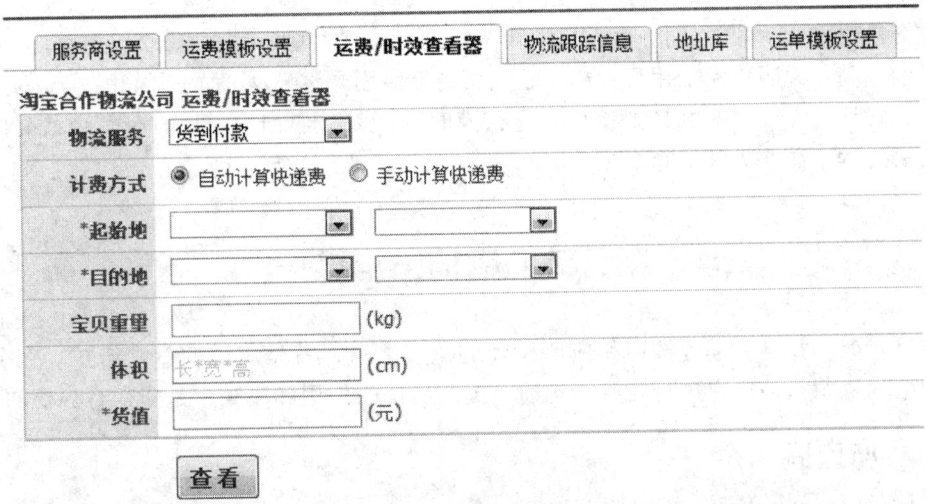

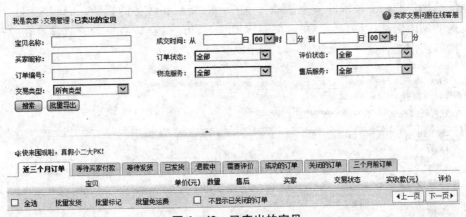

图 6 – 41　运费/时效查看器

6.4.2　已卖出的宝贝

通过查看"已卖出的宝贝"，可以了解店铺经营状况，并且淘宝还给店家提供了多种查询方式，可按订单状态、评价状态、物流服务、售后服务或交易类型模糊查询，也可按宝贝名称、成交时间、订单编号等详细信息进行精确查询。如图 6 – 42 所示。

图 6 – 42　已卖出的宝贝

6.4.3　评价管理

淘宝评价管理有两个：一个是买家的评价管理，另一个是卖家的评价管理。其中，卖家的信用度是与到其店铺来买商品的买家的评价密切相关的。而很多顾客在购买商品时，卖家的信用额度是其考虑是否购买的一个重要指标。

淘宝会员在淘宝网每使用支付宝成功交易一次，就可以对交易对象作一次信用评价。评价分为"好评""中评""差评"三类，每种评价对应一个信用积分，具体为："好评"加一分，"中评"不加分，"差评"扣一分。

在交易中作为卖家，其信用度分为20个级别，分别以星、钻、皇冠、金冠和个数来表示。级别越高，说明卖家信用程度越高，也就越能吸引顾客购买商品。因此在交易过程中，及时给客户评价，以及对客户评价信息进行及时的回复，遇到中差评时与客户及时的沟通都是交易过程中需要关注的重点之一。

第五节　店铺日常维护

宝贝上架，并且店铺也按照相应所设计的布置之后，就是店铺的日常维护。充分利用淘宝网中的资源，与客户进行较好的沟通，提高店铺的信用和声誉，是非常有必要的。

6.5.1　站内信

一般来说，站内信是为方便会员消息往来而设的服务功能，类似于邮箱，主要由收件箱、发件箱、草稿箱和垃圾箱4部分组成，但该功能仅对网站的注册会员开放。

站内信有两个基本功能。一是点到点的消息传送。用户给用户发送站内信，管理员给用户发送站内信。二是点到面的消息传送。管理员给用户群（指定满足某一条件的用户群）发消息。

在淘宝网中，站内信是由收件夹和发件夹两部分构成。在收件夹可以看到信件是由官方动态、重要提醒、服务提醒、交易提醒、淘宝活动和私人信件6部分组成。前5种都是淘宝网发给用户的，有群发的淘宝活动，也有针对交易和服务的提醒。而淘宝用户给淘宝用户发送的站内信都在私人信件中。同时没有读过的信件会以数字的方式显示在收件夹类别后，提醒用户查看信件，如图6-43所示。

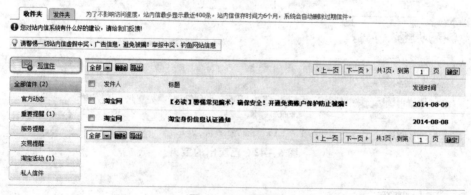

图6-43　站内信

点击页面当中的写邮件按钮，就可以给淘宝上的任意用户发送邮件。发送出去的邮件会保存在发件夹中，以备今后查看。

　　由于站内信的存储容量是有限的，最多显示最近 400 条，满了之后将无法正常发送和接收，因此如果业务比较繁忙，3 站内信流量比较大时，要定期清掉无用的信件。

　　在信件条目的下方有信件的显示和处理方式，可以选择无用信件，然后点击"删除"按钮。因为站内信的保存时间为 6 个月，系统会自动删除过期信件，因此，也可以将希望长期保存的信件通过点击"导出"按钮，保存到本地电脑。

6.5.2　阿里旺旺

　　买家与卖家除了使用站内信进行交流外，在淘宝交易中，使用频率最高的还是"阿里旺旺"。阿里旺旺是将原先的淘宝旺旺与阿里巴巴贸易通整合在一起的一个新品牌。它是淘宝和阿里巴巴为商人量身定做的免费网上商务沟通软件，可以帮助用户轻松找客户，发布、管理商业信息，及时把握商机，随时洽谈做生意，简洁方便。

　　阿里旺旺分为阿里旺旺（淘宝版）与阿里旺旺（贸易通版）、阿里旺旺（口碑网版）三个版本，这三个版本之间支持用户互通交流。此外，淘宝版又分为买家版和卖家版。

　　1. 阿里旺旺（买家版）

　　通过使用阿里旺旺（买家版），可以帮助你更好地和卖家沟通。如图 6-44 所示。

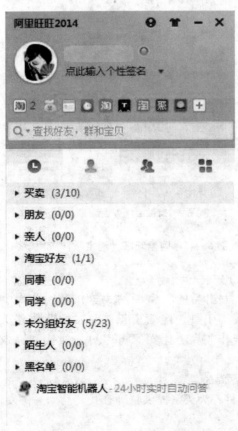

图 6-44　阿里旺旺（买家版）

（1）通过发送即时消息，与对方及时沟通，了解买卖交易细节。

（2）通过使用麦克风，可以与买家进行免费语音聊天，同对方自由交谈。

（3）通过视频聊天功能，可以直接看到要买的宝贝，安心买到自己所需要的商品。

（4）提供离线消息功能，使你不会错过任何消息，一上线就能收到离线消息。

（5）提供炫酷表情，99 个超大可爱的动态表情，可以在与卖家交流时随心选用，能拉近双方之间的距离，让谈生意变得更亲切，更容易。

（6）提供超大文件传输功能，同其他聊天工具相比，传输容量大，速度快，安全。

除此之外，旺旺还提供了阿里旺旺群的功能。同 QQ 群一样，它是一个多人交流空间，有相同趣味的人可以在一起创建阿里旺旺群，在群内交朋友，聊买卖。在旺旺群中，你可以扩大关系圈，同爱好相同的朋友群聊，了解更多更好的店铺，买到物美价廉的东西；可以建立自己的店铺群，通过群公告及时推广最新宝贝；可以与群里的朋友一起发起团购；还可以互相交流生活工作的经验。

阿里旺旺还推出了应用模块，在这个模块里，将常用的应用放在主界面快速启动栏，比如最近非常热门的余额宝、试用中心、支付宝、品牌特卖等。你也可以自己定义应用模块，一键增加你使用频率较高的应用。如图 6 - 45 所示。

图 6 - 45　阿里旺旺（淘宝版）应用模块

2. 阿里旺旺（卖家版）——千牛

千牛，为阿里巴巴官方出品的卖家一站式工作台，分为电脑和手机两个版本。其核心是为卖家整合店铺管理工具、经营资讯消息、商业伙伴关系，借此提升卖家的经营效率，促进彼此间的合作共赢。让卖家可以更加便捷和高效的管理店铺，让生意游刃有余。

（1）"精准高效"推荐商品。

旺旺集成"商品"插件，为买家提供精确查找商品、一键发送链接功能，可以提升导购效率，促进买家购买。

（2）"360 度透视"买家需求。

旺旺集成客户插件，可以为卖家展示买家好评率、会员等级、优惠券、标签和备注等信息，从而为买家提供更有针对性服务，提高购买率。

（3）"一键处理"买家订单。

旺旺集成订单插件，可展示该买家在本店近三个月的所有订单，可以进行一键改价、一键催付、一键核对地址、快速备注等操作，可以更快地处理订单。

千牛提供工作台模式和旺旺模式，登录工作台模式，如图 6 – 46 所示，千牛工作台的主界面由 4 模块组成。

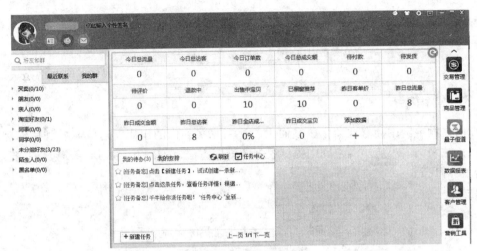

图 6 –46　千牛工作台

（1）好友与群。该模块在主界面的左边，同旺旺买家版一样，展示了你的旺旺好友和旺旺群。根据好友性质，可以把他们归到不同的标签下。

（2）店铺指标数据。该模块在主界面的中间上部分。通过查看店铺指标数据，店铺的经营情况一目了然。"待付款""待发货""待评价"提醒你完成交易，而今日数据和昨日数据汇总，则让你为店铺的经营状况有详细了解，做到心中有数。此外还可以通过点击最后面的"＋"，来添加你想要的指标数据。

（3）任务中心。在店铺指标数据的下方，就是任务中心模块。包括"我的代办"和"我的安排"两个部分。可以点击"添加新的任务"按钮在两个部分里分别添加新的任务。在"我的代办"里，也有千牛给新手设置的一些任务，通过这些任务可以很好去了解千牛的功能，更好地为经营店铺服务。

（4）应用工具。最右边的模块是应用工具模块，包括交易管理、商品管理、量子恒道、数据报表、客户管理等工具，可以让卖家通过千牛更迅速地进入各个应用工具，完成具体业务操作。

此外，在用户头像的右边，有一个信件的按钮，是千牛的消息中心，点击即可看到系统消息和服务号消息。系统消息中包括交易消息、商品消息、旺旺系统消息、任务消息和退款消息 5 类消息。服务号消息又包括千牛团队、量子恒道、淘宝官方和淘宝服务电台 4 类消息。如图 6 –47 所示。

消息中心
系统消息
服务号消息
全部标记已读
消息订阅
交易消息
商品消息
旺旺系统消息
任务消息
退款消息

图 6－47　千牛消息中心

6.5.3　营销推广

如何在淘宝网中商家大潮中脱颖而出，让买家找到你的小店？这就需要利用淘宝所提供推广方法来推广小店。淘宝网中提供很多的推广方法，如图 6－48 所示，包括：直通车、淘宝客、淘代码、一套推广等。

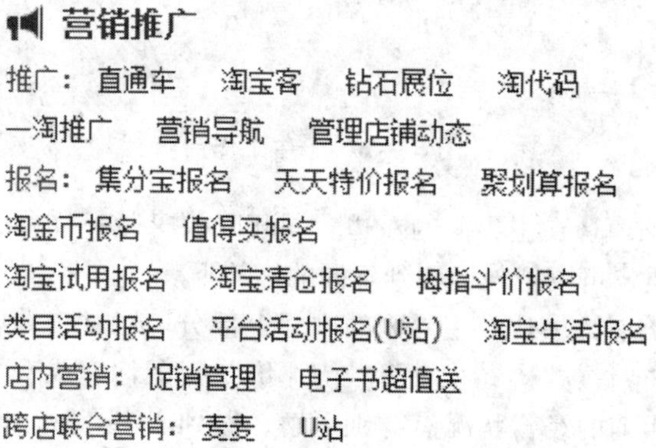
营销推广
推广：直通车　淘宝客　钻石展位　淘代码
一淘推广　营销导航　管理店铺动态
报名：集分宝报名　天天特价报名　聚划算报名
淘金币报名　值得买报名
淘宝试用报名　淘宝清仓报名　拇指斗价报名
类目活动报名　平台活动报名(U站)　淘宝生活报名
店内营销：促销管理　电子书超值送
跨店联合营销：麦麦　U站

图 6－48　营销推广

1. 直通车推广

这是提升店铺流量最直接的推广方式，只需选择你认为比较有优势和竞争力的宝贝，然后挂上直通车即可，由于这是付费推广，而且不能保证有交易，所以在宝贝选择、价格控制、悬挂频道和方式上都是很有讲究的，也可能会出现购买了直通车业务，但业务量并没有增加的情况。

2. 淘宝客推广

这是目前比较流行的、推荐率很高的一种推广方式，因为它是后付费业务，推广展示和点击推广全都免费，只有在交易完成之后才支付淘客佣金，并能随时调整佣金比例灵活控制支出成本，这种推广方式值得推荐。

但是这两种都属于付款业务，包括图 6－48 所示，很多业务都属于付款业务。而且对于新开的小店，因为没有业务量，不满足推广的条件。那么怎么能在开店之初就积攒人气、顺利开张呢？积极利用论坛和各种微信圈、微博，利用自己的人脉是一个比较好的方法。

3. 淘宝论坛推广

在其他的论坛和群里推广自己的小店，大多数情况可能会遭到唾弃，单纯的推广链接势必会被删帖，甚至拉黑。只有在"淘宝论坛"，你可以尽情地推广你的小店，如图 6 – 49 所示。

图 6 – 49　淘宝论坛

在淘宝论坛你可以去学习其他卖家的实战经验，在小卖家专区去和其他的伙伴们一起研究该怎样在小投入的情况下提高销量，甚至你也可以在论坛里发发牢骚，卖出一单后和大家分享等。在这里，你可以找到伙伴、对手、朋友。

当然任何一种推广都不会起到立竿见影的效果，都需要你长期不懈的坚持，只有坚持，才会有收获。

本章参考文献

[1] 小铁柱哥. 淘宝网新手开店日记 [M]. 2 版. 北京：人民邮电出版社，2009.

[2] 陈家宝. 淘宝网开店入门 [M]. 北京：金盾出版社，2013.

[3] 于超. 怎样在淘宝开店 [M]. 北京：经济科学出版社，2013.

[4] 张易轩. 淘宝开店一点通 [M]. 北京：中国商业出版社，2014.

[5] 李珍珍. 淘宝开店做皇冠 [M]. 南京：东南大学出版社，2014.

[6] 柏松. 新手学网上淘宝与开店 [D]. 上海：上海科学普及出版社，2012.

第七章 ECstore 电子商务平台应用案例

ECstore 是商派融合多年电子商务领域的行业经验，精心打造的中高端电子商务零售解决方案，可以帮助企业快速拓展网络销售、建立规范的电商业务流程、持续改善用户体验和品牌体验，真正打造高可用和高可靠的先进电子商务销售平台，符合电商发展潮流和企业自身业务需要，是企业开展电子商务的最佳选择。

第一节 ECstore 企业版——全方位的电商解决方案

最近 10 年来的电子商务市场，一直处在持续升温的状态中，并且年年都在攀升。特别是刚过去的 2010 年，整个电商行业更是呈现出井喷的现象，无论是成交额，还是参与的商家，都达到了一个前所未有的高度。

诸多电子商务新贵在不断付出学费的同时，也逐渐在电商行业内一步步夯实自己的基础，树立起自己的电商品牌。越来越多的传统企业也不甘寂寞，纷纷转变思路，尝试涉足电子商务，争取在日益火热的电商行业内抢得属于自己的份额，开辟新渠道。

然而，很多想试水电子商务的企业用户在实际操作时却都面临着同样的问题："如何进入电子商务""怎样做电子商务""如何管理电子商务"，等等。

ECstore 企业版是 ShopEx（上海商派）基于自主研发的电子商务引擎"ECOS"开发的新一代企业级网上商店系统，是 ShopEx 量身为企业级用户打造的专有产品。ECstore 企业版是多种服务、应用的前端载体，可用于展示企业的各种产品，可提供的服务，可接受订单；同时又是后端处理数据、分析数据、监控数据的信息来源，可用于管理网上商店平台、维护产品信息、处理顾客订单等。ECstore 企业版助力企业用户突破传统销售模式的地域、成本、时间等限制，降低企业成本，拓展新的盈利渠道，建立真正属于自己的电子商务品牌。

7.1.1 为企业电子商务保驾护航

ECstore 企业版帮助传统企业轻松开启电子商务之路。ECstore 企业版从企业用户角度考虑，业务流程清晰、操作界面便捷易用，它能协助传统企业快速部署和管理电子商务平台，帮助企业用户轻松踏入电子商务的新领域。

ECstore 企业版帮助企业管理线上业务。企业开展电子商务，涉及方方面面，角色众多流程繁杂。对于企业用户来说，如何管理好线上业务，如何理清线上与线下的资源调配，如何处理好多个平台的信息同步，是摆在企业面前的一道坎。ECstore 企业版强大的商品、会员、角色、报表等管理功能，让用户只需简单的操作便可实现对众多流程的管理，让业务更清晰，让管理更轻松。

ECstore 企业版帮助企业用户提升品牌价值。互联网是一个创造新生事物的平台，近几年，在火爆的大环境下诞生了无数的新兴品牌，并从线上延伸至线下，被广大消费者所认可。对初涉电子商务的企业用户来说，商店平台精美的页面、丰富的全方位信息、简易流畅的购物流程、良好的用户体验，可快速加强消费者对品牌的认可。而要做到这一切，只有选择了专业的商店系统才会从各方面强化消费者对品牌的认可，才会使企业品牌在顾客心中更坚实、更深入。ECstore 企业版系统正是肩负这样的使命，从前端页面的多样展示到流畅的购物体验，从快速的功能拓展到操作的人性化，都进行了大力优化，全力为企业用户打造出众的线上品牌形象，全面提升企业用户的品牌价值。

7.1.2　性能卓越、安全可靠

ECstore 企业版基于 ShopEx 自主研发的新一代电子商务引擎 ECOS，提供更加安全稳定的底层架构，全方位优化系统架构，同时引入 HTML 静态生成技术和多级缓存技术，减轻服务器负担，使得前台响应速度和系统负载能力得到极大的提升。

ECstore 企业版采用国际先进安全保护技术构建整体安全框架，对核心代码进行多级加密，对网店数据提供全方位、高级别的防范保护，真正确保数据安全、登录安全、支付安全、资金安全、管理安全，可放心使用。

7.1.3　业内领先的创新型功能

ShopEx 始终秉承"做最好的电子商务软件和服务提供商"的理念，依托业内一直领先的创新技术和近十年的行业操作经验，ECstore 企业版功能更完善，考虑更周到，使用更便捷，让用户更放心。

强大的商品展示功能为 B2C 网店系统所必备，ECstore 企业版进一步优化商品的规格、标签表现方式，完美展示商品的各方面特性，让商品的信息更丰满、更全面。

便捷完善的会员管理策略，全方位多维度帮助企业收集顾客的活动信息，让二次营销成为可能。

丰富的网站维护功能，从页面到模块、从标准到个性，系统功能设计方面更加人性化，大大降低了操作者的技能要求，即使不懂代码，依然可以轻松维护。

相比同行业其他产品，ECstore 企业版有更多卓越功能：

（1）支持 sphinx 搜索引擎，打造强大商品搜索。ECstore 企业版支持 sphinx 搜索引擎，极大提升搜索性能，可支持搜索分词、搜索联想等高级功能，搜索效率更高，体验更上层楼。

（2）业内顶尖的促销引擎。ECstore 企业版拥有业内顶尖的促销引擎，内置全新的促销机制，可结合商品、订单实现多种促销组合；完全自定义的促销规则，可让你的想法快速实现。全方位的促销引擎让网店经营模式多种多样，体现丰富多彩的促销模式，满足不同层次的消费者。

（3）自定义 URL、SEO 优化。ECstore 企业版进一步优化搜索引擎性能，内置独特的 URL 自定义功能，可根据搜索热点随意定制，例如 www. shopex. cn/购物车等。在搜索频率高的页面，针对性增加 nofollow、noindex 等 SEO 标签，引导搜索引擎蜘蛛爬行，避免商品分类等内容重复度较高页面出现重复，极大提升 SEO 效果，让用户的网店轻松排在搜索结果的前列。

（4）专业的权限管理、详细的操作日志。ECstore 企业版从用户运营的角度出发，参考实际操作流程，对权限管理做了专业、细致的分工。通过权限管理，不同部门或员工只能管理自己范围之内的事情，而无法涉及其他，管理商品的管理员就只能管理商品，而不能管理订单，具体权限可据实际情况进行调整。操作日志则是对权限管理的合理补充，管理员在后台的任何一步操作均可以记录在案，可以追溯，可以确认，责任追踪不再空白。

7.1.4　全网全程的电子商务

随着企业用户在电子商务领域内容的逐渐成熟与自身发展的需求，会有多方面的拓展需求，比如多平台的数据的联通、多平台数据的统一处理、多系统的集成。ECstore 内置丰富的 API 接口，通过事件机制，可完成与企业内部系统以及后端作业系统等的整体集成，轻松打通电子商务 IT 系统，全面提升企业协同作业效率，帮助企业跨越运营鸿沟。

7.1.5　强大的技术支持、个性化实施

ShopEx 作为业内领先的软件与服务提供商，10 年积累，组建了一支业内规模最大、最具实力、最富经验的专业技术服务团队。ShopEx 潜心钻研的一系列具有自主核心技术和知识产权的电子商务软件，以其贴合用户需求、应需而动、独具行业特色等特点，获得了 23 个行业、8 种业态、近百万用户的肯定，已经成为国内 80% 电子商务年营业额过亿企业的共同选择。依托 ShopEx 强大的技术支持与应变能力，我们愿意倾听您的需求，快速响应，并把它转化为现实。

ECstore 企业版引入应用程序接入机制（APP），通过内置的应用中心（APP STORE）可方便管理系统的各种辅助功能，安装、使用、升级一键完成，功能拓展从此不再困难，让个性化功能快速实现。ECstore 企业版采用模块化的柔性设计，可根据个人需要选择性的安装相应功能，具备良好的适用性和扩展性，可快速响应企业发展需求。

第二节　ECstore 企业版的应用流程与部署环境

ECstore 企业版由前端展示系统与后端管理系统组成，前端主要用于展示企业的产品、服务、接受会员注册、接受订单，后端主要用于发布或更新产品信息、设定各种促销方案、

管理会员、处理订单、回复顾客留言评论等全方位的管理。

前端精致时尚的模板、便捷顺畅的购物流程及个性定制，可极大提高客户满意度，给予客户完美的交互体验；智能的后台系统，使得各环节各流程都能以高效而简化的方式完成，特别注重企业用户的使用体验。ECstore 企业版通过前后端多方位的协同管理，优化并规范业务流程，大大提高运作效率，达到全面提升电商企业核心竞争力的目的。

7.2.1 企业电子商务的业务流程

在这个"要么电子商务，要么无商可务"的时代，ShopEx 协助企业快速构建、部署和管理电子商务平台，深度优化业务流程、降低运营成本、提高效率，在电子商务化的进程中获得成功。如图 7-1 所示。

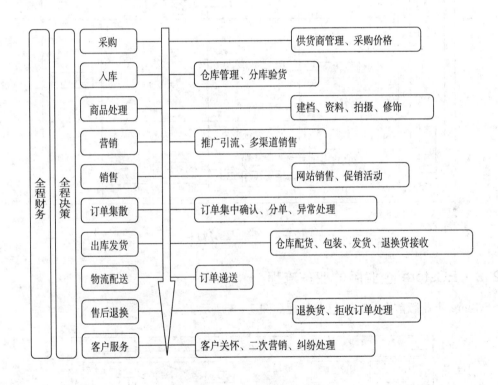

图 7-1 电子商务业务流程

7.2.2 前端系统各角色的应用流程

ECstore 企业版内置角色和权限管理，可对不同业务结构的员工进行角色权限划分，商业数据更为安全（见图 7-2）。整个网店运营管理的组织架构职责明确，实现企业业务工作的全面管理，保证市场、销售、服务等的工作协调，提高市场营销能力和服务质量，准确分析决策，让企业走向卓越。

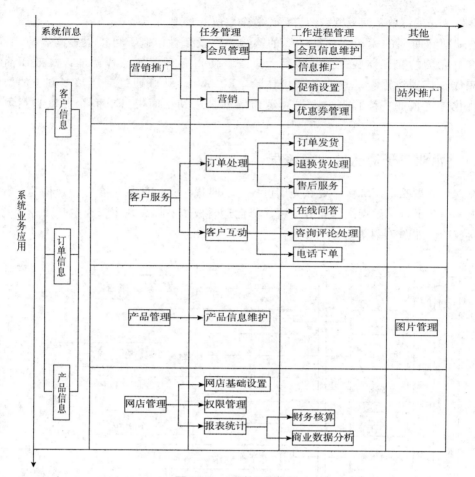

图 7 - 2　系统业务应用

7.2.3　ECstore 企业版的业务流程

ECstore 企业版前台购物及订单处理如图 7 - 3 所示。

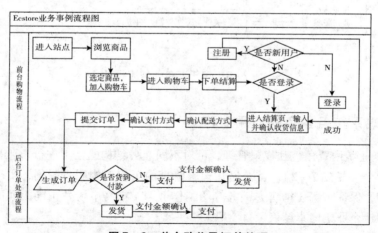

图 7 - 3　前台购物及订单处理

ECstore 企业版售后处理流程如图7-4所示。

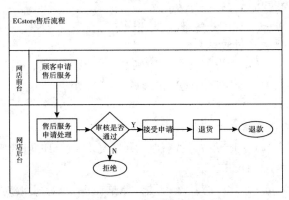

图7-4　企业版售后处理

7.2.4　系统结构

ECstore 企业版是基于 ShopEx 自主研发的引擎"ECOS"架构的，默认分三层：底层、基础系统、扩展系统如图7-5所示。

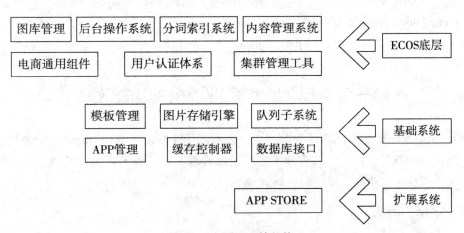

图7-5　ECOS 的架构

基于此系统架构，ECstore 可以灵活地拓展功能，个性化需求可以快速实现，安装更方便，更新更简单。

7.2.5　部署环境

ECstore 企业版系统是一个基于浏览器应用的软件系统，需要在服务器端部署完成后使用，服务器端包括 WEB 服务器与数据库服务器。

1. 服务器环境

服务器要求：Linux、Unix、Windows 均可。

WEB 服务器环境：Apache、Ngix、IIS 均可。

语言环境：PHP 5.3.0 及以上。

数据库环境：MYSQL5.0 以上。

其他要求：Zend Guard Loader 及以上 。

推荐使用环境：Linux ＋ Apache2.2＊ ＋ PHP5.3＊ ＋ MySQL5.1＊。

2. PHP 环境下必须要启用的函数

在 Php 配置文件 php.ini 中设置开启如下函数，如果不开启，则某些功能将受到影响。allow_ url_ fopen，GD 扩展库 MySQL 扩展库。

系统函数——phpinfo、dir。

3. Nginx 下配置环境的需求

ECstore 企业版采用 pathinfo 做资源定位，所以要求$_ SERVER 环境变量中必须要有 PATHINFO 或则 ORGI_ PATHINFO。

一般在 apache 或者 iis 下都没有什么问题，但是在 nginx 下需要对配置文件做一些设置才可以，这些设置主要是在 php fast cgi 的配置文件中，设置代码为：

```
set $real_ script_ name $fastcgi_ script_ name;
if ($fastcgi_ script_ name ~ " (. +? \. php) (/. +)") {
set $real_ script_ name $1;
set $path_ info $2; }
fastcgi_ param SCRIPT_ FILENAME $document_ root $real_ script_ name;
fastcgi_ param SCRIPT_ NAME $real_ script_ name;
fastcgi_ param PATH_ INFO $path_ info;
```

第三节　ECstore 企业版相关功能模块

ECstore 企业版功能模块是一个以商品、订单、会员为数据中心，以全方位的接触实现市场、销售、服务等协同工作的管理平台。通过管理客户、管理商品、处理订单、管理员工等功能，实现对企业业务流程的全面管理。

7.3.1　商品管理

1. 商品配置

商品是商店中最基本的元素，对用户来说，商品是访问者接触的最直接的媒介，只有把商品的特性充分地展示出来，才能打动访问者，才会有后续的各种可能。

在 ECstore 企业版中，与商品密切相关的因素有商品分类、商品类型、商品规格、商品品牌、虚拟分类 5 个部分。

（1）商品分类。

当商品数量比较多时，需要对商品进行分类操作，通过商品分类，即可以对商品进行有序的管理，也可以成为顾客在前台访问时进行筛选的依据之一。如图 7-6 所示。

商品分类的前期规划是至关重要的，分类的设置是否合理、是否科学直接决定了后期的管理是否方便，以及顾客检索商品是否流畅。所以，在配置商品分类时，前期的规划要先做好，哪些是一级分类，哪些是二级分类，然后再配置时就非常方便了，而且也方便后期的分类拓展。

分类的添加是没有限制的，可以有多级分类，每个分类下可有多级子分类，无限制的子分类是可以满足所有行业的需求。

商品分类在前后台的显示顺序完全一样，便于及时调整。

图 7 - 6　商品分类

（2）商品类型。

商品类型是 ShopEx 系列产品中所特有的一个功能，是基于用户的实际需求而专门开发的。商品类型的内容可以千变万化，任何商品的任何特性都可以用商品类型完美体现。

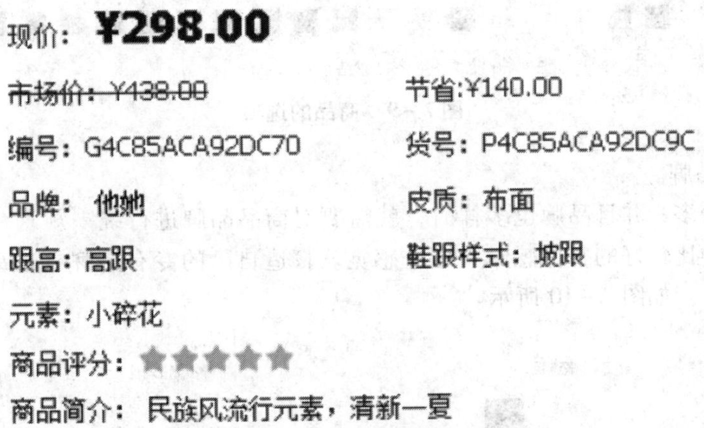

图 7 - 7　商品信息

商品类型也可以用于前台的商品逐级筛选，帮助用户快速找到相应商品。

（3）商品规格。

商品规格就是依据顾客的购买习惯而独立出来的一种商品的特殊属性，如顾客先选好了某一款衬衫，然后必须再选择颜色和尺码才可以订购，这里的颜色和尺码被称为规格。

商品规格一般适用于属性的值有多个时（如同一款衣服，有多个颜色，每一种颜色有多个尺码），可以将所有的组合全部展示出来供顾客进行选择。如图 7 - 8 所示。

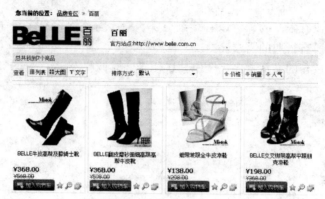

图 7 - 8　商品规格

规格值除在商品详细页面显示外，在商品分类列表页也可以用作筛选的入口，点击列表中的某个规格值，可以显示此分类下拥有此规格的所有商品，帮助顾客快速、准确定位。如图 7 - 9 所示。

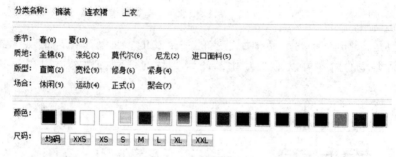

图 7 - 9　商品的选项

（4）商品品牌。

当商品比较多，并且品牌也多样时，就需要对商品品牌进行统一规划，规划后的品牌可以给顾客一种比较好的整体感觉与庄重感觉。打造自己的专有品牌也是每个电商用户所追求的终极目标。如图 7 - 10 所示。

图 7 - 10　商品品牌

顾客在前台当点击某个商品品牌时，会显示所有分类下的此品牌商品，可以作为顾客快速检索商品的一种入口。如图 7 - 11 所示。

图 7-11　商品检索

（5）虚拟分类。

所谓虚拟分类，就是在原商品分类基础上，依据商品的品牌、属性、价格等条件筛选而形成的新分类方式，如 200～300 元的商品，女性滑盖手机等分类。

当某些商品（这些商品可以是同一分类下的，也可以是不同分类下的）具有某些相同的特性时（这些特性可以是商品类型中的属性值，也可以是商品规格中的规格值），可以以这些相同的特性值为筛选标准，组织一个临时性的商品群。例如，所有有红色商品规格的商品，不管是哪个分类下的，都会聚集在这个虚拟的分类下。通过虚拟分类，可以根据用户的搜索习惯来人为的架构多个临时性的商品群。

商品所共有的属性即为可供筛选的条件，筛选的条件多种多样，可以基于商品分类、商品类型、商品价格、商品关键词，可以做到灵活多样。如图 7-12 所示。

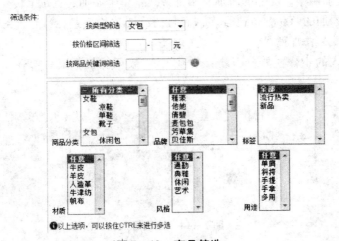

图 7-12　商品筛选

虚拟分类在设置结束后，只需要在模板添加虚拟分类版块后，前台即会自动调用并显示符合要求的商品。当有变动时，只需要调整筛选的条件即可，无须再做其他动作。

2. 商品管理

商品管理主要是基于指定的某些商品进行的操作，主要涉及商品标签、商品导入、商品到货通知、商品批量操作、商品图片重新生成等 5 部分。

（1）商品标签。

在 ECstore 企业版中，标签是一种分组标识，常用于商品、会员、订单，可以利用标签筛选分组，可以为新进的商品打上"最新"标签，或者给某些订单打上"等待付款"标签。标签可以任意设置，只供后台修改与设置，前台不会显示，可以随时添加、删除、修改。

商品标签可以供商家自己对商品进行区分，同时也可以用来在前台不同位置进行调用。例如：为某几个商品增加"热卖商品"的标签，可以通过模板的版块设置，让这几个商品显示在前台首页的热卖商品区。如果某些商品同时设置了多个标签，则可以通过版块设置显示在多个区域，如热卖、最新、推荐等。如图7－13所示。

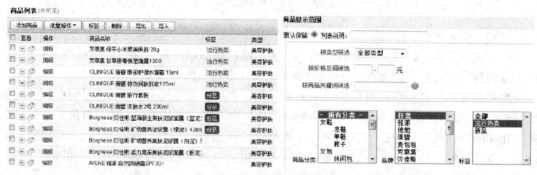

图 7－13　商品标签

（2）商品导入。

在 ECstore 企业版中，商品的添加有两种方式：单个添加、批量上传。

如果某次要添加的商品数量比较多，而且商品图片均已经标准化，此时可以考虑使用 CSV 批量导入方式来添加商品。

CSV 批量导入的步骤主要分三步：下载 CSV 数据模板、填写 CSV、上传 CSV。如图 7－14 所示。

图 7－14　商品导入

（3）商品到货通知。

在售的商品，一般都会设置相应的库存，库存不为 0 时，此款商品会一直显示正常可售。

·随着销售的进行，当此款商品的库存减少至 0 时，此款商品在前台就会显示为到货通知（见图7－15）。这样的提示一方面可以提醒顾客库存不足，等待补充，同时也可以提醒商家进行补货，补货结束后立即可售。

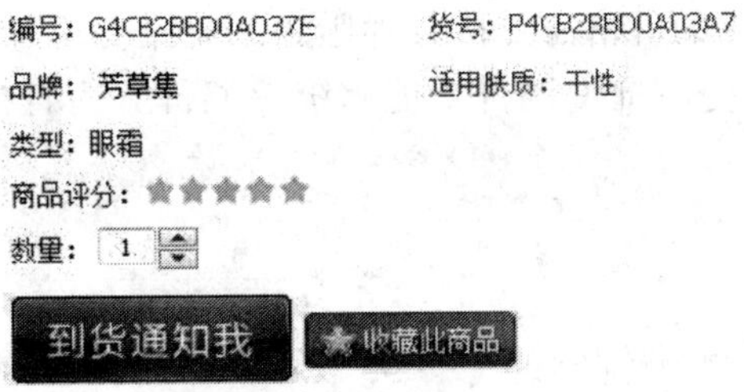

编号：G4CB2BBD0A037E　　　货号：P4CB2BBD0A03A7

品牌：芳草集　　　　　　　适用肤质：干性

类型：眼霜

商品评分：★★★★★

数量：1

到货通知我　　★收藏此商品

图7－15　商品到货通知

如果顾客在出现到货通知的情况下依然点击此图标，则会提示用户留下相应的邮箱地址（见图7－16）。提交后，此商品的到货通知信息就会相应地显示在后台的缺货信息列表处，企业用户可以根据此处的情况来及时补货或判断消费者的潜在需求。

货号：P4CB2BBD0A03A7　　　　商品重量：0.000 克(g)
销售价：¥39.00

查看详细

缺货登记
该商品暂时缺货，请在下面输入您的E-mail地址，当我们有现货供应时，我们会发送邮件通知您！

您的邮箱：　　　　　　　　　提交

缺货信息列表(共1条)

发送到货通知	删除	缺货商品名称	会员用户名	Email	通知时间	登记时间	库存状态	通知状态
		芳草集 绿茶小米草美眼胶	革命小酒醉客	shop01@		2011-03-08 14:3	缺货中：请实急备货	未通知

图7－16　商品缺货通知

商品的库存补充完毕后，可在缺货列表处发送到货通知，系统就会把此款商品的相应信息发送到顾客留下的邮箱中，提醒顾客尽快前来购买。

（4）商品批量操作。

在 ECstore 企业版中，批量操作是指可以对多个商品执行相同的动作，动作结束后，被选择的商品可以按预想的状态发生改变。与商品有关的批量操作包括：批量上下架、批量调价、批量修改库存、批量修改商品名称、批量修改商品品牌、批量修改商品分类。

批量上下架：在商品列表中选择需要进行调整的商品，然后进行批量上下架操作，被选择的商品就会全部呈上架或下架状态。如图7－17所示。

商品列表 (共90条)

| 添加商品 | 批量操作▼ | 标签 | 删除 | 导出 | 导入 |

				上架	类型	销售价
☐ 查看	商品上架					
	商品下架				您当前选定了**20**条	
☑	统一调价	草美眼胶 20g		是	美容护肤	¥39.00
☑	分别调价	保湿面膜120G		是	美容护肤	¥59.00
☑	统一调库存	眼部护理水凝霜 15ml		是	美容护肤	¥398.00
☑	分别调库存	特效润肤乳液125ml		是	美容护肤	¥298.00
☑	商品名称	旅行套装		是	美容护肤	¥398.00
☑	商品简介	洁肤水2号 200ml		是	美容护肤	¥218.00
☑	商品品牌	新 蓝海新生美肤泥浆面膜（蓝泥）：	是	美容护肤	¥198.00
☑	商品排序	新 矿物营养泥浆膜（绿泥）430ml	是	美容护肤	¥168.00
☑	商品重量	新 矿物营养美肤泥浆膜（白泥）50	是	美容护肤	¥168.00
	分类转换					
	重新生成图片					

图7－17　商品批量下架

批量调价：当某些商品的价格需要按某种固定的规律变动时，比如同时上浮多少、或同时减少某个值时，可以使用批量调价功能，统一调价分为直接修改与公式修改。如图7－18所示。

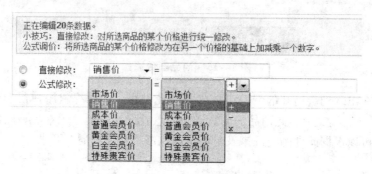

图7－18　批量调价

公式修改可以基于当前商品的当前库存基于某个规律同时变化。

批量修改商品基本信息：当需要对多个商品的名称、重量、品牌、商品分类这些基本信息进行修改时，可以使用对基本信息的批量修改功能。这些信息可以全部修改、增加、查找替换，也可以统一调整，或基于某个临时公式统一修改。如图7－19所示。

图7－19　批量修改信息

（5）商品图片重新生成。

同样一款商品，有时需要展示的图片是需要定期更换的；网站在设置水印后，要全部增加或更换水印；在更改网站的图片尺寸后，要重新生成。在这些情况下，可以使用重新生成图片功能。如图7－20和图7－21所示。

使用此功能有一个基本的前提，就是商品上传时的原始图片要存在才可以进行此操作，如果原始图片已经删除，则此操作无效。

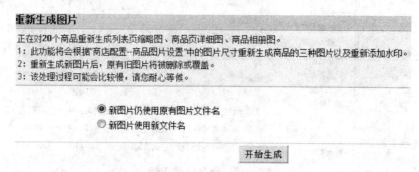

图7－20　商品图片生成

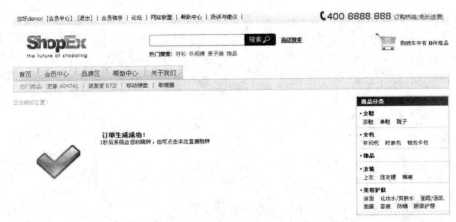

图 7-21　商品图片生成成功

7.3.2　订单管理

订单是顾客在商店购买商品后的凭证，也是连接商家与顾客之间的纽带之一。作为线上销售的重要环节，唯有高效率地处理好订单，并适时给出反馈信息，才会给予顾客更好的体验。订单与其他环节关系紧密，商品、物流、会员等都缺少不了订单的流程，快速、高效的订单处理是对线上业务的强力支持。

订单管理主要涉及订单生成、订单处理、相关单据处理、快递单处理、售后服务等部分。

1. 订单的生成

顾客在前台购买商品，通过购物车进行结算后并进行相关资料的确认后，提交订单即会在系统中生成一笔新的订单。如图 7-22 所示。

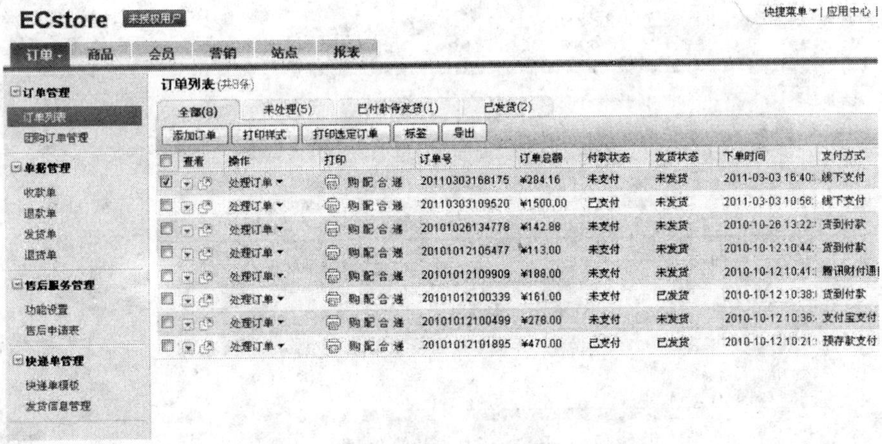

图 7-22　订单生成

订单生成后，顾客可以为所下的订单进行支付，操作员同时可对新生成的订单进行各种后续操作。

如果顾客是用其他方式进行购物，比如电话购物，此时也可以在后台由操作员手动添加订单，并补全订单信息，包括商品、优惠规则、购买人信息、物流信息等。如图 7 – 23 所示。

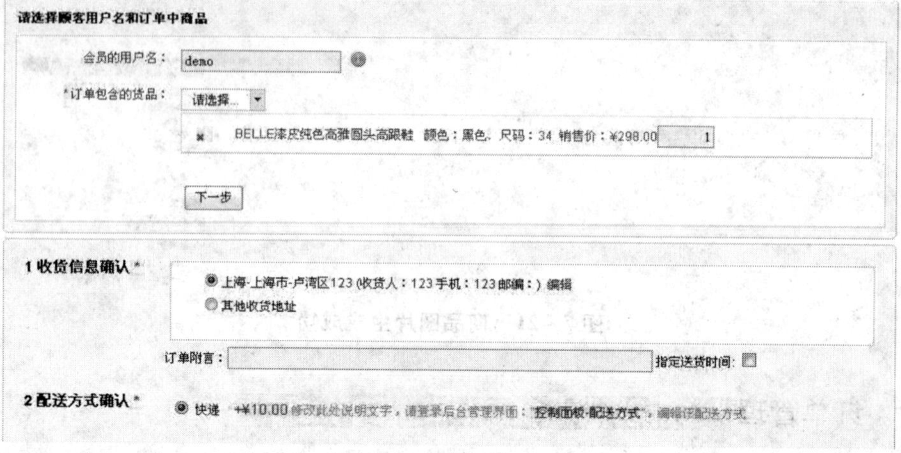

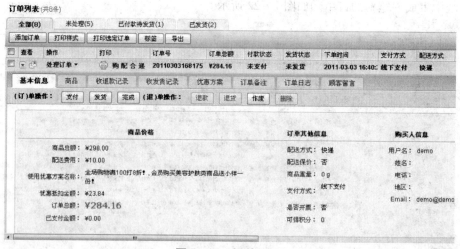

图 7 – 23　商品信息补全

后台生成的订单与前台消费者生成的相同，会员也会在会员中心看到新生成的订单，并能对订单进行支付。如果非会员，也可以通过线下或者其他支付方式，并由操作员手动对订单状态进行修改。

2.　订单的处理

订单生成后，可以对订单进行更改或编辑，相应订单状态也会随着处理流程的进行而发生变化。如图 7 – 24 所示。

图 7 – 24　订单处理

操作员可以对未支付的订单进行任意信息的修改，包括商品信息、促销信息、顾客信息等；当订单支付后，则只能对订单进行后续的操作，如发货、退货、退款等相关操作，不能再做其他操作。如图 7 – 25 所示。

保存
打印测试

图 7－25　订单修改

3. 相关的单据管理

ECstore 企业版集成了与订单相关的各种单据生成和管理的功能。在订单的处理过程中，当进行支付、退款、发货、退货等操作时，都会生成相应的收款单、退款单、发货单、退货单，这些单据只能查看，不能做编辑或删除操作，可准确记录订单的处理过程中的关键点，从而让每一步的操作都有记录，都可以追溯，非常便于业务上的管理。如图 7－26 所示。

订单管理
订单列表
单据管理
收款单
退款单
发货单
退货单
收款单
删除
查看
支付对象
支付完成时间
操作员
支付方式名称
支付类型
20110322153468
未知操作员
预存款支付
78.00
在线支付
20101012101895
¥470.00

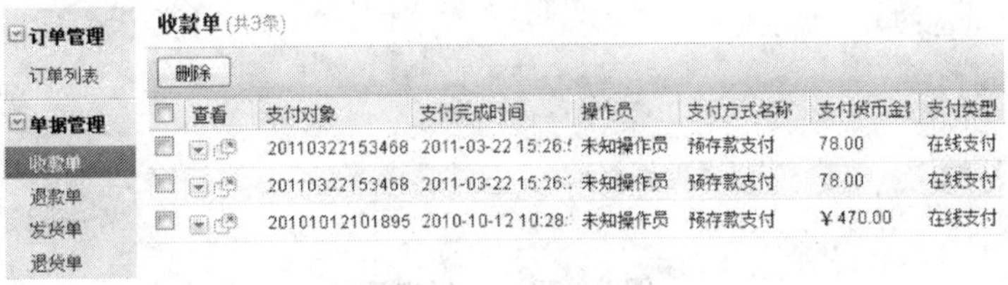

图 7－26　单据管理

订单生成后，也可在订单处理界面生成配货单、购物清单等辅助单据，配货单方便商家仓库人员进行配货，购物清单可供终端顾客进行查验。系统生成的可打印订单如图 7－27 所示。

购物订单打印
订单号：20110322153468
日期：2011-03-22
地　址：山西-大同市-南郊区
No
货号
货位
商品名称
1
P4C85AD34F0563
可爱糖果卡通人字拖鞋凉鞋(颜色：黑色)a
赠品：
备注：

图 7－27　订单打印界面

4. 快递单管理

操作人员对订单进行发货操作后，便进入了发货流程。目前国内大多数商家采取了快递为顾客进行送货，快递行业因此也在短时期内迅速地繁荣了起来，包括顺丰、申通、圆通等民营快递公司。也有许多大型的 B2C 企业也开始组建自己的物流体系，从而提高服务质量，提升品牌形象。

当每天的订单量达到某个数量级后，快递单带来的劳动量也是非常惊人的，ECstore 企业版提供快递单打印的功能，可以支持国内多数快递公司的模板，打印时自动调用订单里的相关信息，对大批量订单的处理有极大的便利。

EC store 企业版的快递单模板支持国内大多数的物流公司，模板中内容可以任意修改。同时，也支持自定义添加快递公司，自定义修改快递单模板，可以随企业用户的变动而动，操作上非常灵活。

5. 售后服务相关

当顾客收到商品后，因某些原因需要退货时，可以在会员中心申请售后服务，并提供退货的订单号、退货的理由等相关信息。ECstore 后台会适时看到顾客所提交的申请，操作人员可以对该申请进行审核，据实际情况进行后续的各种操作。如图 7 – 28 所示。

图 7 – 28　退货申请

售后服务功能让原本繁杂且不易操作的流程清晰化，方便顾客的操作，同时也便于商家统一管理。

7.3.3　会员管理

一个成功的在线平台，需要具体备以下几个特征：稳定、逐渐增长的访问量，可观的销售额，比较高的业内认可度，随需而做的更新。而要达到这样的目标，除了质量有保证的商品及优质的服务外，良好的顾客关系也是至关重要的。所谓良好的顾客基础，就是需要有持续的固定的客户来源，只靠外来顾客的一次性消费是无法达成的。在 ECstore 企业版中，会员管理模块可协助商家把握客户资源，服务好客户，灵活的调整营销方式，从而让平台走向成功。

会员管理涉及会员注册、会员中心、会员等级与权限等部分。

1. 成为会员

成为某个平台的会员一般有两种方式：前台注册、后台手动添加。

前台注册：在前台导航栏点击注册会员，填写相关资料后成功，目前多数平台自动均支持此方式。如图 7 – 29 所示。

图 7 – 29　会员注册

注册完成后，可以继续补充自己的辅助资料，例如姓名、手机、收货地址等信息，购物时系统会自动调用补充的这些内容，省却再次填写。

手动添加：操作人员也根据用户提供的资料在后台会员列表中手动添加会员，并协助会员完善辅助信息，然后将注册的会员信息提供给顾客，这种方案适合提供电话申请服务的平台。

2. 会员中心

当会员在前台登录后，可以进入会员中心查看会员所拥有的全部信息，包括订单、积分、优惠券、预存款、评论、通知、售后及个人信息。如图 7 – 30 所示。

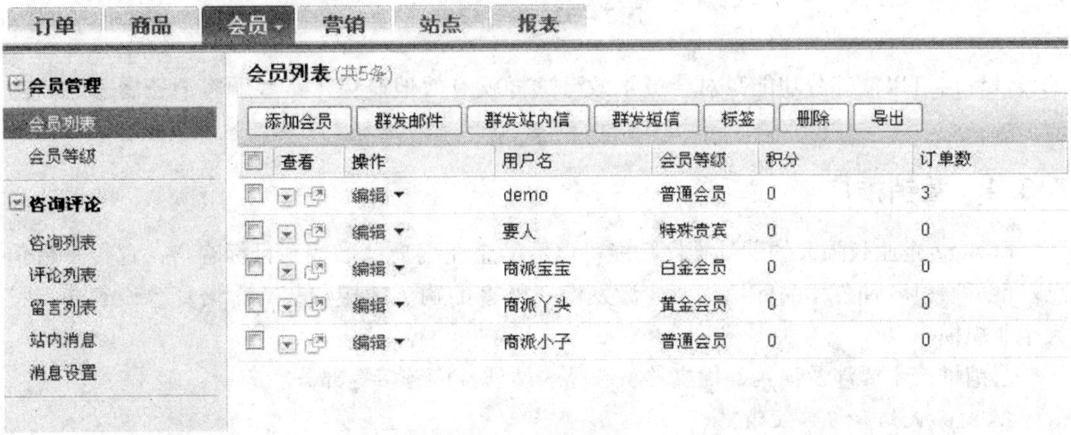

图 7 – 30　会员中心

3. 会员等级与权限

ECstore 企业版为会员设置了等级制度，商家可以自定义设置会员等级数、等级名称以及等级提升所需要的条件。不同的会员等级所享受的折扣或优惠有所不同，等级越高，享受的折扣越高，优惠越多。如图 7 - 31 所示。

图 7 - 31　会员等级

在 ECstore 企业版中，可以使用购物积分作为会员等级升迁的标准，也可以使用经验值作标准，商家可以根据自身情况，灵活设置。

在 ECstore 企业版中商家还可以为会员设置评论、咨询、留言等相关权限，以规范网店相关制度。如图 7 - 32 所示。

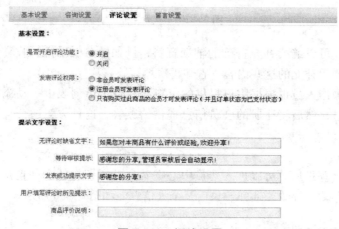

图 7 - 32　评论设置

设置后可以使部分功能只对会员生效，这样就有效地避免了某些顾客消费者恶意行为的出现。

7.3.4　营销推广

ECstore 企业版强大的营销推广功能可以帮助企业用户精准找到目标客户，宣传平台信息。也可通过各种各样的促销优惠，激发潜在顾客的购买欲望和行为，培育忠诚客户，扩大企业规模。

营销推广主要涉及促销、优惠券、赠品、站外推广链接等部分。

1. 商品促销和订单促销

ECstore 企业版内置业内顶尖的促销引擎，全新的促销机制，可根据实际需求实现千变万化的促销规则。可基于商品或订单进行相应的活动，可以完全自定义促销规则，让操作更灵活，让效果更明显。如图 7 - 33 所示。

商品促销是指基于指定商品开展的各种促销规则，优惠直接显示在购物车中，即订单促销。

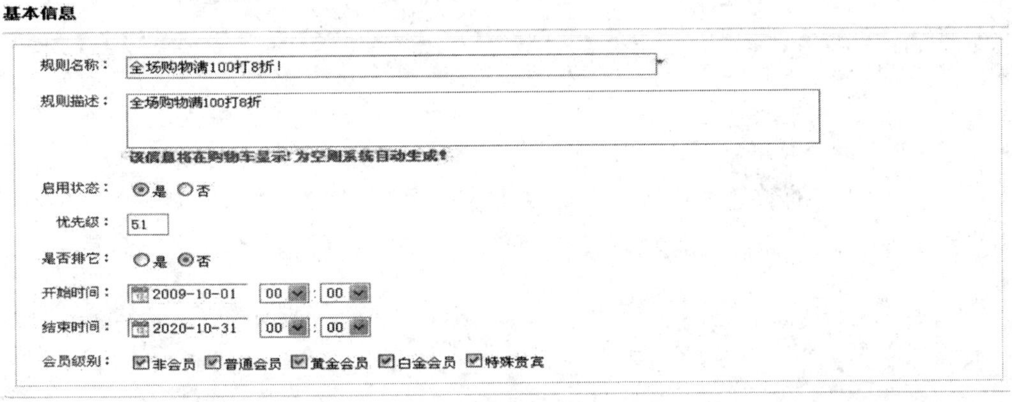

基本信息

规则名称：	全场购物满100打8折！
规则描述：	全场购物满100打8折
	该信息将在购物车显示! 为空则系统自动生成?
启用状态：	◉是 ○否
优先级：	51
是否排它：	○是 ◉否
开始时间：	2009-10-01　00 : 00
结束时间：	2020-10-31　00 : 00
会员级别：	☑非会员 ☑普通会员 ☑黄金会员 ☑白金会员 ☑特殊贵宾

图 7 – 33　商品促销

订单促销则是针对订单、购物车中所有商品的促销，优惠在购物车下、订单结算时显示。如图 7 – 34 所示。

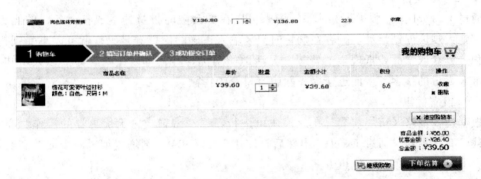

图 7 – 34　订单促销

配置商品促销或订单促销时一般需要如下内容：促销基本信息、优惠条件、优惠方案。如图 7 – 35 所示。

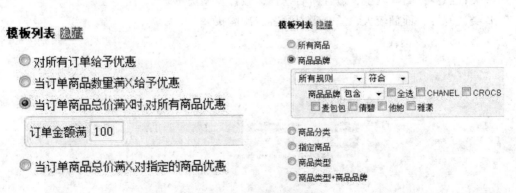

图 7 – 35　商品促销配置

基本信息包括促销名称、促销描述、促销状态、优先级、是否排他、起始时间、会员对象。如图 7-36 所示。

图 7-36　基本信息

2. 优惠券

通过 ECstore 企业版优惠券体系，商家可以在后台随时批量的生成各式各样的优惠券，从而实施大规模促销活动。顾客在购物时只要输入正确的优惠券号码，就可以享受到打折、多倍积分、获取赠品或抵现金消费等。灵活地使用优惠券，可以让网店为更多人所知，为用户带来大量的顾客，从而迅速提高网店流量及销售额。

（1）设置优惠券。

根据运营策略及市场需要，在此模块可进行新增、编辑或删除优惠券的操作。商家可以下载已有优惠券，通过 Excel 导出然后打印用于线下 DM。新增或编辑一个促销需要设置优惠券类型、优惠条件、优惠方案。

优惠券类型是优惠券的基础设置，ECstore 中默认有两种类型的优惠券，可以无限次使用的 A 类优惠券，有限制次数限制会员使用的 B 类优惠券。每种类型针对的用户群不同，使用途径也有所不同。如图 7-37 所示。

A 类优惠券：面额较小，适合新店开张，做普及型优惠。

B 类优惠券：面额较大，适合吸引顾客二次购买。

图 7-37　优惠券

优惠条件与优惠方案如图 7 – 38 所示。

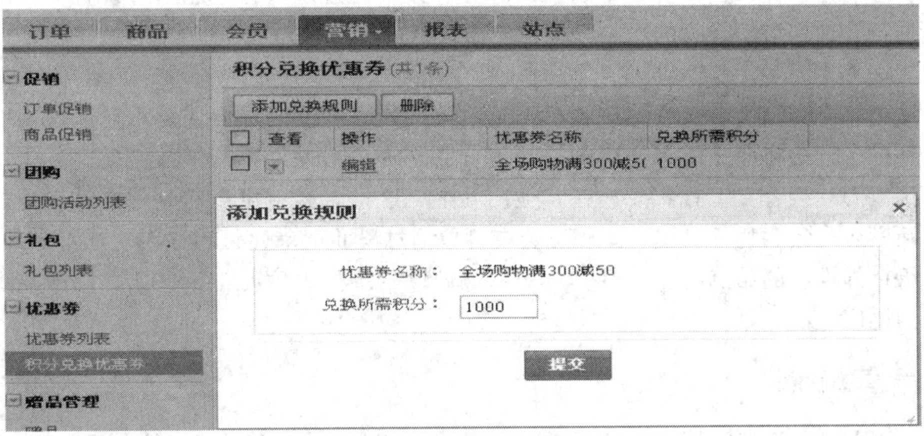

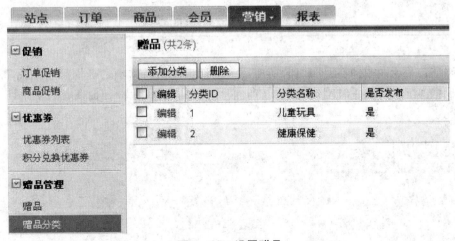

图 7 – 38　优惠兑换规则

（2）积分兑换优惠券。

积分兑换优惠券是对网店会员的优惠策略，更是二次营销的重要部分，顾客可在网店前台会员中心使用积分进行兑换。优惠券会刺激网店顾客购物下单，消费产生的积分又会用于兑换优惠券，如此反复可以提高顾客购物次数，引导形成购物习惯，培育忠诚顾客，从而稳定增加网店销售额。

3. 赠品

积分不仅仅只可用于兑换优惠券，还可设置赠品以供顾客兑换。提供样式丰富、贴近顾客需求的赠品也是二次营销的重要手段，商店可以根据销售环境的变化对顾客进行一定程度的反馈，这样可以刺激顾客再消费，提高顾客忠诚度，从而提高销量。

（1）设置赠品。

商家可以从已有产品中找出目标产品，将其部分库存用作赠品；也可单独新增一个商品，用独有的名称、独有的库存、相应的图片，专门用作赠品。如图 7 – 39 所示。

图 7 – 39　设置赠品

229

（2）赠品分类。

与管理商品一样，当需要设置的赠品种类、数量比较多时，可能通过设置分类的方式对赠品进行管理。科学合理的赠品分类也方便顾客进行快速筛选。

4. 站外链接推广

网站链接分为站内链接和站外链接，站内链接是提升网店页面质量来获取搜索引擎好评。站外推广链接将商品或者商店的网页地址创建为一个站外推广链接，商家可以将站外推广链接以图片或者文字方式投放在其他网站上，这样顾客就可以从其他网站上通过这个链接访问商店并且购物下订单，系统也会在订单信息里面记录此订单来源。通过站外链接，可以分析在外推广的站点的有效性，从而调整后续的推广力度与推广文案，以便找到性价比最优的推广方法。

7.3.5 营销统计

电商运营是一个持续调优的过程，运营的每一个环节，都需要持续地分析年度、月度，甚至每周、每日的网店实时运营数据，通过分析网店运营的各个节点，发现问题、制定调优策略，才能逐步使运营工作稳健地上升。ECstore 企业版提供多维度的统计数据，让您的经营状况可视化，帮助您全面真实的了解网店运营状态，调优网店运营各个环节。

1. 经营概况

经营概况收集网店的基础运营数据：订单量、会员数及商品销售，通过图例的样式清晰反映网店的运营状况，如会员数是否增长、订单量是否增加等（见图 7-40）。用户可根据实际需要设置时间段，从而查看该时间段内网店的经营数据，便于精确分析。

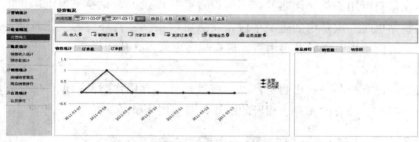

图 7-40 经营概况

2. 账款统计

账款统计可通过图例显示网店的销售收入统计，包括收款额、退款额（见图 7-41）。商家可根据实际需要设置时间段，查看该时间段内网店的营业额，也在此模块统计查询预存款情况。

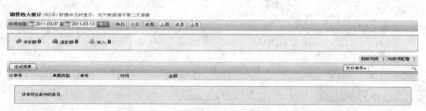

图 7-41 销售收入统计

3. 销售统计

销售统计通过图表清晰反映网店在一定时间段内的订单量及商品退换量和比率，可细分已付款、已发货订单的数据统计。用户也可查看精确到每个商品编号的销售量，系统还进行了商品销售排行，直观的告知用户哪些商品最受顾客欢迎，最有价值，帮助用户更好地运营网店。订单成交量统计如图7-42所示。

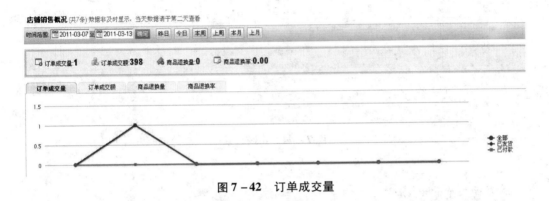

图 7 - 42　订单成交量

4. 会员统计

"二八理论"的意思是说企业80%的营业额由20%的顾客产生，会员统计即是统计一定时间段内网店会员的消费情况，从而帮助用户找出最有价值的20%的顾客，了解他们的购物诉求，进行精准营销。如图7-43所示。

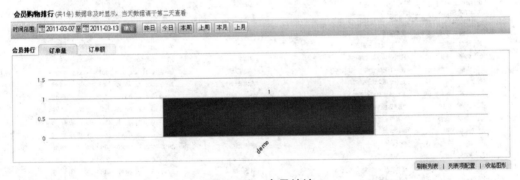

图 7 - 43　会员统计

7.3.6　网站维护

运营在线平台，除了商品数据更新、会员管理、订单处理的一些流程，网站其他的相关模块，包括文章、页面等的信息更新维护，也是日常必备的工作之一。ECstore 企业版提供了便利的站点信息管理功能，覆盖前台页面以及系统模块的每个角落，帮助企业用户轻松维护网店。

1. 系统模块

ECstore 企业版采用模块化的设计，操作者在后台可以对内部模块一目了然，用户可自主复制使用、研究、改进，极方便地进行二次开发。如图7-44所示。

系统模块（共28条）

查看		程序目录	控制器	路径标识	扩展名	名称	允许菜单	原生模块	启用
▢	▾	site	default	index		首页	index:首页	是	是
▢	▾	site	sitemaps	sitemaps	xml	网站地图		是	是
▢	▾	site	proinstance	widgetsproin:		挂件实例展示		是	是
▢	▾	content	site_article	article		文章	lists:列表页|index:文章页|nodeindex	是	是
▢	▾	b2c	site_gallery	gallery		全部商品	index:全部商品	是	是
▢	▾	b2c	site_product	product		商品详细页		是	是
▢	▾	b2c	site_member	member		会员中心	index:会员中心	是	是
▢	▾	b2c	site_brand	brand		品牌区	showlist:品牌区	是	是
▢	▾	b2c	site_messag	message		商店留言	index:商店留言	是	是
▢	▾	b2c	site_commer	comment		评论答询		是	是
▢	▾	b2c	site_passpor	passport		会员登录		是	是
▢	▾	b2c	site_cart	cart		购物车		是	是
▢	▾	b2c	site_tools	tools		工具		是	是
▢	▾	b2c	site_associal	associate		联想搜索		是	是

图 7 - 44　系统模块

2. 页面文章管理

在网店前台，除了主要的商品展示页面外，还会有大量的辅助页面，包括新闻公告、促销活动通知等，这些页面的样式、内容同样需要精心设置。商家可以在 ECstore 后台的页面列表对各种文章进行管理，也可根据需要添加独立的新页面。独立页面或文章均支持分类、独立模板、计划任务发布、热点等模块。如图 7 - 45 所示。

页面列表（共26条）

编辑	预览	文章ID	文章标题	节点	作者	发布时间（无需精确到）	更新时间（精确到秒）	发布
▢ 编辑	预览	59	乐不思"暑"之买就送！	促销活动		2010-10-01 00:00:00	2011-03-03 10:48:10	是
▢ 编辑	预览	58	韩版Vivid服饰全场热卖！	促销活动		2010-10-01 00:00:00	2011-03-03 10:48:10	是
▢ 编辑	预览	57	靓装搭配全攻略-今夏流行密码	促销活动		2010-10-01 00:00:00	2011-03-03 10:48:10	是
▢ 编辑	预览	56	女士专场，任我选择！	促销活动		2010-10-01 00:00:00	2011-03-03 10:48:10	是
▢ 编辑	预览	55	系统升级通知（周二）！	新闻公告		2010-10-01 00:00:00	2011-03-03 10:48:10	是
▢ 编辑	预览	54	8月8日暂停货品出库	新闻公告		2010-10-01 00:00:00	2011-03-03 10:48:10	是
▢ 编辑	预览	53	商品评论改版升级！	新闻公告		2010-10-01 00:00:00	2011-03-03 10:48:10	是
▢ 编辑	预览	52	银行系统升级通告！	新闻公告		2010-10-01 00:00:00	2011-03-03 10:48:10	是
▢ 编辑	预览	51	顾客必读	新手上路		2010-10-01 00:00:00	2011-03-03 10:48:09	是
▢ 编辑	预览	50	会员等级折扣	购物指南		2010-10-01 00:00:00	2011-03-03 10:48:09	是
▢ 编辑	预览	49	订单的几种状态	新手上路		2010-10-01 00:00:00	2011-03-03 10:48:09	是
▢ 编辑	预览	48	积分奖励计划	新手上路		2010-10-01 00:00:00	2011-03-03 10:48:09	是

图 7 - 45　文章管理

当顾客在前台网店操作遇到问题时，往往需要系统给予提示。在 ECstore 企业版中，将异常情况下的页面提示集成在一起升级为管理功能，用户可以自定义地选择当前台遇到不同情况时，页面给予顾客的相应提示和引导。如图 7 - 46 所示。

异常页面提示信息管理

搜索为空页	无法找到页面	系统错误
搜索为空页	404页面	500页面
修改	修改	修改

图 7 - 46　异常情况

7.3.7 个性化站点

对于企业用户来说，网店前台是作为自身品牌形象的具体展现，对于前台的美观、体验往往有着独特的要求。如何打造个性网店，如何摆脱国内 B2C 网店间太多相似之处，如何让自身的网店独树一帜，相信大多数企业用户都会考虑这样的问题。

ECstore 企业版最大程度地将页面设计权限自由化，页面地址定义化，前端页面模板化，企业用户可以根据自身需要定制或开发不同的模板，前端展现也会根据不同的模板发生很大的变化。

1. 模板机制

ECstore 企业版拥有大量的前台模板，每一种模板对于前台展现都是颠覆性的改变，用户可以通过在线安装或者本地上传，将模板安装至系统中进行使用。企业用户也可以根据自身的需求进行定制开发，打造仅属于自己的前台页面。如图 7-47 所示。

模板完全支持在线安装，可以非常方便地将模板快速安装至系统中。

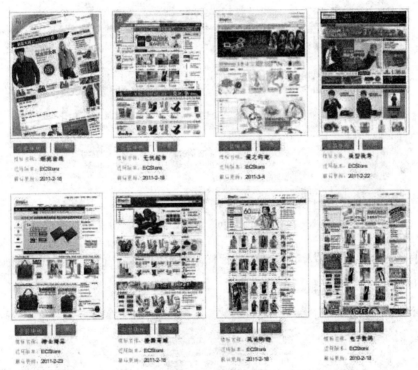

图 7-47 模板

模板编辑：

对于使用中的模板，用户可根据情况进行编辑更改，以适应不同的需要。在 ECstore 企业版中，大力强化模板编辑功能，可以保证用户操作方便、提高效率，并提供了可视化编辑以及源码编辑两种方案。可视化编辑操作简单，无须相关的网页技术能力，动动鼠标就可以实现完全不一样的效果；源码编辑则需要通过代码对页面进行更改，适合技术人员对模板进行改动。如图 7-48 和 7-49 所示。

图 7-48　模板编辑

可视化编辑中可以添加多种挂件，实现不同的前台功能，包括团购、评论、促销、友情链接等。随着 ECstore 企业版的不断成长，功能也会不断地丰富，前台展现不再单调。

图 7-49　模板中心

源码编辑适合专业技术人员对页面进行代码编辑的方式，使前台实现更加强大。如图 7-50 所示。

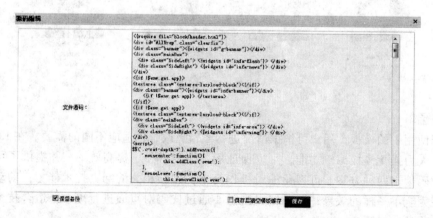

图 7-50　源码编辑

2. 导航及站点信息配置

网店的导航菜单对于顾客的引导起着至关重要的作用，然而不同的商家对于导航的使用也不尽相同。有些将导航作为商品分类的通道，这样便于顾客更方便的寻找商品，也使得网店的商品结构更加清晰；也有些网店使用导航菜单，引导顾客前往不同的功能页面。ECstore 企业版将相关功能设置自由化，无论怎样使用导航功能都不再是难题。如图 7 - 51 所示。

图 7 - 51　导航菜单

3. 自定义 URL

ECstore 企业版为用户提供了 URL 地址自定义设置的功能，页面相关的 Title 及 keyword 都可以自行设置。企业用户可以根据自身的需要，更改页面内的 URL 地址等，可以给用户更好的印象，同时对于 SEO 也起着高效的优化作用。

对某些固定的 URL，可以不采用系统内置的方式，而是使用自定义的方式，比如购物车链接可以修改为"网址/购物车"或"网址/gouwuche"的 URL。相应的，其他一些固定链接可以与当时的社会热点相结合，推出另类的自定义 URL，相信会有不一样的收获。

第四节　ECstore 功能模块二次开发

二次开发，简单的说就是在现有的软件上进行定制修改，功能的扩展，然后达到自己想要的功能，一般来说都不会改变原有系统的内核。ECStore 是 shopex 最新架构的 B2C 网店系统，可以说是原有 485 系列的升级版，功能和扩展性都有很大增强。ECStore 的二次开发目录 shop/controller 下新建一个控制器 cct. member. php，cct_ member 继承自系统原来的控制器 ctl_ member，这样我们只要添加自己的方法就可以为会员中心添加功能，修改原来的功能也只需要重载需要修改的方法函数，即使系统升级对二次开发的影响也比较小。

7.4.1　新模板概念

当中最大的改动莫过于模板机制中对于挂件机制的理解，我们将挂件从原有的系统中剥离出来，不再提供系统级挂件，转而向开发者提供丰富的系统底层数据接口，降低开发者制作挂件的成本；同时，将挂件目录放置在模板包内，让挂件依附于模板，跟随模板包安装和使用。还有很重要的前台交互逻辑的改变，使得可视化编辑操作更加得心应手。

精确选择商品组件，让你更加精准的选择自己的商品。模板级的页面拦截机制，不需要改动系统文件，就可以 DIY 系统流程页面。

7.4.2 ECstore 数据接口

1. 接口描述

为方便制作挂件，节约模板开发者的制作成本，降低 PHP 学习成本。ECstore2.0 特增加基于 PHP 的前台数据接口，你只需要最基本的调用及输出，即可完成挂件制作。

前期我们会先开放一批主要的数据接口，后期随着系统的逐步完善，越来越多的接口会随之开启。

2. 接口 v1.0 介绍

公共数据对象：

```
'Goods'              //商品
'GoodsCat'           //商品分类
'Brand'              //品牌
'Comment'            //评论
```

调用方法：b2c_ widgets::load（$object_ name）; // $object_ name 参考公共数据对象

//example：商品、商品分类

b2c_ widgets::load（'Goods'）;//获取商品对象

b2c_ widgets::load（'GoodsCat'）;//获取商品分类对象

下面是具体各数据对象提供的方法列表：

（1）根据条件获取商品信息。

调用方式：

b2c_ widgets::load（'Goods'）->getGoodsList（$filter）;

输入参数：

@ param array $filter（所有条件都可选）

```
array (
        'goodsId'  ⇒ array (1, 2)/1,        //商品 ID
        'priceFrom'⇒5,           //价格区间（低）
        'priceTo'  ⇒100,         //价格区间（高）
        'typeId'   ⇒2,    //商品类型 ID
        'catId'    ⇒ array (1, 2)/1,    //商品分类 ID
        'brandId'⇒ array (1, 2)/1,//商品品牌 ID
        'goodsOrderBy'  ⇒ 1,        //商品排序
        'goodsNum'⇒ 12,    //总商品数（最多 20）
        )
```

输出参数：

@ return array $data

```
array (
    'goodsRows'⇒ array (//goodsRows 为 foreach 中 $date. 后缀参数
    '1'⇒ array (
    'goodsId'⇒ '1', //商品 ID
```

```
       'goodsName' => 'xxx', //商品名称
       'goodsCategory' => 'xxx', //商品分类
       'goodsPicL' => 'http://xxx.xxx.xxx/xxx',   //商品大图
       'goodsPicM' => 'http://xxx.xxx.xxx/xxx',   //商品中图
       'goodsPicS' => 'http://xxx.xxx.xxx/xxx',   //商品小图
       'goodsMarketPrice' => '111', //商品市场价
       'goodsSalePrice' => '121', //商品销售价
       'goodsMemberPrice' => '101', //商品会员价
       'goodsDiscount' => '10', //商品折扣
       'goodsIntro' => 'xxxx', //商品简介
       'goodsLink' => 'http://xxx.xxx.xxx/xxx', //商品链接
     ),
   '2' => array (
     'goodsId' => '2', //商品ID
     'goodsName' => 'xxx', //商品名称
     'goodsCategory' => 'xxx', //商品分类
     'goodsPicL' => 'http://xxx.xxx.xxx/xxx', //商品大图
     'goodsPicM' => 'http://xxx.xxx.xxx/xxx', //商品中图
     'goodsPicS' => 'http://xxx.xxx.xxx/xxx', //商品小图
     'goodsMarketPrice' => '111', //商品市场价
     'goodsSalePrice' => '121', //商品销售价
     'goodsMemberPrice' => '101', //商品会员价
     'goodsDiscount' => '10', //商品折扣
     'goodsIntro' => 'xxxx', //商品简介
     'goodsLink' => 'http://xxx.xxx.xxx/xxx', //商品链接
     ),),
   'goodsMoreLink' => 'http://xxx.xxx.xxx/xxx',
)
```

（2）获取商品分类并递归获取其子类。

调用方式：

b2c_ widgets::load ('GoodsCat') ->getGoodsCatMap ($typeId, $master);

输入参数：

@ param mix $catId //分类ID（可选）

$catId = array (1, 2)/1;

@ param bool $master//是否获取父分类（只针对$catId为子类时）（可选）（默认false）

$master = true/false;

输出参数：

@ return array $data

```
            array (
                '1 '=> array (
                'catId'=>  '1', //商品分类 ID
                  'catName'=>  '女装, //商品分类名称
                   'catLink'=>  'http：//xxx. xxx. xxx/xxx', //商品链接
                   'items'=> array ()， //商品分类子类（格式与商品分类相同）
                )，
        '2 '=> array (
        'catId'=>  '2', //商品分类 ID
        'catName'=>  '男装, //商品分类名称
        'catLink'=>  'http：//xxx. xxx. xxx/xxx', //商品链接
        'items'=> array (
        '3 '=> array ( 'catId'=>  '3', //商品分类 ID
        'catName'=>  '男衬衫, //商品分类名称
        'catLink'=>  'http：//xxx. xxx. xxx/xxx', //商品链接
          )，
        '4 '=> array (
        'catId'=>  '4', //商品分类 ID
        'catName'=>  '男裤, //商品分类名称
        'catLink'=>  'http：//xxx. xxx. xxx/xxx', //商品链接
                )，
            )，
        )，
    )；
```

（3）获取最新的评论（默认 10 条，不超过 20 条）

调用方式：

b2c_ widgets：：load （'Comment') -> getTopComment （$ number)；

输入参数：

@ param int $ number //评论数量（可选）（默认 10 条，不超过 20 条）

$ number = 10；

输出参数：

return array $ data

```
    array (
    array (
            'commentAuthor'=>  'chris', //评论人
            'comment'=>  'xxxxx', //评论内容
            'commentTime'=>  '2011 - 11 - 11', //讨论时间
            'goodsId'=>  '1', //商品 ID
            'goodsName'=>  'xxxx', //商品名称
```

```
        'goodsPic'=>  'http：//xxx. xxx. xxx/xx', //商品图片（小图）
        ),
    );
```

7.4.3　文件规范

（1）模板级挂件必须放在其对应模板文件夹的 widgets 目录下，且开发者必须保持挂件名称在单个文件夹中的独立性和唯一性。

（2）模板级挂件根目录中允许有_ config. html、default. html、widget. php、theme_ widget_ NAME. php 和 images 文件夹这 5 个根文件，Images 文件夹下必须要有对应挂件视觉效果的 icon. jpg 和 widget. jpg。且在 images 文件夹中，仅允许加入 png、gif、jpg 三种形式的图片文件，及其他一些该挂件可自带的 banner 图片。除此之外，不允许加入其他任何形式的文件。

（3）挂件的 html 文件中，请将挂件样式用 style 标签的方式写在 html 顶端，ECstore 系统加载时，会直接将挂件样式提取出来。我们鼓励原创，但不提倡开发者自行添加会与 mootools 产生冲突的 javascript 代码。

（4）系统的 PHP 文件中仅允许书写官方开放的获取底层 API 的 PHP 代码，若有其他任何不明代码，将直接打回。

7.4.4　文件名称

挂件文件夹内固定文件（文件名固定）。如表 7 - 1 所示。

表 7 - 1　挂件文件名

固定文件名称	名称详解
default. html	挂件输出页面
config. php	用户配置页面
widget. php	挂件基本信息
theme_ widget_ Name. php	获取底层数据文件
icon. php	挂件示意图 50px × 50px
widget. jpg	挂件预览图 300px × 300px

其中 images 文件夹下至少包含 icon. jpg 和 widget. jpg 这两个文件（文件名固定）。

7.4.5　默认文件内样式命名规范

在没有引用 javascript 的前提下，挂件内部请尽量不要写入 id；

Class 命名规范原则参照 ShopEx 官方提供的文档；

需要特别说明的是：为避免样式污染，请在每个挂件的样式前加入前缀。例如，需要定义 goods_ special 挂件内 class 为 one 下的 p 标签行高 20px。

挂件内写法：

. one p ｛line-height：20px；｝

建议写法：

．goods＿ special．one p ｛ line-height：20px；｝

7.4.6 模板级页面拦截机制

在 ShopEx 的模板机制中，您应该已经对那些"系统流程区域"并不陌生，平时只管一个 smarty 的" < ｛main｝ >"就可以完成模板制作，但是有些 VIP 级别的客户，在商品的详细页或者列表页，往往有更高级的定制需求，为了不影响到系统内其他模板的风格设定，我们给开发者提供了模板级的页面拦截机制。

例如，若您需要拦截并制作一个自定义的商品详细页。应进行以下操作：

（1）在模板文件夹中创建一个 custom 文件夹；

（2）先找到系统详细页的位置，app ＼ b2c ＼ view ＼ site ＼ product ＼ index．html；

（3）将该页面复制进 custom 文件夹中，修改名称为 product-index．html；

（4）将 product-index．html 文件进行合理的修改，加入您需要的内容；

（5）关联模板，在 theme．xml 文件中加入参数配置：

```
< ?xml version = "1. 0" encoding = " UTF - 8"? >
< theme >
    < name > 框架 < /name >
    < id > simple < /id >
    < version > ECStore < /version >
    < author > Shop < /author >
    < site > http：//www. shop. com. cn < /site >
    < borders > < /borders >
    < views >
        < set app = " b2c" view = " site/index. html"  tpl = " custom/index. html"  >
        < /set >
    < /views >
    < config > < /config >
< /theme >
```

本章参考文献

［1］B2C 电子商业上的事务标准样式下物流配送路径优化需要别人解答的题目研究 ［D］．北京：首都交通大学 2007.

［2］陈建．C2C 电子商务中信任的建立问题研究 ［D］．大连：东北财经大学，2007

［3］李红娟．B2B 电子商务系统的研究与实现 ［D］．大庆：大庆石油学院，2004

［4］徐黎明．面对制造业全球化的电子商务 ［A］．西部大开发，科教先行与可持续发展——中国科协 2000 年学术年会文集 ［C］，2000

［5］林文．环球财富网推出新型 B2B 平台 ［N］．中国贸易报，2010.

［6］韩成果．基于业务流程优化的信息家电分销电子商务研究与应用 ［D］．北京：中国矿

业大学，2011.

［7］宁燕. 具有行业特点的某电子商务平台运营战略研究［D］. 北京：对外经济贸易大学，2006.

［8］http：//www. shopex. cn/products/ecstore/.

［9］http：//www. ecshop. com/ecstore. php.

［10］http：//ec. wishetin. com/article-xinwendongtai-93. html.

［11］http：//www. toggle. cn/.

［12］http：//www. aspku. com/cms/ecshop/33062. html.

第八章　新的信息技术在电子商务中的应用

第一节　数据挖掘技术的应用

当今时代，信息爆炸。大量信息给人们带来方便的同时也带来一系列问题：

（1）过量信息难以消化；

（2）信息真假难辨；

（3）信息安全难以保证；

（4）信息形式不一致，难以统一处理。

数据丰富、知识贫乏已经成为时代特征。

如何提高信息的利用率，及时、有效地从海量数据中提取出需要的答案，实现"数据→信息→知识→价值"的转变，是人们面临的一大挑战。对于公司而言，更是生存、竞争的必备本领和手段。否则，海量数据也会成为包袱，甚至垃圾。

所以，数据挖掘（data mining）技术应运而生。

8.1.1　数据挖掘技术简介

数据挖掘是指从数据仓库和数据库中的大量数据中发现有用信息的技术。换言之，是从特定形式的数据集里提炼知识，以找出隐含的、未知的、具有潜在价值、对决策有用的信息（知识）的过程。

作为数据源的海量初始数据包括以下几类：

（1）关系数据库中结构化数据；

（2）文字、图像、声音等半结构化数据；

（3）知识异构型数据。

数据挖掘是多学科交叉技术，需要综合利用数据库/数据仓库技术、统计学、模式识别、机器学习、高性能计算、人工智能、数据可视化、信息检索、图像和信号处理技术，以及时间或空间数据分析技术等，通过推断分析、归纳演绎，才能得到需要的潜在知识，以供决策之用。

随着人们对数据挖掘技术研究的深入进行，产生了各种类型的数据挖掘系统。可以根据所需处理的数据库对象、所需处理数据的类型、所需挖掘的信息、所需挖掘的信息类型、挖掘出的信息的抽象层次、使用的特定技术的种类，以及具体的应用背景等，对数据挖掘系统进行分类。

8.1.2　数据挖掘的应用范围

数据挖掘的应用主要表现在4个方面：

（1）优化市场营销：基于"消费者过去的行为是其今后消费倾向的最好说明"这一假

定，对消费群体和个人的消费行为信息加以搜集和分析，以确定其消费的习惯、热点、层次和潜在消费需求等。在此基础上，展开有针对性的特定内容的定向营销，既可以节约营销成本，又提高了营销效果，提高利润率。

（2）改进生产流程：比如如何加快生产进度，避免非正常停产，优化流程，节约成本。

（3）增强竞争优势：如何在增强企业实力的同时，规避外部风险。

（4）辅助研究：比如新药开发、疾病诊断等。

8.1.3 数据挖掘的过程和方法

1. 数据挖掘的过程

（1）数据准备。包括数据选择、净化（消除噪声、冗余）、推断（推断数据）、类型转换、数据缩减（减少数据量）。数据准备将影响数据挖掘的有效性和发生效率。

（2）数据挖掘。典型算法包括决策树、分类、聚类、神经网络、遗传算法等。数据挖掘根据目标选取算法参数，分析数据，得到可能形成知识的模式模型。

（3）评估、解释模式模型。根据用户的经验，或直接用数据检验其准确性，对得到的模式模型进行评估，以确定哪些是有效的、有用的模式。

（4）巩固知识。用户理解的，并被认为是符合实际和有价值的模式模型形成了知识。同时还要注意对知识做一致性检查，解决与以前得到的知识互相冲突、矛盾的地方，使知识得到巩固。

（5）运用知识。有两种运用知识的方法：一是根据知识所描述的关系或结果，对决策提供支持；二是对新的数据运用知识，由此可能产生新的问题，则需要对知识做进一步优化。

2. 数据挖掘的方法

（1）预测建模方法：包括分类和回归两类，例如决策树、神经网络、最近邻分类等。

（2）关联分析方法：发现隐藏在大型数据集中有意义的联系，例如 Apriori 算法、DHP 算法、DIC 算法等。

（3）聚类分析方法：将数据划分成具有意义的组聚类，例如划分法、层次法、基于网格法、基于密度法等。算法的选择由数据类型、聚类目的和应用而决定。

（4）异常检测方法：异常检测也称偏差检测。例如，基于邻近度法、基于模型法等。本类方法的目的是发现与其他大部分数据点不同的数据点。因为不平凡的事物常常具有异乎寻常的重要性。

（5）Web 页挖掘。从互联网的海量信息中提取各种有用模式和数据。企业通过 Web 页挖掘，收集与经营相关的社会环境信息、市场信息、竞争对手信息、客户信息等，及时对外部挑战和内部经营做出反馈和决策，以最佳方式解决面临的危机和潜在问题。

8.1.4 数据挖掘技术在电子商务中的应用

电子商务行业与数据挖掘技术之间，相互具有天然的吸引力。原因如下：

（1）电子商务行业有海量数据；

（2）电子商务行业的数据可靠；

（3）数据挖掘得到的结果直接用于电子商务；

（4）数据挖掘给电子商务带来的效益可以定量度量。

数据挖掘技术在电子商务中的应用有如下几个方面：

1. 优化企业资源

数据挖掘技术可以使企业内、外部资源得到合理配置和优化。

一方面，有助于企业实时、全面地了解自身资源信息。通过对财务、库存、交易等历史数据的分析挖掘，可以发现企业经营活动的投入产出比，从而对人、财、物、信息等资源进行优化配置，以此降低库存、提高资金使用率、提高库存周转率等。

另一方面，有助于企业获得相关商业信息，及时把握市场最新动态，提高企业创新能力和应对市场变化的能力。

2. 发现潜在客户

现有客户数据所反映的内在规律，如某类或某一商品的客户性别、喜好、学历、职业、年龄分布、收入水平、购买同一商品的间隔期等，会帮助企业发现潜在的客户。同时，针对目标客户的广告指向性更明确，其有效性和回应率也会大幅提高，从而降低推销成本。

下面以 Web 数据挖掘为例，简要说明获得潜在客户的方法：

（1）对已经存在的客户进行分类；

（2）对新来的访问者，通过识别其与老客户的一些共同描述，而进行分类；

（3）判断新来的访问者是不是潜在客户。如果是，则采取相应措施将其发展成为客户；如果不是，则将其放弃。

这样，企业节省了时间，提高了工作效率。同时，节省了劳动成本，提高了利润率，从而提高了市场竞争力。

3. 个性化服务

分析客户、了解客户，进而引导客户的需求是企业营销的重要手段。

通过分析电子商务交易数据，根据客户自然属性、收入贡献、交易额、价值度等对其分类，发现不同类型客户的潜在行为模式，以便采取相应的营销策略。

例如，电子商务网站的目标就是为用户提供个性化的信息服务。

（1）针对用户档案、用户访问行为等，进行 Web 数据挖掘，可以理解用户的动态行为，并向其进行动态推荐，从而优化网站的经营模式。

（2）将客户分类，并向其提供个性化服务，有利于提高客户满意度，稳定老客户；

（3）将浏览行为相似的客户分为一组，可以更好地了解客户的兴趣、消费习惯、消费倾向，从而预测客户的潜在需求，并及时推荐相关产品，以提高交易成功率。

4. 客户保持

客户流失是电子商务企业面临的一大挑战。从电子商务角度看，由于销售商与客户之间不存在时空距离，所以每个销售商对客户来说都是一样的。客户在本企业的电子商务网站（网店）上多停留一刻，挽留住这位客户的可能性就大了一分。那么，如何获取客户的关注，使其选择在本企业的电子商务网站（网店）停留更长时间，就成为一个挑战。

利用数据挖掘技术，可以从以下两方面帮助企业留住客户：

（1）根据客户的浏览行为、兴趣、需求等，对客户进行分类，并针对不同类型的客户动态提供不同的销售服务，获取更大的客户满意度；

（2）分析具备什么特点的客户是有可能流失的，从而采取相应措施进行挽留。

这样，挽留客户的措施更具有针对性。同时，挽留客户的费用也将下降。

5. 聚类客户

对具有相似浏览行为的客户进行分组，并分析客户的共同特征，帮助产品企业更好地了解自己的客户，及时调整页面及页面内容，向客户提供更加贴身的服务。例如，某些客户一直在买"婴儿衣服""尿不湿"等产品，通过分析其浏览行为，可以将该客户归为"Parents"客户组。那么，下次该顾客光顾时，就可以向其推荐"奶粉""玩具"等产品。

企业通过聚类客户，能最大限度地满足客户需求。对于客户来说，获得的是更便利的服务、更优惠的价格、更短的时间等好处。

利用数据挖掘技术，企业无须要完全依赖专家的定性分析去设计、维护电子商务网站，而是可以根据用户访问模式、浏览偏好等定量化信息来设计、修改电子商务网站的结构和外观，使其更符合用户的习惯，增加用户的访问兴趣。

8.1.5 电子商务数据挖掘标准和典型构架举例

电子商务企业的数据库里存储的数据之多，可能远超一般人的想像，但提供的信息却很少。这是因为数据量过于巨大，却又缺少有力的数据挖掘工具。

甚至，企业的重要决策也无法借助数据库中丰富数据，而只能靠决策者个人直觉，从而增加了决策风险。

数据挖掘系统会帮助发现隐藏在海量数据中的、对商业决策具有重大指导意义的重要数据模式。

一、跨行业数据挖掘标准

将数据挖掘技术应用于实际项目中时，一般都需要遵循跨行业数据挖掘标准。

如图 8-1 所示，CRISP-DM 是当今数据挖掘业界通用流行的标准之一。其全称是 Cross-Industry Standard Process-Data Mining。由 SPSS、NCR、Daimler-Benz 制定。它强调数据挖掘在商业中的应用，解决商业中存在的问题。它是一个不断迭代的过程。

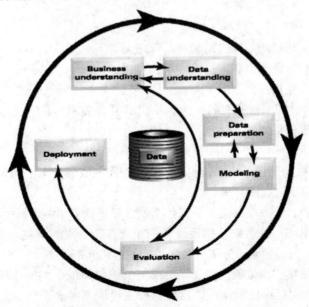

图 8-1 跨行业数据挖掘标准流程（CRISP-MD）

1. Business understanding（业务理解）

（1）发现问题——确定商业目标。

（2）对现有资源评估，确定问题能否通过数据挖掘来解决。

（3）确定数据挖掘目标。

（4）制定数据挖掘计划。

2. Data understanding（数据理解）

（1）确定数据挖掘所需要的数据。

（2）对数据进行描述。

（3）对数据的初步探索。

（4）检查数据质量。

3. Data preparation（数据准备）

（1）选择数据。

（2）清理数据。

（3）对数据进行重建。

（4）调整数据格式使之适合建模。

4. Modeling（建立模型）

（1）对各模型进行评价。

（2）选择数据挖掘模型。

（3）建立模型。

5. Evaluation（模型评估）

（1）评估数据挖掘结果。

（2）对整个数据挖掘过程的前面步骤进行评估。

（3）确定下一步怎么办？是发布模型？还是对数据挖掘过程进行进一步的调整，产生新的模型。

6. Deployment（模型发布）

（1）把数据挖掘模型的结果送到相应的管理人员手中。

（2）对模型进行日常监测和维护。

（3）定期更新数据挖掘模型。

最后是数据汇总，即对数据进行浓缩，给出其紧凑表示。其形式包括对数据进行各种统计计算，并用图形和表格等表示出来。

二、典型架构举例

图 8-2 是一个数据挖掘系统的架构，包括数据库、数据仓库、Web 或其他资料库（譬如电子表格或其他类型信息库）等。

（1）数据库或数据仓库服务器：根据数据挖掘要求检索相关数据。

（2）数据挖掘引擎：是数据挖掘系统中的重要部分。对数据进行特征和相关性分析、分类、预测、聚类分析、异常值分析、数据模型的演化分析。

（3）模式评估模块：衡量数据挖掘算法挖掘出来的知识模式的好坏程度。与数据挖掘模块之间交互较多。通过评估模块反馈，数据挖掘模块不断地调整，高效挖掘有效的知识模式。评估模块与挖掘模块必须紧密地集成起来，在数据挖掘过程中尽量挖掘更有价值的

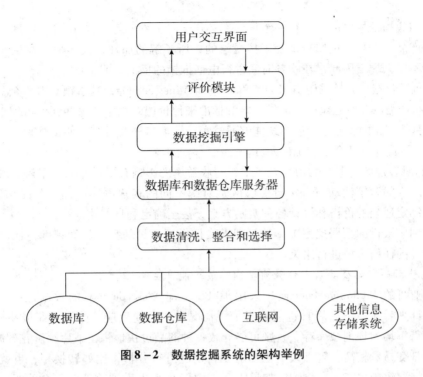

图 8 - 2 数据挖掘系统的架构举例

模式。

（4）用户界面：用户和数据挖掘系统之间交互所用。允许用户指定数据挖掘或者查询任务、输入相关限制条件。

8.1.6 电子商务中数据挖掘应用案例

以下应用事例摘自互联网。

1. 库存预测

过去，零售商依靠供应链软件、内部分析软件甚至直觉来预测库存需求。随着竞争压力的一天天增大，很多零售商（从主要财务主管到库存管理员）都开始致力于找到一些更准确的方法来预测其连锁商店应保有的库存。预测分析是一种解决方案，它能够准确预测哪些商店位置应该保持哪些产品。

使用 Microsoft（R）SQL Server（TM）2005 中的 Analysis Services 以及 SQL Server 数据仓库，采用数据挖掘技术可以为产品存储决策提供准确及时的信息。SQL Server 2005 Analysis Services 获得的数据挖掘模型可以预测在未来一周内一本书是否将脱销，准确性为 98.52%。平均来说，预测该书是否将在未来两周内脱销的准确性为 86.45%。

2. 出了一个新成品，哪些老客户最可能购买

蒙特利尔银行是加拿大历史最为悠久的银行，也是加拿大的第三大银行。在 20 世纪 90 年代中期，行业竞争的加剧导致该银行需要通过交叉销售来锁定 1800 万客户。银行智能化商业高级经理 Jan Mrazek 说，这反映了银行的一个新焦点——客户（而不是商品）。银行应该认识到客户需要什么产品以及如何推销这些产品，而不是等待人们来排队购买。然后，银行需要开发相应商品并进行营销活动，从而满足这些需求。

在应用数据挖掘之前，银行的销售代表必须于晚上 6 点至 9 点在特定地区通过电话向客户推销产品。但是，正如每个处于接受端的人所了解的那样，大多数人在工作结束后对于兜售并不感兴趣。因此，在晚餐时间进行电话推销的反馈率非常低。

几年前，该银行开始采用 IBM DB2 Intelligent Miner Scoring，基于银行账户余额、客户已拥有的银行产品以及所处地点和信贷风险等标准来评价记录档案。这些评价可用于确定客户购买某一具体产品的可能性。该系统能够通过浏览器窗口进行观察，使得管理人员不必分析基础数据，因此非常适合于非统计人员。

"我们对客户的财务行为习惯及其对银行收益率的影响有了更深入的了解。现在，当进行更具针对性的营销活动时，银行能够区别对待不同的客户群，以提升产品和服务质量，同时还能制定适当的价格和设计各种奖励方案，甚至确定利息费用。"

蒙特利尔银行的数据挖掘工具为管理人员提供了大量信息，从而帮助他们对于从营销到产品设计的任何事情进行决策。

3. 电子商务网站公共页面该放哪些内容最可能产生购买行为

圣地亚哥的 Proflowers.com 通过采用 HitBox，即 WebSideStory 的数据挖掘 ASP 服务，使企业的计划者在业务高峰日也能够对销售情况做出迅速反应。由于鲜花极易枯萎，Proflowers 不得不均匀地削减库存，否则可能导致一种商品过快地售罄或库存鲜花的凋谢。

由于日交易量较高，管理人员需要对零售情况进行分析，比如转换率，也就是多少页面浏览量将导致销售产生。例如，如果 100 人中仅有 5 人看到玫瑰时就会购买，而盆景的转换率则为 100∶20，那么不是页面设计有问题，就是玫瑰的价格有问题。公司能够迅速对网站进行调整，比如在每个页面上都展示玫瑰或降低玫瑰的价格。对于可能过快售罄的商品，公司通常不得不在网页中弱化该商品或取消优惠价格，从而设法减缓该商品的销售。

采用 HitBox 的优势在于借助便于阅读的显示器来展现销售数据和转换率。Proflowers 营销副总裁 Chris d'Eon 说："自己分析数据是浪费时间。我们需要一种浏览数据的方式，能够让我们即刻采取行动。"

4. 登录网站的当前用户现在最可能购买什么东西

丹佛的 eBags 旨在针对日常旅客销售手提箱、手提袋、钱包以及提供其他旅行服务。该公司采用 Kana 软件公司的 E-Marketing Suite 来整合其网站的 Oracle 数据库、J. D. Edwards 财务系统、客户服务电子邮件和呼叫中心，从而获得客户购买行为习惯方面的信息。数据分析能够帮助公司确定是哪个页面导致了客户的高采购率，并了解是什么内容推动了销售。

eBags 技术副总裁 Mike Frazini 说："我们尝试展示不同的内容，来观察哪些内容的促销效果最好。我们最终的目标是完全个性化。"与设计页面以鼓励大部分消费者采购的做法不同，一个个性化的解决方案将不停地创建页面以适合每个具体的访问者。因此，如果访问者的浏览记录显示其对手提包感兴趣，网站将创建突出这些商品的客户化页面。Frazini 指出，用于当前实施数据挖掘的分析方法也能用于部署自动化的网站定制规则。

寻找基于较少的数据和商业规则来创建个性化网页是客户化网站减少资源耗费的方法之一。开利（Carrier）公司——位于美国康涅狄格州 Farmington 的一家空调制造厂商——声称，仅仅通过利用邮政编码数据，其升级版 B2C 网站的每位访问者所产生的平均收益在一个月内从 1.47 美元提高到了 37.42 美元。

当客户登录网站时，系统将指示他们提供邮政编码。这些邮政编码信息将被发送到 WebMiner 服务器，也就是一个数据挖掘 ASP。然后，WebMiner 的数据挖掘软件将对客户进行假设，并基于这些假设来展示商品。例如，如果客户来自富裕的郊外地区，网站将显示出带有遥控器的空调机；如果客户的邮政编码显示邻近大量公寓楼，则弹出式广告将展示窗式空调机。

通过采用这种相对简易的方法，该公司能够在数秒内生成网页。Carrier 全球电子商务经理 Paul Berman 说："与通常的想法相反，客户化电子商务在创建有针对性的服务时并不需要询问客户 8 条或 9 条信息。我们只需要 1 条信息，而且实际证明效果确实不错。"

与 Carrier 一样，"音乐家之友"（Musician's Friend）也正在减少用于确定客户化内容的商业规则。它是 Guitar Center 有限公司的目录和 Web 分支机构。

第二节　物联网技术的应用

8.2.1　物联网技术简介

1. 物联网的定义

物联网，即 The Internet of Things，简称 IOT。从字面上解释，就是"物物相连的互联网"。物联网有许多不同定义，例如：

（1）欧盟第七框架下 RFID 和物联网研究项目簇（Cluster of European Research Projects on The Internet Of Things：CERP-IoT）发布的《物联网战略研究路线图》研究报告认为，物联网是未来互联网的一个组成部分。可以被定义为：动态的、基于标准的和可互操作通信协议的、具有自配置能力的全球化网络基础架构。

（2）中国在 2010 年 3 月的政府工作报告中对物联网的说明是：通过信息传感设备，按照约定的协议，把任何物品与互联网连接起来，进行信息交换和通信，以实现智能化识别、定位、跟踪、监控和管理的一种网络。它是在互联网基础上延伸和扩展的网络。

鉴于物联网发展战略的重要性，发达国家都将物联网产业提升至国家战略的高度，一些国家的物联网发展战略如下：

（1）中国：感知中国；

（2）美国：智慧地球；

（3）欧洲：e-Europe；

（4）日本：U-Japan；

（5）韩国：U-Korea。

2. 物联网的标准和参考模型

国际上，各标准化组织，如 ITU、OMA、3GPP、IETF 等，都从自身角度出发制定了物联网标准，从而很难有一个统一的模型。但各标准的定位大体可以归纳为如图 8-3 所示。

物联网将目前任何时间、任何地点的二维信息交流扩展到第三个维度，即任何物体之间的通信，如图 8-4 所示。

图 8 - 3 物联网相关标准的定位

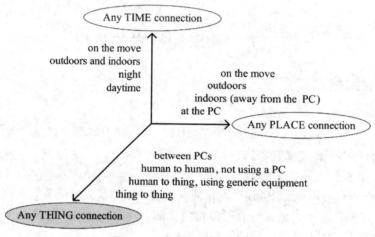

图 8 - 4 物联网的三维能力

实现物联网需要的技术能力如图 8 - 5 所示。即应用层、服务/应用支撑层、网络层、设备层（感知层）、跨层的管理能力和安全能力。

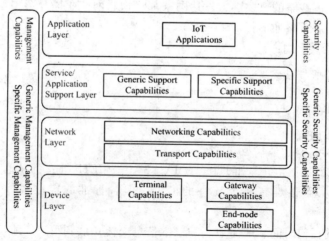

图 8 - 5 物联网参考模型

3. 物联网的基本特征

物联网的基本特征包括以下三点：

（1）全面感知：利用 RFID、二维码、传感器等技术随时随地采集和获取物体信息。既有 GPS、环境监测、视频监控、工农业生产与监控等传统传感器网络成为物联网基本的信息采集部分。信息种类涵盖人类生活、工作、健康和社会活动等各方面。

（2）可靠传送：物体接入物联网后，将依托各种通信网络，随时随地进行可靠的信息交互和共享。"无缝到达"将成为信息网络发展的新趋势。网络多模化发展将融合多种传送技术。

（3）智能处理：利用智能计算对海量数据和信息进行分析处理，实现智能化决策和控制。

8.2.2　物联网的技术框架和关键技术

物联网的技术框架可以划分为 4 个层次，如图 8-6 所示。

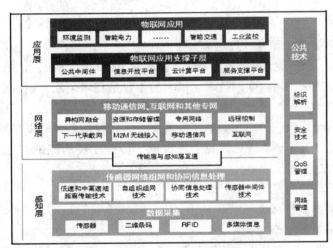

图 8-6　物联网的技术框架

其关键技术构成如下：

（1）感知层：关键技术包括 RFID、GPS、二维码、传感器网络、短距离无线通信等。本层功能是通过传感器连接事物、感知信息，对物理世界中发生的事件、数据、信息进行采集、识别，实现物与物、人与物的通信。数据采集后，通过短距离传输、自组织网络等进行局域传递。

（2）网络层：也称为传输层。实现更加广泛的信息互联和传递功能，把感知到的信息无障碍、高可靠、高安全地广域传送。本层可细分为信息接入层和信息处理层。信息传递到网络层后，由接入层和处理层完成数据分析、处理，再将需要的信息传递给使用者。本层需要传感器网络、移动通信技术、互联网技术的融合。

（3）应用层：为手机、PC 等终端设备提供基于所感知信息的应用服务。实现信息存储、数据挖掘、应用决策等信息业务和应用，按用户需求产生结果。本层主要包含应用支撑平台子层和应用服务子层。应用支撑平台子层用于支撑跨行业、跨应用、跨系统之间的信息协同、共享和互通。应用服务子层包括智能交通、智能医疗、智能家居、智能物流等行业应用。

（4）公共层：该层不属于物联网技术框架的某个特定层面，而是上下纵通于其余三个层次。它包括标识解析、安全、网络管理和 QoS（服务质量）管理等会同时被应用于其他三个层次、具有普遍意义的技术。

8.2.3 物联网对电子商务的推动作用

电子商务业从传统零售业发展而来，存在着信息化/自动化水平低、商品质量监控能力差、消费信用风险高、支付方式单一、远程支撑能力弱、物流配送效率不如人意等问题，阻碍了电子商务业的发展。

物联网是互联网的延伸和拓展，能够对电子商务在运营组织、过程控制、线下服务等方面给予强有力的信息支撑，弥补其远程支撑能力、信息采集环节等方面的缺失和不足。物联网可以对电子商务当中任意产品进行实时性的监控和管理，不仅可以实现商业活动中的信息共享，而且对个人和企业的信息安全保护也起到了较大的作用。

电子商务领域中，人、商家、资金、商品可以成为物联网中的"物"；包括购物记录、电子支付记录、商品进销记录、库存对接、价格实时变化等在内的全部数据可以认为是"网"。"物""网"的连接实现便是电子商务领域中的物联网。

电子商务企业实施应用物联网技术，带来的不仅是技术创新，还有企业管理模式的创新，提升了电子商务企业的核心竞争力。通过采集"物"的信息，电子商务信息在电子平台上进行透明化实时处理、传递和共享，实现产业链无缝衔接，对电子商务信息流、资金流、商流、物流配送等各环节进行优化，突破电子商务发展的瓶颈，提高产业发展水平，极大地提高社会生产效率。

物联网对电子商务的推动作用有以下几个方面：

1. 优化电子商务市场环境

（1）完善产品质量监控。

传统电子商务中，影响电子商务健康发展的一个重要原因就是产品质量难以得到有效保障，造成消费者对网上产品不信任。

物联网中的 RFID 智能感应标签自动感应且不易仿造。标签中唯一的 EPC 编码可以有效保障产品质量。企业可以利用该技术建立产品质量溯源体系，使产品质量和安全得到有力保障，实现消费者和商家的消息对称，增强消费者对企业产品的信心。

当消费者更加清楚地了解到产品起源和发展状况，对产品质量认识更加清晰后，其消费的积极性和主动性就会提高。

（2）增强消费者对企业的信任度。

很多消费者对网络交易顾虑重重，对从事电子商务的上网企业心存疑虑。企业可以将物联网 RFID 技术与产品防伪技术进行绑定：将 RFID 芯片作为电子标签嵌入到产品中。它包含芯片的唯一编码、该件商品的唯一编码，以及产品的信息，如产品生产时间、具体生产线等信息。这样就有力保障了产品信誉度和质量，遏制了假冒产品的网络销售，增强消费者对企业的信心。

2. 改变电子商务发展模式

（1）提升购物平台水平。

目前，我国较低的电子商务行业整体信息化水平制约了行业的跨越式发展。

现有电子商务平台主要存在三方面问题：

第一，体系结构方面，虽然采用 B/S 三层结构模式，通过 Web 浏览器实现信息共享与传输，但设计时未充分考虑电子商务的业务流程，造成实际应用效果不理想；

第二，功能方面，大部分系统只实现了部分传统作业功能，如订单管理、库存管理、在线交易等，没有提供适合未来电子商务发展的增值服务功能；

第三，电子商务实体运作与平台线上、线下衔接效果不理想，运营效率不高。

在电子商务平台的开发中采用物联网技术，进行新型电子商务平台的开发和设计，优化电子商务资源配置，提高系统智能化水平和感知增值能力，提升电子商务平台的整体水平，真正使传统商店网络化，让商家、消费者、商品之间通过多媒体进行全方位互动，实现物物相连、人物对话，对消费者需求进行实时响应，提高消费者对电子商务的兴趣和满意度。

（2）方便电子支付。

移动电子商务将成为物联网电子商务的关键契机。电子商务支付方式的电子化、智能化、移动化是一个必然趋势。基于移动端的支付将最有可能成为启动移动物联电子商务时代的支点。植入 RFID 芯片的物联网智能手机集支付和应用于一体，增加了交易的安全性和信息通道，有线和无线的结合，也在一定程度上减少了黑客攻击和钓鱼网站的非法交易。同时，降低了支付门槛，带来便捷的支付体验，将吸引更多消费者参与到电子商务中来。

3. 改善电子商务售后服务

电子商务中，消费者从网上购买商品时，往往是弱势一方，其失败的购物体验会成为其后续网上消费的障碍：

（1）要求退换商品或维修等售后服务时，只能与网店客服进行沟通。一旦被拒绝退、换货或出现质量纠纷时，无法制约对方；

（2）网店一旦关闭，消费者权益无法得到及时有效的保障。

采用物联网技术，某类产品在供应链不同环节有不同的标识。生产时，产品会有一个全球唯一编码，记录了生产厂家、生产流水线、生产日期等，并被上传到网上。网上销售该类产品时，消费者无须担心网店售后服务，而是凭电子标签中的产品信息，直接向生产厂商要求售后服务。这样，电子商务的售后服务水平得以提高。

4. 重构电子商务的物流环节

电信网、广播电视网、互联网正在向宽带通信网、数字电视网、下一代互联网演进。通过技术改造，其技术功能趋于一致，业务范围趋于相同，网络互联互通、资源共享，能为用户提供语音、数据和广播电视等多种服务，这就是"三网融合"。

三网融合将促进电子商务产业新格局的形成，对物流企业的发展则提出了专业化、信息化、社会化的要求。目前物流企业小、弱、散，管理和服务水平低，信息化技术应用程度不高，其物流手段和体制不能满足物流业发展的实际需要。比如基于传统技术手段的货物追踪识别准确率低、效率低、成本高、产品信息易错、出货信息与网上追踪信息不同步、货物延迟甚至丢失等；物流企业的业务模式简单，基本未涉足物流增值服务项目等。

上述问题的解决办法是采用物联网技术重构电子商务的物流环节。在包裹中嵌入 RFID 智能感应芯片作为电子标签，物流中转站、转运站、仓库的识读设备对其读取，跟踪货物运输情况，获得物流储运环境温度、湿度等信息，并将信息同步上传到数据处理中心；物联网和 GPS 结合，使配送商品模块化，物流信息能够更好地反馈和上传下达，增加了实时性效果，利于对物流运输的实时监控。

8.2.4　融合物联网技术的电子商务发展策略

新技术带来新的发展机遇，但也带来新的风险和挑战。为保证融合物联网技术的电子商务行业健康成长，需要采取以下策略以创新运营模式、克服技术障碍、规避业务风险。

1. 加强基础设施建设

基于物联网的电子商务基础技术问题，对电子商务行业的发展影响很大。为此，应该加强传感网、实时通信网和云计算数据处理平台的建设。积极部署建设云计算中心和"公共云"基础服务设施，在云存储、云服务和云安全等方面大力创新，提高电子商务的云计算能力和水平，加快云计算技术在金融、在线支付、电子商务等领域的应用。

借鉴发达国家物联网在电子商务中的应用经验，以及我国物联网应用实践，形成电子商务行业普适、有效的模块化、标准化应用解决方案。

2. 加强技术研发，降低运营成本

大力发展物联网技术，重点突破无线射频识别、无线传感器、系统集成等关键技术，以及物联网标准交换接口等共性技术，推动物联网技术大规模产业化应用，降低基于物联网的电子商务信息平台开发、设备、集成费用，从而降低网上购物成本。

3. 构建智能安全系统，保护消费者隐私

物联网应用到电子商务中，需高度重视网络安全，系统稳定、信息保护等方面的问题。

消费者的个人信息很容易在网络上被泄露给商家以外的第三方，许多消费者因害怕个人信息泄露而对电子商务退避三舍，严重阻碍了电子商务的普及与发展。

一般可以采取以下措施：

（1）把握商业目标与技术管理体系之间的平衡，合理利用数据格式；

（2）构建监控平台，对智能芯片中写入的信息，以及各流通环节中嵌有智能芯片的产品进行监控、管理，创建适合普遍接入的物联网运营环境；

（3）建立安全的网络管理系统，智能保护用户个人信息，消除消费者在个人隐私上的顾虑，使其可以放心地在网上购物。

例如，可以采用双向 Hash 认证安全协议来防止交易后消费者信息被盗用和跟踪：使 RFID 标签与 RFID 阅读器之间进行双向认证，将 RFID 标签与阅读器一一对应起来，只有固定的 RFID 阅读器与标签之间双向认证以后，信息才能进行有效传递，这样便能够有效地防止用户信息被盗以及系统被黑客恶意攻击。

4. 构建智能物流系统，提升物流服务质量

物流是阻碍电子商务发展的一个亟待解决的问题。

随着社会生存压力变大，生活节奏加快，人们的生活越来越忙碌，许多人将购买目光转到电子商务网站，以节省时间和精力。在此背景下，电子商务成为人们的新选择。

消费者在网上购物后，商品通过物流公司以快递形式派送。如果物流服务质量低下，

送货错误或不及时，消费者便会对整个电子商务交易产生反感情绪。

利用物联网技术构建智能物流系统，实现对所购商品的实时监控与管理，能有效避免各种意外失误。意外发生后，也能有效更正和快捷处理。

例如，在每个包裹上贴上记录包裹信息的 RFID 标签，并将信息实时传送到网上，让消费者对商品进行实时跟踪，准确知道商品送达时间。这样透明化的信息共享，可以避免出现一些不必要的错误，使消费者充分感受到安全感，提高对电子商务安全性的信任度。

5. 构建新型电子商务信息平台，优化电子商务营销环境

一方面，需要仔细分析、研究物联网技术和行业方案，降低网上购物门槛，提升用户消费体验的满足度

另一方面，电子商务中，不法商家利用消费者和商家之间的信息不对称，对消费者进行欺诈，使消费者蒙受损失，妨碍了电子商务的发展。

因此，应该重视营造良好、诚信的网络营销环境：从消费者角度考虑问题，对电子商务卖家严格考察，切实保障消费者利益；建立消费者损失赔付机制等。

同时，电子商务的发展要关注电力、物流以及安防和制造等领域，构建和谐的运营环境。

8.2.5　物联网与电子商务相互促进

如前所述，电子商务发展存在着各种制约因素。物联网虽不能解决所有问题，但为电子商务健康发展提供了技术支持。同时，也为物联网应用提供了更广阔的发展空间。

通过物联网的实施应用，可以推动电子商务迅速发展：一方面，消费者可以对商品做出更加准确、快速地选择；另一方面，商家可以透明地展示商品，为消费者了解商品的各种属性提供精确信息。两者的关系简述如下：

（1）物联网产业链及其核心环节已基本确定，在政策、经济、社会和市场等有利因素促进下，物联网正向规模化、服务化发展，可以使电子商务扬长避短，抓住新的发展机遇。

（2）物联网的发展需要商业化运营来推动，以建立共赢、良性循环的产业链。融合物联网技术的电子商务要从服务社会的角度出发，确定自身架构和实施路线。物联网与商业模式的融合必将为电子商务的发展提供新方向和新价值。

（3）物联网将加快信息材料、器件、软件等创新，以及电子商务相关传感器、设备制造、软件、系统集成、网络运营以及内容提供和服务等发展，使电子商务产业迎来新一轮发展高潮。

8.2.6　物联网技术在物流和零售领域的应用举例

以下应用事例摘自"中国智慧科学研究院"网站。

一、物联网在物流领域的应用（智能物流）

物流是供应链过程的一部分，它是为满足消费者需求而对原材料、中介产品、最终产品及相关信息从原产地到消费地点所进行的有效流动与存储的计划、实施和控制的过程。

近年来，我国在物流业得到了稳步发展。随着竞争的越来越激烈，各个企业都在节约成本，提高工作效率上下功夫。

物流管理系统通常使用条码标签或人工单据等方式支持自有的物流各环节的管理，但

是条码的易复制、不防污、不防潮等特点和人工书写单据的繁琐性，容易造成人为损失，使得现在国内的物流管理尤其仓储始终存在着缺陷。

RFID 技术的应用正好解决了这个问题，它可以实现企业物流运作的自动化、信息化、智能化，同时实现与企业信息化体系的无缝对接，确保 RFID 技术在企业物流作业中发挥最大效益。应用 RFID 技术的物流系统通常也称作"智能物流"。

RFID 前端设备（标签、读卡器）与企业核心系统相结合，可以广泛地应用于供应链与物流管理领域的各个环节：

1. 零售环节

RFID 可以改进零售商的库存管理，实现适时补货，有效跟踪运输与库存，提高效率，减少出错。同时，智能标签能对某些时效性强的商品有效期限进行监控；商店还能利用 RFID 系统在付款台实现自动扫描和计费，从而取代人工收款。

RFID 标签在供应链终端的销售环节，特别是在超市中，免除了跟踪过程中的人工干预，并能够生成 100% 准确的业务数据，因而具有巨大的吸引力。

2. 存储环节

在仓库里，射频技术最广泛的使用是存取货物与库存盘点，它能用来实现自动化的存货和取货等操作。在整个仓库管理中，将供应链计划系统制订的收货计划、取货计划、装运计划等与射频识别技术相结合，能够高效地完成各种业务操作，如指定堆放区域、上架取货和补货等。这样，增强了作业的准确性和快捷性，提高了服务质量，降低了成本，节省了劳动力和库存空间，同时减少了整个物流中由于商品误置、送错、偷窃、损害和库存、出货错误等造成的损耗。

RFID 技术的另一个好处在于在库存盘点时降低人力。RFID 的设计就是要让商品的登记自动化，盘点时不需要人工的检查或扫描条码，更加快速准确，并且减少了损耗。RFID 解决方案可提供有关库存情况的准确信息，管理人员可由此快速识别并纠正低效率运作情况，从而实现快速供货，并最大限度地减少储存成本。

3. 运输环节

在运输管理中，在途运输的货物和车辆贴上 RFID 标签，运输线的一些检查点上安装上 RFID 接收转发装置。接收装置收到 RFID 标签信息后，连同接收地的位置信息上传至通信卫星，再由卫星传送给运输调度中心，送入数据库中。

4. 配送/分销环节

在配送环节，采用射频技术能大大加快配送的速度和提高拣选与分发过程的效率及准确率，并能减少人工、降低配送成本。

如果到达中央配送中心的所有商品都贴有 RFID 标签，在进入中央配送中心时，托盘通过一个阅读器，读取托盘上所有货箱上的标签内容。系统将这些信息与发货记录进行核对，以检测出可能的错误，然后将 RFID 标签更新为最新的商品存放地点和状态。这样就确保了精确的库存控制，甚至可确切了解目前有多少货箱处于转运途中、转运的始发地和目的地，以及预期到达的时间等信息。

5. 生产环节

在生产制造环节应用 RFID 技术，可以完成自动化生产线运作，实现在整个生产线上对原材料、零部件、半成品和产成品的识别与跟踪，减少人工识别成本和出错率，提高效率和效益。特别是在采用 JIT（Just in Time）准时制生产方式的流水线上，原材料与零部件必须准时送达到工位上。

采用了 RFID 技术之后，就能通过识别电子标签来快速从品类繁多的库存中准确地找出工位所需的原材料和零部件。RFID 技术还能帮助管理人员及时根据生产进度发出补货信息，实现流水线均衡、稳步生产，同时也加强了对质量的控制与追踪。

实践已经充分证明，使用 RFID 技术应用能够产生很大经济效益。主要表现为以下几个方面：

（1）将物流管理与射频识别技术相结合，能够高效地完成各种业务操作，改进物流管理，提升效率及价值；

（2）提高物品在供应链各环节处理过程中的识别率，可不开箱检查，并同时识别多个物品，提高物流作业效率；

（3）缩减作业周期，提高作业数据实时性，实时动态掌握作业情况，实现对物资全过程的可视化管理；

（4）采用射频技术能大大提高拣选与分发过程的效率与准确率，并加快配送的速度，减少人工、降低配送成本；

（5）满足客户对物品信息的及时性反馈要求，强化供应链运作效率，提升服务水平。

二、物联网在零售领域的应用（智能店面）

以服装行业的门店管理系统为例，RFID 技术可以在零售领域实现智能管理，亦即"智能店面"。

在服装行业，RFID 技术应用于生产、配送、零售等各个环节。在生产环节，将满足标准的 RFID 电子标签附加到服装上，该 RFID 电子标签可以储存该服装诸如名称、等级、尺码、颜色、材料成分等自然属性资料。对于定制服装，该 RFID 电子标签还可以用来作为工艺过程卡片，实现"柔性化"的服装定制生产。

通过"智能店面"可以为经营者和消费者带来极大的便利，体现在以下几个方面：

1. 自动化仓库管理

在零售店铺的出、入库、盘库管理中，利用 RFID 技术非可视性阅读、多标签同时识读特性，数十件附加了电子标签服饰的整箱商品通过 RFID 阅读器一次完成准确读取，极大地提高了物流效率。快速准确实现采购控制、多库协同作业、仓库收发盘作业、先入先出、缺货报警、滞销品统计、销售统计、断码分析、商品调拨、退换货控制等管理。

2. 防偷盗管理

在服装商品上附加 RFID 技术的 EAS，如果窃贼同时偷盗了多件商品，系统会一目了然地知道窃贼偷盗了多少服装和是什么服装。使用 RFID 技术的 EAS，可以更好地解决店铺的商品偷盗问题。

3. 商品快速查找

店铺使用 RFID 技术一项非常重要的作用是实现非接触快速查找货物，及时将顾客所需要的商品交给顾客手中，避免因人为的"缺货"而导致散失销售机会，从而增加销售收入。

4. 快速结算

零售店铺使用 RFID 技术，还可以实现如 POS 快速结算。

三、物联网在仓储中的应用（智慧仓储）

仓储是物流与供应链系统中的重要节点和调控中心，随着我国经济的发展，仓储业也在发展壮大。在运输及仓储设备过程中，为保证对环境敏感的装备物资的安全，必须对仓储运输环境的温度、光强、危险气体浓度、设备内压力等参量进行实时监控，否则将带来很大的安全隐患，并影响装备物资的使用寿命和质量。

无线传感网络是一项新兴的前沿技术，与现有以有线电缆技术为基础的仓储管理系统相比，该技术可以与仓储数字化信息管理系统更加便捷的无缝对接，使得仓储管理更加规范化。

通过传感设备的布设，系统可以实时准确的监测物资存储运输环境的关键物理量（包括温度、湿度、光强、磁场强度、特定气体浓度、特定部位受力、加速度等），并将相关物理量传输在中央监控系统上，系统可在出现危险状况时进行报警，并自动或根据管理人员的指令进行切断气源、切断电源等各类紧急状况下的安全操作。同时，系统还能根据采集的数据信息进行科学计算较准，控制存储运输设备，及时调节环境物理量，从而改善对环境敏感的设备仪器、石化产品、供给物资、装备弹药等所处的环境状态，有效提高装备物资的使用寿命和质量。

无线传感网络实现仓储环境智能管理，可以为仓储监管系统提供基础数据，综合运用目标定位和搜寻技术，实现仓储管理的全方位信息支持。

第三节　移动终端技术的应用

包括手机、平板在内的移动终端大行其道。移动端除了无处不在、有效利用碎片时间外，还有其自己的特点，即：

（1）基于 SIM 卡与运营商的个人身份认证；

（2）随身携带，永远在线；

（3）基于 GPS 或基站的位置定位。

在电子商务中采用移动终端技术后，带来的是一种新型的电子商务模式：

移动终端及相关服务促使线下与线上商务结合，客户在移动互联网上寻找所需商品或服务，以及就近的提供商并即时支付，然后到店提货或享受服务。客户对实物配送的物流需求不再成为交易的难点。这种与传统方式完全不同的商务模式就是移动电子商务。

单纯讨论移动电子商务中的移动终端技术是不够的。所以下面将围绕"移动电子商务"展开论述。

8.3.1　移动电子商务简介

一、移动电子商务的定义

移动电子商务（M-Electronic Commerce）是指利用手机、PDA、掌上电脑、笔记本电脑等无线终端与商务平台连接，进行 B2B、B2C 或 C2C 式的电子商务。

移动电子商务中，数据传输通过移动互联网进行，人们可以在相关综合服务支持下，随时随地完成线上、线下购物、在线电子支付，以及各种交易、商务、金融活动。

二、移动电子商务的模式

移动电子商务模式下，人们不再面对实物、依靠纸介质单据进行现货交易，而是通过移动终端设备浏览网上商品信息，再下单订购，指定物流配送公司传递，通过网上银行资金结算。具体模式如图 8 - 7 所示。

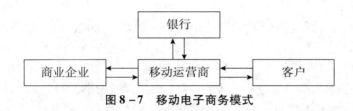

图 8 - 7　移动电子商务模式

与电子商务一样，每一笔移动商务交易中，信息流、物流、资金流是不可或缺的三条动态主线。三者的有效互动构成了完整的移动电子商务过程。

1. 信息流

是交易过程中各主体之间不断进行的双向交流。移动商务中，客户与企业之间的信息流具有及时高效、个性化和基于位置的特点。

（1）及时高效：移动商务的载体——移动终端随身携带，客户可以随时随地获取想要的信息，查找、比较、选择、购买所需商品和服务，真正实现即买即用，提高了交易效率。

（2）个性化：移动终端是个人使用的，可以作为客户个人身份的识别信息。商家收集、整理移动终端的位置、使用习惯等信息，分析客户购买偏好、活动范围等，为客户提供量身定做的个性化服务或商品，进行客户关怀，提高客户忠诚度和满意度，也使企业对目标客户的营销更准确有效。而客户也可以根据自己当前情况、所处位置等更灵活地定制服务、查找信息，获得最能满足自己需求的服务。

（3）基于位置：移动终端独有的位置信息方便满足冲动性消费。客户产生临时需求时，带有终端位置的信息流对客户选择产品和服务就会起到相当大的作用。这是传统电子商务无法比拟的。

2. 物流

当前移动商务中，大量交易都是无特别物流需求的。所以物流在移动商务中出现的问题比传统电子商务中的要少。目前，移动电子商务提供三类服务：

（1）购物：包括实物商品、虚拟商品、票证商品。

（2）交易：如网上个人金融事务、证券买卖、账单支付等。

（3）应用：如软件、游戏等。

3. 资金流

多方因素使移动支付成为移动互联网、金融、电子商务等产业的汇聚点。

（1）智能终端拥有率快速提高，移动互联网使用环境不断完善，为移动支付的发展提供终端和网络基础。

（2）大量网民已适应网上电子商务的交易方式，并习惯网络支付。

（3）与移动支付相关的各领域巨头强力进入移动支付市场，其强大的市场影响力和充沛的资金推动着移动支付快速普及。

8.3.2 移动电子商务的特点

当前，移动电子商务的应用领域包括：

（1）在线交易：在线确认订单并管理交易，接收实时信息和新闻资讯。大量应用于股票和期货交易中。

（2）电子银行：通过移动终端设备查询账户、转账、支付、接收付款通知，随时随地进行个人财务管理。

（3）移动购物：使用移动商务平台进行网上购物，方便快捷。

（4）远程定制和发布：通过移动商务平台，可以发布时事新闻、天气预报、股市行情、彩票中奖信息、交通路况信息、商业广告、求职招聘信息等；用户也可以定制账单服务、旅游信息、航班信息、列车时刻信息等。

考察移动电子商务的特点如下：

1. 庞大的潜在客户群

根据 CNNIC 数据，截至 2013 年 12 月，我国网民规模达 6.18 亿，互联网普及率为 45.8%。据工信部统计数据，2014 年 1 月底，中国的移动通信用户达 12.35 亿，几乎是上网用户数量的 2 倍。这表明我国移动电子商务潜在客户发展潜力巨大。然而，这只是手机用户的数量，平板电脑等其他移动终端用户尚未统计过。可见，移动电子商务的用户群远远大于传统电子商务。

2. 移动接入、移动支付，灵活方便

无线移动网络是广域覆盖的，消费者可以随时随地开始消费活动，比传统电子商务更具便携性。

移动电子商务操作的是移动终端，通过无线技术上网。消费者无须坐在电脑前，通过移动终端设备浏览即可方便地选购商品，一键下单完成订购。

移动终端的数据处理能力大幅提高，无线网络速度也越来越快。移动终端上网慢、操作卡的现象基本不复存在。移动终端上的操作系统让消费者拥有不逊于个人电脑的用户体验。

这样，电子商务从传统的固定 PC 端变为随时随地贴身服务，交易效率大为提高，也大大地推动了传统电子商务的交易规模。

3. 更强大的比价功能

移动商务的比价功能在日用消费品选购中尤为实用。通过扫描传统超市中正关注的产品条码，立即知道该产品在各商场、超市和网络超市中的价格。当发现网络超市中的价格远低于标签所示价格，即可选择移动商务渠道购买。

4. 个性服务，"移动"专长

传统电子商务基于有线连接的电脑，通常面对一个小群体，如一个家庭。市场信息只能细分到小群体的水平。而移动终端通常为个人所有，通过移动端可以搜集个人消费习惯，有助于移动电子商务提供者主动创新，为客户提供定制服务。

同时，用户可以根据个人喜好定制服务：选择设备、服务与信息的提供方式等，都完全由用户自己掌控。商业信息流可以随移动设备的移动而移动，消除了时间和地域的限制。

除了移动设备的便携性以外，基于位置的服务也是一大特点。通过移动终端对消费者定位后，根据其所在位置提供其附近的酒店、餐饮、停车等信息，也可以更有针对性地投放广告。这些都能直接、间接地为商家带来收益，是传统电子商务无法比拟的。

5. 更好的认证基础

因为网络信息的准确度不高，交易时无法确认对方身份，信用问题一直是制约电子商务发展的一个瓶颈，导致商家和消费者不能放心交易，制约了电子商务的规模。

移动电子商务则不同：每个移动用户对应一个全球唯一 SIM 卡号，作为标识移动用户身份的有效凭证。SIM 卡可以存储用户银行账号、CA 证书等重要的数字信息，还可以用来实现数字签名、加密算法，公钥认证等。

移动电子商务有 4 方面的安全特性：数据保密性、数据完整性、不可否认性，以及交易方认证与授权的信息安全。

8.3.3　移动电子商务发展中面临的问题

目前，我国移动电子商务的发展方兴未艾，呈现如下几个特点：

（1）无线网络基础设施建设加快，移动电子商务发展如虎添翼；

（2）产业链初步形成；

（3）用户逐年增多，交易规模逐年提高；

（4）商家普遍重视移动电子商务，积极性高。

但是，移动电子商务的发展并非一帆风顺，其问题主要集中在以下几个方面：

1. 行业标准

目前，移动电子商务领域里没有国际标准，也没有国家标准，出现法律纠纷和经济问题在所难免。无统一标准成为制约移动电子商务发展的一个重要原因。

没有健全的法律法规作保障，消费者权益得不到维护，许多消费者望而却步，移动电子商务竞争力大打折扣。

行业标准的建立只有以中国的自主知识产权为依据，才能有话语权，才能参与国际标准的制定。没有自主知识产权，中国只能处在移动电子商务产业价值链的低端。

2. 安全问题

由于时刻涉及交易的资金问题，移动电子商务的安全性问题得不到有效解决，移动电子商务就谈不上健康发展。

（1）移动终端安全。

移动终端容易丢失，攻击者可以获得上面的数据，篡改、破坏移动数据完整性。

（2）无线网络、移动网络的安全性、稳定性。

移动电子商务是通过开放的无线信道通信的，给无线用户带来不安全因素：通信内容被窃、盗取用户合法身份等。

移动网络比传统网络更易被攻击，如窃听和修改无线通信链路上的信息等。

与成熟的 PC 端相比，移动网络的流畅性、稳定性有待提高。这类问题不彻底解决，用户体验与用户评价就不会好。

（3）移动商务平台的安全。

在平台运营过程中修正和完善安全措施，并与交易中的安全警示统一整合，形成安全防御体系，确保平台免于各种攻击。

3. 移动支付体系

安全的支付体系是用户信任移动电子商务的基础。目前，我国还没有统一的移动支付标准和支付工具标准，阻碍了移动支付的推广，不利于移动电子商务的发展。

移动电子商务支付的核心包括金融机构、电信运营商和第三方支付平台。只有在三者之间建立共赢的商业模式，才能彻底解决商户、运营商和消费者之间的移动支付结算问题。

4. 服务内容

作为传统电子商务的扩展和提升，移动电子商务服务内容上应该更加丰富，为用户提供诸如多媒体、咨询、广告、购物、竞猜、新闻等业务，浏览服务方式也应该更加方便。目前移动电子商务服务内容还仅局限在新闻、广告、购物等几个方面，浏览服务也不十分顺畅。

5. 手机操作系统

手机操作系统的不统一提高了服务商成本。智能手机没有统一的操作系统，许多软件无法通用，软件产品的发展迟缓，也给商家运营和移动商务网站的搭建增加了难度。

6. 数据资源

大数据时代，数据既是移动电商的基础，也是移动电商的渠道。对数据资源的充分利用才能有效拓展移动电子商务的市场。

通过用户注册的信息，对用户的年龄、性别、地域分布、购买力等特性进行分析，才能针对用户做好一对一的个性化服务，提高其满意度和忠诚度。

7. 物流与非物流问题

高效的物流配送是移动电子商务实现以客户为中心的最终保证。物流问题包括速度慢、服务差、验货难、价格高等。这些因素抵消了移动电子商务的许多优势，制约了移动电子商务的发展。

但很多时候，物流的问题其实是移动电商自身造成的：移动电商集中促销造成订单激增，使物流快递爆仓却无法爆增人手和运力；移动电商对用户不合理要求不敢说"不"；商家的 ERP 系统不完善，显示库存和实际库存不能时刻保持一致，用户看到的订单状态和物流状态实际上是错误的，结果被投诉的是物流。

8. 过度比价

有了移动终端，用户比价更方便。但过度比价可能会造成电商自杀式降价，使电商、上下游产业利润摊薄，甚至亏损，妨碍产业链健康发展。

8.3.4 移动电子商务的发展策略

1. 建立健全的产业相关法规

尽快制定《移动电子商务法》和《移动电子商务支付结算办法》等相关法律法规，为移动电子商务行业统一安全标准和支付标准，规范电子商务市场。使移动电子商务监管有法可依，让交易双方的商业活动受法律保护，提高交易双方的信任度，避免拒绝服务、交易抵赖等现象的出现。

2. 建立全方位的安全体系

移动电子商务交易的全过程都要确保数据从传输点到目的地的安全传输。为此需要全程采用无线加密技术和无线公开密匙体系、轻便高效的无线网络安全协议、防火墙和入侵检测技术等，有效加强无线网络的安全性，实现数据全程路径端对端的安全。

3. 建立安全快捷的支付体系

制定统一的移动支付标准，消除支付障碍，建立安全、便捷的支付体系，为用户创造安全、方便的交易环境。

移动电子商务支付涉及银行金融机构、无线运营商和线下商户。建立以银行统一支付为主导、无线运营商充值、第三方支付公司辅助的支付体系是移动电子商务支付结算的发展方向。

4. 推进移动电子商务平台建设

移动电子商务技术的核心是电子商务平台。必须考虑平台的实用性、开放性、可靠性、安全性和可管理性。

运营商和商家应通力协作，设计界面友好、操作浏览简单、搜索服务快捷的电子商务平台，真正实现移动电子商务的方便快捷。

5. 充分发展物流

借鉴国内外先进物流管理模式，建设适合移动电子商务发展的高效配送体系，加快实现物流信息商品化、物流信息处理电子化和计算机化、物流信息传递标准化和实时化、物流信息存储数字化，优化物流管理流程，提高移动电子商务效率。

8.3.5 移动电子商务应用案例

以下应用事例摘自互联网：

移动电子商务是江苏联通推出的面向客户的一个重要产品品牌。它集聚了江苏联通高质量、高覆盖面的网络、全方位的通信业务、专业化的服务队伍以及为了客户的成长而不断创新的能力、致力于为企业提供个性化的信息化解决方案。

随着企业信息化浪潮的日益高涨，江苏市越来越多的企业通过选择移动电子商务来实现信息化。但是，一方面企业对信息化有着强烈的需求，迫切向往通过信息化来提升管理水平，提高工作效率，增强市场竞争能力；同时大多数企业又苦于缺乏从事信息化建设和网络维护的专业人才，缺少信息化的建设资金。江苏联通移动电子商务以其独特的建设、运营模式，解除了这些企业的后顾之忧，使企业轻装上阵，轻松实现信息化。使用移动电子商务的企业负责人高兴地说：移动电子商务是企业实现信息化的速成之道！

【案例1】

江苏宇航交通广告公司——移动电子商务：插上信息化的双翼

宇航广告公司是一家集广告策划、设计、制作、发布为一体的综合性广告公司。近年来，随着公司业务的不断拓展，业务范围不断扩大，一系列管理、经营上的问题开始显露出来：客户传真件如雪花般地飞来，公司每天也要向全国各地的客户发许多的传真，耗费了大量的人力、物力且工作效率不高；公司领导需经常出差，一出差就无法实时批复公文；公司领导每次出差前都要拷贝许多文件，才能在外处理公务，深感不便；公司允许员工上网查阅资料、通过QQ与客户进行沟通，但电脑上却染上了不少病毒……。公司管理层越来越感觉到：传统的企业管理、经营办法已不能适应现代企业，必须借助信息化的手段，才能使企业健康、持续地发展。

联通公司根据宇航公司的实际需要，推荐了移动电子商务的系列产品。

（1）旗舰协同办公系统：该系统集成了公文流转、资产管理、会议管理、车辆管理、人事管理等众多功能。个人办公模块还具有内部邮件、日程安排、通信录、备忘录等功能。该系统中各个模块的数据完全共享，能彻底消除公司内部的信息"孤岛"，盘活企业的信息资源。该系统还能让员工在线交流，参加在线会议和在线学习。旗舰协同办公既能强化宇航公司总部的管理和对外地办事处的管理，还能解决公司内部信息资源共享等难题。

（2）网络传真：网络传真是一种基于互联网为基础的联通增值业务，它能将各种电子文档通过电脑方式方便、快速、廉价地发送到世界各地的传真机上。它所具有的群发、智能重发、定时发送、流动办公、电子签章、个性化提醒等功能，特别适合像宇航广告这样传真量大的单位使用，能让公司彻底摆脱日常手工收发传真耗费大量人力物力的烦恼。

（3）网络硬盘：使用了网络硬盘后，宇航公司领导出差前再也不用拷贝文件、携带U盘就可以了。网络硬盘能将公司电脑硬盘上的资料存储到联通公司的旗舰网络硬盘里，出差在外，只要有上网的接口，就能随时随地上传、下载、阅读公司文件，而无须担心企业数据的安全。

（4）蓝剑、蓝盾系统：内置了国际领先技术的防病毒引擎，不仅具有强有力的查杀病毒功能，而且可以监控、检测互联网上收到的各种数据文件，并清除其中的病毒，还具有出色的文件修复功能。使用蓝剑、蓝盾系统后，真可谓是"一夫当关，万夫莫开"。

使用了移动电子商务业务后，短短的几个月时间，宇航公司就收到了立竿见影的效果。

首先，员工的工作效率大大提高。使用旗舰协同办公系统后，员工每天上班后的第一件事就是进入系统，当天要做的事一目了然。过去是"人找事"，现在是"事找人"，协同办公系统的"事件驱动"机制大大提高了员工的工作效率。

其次，诸多管理上的问题——得到解决。协同办公系统的资产管理、会议管理、办公用品管理、车辆管理、人事管理等功能，使公司的管理走上了规范化、科学化的道路。

再次，公司领导无论身在何处，只要在能上网的地方，就能实现对公司的远程办公和管理。最后，通过使用移动电子商务和在线学习，全体员工的信息化意识和水平得到整体提升。

【案例2】

江苏邦达物流有限公司——移动办公组网实现了物流数据实时传输

江苏邦达物流公司是一家专业的医药物流服务商，在各地设有许多分支机构，是国内较早进行电子商务的企业。对邦达公司管理层来说，既需要随时了解货物流的动态信息，又需要实时掌握公司庞大的资金运作情况、库存情况以及各种经营、财务数据。这些特点使邦达公司较早地建立了公司的内部网络来进行管理和处理业务。如该公司有一套票务系统，考虑到公司数据传输的安全性和保密性，票务系统只能在内部网内运用。同时，由于邦达公司的分支机构遍布各地，原来的数据都是通过QQ进行传输或用U盘拷贝后再由人工传送。无论哪种方法，都存在安全隐患或时效性不强的缺陷。

启用移动电子商务移动办公业务后，这些问题都迎刃而解，全面解决了困扰企业信息实时共享的难题。移动办公组网不但解决了邦达公司总部与江苏省内各分部物流系统的互联，还解决了总部与省内外各分支机构数据的同步传输，构建了全公司统一的信息化平台，大大提高了公司的工作效率。同时，江苏联通还为邦达公司总部设计了一个高效、安全、稳定的网络解决方案，包括防火墙、NAT、带宽管理、QOS 保障等，很好地满足了公司基础网络平台的技术要求。

经过一段时间的运行，邦达公司对移动办公组网系统非常满意，作出了安全、快速、稳定的评价。从安全性来说，移动办公组网采用了传输加密、密码接入鉴权、硬件捆绑接入认证、权限管理等 4 种措施，确保企业信息传输安全、可靠。从数据传输速度来说，移动办公组网独有的数据流量压缩技术，能够把网络带宽利用率提高 130%。其带宽叠加技术，能够将多条互联网的接入带宽叠加，大大提高网络互联的速度。该系统还具有多线路备份功能，使网络通道永不断线。从稳定性来说，移动办公组网系统联通级的设计和设备配置，能够长时间地稳定运行，完全能满足企业对网络稳定性的要求。

在使用了一段时间移动办公组网业务后，邦达公司表示：物流将是今后企业物资传输的命脉，我们将会开办越来越多的分支机构来满足社会的需求，移动电子商务上的移动办公组网非常适合我们物流企业，帮助我们企业实现腾飞的梦想，希望移动电子商务越办越好。

【案例 3】

江苏中宇服装有限公司——移动电子商务大大降低了中小企业信息化建设门槛

中宇公司是一家刚成立不久的服装公司，主要从事国际服装业务。与许多中小企业一样，公司既没有专业的 IT 人才，也无力承担昂贵的信息化建设资金，但面对日益激烈的市场竞争，公司又迫切需要实现信息化来提高自己的竞争力。

江苏联通与中宇公司进行了沟通，发现中宇公司的信息化需求与移动电子商务所能提供的服务非常贴近，而且整个网络平台能与联通宽带 ADSL 接入进行捆绑，因此只要在原有的上网费用上增加不多的费用，中宇公司就能享受超值的信息化服务。

中宇公司欣然选择了移动电子商务中的旗舰自助建站、旗舰企业邮箱、网络传真等业务。

自助建站系统能为企业提供虚拟的主机空间，有上百种模板可供选择，友好的界面操作起来既方便又轻松，还具有强大的拷贝、生成动态页面和数据库功能，使企业无须聘请专业程序员、专业美工就能轻松地建立起专业的、美观的网站，并能方便地维护自己的网站，不存在资金、技术、建设周期等问题，大大降低了企业信息化建设门槛，消除了信息化建设的投资风险。

花小钱办大事。中宇公司使用移动电子商务后，为迅速成长的企业打开了产品宣传、推广的大门，还在同行中树立了 IT 专业形象。公司领导高兴的说：移动电子商务有力的帮助公司拓展了业务，提升了企业形象，工作效率提高的幅度之大，远远超出了预计和想象。下一步还要开通旗舰协同办公系统，进一步提高公司的工作效率，更好的发展公司的业务。

第四节 大数据技术的应用

8.4.1 技术简介

1. 大数据的定义

随着移动互联网、物联网、云计算技术的迅速发展，大数据（Big Data）技术正越来越受到人们的关注。世界主要国家政府都开始重视大数据的访问和潜在价值的挖掘，希望通过数据资产获取知识发现和决策支持。

（1）2012 年，中国科技部将"大数据"列入"十二五"国家科技计划信息技术领域备选项目，研究面向大数据的新型分布式存储架构和数据组织模式。

（2）美国政府称大数据是"未来的新石油"。2012 年 3 月 29 日，美国总统办事机构（Executive Office of the President，EOP）公布了《大数据的研究和发展计划》。强调了联邦政府大部门在大数据研发上的投资承诺，描述了联邦政府 12 个关键部门开展大数据研发应用的行动计划。这表明，大数据研发应用已经上升为美国国家战略。

目前，对大数据还没有统一的定义。但有一个普遍共识：大数据的关键是在种类繁多、数量庞大的数据中快速获取信息。比较有影响力的大数据定义有以下几个来源：

（1）《Science》杂志专刊：代表着人类认知过程的进步。数据集规模无法在可容忍时间内用目前的技术、方法和理论去获取、管理、处理数据。

（2）研究机构 Gartner：大数据具有高容量、高生成速率、种类繁多的信息价值。同时需要新的处理形式去确保判断的作出、洞察力的发现和处理的优化。

（3）维基百科：大数据是指所涉及的资料量规模巨大到无法通过目前主流软件工具，在合理时间内完成撷取、管理、处理，并整理成为帮助企业达到经营决策目的的资讯。

（4）麦肯锡：大数据是指无法在一定时间内用传统数据库软件工具对其内容进行采集、存储、管理和分析的数据集合。

大数据的应用领域包括商业、金融、医疗、制造业等。其中尤以在商业中的应用最为广泛。例如，沃尔玛通过对消费者购物行为这种非结构化数据的分析，了解到顾客购物习惯。继而通过销售数据分析，发现适合搭配在一起卖的商品，创造了"啤酒与尿布"的经典商业案例。

2. 大数据的"4V"特征

（1）Volume：指大数据巨大的数据量与数据的完整性。

（2）Variety：数据类型繁多。需要在海量且种类繁多的数据间发现内在关联。

（3）Velocity：数据的处理速度快、流动速度快，可以更好地满足实时要求。

（4）Value：大数据的价值密度低。大数据时代，发现数据的价值类似于"沙里淘金"。

3. 第四科研范式与大数据

著名数据库专家、图灵奖获得者、微软研究院技术院士吉姆·格雷（Jim Gray）总结出，人类科研史先后经历了实验型科研（Experimental Science）、理论型科研（Theoretical Science）、计算型科研（Computational Science）三种范式。

随着数据量不断增加、数据结构愈加复杂，这三种范式已不足以在新的科研领域得到更好地运用。所以他基于 e-Science 提出了科学研究的第四范式：以大数据为基础的数据密集型科学研究（Data-intensive Science）以及学术交流。

2012 年 11 月 7 日，北京微软研究院发布了《第四范式：数据密集型科学发现》论文集中文版。

4. 大数据的平台体系架构、平台应用模式

目前，大数据尚未具有一个全面的、整合的平台及平台应用模式。图 8 – 8 和图 8 – 9 是一种设计思路举例。

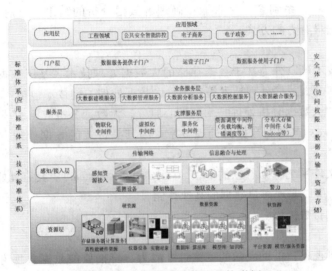

图 8 – 8　大数据平台体系架构举例

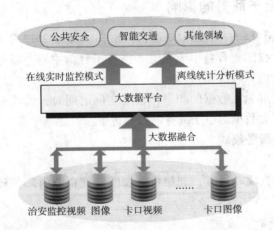

图 8 – 9　大数据平台应用模式举例

8.4.2　大数据的处理工具、处理流程和关键技术

1. 处理工具

目前，比较流行的大数据处理工具有 Hadoop（开源）、HPCC（开源）和 Hadapt 等

三种。

2. 处理流程

（1）数据采集：通过各种方法获取数据，如传感器、RFID 识别、数据检索分类工具、条形码、二维码等。

（2）数据处理与集成：对采集到的数据处理、清洗去噪（噪声和干扰项），以及进一步集成存储。

（3）数据分析：大数据处理流程的核心。数据分析过程中会发现数据蕴含的价值。

（4）数据解释：关系到客户是否能正确理解数据分析的结果。目前，"数据可视化"技术是解释大数据最有力的方式。

3. 关键技术

大数据处理技术可以分为基于数据存储的大数据处理技术、基于数据挖掘的大数据处理技术和基于查询的大数据处理技术等三类。大数据处理关键技术包括：

（1）云计算：大数据分析处理技术的核心原理、大数据分析应用的基础平台。

（2）MapReduce：典型的数据批处理技术。因其并行式的数据处理方式而成为大数据处理的关键技术。

（3）分布式文件系统：如谷歌的 GFS（Google Files System）。具有良好的容错性；能够处理很大的文件；可以实现海量数据的高速存储。

（4）分布式并行数据库。

（5）开源实现平台：如 Hadoop。

（6）大数据可视化：借助人脑的视觉思维能力，将抽象的数据表现为可见的图形或图像，帮助人们发现数据中隐藏的内在规律。

8.4.3 大数据对电子商务的影响

根据《第 32 次中国互联网络发展状况统计报告》，截至 2013 年 6 月底，我国有 2.7 亿网民进行过网络购物。我国正日益形成以电子商务平台为中心、以电子商务应用和电子商务服务业为基础的电子商务经济体系。

电子商务的迅猛发展为大数据的积累拓展了空间。同时，大数据为电子商务的更广泛开展提供了便利条件。大数据对电子商务的影响包括：

一、改变电子商务服务模式

1. 数据化运营

电商企业转型为数据驱动运营，利用数据视图管理企业内部各环节，优化各业务节点的效率。

2. 行业应用垂直整合

随着数据整合能力不断加强，电商与供应链上、下游企业之间的信息、资源共享将更容易、更方便，企业之间的界限将变得十分模糊。

3. 数据资产化

大数据的重要趋势就是数据服务的变革，针对消费者特性提供个性化服务，例如开展个性化、精确化、智能化的广告推送服务。

企业日渐重视数据的经济效益和作用，例如通过大数据技术寻找增加用户黏性的更好方法，开发新产品和新服务，降低运营成本等。由此催生数据业务，使数据像普通产品一样被加工和交换。例如：

（1）数据分析：分析来自用户的非结构化数据并提供标准的报告和数据服务；

（2）数据可视化服务：利用可视化技术展示数据的规模和数据点；

（3）众包模式：企业利用互联网将工作分配出去，以发现创意或解决技术问题，从而帮助分析和发现数据中的模型。

有观点认为，大数据未来将会像基础设施一样重要。数据的交叉复用将成为一大产业。

二、改善电子商务生态环境

1. 提升用户体验

大数据提高用户体验最有效的应用，就是网页的个性化定制，用户不必再忍受所有人浏览同一个网页的烦恼。

2. 减轻信息不对称，使商务环境更透明

大数据的应用将使买家、卖家、商品、服务及相关信息更透明，最大限度地消除因信息不对称而产生的欺骗、欺诈、过度宣传等现象。

3. 有助于建设信用体系

信用体系的难题是信用信息采集难、辨伪难、评价难、跟踪难。利用大数据技术，对每个人、每个企业、每一款产品的存在行为、存在方式、存在目的进行全程跟踪，甚至可以借助穿戴类物联网设备跟踪和记录所有人、设备的存在状态，有效控制风险。

4. 使电子商务更智能

借助于大数据的数据处理技术，实现跨多系统平台、多领域、多协作单元、多种服务渠道及多种媒介的信息流整合，建立起满足客户个性化需求、高效高速、便捷畅通的客户管理体系，缩短从"需求识别"到"需求满足"的周期。

三、提升电子商务的业务能力

1. 强大的信息检索能力

（1）个性化信息检索：根据用户个体差异、个人兴趣和需求特征进行检索，高效、全面、准确地返回检索结果；提供信息推送、热点信息推送、信息推荐等新型信息检索服务。

（2）智能、快速信息检索：迅速处理用户信息行为，理解用户自然语言表达，检索出符合需求的信息和产品，提高服务速度和精准度，最大限度提升客户满意度。

2. 快速的弹性处理能力

基于云计算的大数据存储平台理论上拥有无限的海量存储和超大规模计算能力。企业不用安装硬件就可以廉价、快速地部署应用系统并实现弹性伸缩，提高资源管控能力，优化资源利用。该能力还可以廉价、快捷地提供给中小企业。

3. 精准的海量数据分析能力

极短时间内对大数据进行收集、存储、分析和处理，使电商获得实时、精准的海量数据挖掘和大数据深度分析等能力。

4. 云化的信息安全服务

大数据时代，大数据成为国家和企业的核心资产。把专业可靠的信息安全方案封装为云服务，为用户提供优质、廉价、全面的安全和备份服务。

四、促进电子商务与其他产业融合

在大数据时代，电子商务将与移动通信、金融、教育、制造、医疗、交通、出版等行业深度渗透与融合，为用户带来个性化的产品和服务。

8.4.4 大数据时代电子商务模式的创新

从管理方法到管理思维，大数据将给电子商务带来革命性的变化。电子商务经营和管理的核心，将从对商品的管理转移到对商品背后数据的管理和挖掘。

（1）挖掘纷乱的数据背后更符合用户习惯和兴趣的产品与服务；

（2）根据用户的行为习惯和爱好对产品与服务进行针对性的调整和优化。

一、创新的基本思路——从政府、电子商务企业两方面着手

1. 政府层面

（1）建立一套运行机制：大数据建设是动态、有序、可持续发展的系统工程。为保证建设过程中各环节正规、有序统合，需要搞好顶层设计。

（2）规范一套建设标准：建立面向各主题、覆盖各领域、不断动态更新的大数据建设标准，为各级、各类信息系统互连、互通、资源共享奠定基础。

（3）搭建一个共享平台：在各专用数据库基础上，通过数据集成实现各级、各类信息系统的数据交换、数据共享。

（4）培养一支专业队伍：懂指挥、懂技术、懂管理的大数据建设专业队伍。

2. 企业层面

（1）电商平台的综合应用。把握平台自身的宏观数据，为自身的综合决策奠定基础；将数据结果服务于电子商务应用企业，帮助其分析市场需求；将数据结果服务于电子商务服务业伙伴，例如广告、市场调查与分析公司等。

（2）通过广告实现电商平台产品服务供给与潜在需求之间的直接关联。通过精准营销减少市场的信息不对称和社会交易成本。

二、具体创新模式

1. 个性化导购

包括个性化广告、个性化推荐两种方式。

2. 差异化竞争，垂直细分领域服务

差异化竞争有助于解决成本和同质化竞争问题。

垂直细分领域服务则是小型电商面对大型电商多头垄断的生存之道——以小规模、低成本挖掘分析顾客信息数据，将垂直细分领域做精、做专，为专业、特定的客户群提供专业的产品和服务。

3. 网络金融

这是电商企业在大数据时代的新蓝海。比如阿里巴巴的"阿里小贷"模式、京东商城的"供应链金融服务"模式，都已经取得一定成果。

4. 数据化产品服务

大数据时代，所有电商企业都想获得并充分了解顾客信息数据。但更多时候，很多电商企业没有这类预算，或其技术能力不足。具有平台、技术优势的电商企业可以利用优势，对获得的海量数据进行产品化包装，销售给需要的中小型企业，从而开辟出一条新的电子

商务服务模式。

8.4.5 大数据技术在电子商务中的应用举例

1. 大数据："啤酒＋尿布"成经典案例

大数据是一种商业资本，这在商业界已经成为共识。比如，微软必应搜索通过集成以往的飞机票价画出未来票价走势；谷歌利用用户搜索记录判断出美国流感疫情的现状，并比疾控中心快一两周；对冲基金通过剖析社交网络——推特（Twitter）的数据信息来预测股市的表现；亚马逊和网络影视光盘租赁公司根据用户在其网站上的类似查询来进行产品推荐……当然，同样的技术也可以运用到疾病诊断、推荐治疗措施，甚至是识别潜在犯罪分子上。

事实上，大数据掀起的风暴已经席卷各个拥有海量数据的行业。其中一个有趣的案例被津津乐道：微软公司通过大数据分析处理，对新一届奥斯卡金像奖作出"预言"，结果除"最佳导演"外，其余13项大奖全部命中。

（1）首个尝鲜者获得成功。

最早关于大数据的故事，发生在美国第二大的超市塔吉特百货公司。为了吸引孕妇这一含金量很高的群体，塔吉特市场营销人员求助于其顾客数据分析部的高级经理安德鲁斯，要求他建立模型以期在孕妇第二个妊娠期就把她们确认出来（由于美国出生记录公开，因此孩子出生后，新生儿母亲就会被铺天盖地的产品优惠广告包围，那时塔吉特再行动就晚了）。

可是怀孕毕竟是私密信息，如何准确判断哪位顾客就成为难题。安德鲁斯想到塔吉特有一个迎婴聚会登记表，就开始对登记表里的顾客消费数据建模分析，不久发现，许多孕妇在第二个妊娠期会买许多大包装的无香味护手霜、怀孕最初的20周会购买大量补充钙、镁、锌的善存片类保健品……最后安德鲁斯选出25种典型商品的消费数据构建"怀孕预测指数"，可以在很小的误差范围内预测顾客的怀孕情况，便能早早把孕妇优惠广告寄给顾客。

为了避免顾客收到这样的广告被吓坏，塔吉特聪明地把孕妇用品优惠广告夹杂在一大堆与怀孕不相关的商品优惠广告中，巧妙地令顾客认为塔吉特并不知道自己怀孕了。百密一疏的是，塔吉特这种优惠广告间接地令一位父亲意外发现自己还是高中生的女儿怀孕了，此事经被《纽约时报》报道后，塔吉特"大数据"的巨大威力轰动全美，公司的营业额借助大数据稳步上升。

全球零售业的巨头沃尔玛也通过大数据获益。公司在对消费者购物行为进行分析时发现，男性顾客在购买婴儿尿片时，常常会顺便搭配几瓶啤酒来犒劳自己，于是推出了将啤酒和尿布捆绑销售的促销手段。如今，这一"啤酒＋尿布"的数据分析成果也成了大数据技术应用的经典案例。

（2）预测票房准确率达94%。

大数据分析技术在电影行业同样获得了有效应用。随着互联网的发展，人们越来越习惯于在网上搜索电影信息。谷歌发现，电影相关的搜索量与票房收入之间存在很强的关联。于是，不久前谷歌公布了一项重要研究成果——电影票房预测模型。该模型能够提前一个月预测电影上映首周的票房收入，准确度高达94%。这在业内引起强烈讨论，不少业内人士认为该模型非常适合好莱坞电影公司通过预测票房来及时调整电影营销战略。

电视剧《纸牌屋》的大获成功更是让全球影视界对大数据的应用刮目相看。美国视频网站网络影视光盘租赁公司基于大数据投资拍摄的这部电视剧，无论是剧情设置还是选择演员、导演阵容，都以用户在网站上的行为和使用数据做支撑，从而受到观众热捧，网络影视光盘租赁公司也凭借该剧名利双收。

当中国的淘宝、京东和苏宁还在低价促销中酣战不休时，美国电商巨头亚马逊却选择了一条简洁而便利的道路：在页面上挂起针对每个消费者量身定做的商品推荐。从消费习惯的记录推断出最为精准的商品信息推荐，公司财报显示，亚马逊的云计算部门 AWS 还向更多的企业提供了数字服务，AWS 去年的营收达到 18 亿美元，预计仍将保持快速增长。

（3）零售业重视大数据。

近日，全球芯片巨头英特尔展示了多个重点行业现阶段值得投入的大数据应用模式，例如在医疗行业中用大数据技术来推进区域医疗信息的集中存储和快捷分析，在智慧城市建设中通过大数据方案实现全面的实时交通信息监控、分析与智能交通调度，在零售行业借助大数据分析来优化货品的运输、库存等顾客潜在购物需求，以及在制造行业通过生产流程中大数据的采集和分析来提升生产安全及良品率等。

根据麦肯锡的估计，如果零售商能够充分发挥大数据的优势，其营运利润率就会有年均 60% 的增长空间，生产效率将会实现年均 0.5% ~1% 的增长幅度。

其实，沃尔玛、塔吉特、亚马逊、特易购这样的商业巨头已经不声不响地运用了大数据技术好多年，用大数据驱动市场营销、驱动成本控制、驱动产品和服务创新、驱动管理和决策的创新、驱动商业模式的创新。

"人类和机器都在不断生成大量具有价值的信息，从精准地预测恶劣天气，到研制出治疗绝症的独特疗法，这些信息能够在很多方面丰富我们的生活。"英特尔公司英特尔架构事业部副总裁、数据中心软件部总经理博伊德·戴维斯说。（资料来源：《国际先驱导报》，2013-07-05）

2. 来自 Informatica 公司的案例

Informatica 公司（纳斯达克代码：INFA）是全球领先的独立企业数据集成软件提供商。世界各地的组织机构依赖 Informatica 为其重要业务提供及时、相关和可信的数据，从而赢得竞争优势。目前，全球众多知名企业依靠 Informatica 使用、管理其在本地的、云中的和社交网络上的信息资产，以实现他们的信息潜能，并推动卓越的业务目标。

"我们的某个客户，是一家领先的专业时装零售商，通过当地的百货商店、网络及其邮购目录业务为客户提供服务。公司希望向客户提供差异化服务，如何定位公司的差异化，他们通过从 Twitter 和 Facebook（脸书）上收集社交信息，更深入地理解化妆品的营销模式，随后他们认识到必须保留两类有价值的客户：高消费者和高影响者。希望通过接受免费化妆服务，让用户进行口碑宣传，这是交易数据与交互数据的完美结合，为业务挑战提供了解决方案。"Informatica 的技术帮助这家零售商用社交平台上的数据充实了客户主数据，使他的业务服务更具有目标性。

零售企业也监控客户的店内走动情况以及与商品的互动。它们将这些数据与交易记录相结合来展开分析，从而在销售哪些商品、如何摆放货品以及何时调整售价上给出意见。此类方法已经帮助某领先零售企业减少了 17% 的存货，同时在保持市场份额的前提下，增加了高利润率自有品牌商品的比例。

本章参考文献

［1］王梦雪．数据挖掘综述［J］．软件导刊，2013，12（10）.

［2］黄翠萍．数据挖掘概念综述［J］．数字技术与应用，2014（1）.

［3］王栋．数据挖掘研究综述［J］．数字技术与应用，2014（2）.

［4］汪明．数据挖掘综述［J］．河北软件职业技术学院学报，2012，14（1）

［5］冯永平．数据挖掘技术在电子商务中的应用［D］．电子科技大学，2012.

［6］数据挖掘和知识发现的技术、方法及应用．一幅凝固的油画-博客频道- CSDN_ NET
［OL］

［7］刘志杰．物联网技术的研究综述［J］．软件，2013，34（5）.

［8］贾雪琴，毛峻岭．物联网国际标准化活动及其标准综述［J］．集成技术，2014，（3）.

［9］王海霞．物联网在电子商务物流中的应用研究［D］．湖北工业大学，2013.

［10］沈丽梅．电子商务在物联网环境下的发展解析［J］．中国商贸，2014（10）.

［11］赵芳．电子商务环境下的物联网发展现状及前沿研究［J］．电子商务，2013（9）.

［12］刘晋州．基于物联网技术的电子商务发展探析［J］．计算机光盘软件与应用，2014
（3）.

［13］陈冰冰．基于物联网技术下的电子商务发展策略研究［J］．天津商务职业学院学报，
2014（1），第二卷．

［14］卢晓慧．物联网的发展对电子商务带来的机遇与挑战［J］．科技创新导报，2013
（34）.

［15］曾光．物联网环境下的电子商务发展策略研究［J］．电子商务，2013（8）.

［16］赵芳．物联网在电子商务中的应用研究［J］．湖北工业大学学报，2013，28（3）.

［17］张建锋．移动互联网下的电子商务创新应用［J］．信息通信技术，2013（4）.

［18］刘玉军．我国移动电子商务面临的问题与对策［J］．情报科学，2012，30（12）.

［19］蒙宁瑜，梁立，等．论我国移动电子商务的优势和存在的问题［J］．企业科技与发
展，2012年第23期（总第341期）

［20］王永刚．移动电子商务在发展过程中的一些问题［J］．电子商务，2013（10）.

［21］王祯．移动商务模型研究［A］．2012全国无线及移动通信学术大会论文集（下）

［22］王超立．移动电子商务的发展初探［J］．商场现代化，2014（5）.

［23］刘智慧，张泉灵．大数据技术研究综述［J］．浙江大学学报（工学版），2014（6）.

［24］宫夏屹，李伯虎，等．大数据平台技术综述［J］．系统仿真学报，2014，26（3）.

［25］陶雪娇，胡晓峰，等．大数据研究综述［J］．系统仿真学报，2013，25.

［26］涂新莉，刘波，等．大数据研究综述［J］．计算机应用研究，2014，31（6）.

［27］陈翀，谢晓军，等．大数据关键技术及其在运营商中的应用研究综述［J］．广东通信
技术，2013（08）.

［28］微软《第四范式：数据密集型科学发现》发布_ 业界_ 比特网［EB/OL］.

［29］李春伟，帅百华．中国电子商务企业发展报告2013［M］．北京：中国发展出版

社, 2013.

［30］刘志超, 陈勇, 等. 大数据时代的电子商务服务模式革新［J］. 科技管理研究, 2014
（1）.

［31］陈云海, 黄兰秋. 大数据处理对电子商务的影响研究［J］. 电信科学, 2013（3）.

［32］张冬青. 大数据推动电子商务快速发展［N］. 中国社会科学报, 2014 – 03 – 05
（A06）.

［33］http：//www. wicity. org/html/304/.

［34］http：//ihl. cankaoxiaoxi. com/2013/0705/234781. shtml.

［35］http：//www. 36dsj. com/archives/7232.

［36］http：//blog. csdn. net/nisjlvhudy/article/details/8490910.

［37］http：//blog. csdn. net/yangling23/article/details/3915367.

第九章　电子商务的发展趋势

第一节　国内电子商务的发展瓶颈

9.1.1　缺乏电子商务发展的整体战略和创新机制

电子商务作为面向全球的新型商业模式，是经济全球化、知识经济、信息经济的集中表现形式。

20世纪90年代后期，发达国家充分认识到，电子商务是知识经济时代下本国国际竞争力的决定性因素之一，国家和企业的电子商务发展战略决定了一个国家、一个企业能否在行业边界和国家边界取得更多的商业竞争机会。因此，发达国家认真研究和制定了电子商务的发展战略。

我国企业缺乏合理的统筹规划和整体协调，模式创新能力不强，这是影响我国电子商务发展的瓶颈之一。

9.1.2　有关电子商务的法律制度不完善，监管不力

我国相继颁布了《中华人民共和国电子签名法》、《互联网信息服务管理办法》、《互联网电子公告服务管理规定》和《互联网从事登载新闻业务管理暂行规定》等相关法规，并在《中华人民共和国合同法》和《中华人民共和国物权法》等法律中出现了涉及电子商务及数据电文的相关法律条款，但仍然无法解决现在电子商务发展中存在的众多问题，如安全性问题、市场准入制度问题、知识产权保护问题、个人隐私权保护问题、司法管辖权问题、税收流失问题等。

电子商务的法律、法规及税收政策的立法滞后导致假冒伪劣商品干扰市场秩序，消费者权益往往得不到充分保护，从而影响了电子商务的健康发展。

9.1.3　缺乏监督体系

发达国家的电子商务行业都有经过政府认证的、比较专业的第三方监督机构。若是在电子商务购物而出现问题，可以找第三方监督机构维护权利。

我国第三方监督机构发展缓慢。社会信用中介服务行业发展滞后，信用管理行业的市场化程度很低，市场规模小且经营分散，行业整体水平不高。

同时，我国信用数据的市场开放度低，缺乏企业和个人信息的正常获取和检索途径，这种情况无疑增加了解决电子商务信用问题的难度。

9.1.4　诚信系统不健全

不健全的市场信用机制是阻碍我国电子商务发展的瓶颈。我国无论是企业还是个人，

到未普遍建立完善的信用体系，现金交易还占主导地位。电子商务交易更容易出现虚假宣传、假冒伪劣、合同欺诈等损害消费者权益的行为，妨碍电子商务的发展。

9.1.5 专业人才匮乏

电子商务是一门涉及计算机、电子、信息、经济、管理等多学科的综合性科学，需要复合型人才。电子商务引入我国的时间不长，从业人员接受系统教育的程度偏低，素质相对不高。

我国还没有建立合理的、多层次的电子商务教育体系。

（1）高等教育中，开设电子商务专业的高校较少；

（2）研究生层次的教育刚刚起步；

（3）职业教育更显贫乏。

9.1.6 不同地区和企业的电子商务应用水平不平衡

我国电子商务的发展主要集中在经济发达地区，经济欠发达地区的电子商务交易额较少。

电子商务的交易产品种类主要集中在服装、数码和书籍等产品。而在更广阔的农业、工业、旅游业中没有得到快速发展。

9.1.7 安全问题亟待妥善解决

电子商务发展的核心和关键是交易的安全性问题，保证信息的秘密性、交易者身份的确定性、交易业务的不可否认性和不可修改性等，是电子商务推进过程中面对的重点和难点问题。

常见安全威胁包括客户资料和账号被盗、虚假宣传和广告等。

9.1.8 物流发展滞后

电子商务交易的便捷性、价格优势主要取决于物流配送周期的长短、成本的高低。完整的物流系统则由采购、仓储、分拣和配送4部分组成。要求有与之配套的商业自动化、商业信息化和物流现代化。

我国物流配送起步晚、水平低、成本高、没有形成规模效应，无法为电子商务发展提供优质的保障，制约了网络消费效率提升和规模扩大，使得电子商务的优势和特点无法充分体现出来。

9.1.9 垄断与同质化发展、过度竞争并存

2011年上半年统计数据显示：

（1）国内主要 B2B（企业对企业）服务商中，某企业占有52.8%的市场份额；

（2）B2C（企业对消费者）网络购物市场上，某网上商城交易规模占48.5%；

（3）C2C（消费者对消费者）市场上，某企业占有率达90.3%。

同时，由于技术门槛低，大量电子商务网站低水平重复建设，造成资源的巨大浪费和恶性无序竞争。

9.1.10　企业的信息化程度不高

目前我国企业普遍存在信息管理水平低、信息机构不健全、信息化建设投入不足与建设成本过高、经营管理中运用计算机网络不充分等问题。与发达国家的差距较大。具体问题包括：电子商务企业管理滞后，对电子商务活动监管不力；对经营管理中的各种数据信息整合利用不够，电子商务智能化发展不足。

9.1.11　消费者观念没有转变，习惯没有养成

很多个人消费者在网上购物时，因为对欲购商品无法直观了解，对供应商信任度也不高，所以不愿或不敢采取尝试电子商务交易。

已建立完善分销渠道的众多企业不愿打破原有销售模式，也无法解决地区价格差等问题，所以对电子商务积极性不高。

9.1.12　网速、资费瓶颈

宽带市场缺乏竞争，造成资源约束和资费过高。我国宽带上网平均速率与其他国家相比始终处于下游，且排名有逐年下降之势。宽带不宽、资费过高的问题制约了电子商务的发展和普及。

第二节　电子商务的发展趋势

9.2.1　全球电子商务发展趋势

世界上，电子商务以美国、欧洲、亚洲最活跃。其中，美国电子商务最发达。

2012年，沃尔玛认为电子商务有三大发展趋势：

1. 手机等移动产品影响电子商务发展

未来，手机将是主要上网方式。沃尔玛2012年公布的调查数据表明，68%的电子商务交易在家里发生；40%的交易是消费者坐在家中的电视机前，边看电视边完成的。

2. 社交网络促进电子商务发展

全球范围内，中国（包括香港地区）使用社交网络进行电子商务的频率最高。网络技术的发展带动了电子商务的发展。技术和电子商务结合将深受消费者欢迎。

3. 电子商务改变传统商业

另外，根据最近的报道（中国电子报，2014年5月9日），亚洲仍然是电子商务增长最快的市场。但包括俄罗斯、阿根廷、墨西哥、巴西、意大利和加拿大等在内的新兴市场也将引领市场增长。未来电子商务发展的巨大引擎包括：

（1）移动电子商务；

（2）新的配送和支付方式；

（3）国际零售巨头在新兴市场上的扩张。

下面是来自腾讯科技的一篇报道——同病相怜：网购流行正在逼死美国的零售店。

国外媒体周二发表分析文章称，美国消费者正越来越多地参与网络购物。实体零售店

客流量的减少，正在迫使零售商纷纷缩减其开设新店的计划。以下为文章内容摘要：

由于消费者越来越多的参与网络购物，美国零售商正面临着零售店客流量急速且持久的下跌，这也就迫使实体零售店开始考虑对外出售，或是减少新店的数量。

根据追踪各大零售店客流数据市场研究公司 ShopperTrak 提供的数据显示，除去在 2014 年 4 月出现小幅反弹之外，在过去的两年间，实体零售店客流量每月均同比减少 5% 甚至以上。ShopperTrak 的数据显示，即便是随着天气开始转暖，美国实体零售店客流量在 6 月依旧下滑了近 7%，并在 7 月份又下滑了近 5%。

来自穆迪的新数据显示，由于消费者的购物习惯开始向在线购物转移，这已推动零售商削减了新开店铺的数量，并可能会导致它们在未来数年内继续削减新开店铺的数量。穆迪的统计数据还显示，美国最大的 100 家零售店的营收增幅已从三年前的超过 12%，滑落至如今的不足 3%。

消费者偏好的变化正在给零售商带来压力。他们不再在各大商店走马观花，凭借一时冲动而购物，消费者越来越多的使用手机和计算机比对产品价格，择优挑选促销活动，严格审核购物清单。即便是提供了打折服务的零售商，也发现很难再用低价来刺激低收入消费者的购物欲望。

美国最大的连锁药店运营商沃尔格林公司（Walgreen Co）在周二表示，旗下零售店非药品类部门的客流量在今年 7 月份减少了 2.6%。美国第二大药店运营商 CVS Caremark Corp（以下简称"CVS"）则表示，客流量的减少，除去新开和关闭的店铺，导致公司的店内柜台销售额在第二季度下滑了 0.4%。CVS 还表示，停止销售香烟的决定，部分导致了公司零售店客流量的减少。

CVS 药房业务总裁海伦娜·福克斯（Helena Foulkes）表示，"消费者依然相当的谨慎。"她还表示，竞争对手今年以来推出了更多激进的促销活动。

美国零售巨头塔吉特在周二警告投资人称，由于促销活动未能让足够多的消费者返回公司零售店，塔吉特第二季度的财务数据可能会低于此前的预期。在经历了连续 6 个季度的客流量下滑，及源自于去年的信用卡数据泄露之后，塔吉特的客流量一直处于下滑之中。

塔吉特预测称，美国部门第二季度同店销售基本持平，EBITDA（即未计入利息、税项、折旧及摊销的盈利）利润率则将低于预期，主要由于促销活动带来了支出；加拿大部门销售额将在某种程度上弱于预期，继续投资以清理过量库存的活动对其业绩造成了影响。早些时候，塔吉特驱逐了首席执行官格雷格·斯坦哈菲（Gregg Steinhafel），并任命百事可乐高管、曾供职于塔吉特竞争对手沃尔玛的布莱恩·考内尔（Brian Cornell）接替其职务，向其授予了 1930 万美元的股权奖励。考内尔将于下周正式履新。

塔吉特首席财务官兼临时首席执行官约翰·穆里甘（John Mulligan）表示："虽然美国和加拿大的环境仍具有挑战性，且业绩结果没能达到需要达到的水平，但我们在推升美国客流量和销售额、改善加拿大业务以及促进塔吉特数据转型等方面所作出的努力正在取得进展。"

整个美国零售产业的客流量目前均处于下滑之中。上月，折扣零售商 Family Dollar Stores 就表示，由于客流量的下滑，导致公司在截至 5 月 31 日的上一财季中销售额下滑了 1.8%。

1 美元店和连锁药店客流量的下滑令整个行业尤为担忧，因为随着客流量的下滑，类似沃尔玛这样的商超巨头均已开始通过推出小型零售店，来提振客流量。

虽然客流量出现了下滑，但是随着就业人数的增长和消费者信心指数的提升，自 2014 年 1 月份以来，美国的整体零售额每个月均在小幅增长。好市多等仓储型连锁店的销售额依旧在增长，而 Dollar Tree 和沃尔玛则计划在未来数年内新增数百家小型零售店。

美国人口普查局提供的数据显示，在线销售如今已占据美国商品零售总额的 6% 以上。在过去的两年间，互联网销售额每个季度的同比增幅均超过 15%，并正在对实体店构成越来越大的影响。

美国证券交易委员会此前要求百思买单独罗列该公司的在线销售额数据。百思买周二对此表示，该公司准许消费者在线购买商品，并在实体店挑选商品的做法，让公司区分在线购买和实体店购买的难度加大。在截至 5 月 3 日的上一财季，百思买在线销售额占据了总销售额的 8.2%，高于上年同期的 6.3%。

2014 年年初，Staples 首席执行官罗纳德·萨金特（Ronald Sargent）曾向投资人表示，由于公司的销售额已有近半数来自于在线销售，该公司计划在未来两年内关闭数百家实体店。他说，"我们并未草率地做出这一决定。为公司业务的长期着想，我们深知这是正确的决定。"

在过去的三年间，西尔斯控股已经关闭了超过 12% 的零售店，并将在今年关闭另外 80 家零售店。RadioShack 则计划在今年关闭 200 家零售店。　　（资料来源：腾讯科技，2014-08-07）

9.2.2　中国电子商务发展趋势

一、政府层面的观点

2014 年 2 月，《国际市场》杂志刊登中华人民共和国商务部电子商务和信息化司司长李晋奇的讲话，阐明中国电子商务发展的趋势、趋向和主要任务：

1. 中国电子商务未来发展的六大趋势

（1）电子商务改变流通格局，实体经济和网络经济融合成为未来发展方向；

（2）移动电子商务成为电子商务发展的新的渠道，为传统企业提供了新机遇；

（3）跨境电子商务作为推动全球一体化的手段，在扩大国际市场份额、拓展外贸营销网络、优化产品质量结构、转变贸易发展方式、培育民族优秀品牌方面具有重要而深远的意义；

（4）电子商务为大数据和云计算提供了应用空间，反向推动科技进步；

（5）电子商务企业开展的跨境经营将对金融、物流、广告等领域造成冲击；

（6）规章制度建设仍然是完善行业发展的重点领域。

2. 今后一段时间内，中国电子商务发展的重要趋向、主要任务

2013 年 11 月，商务部发布《关于促进电子商务应用的实施意见》，对我国今后一段时间内，电子商务工作做出具体部署：

（1）构建电子商务政策环境，制定并完善法律法规、出台一批标准，促进电子商务竞

争、有序地发展；

（2）引导网络零售健康发展，优化供应链关系，提供客户消费体验，支持网络服务平台进一步拓展范围，支持传统企业依托线下资源开展线上发展；

（3）建立电子商务跨境体系。落实2013年8月国务院支持跨境电子商务意见，逐步完善网络基础设施、物流、支付、监管、诚信建设等一系列配套措施，探索跨境电子商务企业对企业进出口、个人从事进出口等模式；

（4）加强农民和农产品电子商务体系建设；

（5）建立城市社区电子商务体系，推动家政服务网络公共服务平台的建设，鼓励和支持服务于百姓日常生活的电子商务平台，完善餐饮、住宿行业服务应用体系；

（6）完善电子商务支撑服务体系；

（7）开展电子商务应用示范；

（8）建立电子商务发展的人才治理支撑体系；

（9）开展国际交流与合作。

二、研究层面的观点

1. 电子商务的应用将不断拓宽、加深

大型企业供应链和商务协同水平提高，中小企业融入龙头企业电子商务购销体系。电子商务将融合物流供应链，有效捆绑物流渠道、商业渠道及信息渠道。

精准化营销继续发展。通过消费者的网上消费判断其真正需求，从而准确地向其推荐商品。

2. 实体经济和网络经济融合，加速形成经济竞争新态势

电子商务服务方式的出现，突破了传统贸易以单向物流为主的格局，实现了以物流为基础、信息为核心、商流为主体的全新模式。电子商务与传统产业不断加大融合，相互促进，协调发展。线上和线下融合，促使线上营销、线下成交或线下体验、线上购买模式加速形成。

3. 移动电子商务成为电子商务新领域

技术、需求和投资推动了移动电子商务快速发展，使电子商务。在移动通信、云计算、物联网等新技术驱动下，电子商务呈现泛在化的特点。

（1）手机已经超越电脑成为中国网民上网的第一大终端；

（2）未来的时代是移动互联的时代，互联网将构建在移动终端上；

（3）年轻人逐步成为消费主力军，社会结构和消费观念的变革将给电子商务发展带来新空间。

4. 跨境电子商务助寻海外商机

跨境电子商务将成为我国企业寻求海外商机的新选择。帮助其发挥中国制造的优势，促进"中国制造"向"中国营销"和"中国创造"加速转变。

5. 电子商务的溢出效益日益显著

电子商务与传统产业融合，带动物流、金融和IT等行业发展并催生新兴产业。同时，电子商务促进地方产业升级，带动区域经济发展。

6. 电子商务服务业将成为国民经济新的增长点

自20世纪60年代以来，全球产业结构由工业型经济转向服务型经济，出现了以电子商务服务为特征的新型服务业。

电子商务的发展带动了电子商务服务业的发展。全新视角的电子商务服务业群正在形成，将成为未来国民经济新的增长点，并加速全球贸易服务领域的变革。

7. 电子商务垂直化与平台化并进

研究发现，大型电商平台大多经历过从垂直化向平台化的演进。同时也发现，大型电子商务平台也在对市场进行细分，推出垂直化平台。

目前，平台型电子商务网占据了较大市场销售额，但垂直电子商务并非没有机会：

（1）垂直型电子商务平台对某一特定行业、某一特定消费人群等进行深耕细作，依靠其专业性等优势，更容易为用户提供高质量服务，从而获得用户认可；

（2）这就是电子商务专业化、特色化、个性化发展的原始动力所在；

（3）随着消费者偏好的进一步细分，专一化网站将大量出现，满足各自消费群体的需求。

未来，电子商务的发展仍将是垂直化与平台化并存。

8. 社会化电子商务崭露头角

社会化电子商务的切入点在于通过在线人际互动来进行商务活动。除了常见的直接人际关系互动（如社交网络）之外，基于信息（如兴趣）、位置（Location Based Service，LBS）等的间接人际互动也格外重要。

9. 电子政务促进电子商务发展

（1）电子政务为电子商务提供基础、示范和信息资源，扩大电子商务的市场；

（2）电子政务中，电子交易平台的应用为政府采购公开化和群众监督提供了机会；

（3）政府通过电子政务对电子商务进行监督，保证电子商务健康有序发展。

三、从业者层面的观点

2014 年 5 月，1 号店董事长于刚在某会议上讲到未来 5 年的电子商务趋势。他认为，未来 5 年中国电子商务还会以每年超时 20% 的速度增长，并且有十大趋势。其主要观点如下：

电子商务最近一年面临巨大拐点：

（1）以马云为代表的淘宝系，以及京东、1 号店等，这些是以产品为主要形式的实物型电商；

（2）以马化腾为代表的腾讯系，以及美团等，这些是以服务为主要形式的服务型电商。

1. 移动购物

截至 2013 年年底，手机用户已经达到 5 亿，PC 用户是 5.9 亿。手机的渗透率增速远大于 PC 的渗透率。到 2017 年，手机用户将超过 PC 用户。这意味着电子商务将来的主战场是在移动设备上。移动用户有很多特点：购买的频次更高、更零碎；购买的高峰不是在白天，是在晚上和周末、节假日等。移动购物将会给 PC 电子商务带来天翻地覆的变化，电商要做好准备迎接这场新的革命。要做好移动购物，不能简单地把 PC 电子商务搬到移动上面，而是应该充分利用移动设备的特征，例如其扫描特征、图像/语音识别特征、感应特征、地理化/GPS 特征等，这些功能可以真正地把移动带到千家万户。

2. 平台化

可以看到，大的电商都开始有自己的平台。这是最充分利用自己的流量、自己的商品和服务实现效益最大化的过程。有了平台，可以利用全社会的资源弥补、增加自己商品的丰富度，增加自己的服务和地理覆盖。

3. 电子商务将向三、四、五线城市渗透

一方面，由于移动设备的持续渗透，很多三、四、五线城市接触互联网是靠手机、Pad上网的。另一方面，虽然这些城市经济水平不断提高，但本地购物不便、商品可获得性差，零售业也比先进地区落后。

随着一、二线城市网购渗透率接近饱和，电商城镇化布局将成为电商企业发展的重点，三、四线城市、乡镇等地区将成为电商"渠道下沉"的主战场。同时，电商在三、四线欠发达地区可以更好地发挥其优势，缩小三、四线城市、乡镇与一、二线城市的消费差别。阿里在发展菜鸟物流，不断辐射三、四线城市；京东 IPO 申请的融资金额大约为 15 亿美元到 19 亿美元之间，但是京东在招股书中表示，将要有 10 ~ 12 亿美元用于电商基础设施的建设，似乎两大巨头都将重点放在了三、四线城市。事实上，谁先抢占了三四线城市，谁将在未来的竞争中占据更大的优势。

4. 物联网

随着可穿戴设备和 RFID 的发展，将来的芯片可以植入到皮肤、衣服里面，可以植入到任何物品里面，任何物品状态的变化都可以引起其他相关物品的状态变化。例如，把一袋牛奶放进冰箱，进冰箱的时候自动扫描，自动地知道其保质期，知道什么时候放进去的，知道牛奶的用量。当牛奶快没的时候，马上可以自动下订单，商家接到订单马上送货。下订单可能又会触发电子商务，到供应商那里下订单；而订单触发生产。也就是说，所有的零售、物流和最后的生产可以全部结合起来。

5. 社交购物

希望听到亲人、朋友、意见领袖的意见，作为参考。社交购物可以让电商在社交网络上面更加精准地去为顾客营销，更个性化地为顾客服务。

6. O2O

本次会议的前一天，沃尔玛全球 CEO 来上海，他去中远两湾城参观，那里建了一个社区服务点。该服务点有三个功能：第一是集货的区域，由那个地方集散到顾客手中；第二是顾客取货点；第三个是营销点，展示 1 号店的商品。这个社区服务点为社区的居民的团购、上网、使用手机购物等提供了便利。传统零售在往线上走，电子商务往线下走，最后一定是 O2O 的融合，为顾客提供多渠道、更大的便利。

7. 云服务和电子商务解决方案

大量的电子商务的企业开发了很多的能力，这些能力包括物流的能力、营销的能力、系统的能力、各种各样为商家/供应商/合作伙伴提供电子商务解决方案的能力，希望这些能力发挥出最大的效益。比如说 1 号店推出一个 SBY，这里面有营销服务、数据服务、平台服务、物流服务。刚刚又推出了金融服务，还会有更多的服务。也就是说 1 号店把自己研发出来的，为电子商务本身提供的能力，提供给全社会。

8. 大数据的应用

电子商务的盈利模式按以下方式升级的：

（1）低级的盈利是靠商品的差价；

（2）下一个能力是为供应商商品做营销而做到返点所带来的盈利；

（3）下一个盈利是靠平台，有了流量、顾客，希望收取平台使用费和佣金提高自己的盈利能力；

（4）下一个能力是金融能力，也就是说为供应商、商家提供各种各样的金融服务而得到的能力；

（5）下一个能力是数据，也就是有大量电子商务顾客行为数据，利用这个数据充分挖掘它的价值，这个能力也是电子商务盈利的最高层次。

数据的应用也是一个逐渐升级的过程：

（1）原始的数据是零散的，价值非常小；

（2）这些数据经过过滤、分析而成为了信息；

（3）在信息的基础之上建立模型，来支持决策，形成了知识；

（4）这些知识能够做预测，能够举一反三，能够悟出道理，形成了智慧。

所以，数据升级和数据价值的升级过程中，就充分体现出大数据的价值。

9. 精准化营销和个性化服务

这种需求每个人都有的，希望这个网站是为自己而设的，希望所有为自己推荐的刚好是自己想要的。以后的营销不再是大众化营销，而是窄众营销。每个人都希望最大效率地应用这个营销的渠道和营销的工具化；每个人都精准化地知道自己的需求，希望为自己提供个性化的营销和服务。

10. 互联网金融

这个平台上面有演员、有观众，有很多的戏。戏是指内容，包含保险、基金、小贷等各种服务；演员就是银行、金融机构、保险公司等；观众就是所有的大宗顾客，以及电商、供应商、合作伙伴等。这个平台为大众服务、为平台上的观众提供服务。

四、电子商务新闻门户网站层面（举例）

未来电子商务发展前景分析。

电子商务作为现代服务业中的重要产业，有"朝阳产业、绿色产业"之称，具有"三高"、"三新"的特点。"三高"即高人力资本含量、高技术含量和高附加值；"三新"是指新技术、新业态、新方式。人流、物流、资金流、信息流"四流合一"是对电子商务核心价值链的概括。电子商务产业具有市场全球化、交易连续化、成本低廉化、资源集约化等优势。

纵观全球电子商务市场，各地区发展并不平衡，呈现出美国、欧盟、亚洲"三足鼎立"的局面：美国是世界最早发展电子商务的国家，同时也是电子商务发展最为成熟的国家，一直引领全球电子商务的发展，是全球电子商务的成熟发达地区。欧盟电子商务的发展起步较美国晚，但发展速度快，成为全球电子商务较为领先的地区。亚洲作为电子商务发展的新秀，市场潜力较大，但是近年的发展速度和所占份额并不理想，是全球电子商务的持续发展地区。

全球 B2B 电子商务交易一直占据主导地位，2002 年至今，呈现持续高速增长态势。2007 年全球 B2B 交易额达到 8.3 万亿美元，预计在未来几年将保持 40% 以上的增长率，到 2010 年 B2B 交易额将达到 26 万亿美元，比 2002 年增长 30 多倍。

总体来看，全球电子商务发展呈高速增长态势。随着全球电子商务的发展，我国电子商务的发展动力持续增强。我国电子商务发展呈现典型的块状经济特征，东南沿海属于较为发达地区，北部和中部属于快速发展地区，西部则相对落后。

电子商务市场分析：中国电子商务市场前期延续了 2007 年电子商务持续高速增值的势头，后期则受全球金融危机和发展瓶颈影响，交易额增长放缓。但总体来说，中国电子商务市场的发展仍在稳步前行。2008 年中国电子商务市场交易额达到 24000 亿元，同比增值达到 41.2%，其中 B2B 市场仍是总交易额的构成主体，C2C 基本维持现状，B2C 将提速发展；2008 年 6 月中国网上购物人数达到 6329 万人，网上支付人数达到 5697 万人，增长率分别为 25% 和 22.5%。中国电子商务市场发展前景依旧乐观。

从电子商务的三种业务模式来看，B2B 依然是电子商务市场的主旋律，B2B 交易额占中国电子商务总体交易额的 89.5%，达到 21480 亿元；而 B2C 交易额占整体交易额的 7.4%，达到 1776 亿元；C2C 交易额占 3.1%，达到 744 亿元。整体业务格局的最大变化在于 B2C 市场份额进一步扩大。电子商务市场分析三种业务模式所处的细分市场，B2B 市场中阿里巴巴仍占据市场霸主地位，网盛旗下的中国化工网、生意宝增长迅速，垂直 B2B 平台体现了巨大发展动力。

1. 政府加强引导性投资的注入解决资金不足问题

2008 年政府加强了在电子商务领域的引导性投资，用于改善中国电子商务市场的投资环境，政府通过将投资收益返还社会投资人、支持社会投资回购政府所持股份等政策，将大量资金引入电子商务的发展。2008 年底，依托"十一五"国家科技支撑计划重点项目"现代服务业服务交互支撑平台"构建的"正佳网"在广州正式开业，充分说明国家对电子商务发展的扶持力度已经达到一个新的高度，市场发展的资金问题逐步得到缓解。

2. 政府主导物流电子商务服务平台的整合与构建

与企业主动建设网上支付体系不同，物流体系的完善需要政府的大力推动。通过整合全省甚至全国的物流资源，建立物流公共信息平台成为目前一个时期的首要任务。目前中国已经具备了中国物流交易中心、厦门物流公共信息平台等一批市级物流平台，但从信息质量、功能服务等方面看都需要进一步提升。在此背景下，2008 年国家将苏州工业园区综合保税区现代物流公共信息平台列为国家区域性现代物流公共信息平台建设试点，利用政策优势和硬件建设、软件服务优势，建设中国国际电子产品交易基地。

3. B2B 仍有发展潜力，B2C 将提速增长

从整体市场及细分市场的发展看，2009 年中国电子商务交易额将达到 34 278 亿元，增长率保持在 40% 以上。未来 10 年，中国将有 70% 的贸易额将通过电子交易完成。中国 B2B 电子商务市场交易规模增长潜力巨大。此外，由于电子商务向行业的渗透将更加深入，加之 B2C 市场对投资者的吸引力加强，B2C 市场的份额将在 2009 年呈现明显的扩大趋势，其中 IT 数码、家居建材领域 B2C 市场将成为未来几年中国电子商务市场发展的热点领域。

4. 物流平台将逐步崛起，支付市场面临洗牌

从电子商务市场支撑体系建设看，一方面 2009 年物流公共信息平台在政府的持续推动下将有巨大发展，平台信息服务能力将显著提升，同时更多的电子商务服务商会加入物流体系建设的行列中。另一方面，网上支付服务商将在未来两年经历二次筛选，资金短缺以及技术、商业模式、信用体系等环节不健全的服务商将面临被市场淘汰的危险。

5. 企业与政府合力完善电子商务支撑体系

在电子商务支撑体系建设方面，支付体系已经具备了一定发展基础，支付宝、财付通等网上支付服务商已经具备了一定的竞争优势，同时为进一步改善网上支付市场的发展环

境，继续扩大市场占有率，企业具有主动联合政府或金融机构完善支付体系的意愿，其中完善网上支付信用体系工作成为2008年的主旋律。2008年1月17日，第三方支付平台支付宝与中国建设银行联合推出了的支付宝卖家信贷服务，符合信贷要求的淘宝网卖家将可获得最高10万元的个人小额信贷，国内首次推出这种信贷模式，在很大程度上加强了第三方支付公司的信誉保障。

6. 电子商务保持投资吸引力，B2C成风投新宠

2008年中国电子商务市场除在扩大资金来源、支撑体系建设方面有所成就外，不可避免的需要面临全球金融危机所带来的影响，但随着中国电子商务与行业发展结合的更广、更深，充分利用电子商务B2C手段已经成为中国行业企业在度过经济寒冬中的重要选择。因此，2008年投资机构对中国电子商务市场的关注度不降反升，其中B2C行业无论在投资案例数量还是在投资金额上都呈快速增值趋势。母婴用品、IT数码产品、珠宝、建材等一大批传统行业细分领域开始进入B2C市场，并获得VC持续关注。年内，凡客、麦考林分别获得2 000万美元和8 000万美元的资本注入。可见B2C已经成为推动中国电子商务市场发展的重要细分市场。

7. 保险、旅游、批发零售行业电子商务市场份额将扩大

从行业应用角度看，鉴于2008年的经济环境，国民的保险意识将进一步加强，而方便快捷的保险电子商务将成为保险客户的首选，因此未来保险电子商务仍将快速发展；同时，随着经济增长放缓，各省市将加强对旅游产业的重视，从而提升本地经济增长能力，在旅游产业二次创业的要求下，旅游电子商务将成为未来各地着重发展的业务；此外，赛迪顾问认为，中国国民消费能力在未来不会有太大波动，当市场物价逐步增高，网络平台所提供的低价格产品将更加受到消费者青睐，随着网民网上购物、网上支付以及物流服务的健全，直接面向个人消费者的批发零售业电子商务将会面临最佳的发展机遇。

本章参考文献

［1］余东明. 探讨我国电子商务发展的主要瓶颈［J］. 科技信息，2013（1）.

［2］陈万付，宋君远. 制约我国电子商务发展的瓶颈因素及改进措施［J］. 滁州职业技术学院学报，2011，10（4）.

［3］刘洪慧. 我国电子商务的发展现状及瓶颈突破［J］. 中国商贸，2011（29）.

［4］沈海忠. 当前我国电子商务发展中的瓶颈探究［J］. 中国商贸，2012年（5）.

［5］董利红. 突破制约电子商务发展的瓶颈［N］. 人民日报，2012-03-02（15）.

［6］陈艳敏. 推进电子商务还需突破三大瓶颈［N］. 中国电子报，2013-03-05（2）.

［7］Soott Price. 促进全球电子商务发展的关键：技术、诚信及政府监管［J］. 国际市场，2012（24）.

［8］李晋奇. 我国电子商务的发展趋势和重要趋向［J］. 国际市场，2014（1）.

［9］张冬杨. 全球电子商务发展酝酿新高度［N］. 中国电子报，2014-05-09（3）.

［10］郭文晓. 电子商务未来发展趋势探析［J］. 中小企业管理与科技（下旬刊），2013（11）.

［11］张晓勇. 电子商务的发展趋势［J］. 价值工程，2012（29）.

［12］邓顺国，宗乾进. 未来电子商务发展趋势展望［J］. 电子商务，2013（8）.

［13］李伟. 电子商务的内涵及发展趋势探析［J］. 湖北经济学院学报（人文社会科学版），
　　　2013，10（12）.

［14］梁春晓. 电子商务呈"三化"发展趋势［N］. 中国电子报，2013-05-10（6）.

［15］http：//www. ebrun. com/20140807/106738. shtml.

［16］www. meihua. info/today/post/post＿ 56d50f2d-67f3-4cf3-9b8a-ea350d076aec. aspx.

［17］www. ebrun. com/20130315/69521. shtml.